故宫疑案

阎崇年 著

中国出版集团公司
中国民主法制出版社
全国百佳图书出版单位

图书在版编目（CIP）数据

故宫疑案 / 阎崇年著 . —北京 : 中国民主法制出版社，2020.6

ISBN 978-7-5162-2216-4

Ⅰ. ①故… Ⅱ. ①阎… Ⅲ. ①故宫—史料—北京—清代 Ⅳ. ① K249.06

中国版本图书馆 CIP 数据核字（2020）第 069546 号

图书出品人：刘海涛
出 版 统 筹：石　松
责 任 编 辑：张　婷

书　　名 / 故宫疑案
作　　者 / 阎崇年　著
封面题签 / 阎崇年

出版 · 发行 / 中国民主法制出版社
地址 / 北京市丰台区右安门外玉林里 7 号（100069）
电话 /（010）63055259（总编室）　63058068　63057714（营销中心）
传真 /（010）63055259
http: //www.npcpub.com
E-mail: mzfz@npcpub.com
经销 / 新华书店
开本 / 16 开　710 毫米 ×1000 毫米
印张 / 23　　**字数** / 326 千字
版本 / 2020 年 6 月第 1 版　　2024 年 7 月第 4 次印刷
印刷 / 三河市宏图印务有限公司

书号 / ISBN 978-7-5162-2216-4
定价 / 68.00 元

自 序

2020年，北京明清故宫建成六百周年，到农历辛丑年（2021年）的正月初一日，故宫正式启用也将六百年。

在当今世界上，亚洲、欧洲、非洲、美洲等地的所有现存宫殿，就占地面积之广阔，建筑组群之雄伟，珍藏文物之宏富，连续时间之绵长，蕴含哲理之深邃，文化影响之久远，综合起来而言，北京明清故宫可谓无与伦比。故宫汇聚了中华优秀传统文化的精华，是中华民族也是世界人民的宝贵财富。

我的故宫情结，来自学术和感情两个方面。于学术，我研究清史，涉及明史，又研究满学、北京史，故宫始终在我学术研究的视野中；于感情，从我曾祖父到北京打工，到我已经四代人居住在北京。我住过的胡同，就在新华门对面，而我读书的中学，建在清代内府昇平署的旧址，上体育课时经常到天安门广场跑步。所以，故宫于我而言，其史料，既摆列于案头书柜；其文脉，又已经融化在血液之中。我对故宫及故宫博物院，始终抱以敬畏之心、赞颂之意、骄傲之情、欣赏之趣，而行守护之职、关爱之举、学习之实、弘扬之责。

2002年，我撰写的《清朝皇帝列传》，由紫禁城出版社出版，是为我后来登上《百家讲坛》开讲《清十二帝疑案》和《大故宫》系列做的学术准备之一。2012年至2013年，我撰写《大故宫》第一、二、三部，在长江文艺出版社出版，并在央视《百家讲坛》播出同名节目，后在央视中文国际频道配英文字幕重播。2017年，我撰写《大故宫》第四部《御窑千年》，由生活·读书·新知三联书店出版，并在《百家讲坛》播出同名节目。2019年，我撰写《故宫六百年》，在喜马拉雅音频分享平台讲述相关内容，并由华文出版社出版，由青岛出版社出版通俗版《大故宫六百年风云史》。简言之，《大故宫》以故宫建筑空间为顺序，《故宫六百年》则以时间为顺序。我从这一经一纬，即以空间和时间为两种场景，以故宫所承载的中华优秀传统文化为脊梁，以大故宫的历史、人物、事件、文物、古建、艺术、园林、哲理等为主要内容，向海内外大众介绍故宫。

本来，我的故宫写作计划已经完成；不料庚子年春节疫情来袭，原来的计划被打破，于是便有了这本《故宫疑案》。

这本书的由来，要回溯到本世纪初。当时故宫博物院副院长兼故宫出版社社长王亚民先生、左远波编辑，约我在《紫禁城》月刊开设专栏，撰写《故宫疑案》，设想连载一百篇。于是，我先后在《紫禁城》月刊连载了几篇，还在中国台湾地区的《历史月刊》发表过几篇，反响不错。但因我在央视《百家讲坛》讲课，实在无力分身，只好将这个题目暂时中止。2007 年的一天，我在《百家讲坛》录制《明亡清兴六十年》系列的最后一讲，走出演播厅时，北京电视台制片人于瀛早已等候在门口。她对我说，北京电视台要开设《中华文明大讲堂》栏目，时任北京市委常委、宣传部部长、副市长蔡赴朝请我做第一位主讲人。

对蔡赴朝先生，我格外敬重。因为有一次我去市委宣传部办事，亲眼看到蔡部长从图书馆借了堆满一推车的图书回办公室。他秘书告诉我，蔡部长每月借一车书、还一车书。既然是蔡部长说的，我就把任务接了下来。因为时间太紧，又要贴近大众需求，我就找出了《故宫疑案》的那些旧稿子。以《清宫疑案正解》为题，补充修改，写出十二个疑案的讲稿，在北京电视台如期讲述，讲稿先由中华书局出版，继由联经出版公司用繁体字竖排本在台北出版。

新春伊始，疫情来临，宅在家里，埋头写作，修订补充旧作十二篇，增补新写十六篇，合成新书，名《故宫疑案》。我的"故宫系列"又添了一位"新成员"。《故宫疑案》定稿后，交中国民主法制出版社编辑出版，献给读者。

中国民主法制出版社同我的友情已经十五年了。当年杨瑞雪社长策划，为迎接 2008 年在北京举行的第 29 届夏季奥林匹克运动会，为我出版了《中国古都北京》的中文版、英文版。这本书的中文版和英文版，分成典藏本、精装本、平装本，印装精美，大气典雅，得了两个国际奖项。此后，当时编辑室主任、现为该社社长的刘海涛先生经常向我约稿，因手头没有书稿，我一直心存歉意。所以《故宫疑案》尚在酝酿时，我就决定将这本书稿交给刘社长，在中国民主法制出版社出版雕梓。

至此，我的“故宫系列”包括：

（一）《大故宫》，长江文艺出版社；

（二）《大故宫 2》，长江文艺出版社；

（三）《大故宫 3》，长江文艺出版社；

（四）《御窑千年》，生活·读书·新知三联书店；

（五）《故宫六百年》（上），华文出版社；

（六）《故宫六百年》（下），华文出版社；

（七）《大故宫六百年风云史》，青岛出版社；

（八）《故宫疑案》，中国民主法制出版社。

以上八册著作，都是以电视、网络、图书三种形式相结合，向观众、听众和读者，进行历史与文化的传播和交流。

最后，本书要说明几件具体事情：

其一，关于北京故宫。明朝故宫有南京、中都、北京三处，清朝故宫有抚顺、辽阳、沈阳、北京四处，剔除重复，地域跨江苏、安徽、辽宁、北京，时间包括明清两代。本书限于篇幅，只集录清代故宫发生的重要疑案。这是要说明的。

其二，关于历史时间。历史著作叙事、论人的时间，碰到两个问题：第一，在帝王纪年的十二月或一月，阴历和阳历有交叉，在换算上是不同的。第二，人物的年齿，有虚岁和周岁两种算法。在中国古代，只有虚岁算法，没有周岁算法，这怎么办？本书一律采用虚岁算法。如清孝庄太皇太后布木布泰，崩逝于康熙二十六年十二月二十五日。这一天是阳历的 1688 年 1 月 27 日。《清圣祖实录》于孝庄太皇太后记载为：“康熙二十六年十二月二十五日崩，寿七十有五”。记述其卒年，按阳历算法，是 1687 年，还是 1688 年？记载其寿龄是七十四岁、七十五岁，还是七十六岁？本书一律按照传统的阴历记载，但在出现帝王纪年时括注公历纪年。

其三，关于历史地名。人和事发生时的地名，随时间变化而不断变化。本书历史地名，是按人物和事件发生时的地名及其地域隶属关系记述的，为方便读者，括注今地名。今地名的行政隶属和名称也是常有变化的。本书著述时古地名加括注的今地名，其后又有变化者，不再随之变动。

其四，关于历史典籍。中国古籍有两个重要特点，一是版本多，二是太复杂，所以才有“版本学”这个学科。在古籍中，同一条引文，所据版本不同，其文字常有差异。当代有用机器核对学术著作引文的，因机器校对不可能把古籍各种版本——稿本、写本、孤本、抄本、重抄本、雕版本、活字本、石印本等全部输入电脑，所以往往出现差异。本书引文，只注书名，不注版本，亦请谅解。

其五，关于本书引文。史学著作的引文，通常有两种：一种是引录原文，另一种是引述原意。于前者，引录原文，加注引号，标注出处，准确无误，便于核对；于后者，引述原意，不加引号，不注出处，不失原意，力求准确。

其六，关于书中人名。清朝人名有个特点，满洲、蒙古等地的人名，汉文绝大多数是汉译的。不同时期、不同图书、不同地域、不同版本的同一个人，往往汉译不同。这样一来，很难划一。本书的处理办法是：凡是引文中的人名，一律照引不变，其他情况，尽量划一，参酌实录，兼顾习俗。

其七，关于书中数字。纪年，帝王纪年、干支纪年用汉字数字，括注公元纪年用阿拉伯数字。其他数字，因系古代历史，一般用汉字数字。

其八，关于本书定位。本书不是面向专家的学术专著，而是面向大众的历史读物。在书中适当吸取学人和自己的研究成果，因是大众读物，恕不一一标注，如有不妥之处，祈请诸君谅解。

最后，我的愿望是：永远做一个历史的学习者、做一个历史的交流者。做历史的学习者，是说只要条件允许，每天都要读点书，学历史。历史是一本永远学习不完、永远研究不尽的大书。自然的历史，人类的历史，社会的历史，自身的历史，古今的历史，世界的历史，永远读不完。所以，锲而不舍、孜孜不倦的终身学习精神可贵。做历史的交流者，是说只要条件允许，每天都要做交流，学历史。授课、演讲、谈话、研讨、笔记、访谈、撰文、著书等都是交流。在交流中学习，在学习中交流。交流是互相的、双向的、平等的、温暖的。任何以专家自诩，盛气凌人的行为都是庸俗的、浅薄的、轻狂的、可悲的表现。

我已是一个耄耋老人。人老了常犯糊涂。书中糊涂之言，敬请贤者海涵。

目　录

自　序

第一讲　清帝先祖谱系 ………… 001
一、始祖显赫 ………… 003
二、先祖危艰 ………… 008
三、父祖忠明 ………… 011

第二讲　努尔哈赤姓氏 ………… 014
一、一说姓佟 ………… 015
二、其他多说 ………… 015
三、爱新觉罗 ………… 018

第三讲　努尔哈赤蒙难 ………… 024
一、十岁丧母 ………… 024
二、寄人帐下 ………… 026
三、父祖罹难 ………… 031

第四讲　努尔哈赤囚弟 ………… 035
一、手足起兵 ………… 035
二、萁豆相煎 ………… 037
三、幽禁而死 ………… 041

第五讲　努尔哈赤杀子 ………… 045
一、褚英其人 ………… 045
二、杀子始末 ………… 048
三、情理冲突 ………… 051

第六讲　努尔哈赤大妃 ………… 055
一、众多福晋 ………… 055
二、休离大妃 ………… 058
三、大妃是谁 ………… 060

第七讲　努尔哈赤死因 ………… 066
一、事情缘起 ………… 066
二、是否炮伤 ………… 068
三、死亡原因 ………… 071

第八讲　皇太极争汗位 ………… 075
一、五个女人 ………… 076
二、五个男人 ………… 079
三、五大事件 ………… 080

第九讲　蒙古一后四妃 …… 087
一、满蒙联姻 …… 087
二、蒙古后妃 …… 088
三、百年影响 …… 093

第十讲　为独尊杀两兄 …… 098
一、四佛并尊 …… 098
二、先砍阿敏 …… 101
三、再杀五兄 …… 103

第十一讲　清朝国号由来 …… 108
一、族名满洲 …… 108
二、传国玉玺 …… 111
三、国号大清 …… 112

第十二讲　福临继位之谜 …… 118
一、皇帝猝死 …… 118
二、庙堂会议 …… 120
三、简略讨论 …… 124

第十三讲　孝庄太后下嫁 …… 131
一、孝庄太后 …… 131
二、摄政睿王 …… 134
三、太后下嫁 …… 137

第十四讲　顺治皇帝出家 …… 146
一、福兮祸兮 …… 146
二、因苦结佛 …… 150
三、患痘而崩 …… 157

第十五讲　康熙立废太子 …… 161
一、立储难题 …… 161
二、两立两废 …… 164
三、历史经验 …… 175

第十六讲　雍正是否夺位 …… 181
一、皇子胤禛 …… 182
二、继位十说 …… 188
三、欲盖弥彰 …… 196

第十七讲　乾隆生母是谁 …… 206
一、野史传说 …… 207
二、文献记载 …… 217
三、历史疑案 …… 219

第十八讲　乾隆出生之地 …… 222
一、雍亲王府 …… 223
二、避暑山庄 …… 226
三、御盖弥彰 …… 228

第十九讲　乾隆茶膳养寿 …… 233
一、茶膳天下 …… 233
二、膳食搭配 …… 236
三、茶蕴情趣 …… 240

第二十讲　嘉庆皇宫枪声 …… 244
一、嘉庆其人 …… 244
二、大内遇刺 …… 246
三、皇宫惊变 …… 252

第二十一讲　道光继位镭匣 …… 259
一、旻宁继位 …… 259
二、镭匣风波 …… 265
三、秋后算账 …… 269

第二十二讲　咸丰自酿悲剧 …… 274
一、历史包袱 …… 275
二、现实重负 …… 277
三、错误布局 …… 279

第二十三讲　慈禧垂帘之问 …… 284
一、辛酉政变 …… 284
二、咸同三贤 …… 290
三、垂帘之问 …… 294

第二十四讲　光绪皇帝之死 …… 297
一、正常病死 …… 297
二、被毒五说 …… 300
三、死因探讨 …… 304

第二十五讲　宣统帝制结束 …… 308
一、不祥之兆 …… 308
二、辞位诏书 …… 311
三、帝制终结 …… 315

第二十六讲　清宫皇子教育 …… 318
一、皇族教育 …… 318
二、皇子教育 …… 320
三、幼帝教育 …… 324

第二十七讲　清皇宫过大年 …… 330
一、准备过年 …… 330
二、正式过年 …… 337
三、两帝过年 …… 345

第二十八讲　清朝皇帝寿龄 …… 350
一、得寿不长 …… 350
二、冬秋两季 …… 352
三、心理因素 …… 354

第一讲

清帝先祖谱系

虽说英雄不问出处，但不能不明其身世。翻开“二十四史”，从秦朝始皇帝嬴政，到清朝太祖努尔哈赤，皇帝数以百计。要论身世，追溯谱系，故事最为奇特、具有传奇色彩的，当算是秦始皇嬴政和清太祖努尔哈赤。

秦始皇嬴政出身于秦王世家，自缪公以来，至于秦始皇，二十余君王，常为诸侯雄，家族显赫，记载详明。然而，关于秦始皇嬴政的身世，司马迁在《史记·秦始皇本纪》中写道：

秦始皇帝者，秦庄襄王子也。庄襄王为秦质子于赵，见吕不韦姬，悦而取之，生始皇。

这里说秦始皇的父亲庄襄王子楚，作为人质，住在赵国。子楚看到吕不韦的爱姬很漂亮，又很喜欢，便娶之为妻，生下秦始皇。太史公在上文用了“隐笔”，就是没有将秦始皇的父亲是吕不韦这件事挑明，笔藏着隐意。怎么知道呢？《史记·秦始皇本纪》的《索隐》按云，“不韦传云：不韦，阳翟大贾也。其姬邯郸豪家女，善歌舞，有娠而献于子楚。”子楚，就是秦庄襄王，也就是秦始皇的父亲。前文的《索隐》提供线索，按图索骥，再看《史记·吕不韦列传》的记载：

吕不韦者，阳翟大贾人也。往来贩贱卖贵，家累千金。……吕不韦取邯郸诸姬绝好善舞者与居，知有身。子楚从不韦饮，见而说之，因起为寿，请之。

吕不韦怒，念业已破家为子楚，欲以钓奇，乃遂献其姬。姬自匿有身，至大期时，生子政。子楚遂立姬为夫人。（《史记·吕不韦列传》卷八五）

这个故事说的是，秦始皇的祖父安国君（即孝文王）有子二十余人，他的正夫人——华阳夫人很受宠爱但没有儿子，而安国君的儿子子楚在众兄弟中排行居中，其母夏姬也不受宠爱。子楚作为秦的质子常住赵国。因秦国发兵攻打赵国，子楚在赵，不受待见；他又因经济拮据，颇不得意。吕不韦是个有远见的政治商人，他以豪商的视角，认为子楚是个“奇货可居”的人。吕不韦先送钱给子楚，让他疏通上面关系，结交宾客；同时花钱买通华阳夫人的姐姐，说服华阳夫人，求得安国君同意，立子楚为嗣子。吕不韦再施计，将自己已经怀有身孕的、姿色艳美而又能歌善舞的爱姬送给子楚。后来安国君嗣立为秦王，华阳夫人为王后，子楚为太子。安国君死，子楚继承王位，这就是庄襄王。庄襄王即位三年而薨，太子嬴政立为王，这就是后来的秦始皇。吕不韦被尊为相国，号称“仲父”。上面讲的那位赵国艳美姬妾，所怀的身孕到底是吕不韦的儿子，还是子楚即庄襄王的儿子？当时没有，也不可能做DNA基因检测，且此事外人根本不可能得知真情。所以秦始皇的生身父亲是谁，这是一个永远不能被破解的历史之谜。

清太祖努尔哈赤朝服像

清朝的开国皇帝清太祖努尔哈赤，他的身世、谱系，文献记载，稗官野史，杂说纷纭，莫衷一是，这成为又一团历史之谜。

这是为什么呢？因为这个时候，还没有创制满文，所以也就没有留下完整的文字记录。同时，汉文虽留下雪泥鸿爪似的记载，但既笼统，又残缺，所以汉文资料也解不开这个历史之谜。因此，中外研究这方面问题的历史学家，从女真-满洲人的传说、口碑，女真文和满文文献，朝鲜人的零碎记载，汉文的散见史料等入手，试图揭开这个历史之谜。

一、始祖显赫

努尔哈赤的直系祖先，史料最早的记载是元末明初的猛哥帖木儿。朝鲜《李朝实录·燕山君日记》记载："斡朵里乃大金支裔也。"可见猛哥帖木儿乃是大金的后裔。

元朝在后世称为建州女真的地区，设置五个万户府，任命五个万户。猛哥帖木儿曾是这五个万户中的一个。万户的官职是世代相袭的。猛哥帖木儿的祖辈世袭为斡朵里万户府的万户，统领所属女真军民，为元朝政府耕猎纳贡，镇抚北边。猛哥帖木儿驻地的斡朵里城，曾是辽、金、元三朝的北方重镇。这个地区，自然条件较好，居住人口较少。

到元末明初，斡朵里万户是谁呢？朝鲜的《龙飞御天歌》作了已知最早的记载：

> 如女真，则斡朵里、豆漫、夹温·猛哥帖木儿，火儿阿、豆漫、古论·阿哈出，托温、豆漫、高·卜儿阏。朵，都果切；斡朵里，地名，在海西江之东，火儿阿江之西。火儿阿，亦地名，在二江合流之东，盖因江为名也。托温，亦地名，在二江合流之下，二江皆自西而北流，三城相次沿江。夹温，姓也；哥，居何切，猛哥帖木儿，名也。古论，姓也；阿哈出，名也。高，姓也；阏，阿葛切，卜儿阏，名也。（权踶等《龙飞御天歌》）

上引文字，斡朵里、火儿阿、托温，是地名，分别是三座城；豆漫的汉译是万户，依兰豆漫汉译是三个万户；夹温、古论、高分别是姓；猛哥帖木儿、阿哈出、卜儿阏分别是人名，就是三个万户，分领其地，分统其众。前引斡朵里万户夹温·猛哥帖木儿，火儿阿万户古论·阿哈出，托温万户高·卜儿阏，他们的所在地——斡朵里猛哥帖木儿部，驻地在牡丹江入松花江的江口以西；火儿阿即胡里改阿哈出部，驻地在牡丹江入松花江的江口以东；托温部驻地在二江合流以下。三地因江而名，三个万户，彼此为邻。两江都自西向北流，斡朵里、火儿阿（胡里改）、托温三城，相次沿江，相互联系。

以上是说元朝末期，在牡丹江汇入松花江的地域，居住着女真三个万户，他们是斡朵里部的猛哥帖木儿，火儿阿即胡里改部的阿哈出，托温部的卜儿阏。我们这里重点说斡朵里部猛哥帖木儿，兼及胡里改部阿哈出。

明洪武四年（1371 年），设置定辽都卫指挥使司。洪武八年（1375 年）十月，明改定辽都卫为辽东都指挥使司，后管辖辽东地区，再后达到二十五卫、一百三十八所、二州、一盟。在洪武朝，猛哥帖木儿仍任斡朵里万户府的万户。于明洪武五年（1372 年）前后，猛哥帖木儿率领斡朵里女真部民，溯牡丹江而上，避乱迁徙，几经辗转，饱历艰辛，先移居凤州（今吉林省海龙县境），又南迁到珲春河流域居住。约在洪武九年（1376 年）到十七年（1384 年）之间，猛哥帖木儿率部众，离开珲春河畔，南渡图们江，进入朝鲜东北部庆源、镜城一带居住。洪武二十一年（1388 年），再南移到图们江下游斡木河（今朝鲜会宁）一带地方居住。

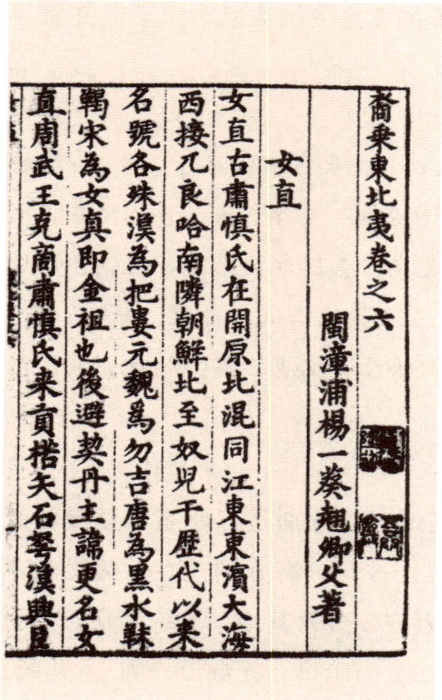
裔乘東北夷卷之六
閩漳浦楊一葵翹卿父著
女直
女直古肅慎氏在開原北混同江東東濱大海西接兀良哈南隣朝鮮北至奴兒干歷代以來名號各殊漢為把婁元魏為勿吉唐為黑水靺鞨宋為女真即金祖也後避契丹主諱更名女直周武王克商肅慎氏來貢楛矢石砮漢興且

明代专门介绍少数民族历史的著作《裔乘》之“女直（真）”

明初，女真分为四大部，这就是建州女真、海西女真、黑龙江女真和东海女真。永乐七年（1409 年）闰四月，明朝设置奴儿干都指挥使司，任命康旺为都指挥同知，王肇舟为都指挥佥事。治所在辽、金奴儿干城旧址，即黑龙江下游亨滚河口对岸附近特林地方，亦即庙街（尼古拉耶夫斯克）地方。奴儿干都司是明朝的地方军政机构，辖三百八十四卫、二十四所、七站、一寨；外卫世官“凡袭替、升授、优给、优养及属所军政，掌印、佥书报都指挥使司，达所隶都督府，移兵部”。其辖境东起鄂霍茨克海，西到大兴安岭，西北迄鄂嫩河，北达外兴安岭，南濒日本海。奴儿干都司的设置，加强了明廷对黑龙江和乌苏里江流域四大部女真以及吉烈速、达斡尔、鄂温克、鄂伦春、赫哲等族群的辖治。后来猛哥帖木儿的六世孙努尔哈赤兴起，经过努尔哈赤、皇太极父子两代的经营，女真各部统一，就囊括了明奴儿干都司辖下的建州女真、海西女真、黑龙江女真和东海女真等各部。

黑龙江女真之一的“费雅喀人”（清人绘）

明代女真地区的官员，包括都督、都指挥、指挥、千户、百户、镇抚等职，仍照旧俗，各统其属，按期朝贡，奏报朝廷，“给与印信”。其官职世袭，父死子继、父老子替，都须由明廷谕准。

先是，约于洪武初，元朝三万户之一的阿哈出溯牡丹江南迁，到图们江地带居住。朱棣为燕王时，曾北征故元势力，兵至斡朵里城地带。据朝鲜史书记载，朱棣曾娶阿哈出的女儿为王妃。永乐元年（1403 年）十一月，阿哈出到应天（南京）朝贡。明廷在胡里改部诏设建州卫军民指挥使司，命阿哈出为指挥使。并为千百户所镇抚，赐诰印、冠带、袭衣及钞币有差。这是明朝始设建州卫，并任命阿哈出为建州卫指挥使。第二年，明廷正式建置建州卫。

永乐四年（1406 年），阿哈出因兀狄哈侵扰，与朝鲜关系不谐，又率部众由图们江地带西迁到辉发河上游的凤州居住。在这里交代一下：阿哈出于永乐九年（1411 年）逝世，由其子释加奴袭官。释加奴约在永乐十八年（1420 年）去世，由其子李满住承袭官职，统辖建州卫。李满住是建州卫的重要人物，受到努尔哈赤等的仰慕，后面还要述及。

明成祖朱棣设置建州卫后，继续招抚女真各部。永乐二年（1404 年），派辽东千户王可仁前往图们江等地，安抚建州女真。明成祖在阿哈出来朝贡时，了解到了猛哥帖木儿的情况，于是派钦差千户王教化等持谕前往斡木河，招抚猛哥帖木儿：前者阿哈出来朝，言尔聪明，识达天道，已遣使赍敕谕尔。使者回复，言尔能恭敬朕命，归心朝廷，朕甚嘉之。今再遣千户王教化等，赐尔等彩段表里，尔可亲自来朝，与尔名分、赏赐，令尔抚安军民，打围牧放，从便生理。

猛哥帖木儿受谕后，随钦差千户王教化等，于永乐三年（1405 年）底到南京入朝。明成祖“授猛哥帖木（儿）建州卫都指挥使，赐印信、钑花金带，赐其妻幞卓、衣服、金银、绮帛”。

猛哥帖木儿有一个大的家族。他的父亲挥厚，为元末万户；母亲，为也吾巨。挥厚去世后，其母改嫁挥厚异母弟包奇，又生同母弟於虚里、凡察等。猛哥帖木儿受明廷敕封，威望大增，更加提高了他在家族及部中的地位。猛哥帖木儿有正军一千名的精强队伍，分作中军、左军、右军三军，自率中军，其同母异父之弟凡察领左军，其子权豆（阿谷或作阿古）领右军。三军平时耕牧围猎，战时驰驱出征。

永乐九年（1411 年）四月，猛哥帖木儿因与朝鲜关系不好，加之蒙古兀狄哈侵袭，便率部众前往凤州，与建州卫阿哈出同住一地。猛哥帖木儿迁到凤州后，更加密切了同明廷的关系。永乐十年（1412 年），猛哥帖木儿入京朝贡述职，明廷考虑到他和阿哈出原皆为元朝的万户，便增设建州左卫，命猛哥帖木儿领其卫，任指挥使。这样，原来的建州卫就分成两个卫——建州卫和建州左卫。

■《满洲实录》之“三姓奉雍顺（猛哥帖木儿）为主”图

永乐二十一年（1423 年），猛哥帖木儿“率正军一千名，妇人小儿共六千二百五十名”，分批返回斡木河“旧居耕农”。他迁住斡木河之后，仍同明朝政府保持密切的臣属关系，并为明廷悉心任事。如在永乐十一年（1413 年）到十五年（1417 年）的五年之间，猛哥帖木儿曾三次到北京朝贡。

明永乐二十年（1422 年），建州卫李满住也向明廷请求迁往别处安居。翌年初，明廷谕准李满住迁往婆猪江多回坪等处居住。永乐二十二年（1424 年）四月，李满住率部众到达婆猪江西岸兀敕山南麓瓮村一带居住。这里，现在是辽宁省抚顺市桓仁满族自治县境地带。

明宣德期间，建州女真发生重大事件，就是斡木河事件。先是在宣德元年（1426 年）正月朝贡时，猛哥帖木儿受到朝廷封赐：命建州左卫指挥佥事猛哥帖木儿为都督佥事，赐冠带。

猛哥帖木儿被封为都督佥事。《明史·职官志五》记载：都督佥事，武职，正二品。宣德八年（1433 年）二月朝贡时，猛哥帖木儿又被封为右都督、都指挥佥事。《明史·职官志五》记载：左、右都督，武职，正一品。在这次朝贡之后，猛哥帖木儿和弟凡察、长子权豆，并随同明辽东都指挥佥事裴俊等一起返回斡木河，协助明廷管束杨木答兀的人马。杨木答兀为辽东女真豪族，在开原任千户。他在不受管束、屠城剽掠后，“挈家逃窜”至斡木河。不久，发生斡木河之变。

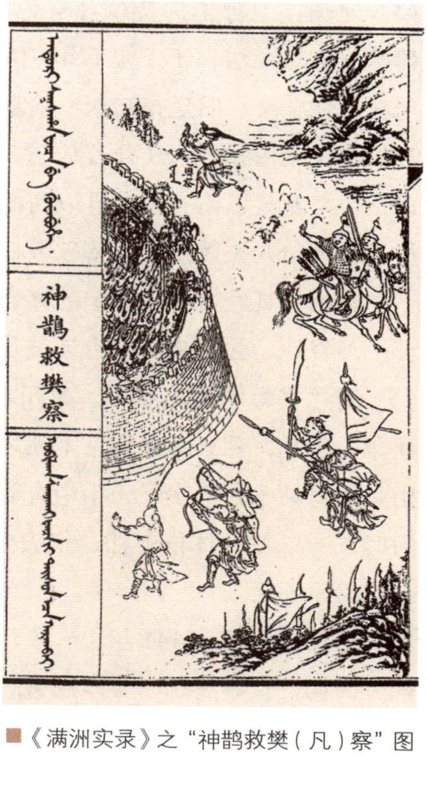

■《满洲实录》之“神鹊救樊（凡）察”图

宣德八年（1433 年）六月，明辽东都指挥同知裴俊奉旨，率领官军一百六十一名，赍敕前往斡木河，收取杨木答兀所掠人口。裴俊一行于八月二十七日，到斡木河地带下营。猛哥帖木儿率弟凡察、子权豆及兵马往会裴俊一行。闰八月十五日，杨木答兀伙同古州女真部阿答兀等三百余人马，群骑冲突，前来抢杀。猛哥帖木儿及弟都指挥凡察、子指挥权豆等，奋力保卫裴俊一行。经过激战，杨木答兀等势绌力穷，夺路而逃。但是，凡察、权豆及明军四人受伤，所载赍赐物品及马二十八匹被杨木答兀抢去。猛哥帖木儿同裴俊追赶杨木答兀至河的北岸。后来，杨木答兀纠合八百余人马，披挂明甲，气焰汹汹，到猛哥帖木儿、凡察、权豆等住家和裴俊营寨，攻破栅墙，包围房舍，放火焚烧，肆行抢掠，致猛哥帖木儿及长子权豆等男子俱被杀死，妇女尽行抢去。猛哥帖木儿次子董山（童仓）被掳走，弟凡察负伤出逃。建州左卫受到了重创，寨破人亡，劫难空前。斡木河之变及由此引发的建州左卫女真举部迁徙辽东，成为女真–满洲崛兴的历史起点。

努尔哈赤的先祖建州左卫指挥使猛哥帖木儿，在斡木河之变中忠于朝廷，身死部破。猛哥帖木儿生前曾受明廷封赐印信、衣袭、绮帛、金带，并曾先后多次到京朝贡，“归心朝廷”，这对他包括努尔哈赤在内的后裔们，产生了深远的影响。

二、先祖危艰

猛哥帖木儿战死，儿子董山被兀狄哈掳去。明廷升猛哥帖木儿异父同母弟、建州左卫都指挥佥事凡察为都督佥事，执掌建州左卫事务。凡察深感在斡木河实难久居，于正统五年（1440 年）九月率部到达苏子河（苏克素浒河），与李满住会合。明廷得知这一信息后，将凡察所领的建州左卫部众，安置在以苏子河上游赫图阿拉（今辽宁省新宾满族自治县永陵镇赫图阿拉村）为中心，包括今海龙县以南、桓仁县以西的丘陵河谷地带居住。董山被掳后不久，被毛怜卫指挥哈儿秃赎回，家寨破败，难以生存，便投靠叔父凡察。

建州女真经过半个世纪的离合辗转，又重新聚集在一处。这片群山环绕的苏子河谷地，为后来努尔哈赤崛起提供了重要条件。

前述在斡木河之变中，建州左卫的卫印“失落”，朝廷重新颁发建州左卫新印。于是，凡察继猛哥帖木儿之后，成为建州左卫的掌印首领。而归来的董山是猛哥帖木儿的次子，手中有明廷给其父猛哥帖木儿的旧印。董山迁往苏子河时二十二岁，体格魁伟，仪表威严，所属部众，心多倾附。一卫新旧两印，叔侄纷争不已。

明正统六年（1441 年）八月，明辽东总兵官、都督佥事曹义亲到开原，同两方协调，宣谕法制，晓以利害。看其民意，偏向董山，凡察虽勉强同意交出新印，但情绪怏怏，如果强行去做，恐难长治久安。为此，曹义请设置建州右

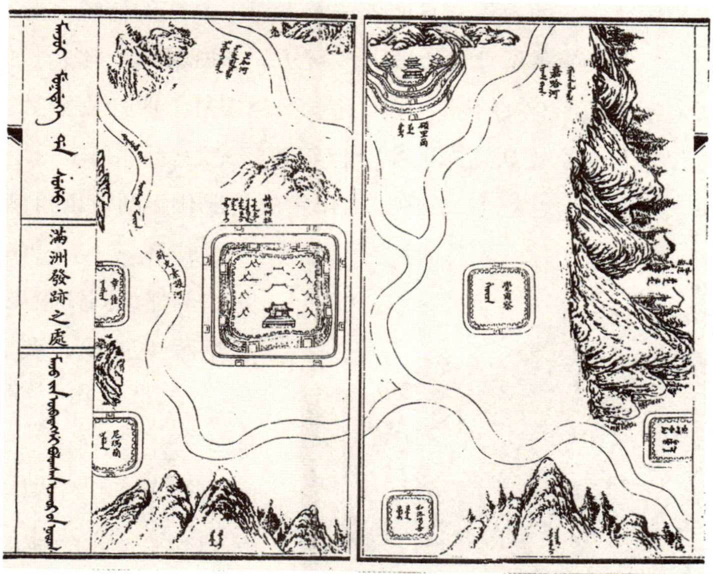

《满洲实录》之“满洲发迹之处”图

卫，安置凡察，以消争衅，安靖边陲。

正统七年（1442 年）二月，凡察和董山到京朝贡，朝廷作出解决“叔侄争印”的新决策。这就是：明廷分建州左卫为二，增设建州右卫，董山领建州左卫事，并升建州左卫指挥使、都督同知；凡察掌建州右卫事，升为都督同知。从此，建州女真就分为建州卫、建州左卫和建州右卫，史称“建州三卫”。时掌建州卫印的李满住，娶权豆（董山之兄）的孀妇为妻；掌建州左卫印的董山，又求娶李满住之女为妻。因此，虽有“建州三卫”之名，实际上他们却居住一处，同族联姻，都是明政府辖治下的建州女真部。“建州三卫”后来成为满洲形成的核心，也是努尔哈赤崛起的基地。

董山迁往苏子河三卫合住后，官至右都督，势力重新大振。他乘建州卫指挥使李满住年迈之机，起而兼管三卫，颇有统一建州女真之势。董山等女真贵族借口反对明朝政府的压迫，不时出兵辽东地区“犯抢”，掠夺耕牛、马匹、衣物、粮食和人口，给辽东人民带来灾难。明朝中期，国力强盛，明廷在加强对女真等族管辖的同时，又实行民族分裂和民族歧视的政策。就是使其“各有雄长，不使归一”，彼此掣肘，尔争我杀。这种“分其枝，离其势，互令争长仇杀，以贻中国之安”的政策，是明朝统治者对女真族的传统政策。同时，明辽东镇守太监、总兵官等，常对女真抚安无方，横加勒索，滥杀贡使，启衅冒功，这就激起了女真首领的不满，以“寇掠”相报复。明廷则派兵攻杀，朝鲜也相呼应。仅建州女真迁居辽东的半个世纪间，先后受到朝鲜三次（其中一次与明朝合军）、明军三次袭创。其中最为惨重的是成化年间董山再度蒙难。

■ 广宁城墙遗址

成化三年（1467 年），建州左卫都督同知董山入京朝贡，在返程中被执，羁之广宁（今辽宁省北镇市）。同年九月，明军会合朝鲜军，合攻建州，董山被杀于广宁羁所。据明军左哨和右哨的奏报，两哨共斩首六百八十一人，擒获九十四人，俘获一百五十一人，夺回被掳男妇一千一百六十五人，总计两千零九十一人。斩李满住及其子古纳哈等。

建州女真受到明军和朝鲜军的夹击攻剿，栅舍被焚烧，部民被杀俘，粮食遭烧掠，首领遭斩杀，焚荡殆尽，部落残破，罹难空前，无法统一。

明成化十五年（1479 年）十月丁亥（初五日），明廷命太监汪直监督军务，抚宁侯朱永佩靖虏将军印、为总兵官，后命陈钺以巡抚辽东、右副都御史参赞军务，统帅大军，再次征剿建州，攻其不备，捣其巢穴；又命朝鲜国王李娎出兵，配合明军，夹击建州。

这场征讨建州女真之役，自十月初五日命将出征，中经闰十月，到十一月二十六日，其结局，《明宪宗实录》载抚宁侯朱永等奏报：

谓建州贼巢，在万山中，山林高峻，道路险狭。臣等分为五路，出抚顺关，半月抵其境。贼据险迎敌，官军四面夹攻，且发轻骑，焚其巢穴，贼大败，擒斩六百九十五级，俘获四百八十六人，破四百五十余寨，获牛马千余，盔甲军器无算。

建州女真三部，遭受三次重击，从此之后，衰落百年。

董山有三子：长妥罗（脱罗），次妥义谟，次锡宝齐篇古。董山于成化三年（1467 年）“丁亥之难”死后，妥罗继父为建州左卫都指挥同知，任职于建州左卫，主要在成化和弘治两朝。在成化朝，查《明宪宗实录》，有九处记载妥罗之事，其中记载妥罗七次到北京朝贡。在弘治朝，查《明孝宗实录》，妥罗曾五次入京朝贡。弘治中，妥罗晋为一品都督。妥罗执掌建州左卫印时，因其部受明军“获其部属头畜，焚其庐舍积聚”，遭到惨烈重创，元气一时难复。他又软弱柔顺，建州女真仍处于分裂状态。明正德元年（1506 年），妥罗死去。明廷以妥罗之子脱原保袭其父职，为都指挥使。

建州左卫指挥使脱原保，在明正德朝，查《明武宗实录》记载，曾先后六次入京朝贡。他曾于嘉靖二年（1523 年），最后一次进京朝贡，仍同明朝保持密切的关系。

三、父祖忠明

建州左卫都督妥罗的三弟锡宝齐篇古，其事迹不详于文献记载。锡宝齐篇古只有一子，名福满。他就是努尔哈赤的曾祖。福满有六子：长子德世库，居觉尔察地；次子刘阐，居阿哈河洛地；三子索长阿，居河洛噶善地；四子觉昌安（叫场），居赫图阿拉地；五子包朗阿，居尼麻喇地；六子宝实，居章甲地。六人各筑城分居。《清太祖武皇帝实录》记载：“六子六处，各立城池，称为六王，乃六祖也。”福满六子，环卫而居，彼此护卫，声息相通，成为建州女真中的一个大宗族，苏子河地域一个稍有势力的大宗族。

努尔哈赤的祖父是觉昌安。觉昌安继承先业，居住在赫图阿拉。“赫图”是

赫图阿拉城北门

满语 hetu 的对音，意为横；“阿拉”是满语 ala 的对音，意为岗。赫图阿拉意为横岗，在今辽宁省抚顺市新宾满族自治县永陵镇赫图阿拉村。

觉昌安是建州女真苏子河部的一个小部的首领。觉昌安有才智，在族中享有威望，与明辽东总兵官李成梁关系密切。他利用家族的优势，逐步扩大势力范围。其时，近地部落有硕色纳和加虎两个强族，觉昌安率领宁古塔兄弟及子侄，前往征战硕色纳和加虎：破硕色纳子九人，灭加虎子七人，尽收五岭迤东，苏子河迤西，二百里内诸部，由此强盛。

觉昌安族盛势众，颇孚众望。他有五子：长礼敦、次额尔衮、三界堪、四塔克世（他失）、五塔察篇古。觉昌安的第四子塔克世是努尔哈赤之父，后被清朝尊为显祖宣皇帝。

综上，努尔哈赤的先世，从猛哥帖木儿，中经董山、锡宝齐篇古、福满、觉昌安，至塔克世，凡六代，历时二百年；由斡朵里，经斡木河，到凤州，再到斡木河，又迁婆猪江，复迁于苏子河谷，屡经周折，历尽艰难，亦分亦合，几盛几衰，最后定居在赫图阿拉。这里的自然条件和地理位置，比海西女真和黑龙江女真居住的地区更为优越。

埋葬努尔哈赤远祖、曾祖、祖父和父亲的辽宁新宾清永陵

建州女真在女真四大部中，“居中雄长，地最要害”。它毗邻抚顺，接近汉族聚居地区，便于和汉族互市通商，输进铁制农具、耕牛和先进生产技术，加快了本部经济发展的步伐。女真社会经济发展，“贡市”和“马市”贸易扩大，各部经济联系加强，到十六世纪末和十七世纪上半叶，出现各部统一与社会变革的趋势。建州女真由于历史与地理、经济与文化、军事与政治、社会与民族、首

领与部民的条件，并巧借明朝衰落、蒙古分裂、朝鲜势弱，以及海西女真诸部争雄而未能形成合力的时机，就成为女真各部统一与社会改革的核心。建州左卫指挥使世家出身的努尔哈赤，凭借时代机遇，得益于地理优势，组织部民力量，运用巧妙策略，施展个人魅力，跨入女真各部统一与社会改革的历史之门，而成为大清帝国的奠基人和开创者。

努尔哈赤先祖谱系，清人《清太祖武皇帝实录》、明人《明实录》、朝鲜人《李朝实录》的记载，有矛盾、有重叠、有交叉，清史研究者也有不同见解。我据以上“三实录”，排出努尔哈赤先世的谱系（参考）是：

（一）一世祖猛哥帖木儿（布库里雍顺）；

（二）二世祖董山（童仓），即充善；

（三）三世祖锡宝齐篇古（不显贵）；

（四）四世祖福满（兴祖）；

（五）五世祖觉昌安，即叫场（景祖）；

（六）六世祖塔克世，即他失（显祖）。

建州女真的始祖猛哥帖木儿（布库里雍顺），受永乐帝封为建州左卫指挥使；二世祖董山受封为右都督，掌建州左卫印；三世伯祖妥罗、四世伯祖脱原保，先后执掌建州左卫，多次进京入朝；而五世祖父觉昌安、六世父亲塔克世，同时与辽东总兵李成梁关系密切，后来死于兵火。努尔哈赤因此接受“敕书三十道，马三十匹，复给都督敕书”，被明朝封为都督佥事、建州卫指挥使和龙虎将军等。在建州女真中，具有如此家世条件者，努尔哈赤是独一无二的。

第二讲

努尔哈赤姓氏

水有源而百川流，树有根而枝叶繁。努尔哈赤的姓氏，文献记载，计有六种：爱新觉罗、佟、童、崔、雀、觉罗。清太祖努尔哈赤的姓氏，竟然是一个问题。

努尔哈赤像

按常理说，即使是一个普通的人，出生之后，依据习俗，子随父姓，应是明明白白的。清太祖努尔哈赤的姓氏，为什么倒成了历史之谜呢？

原来，关于努尔哈赤的姓氏，文献记载，稗官野史，杂说纷纭，莫衷一是。中国帝制时代，自秦始皇嬴政到宣统帝溥仪，绵延不断，两千余年。除了努尔哈赤之外，还没有哪一个朝代开国皇帝的姓氏成为历史之谜。可以说，清朝开国皇帝竟有姓氏之谜，在中国帝制史上，前无古人，后无来者。

为了解开这个历史之谜，让我们先了解一下当时明朝、朝鲜的官私书籍里，对于清朝太祖努尔哈赤的姓氏是怎样记载的。

一、一说姓佟

努尔哈赤曾作为明朝建州卫的小官员，先后八次骑马到北京，向明朝万历皇帝朝贡。明人或明清之际的学者，做了大量的记载，都说努尔哈赤姓佟。

（一）《明神宗实录》（内阁文库本）万历十七年（1589 年）九月记载："以建州夷酋佟奴（努）尔哈赤为都督佥事。"

（二）苕上愚公《东夷考略》记载："奴尔哈赤佟姓，故建州枝部也。"

（三）陈建辑、沈国元订《皇明从信录》记载："奴尔哈赤佟姓，故建州枝部也。"

（四）海滨野史《建州私志》上卷记载："（努尔）哈赤佟姓，建州枝部也，祖叫场，父塔失。"

（五）张鼐《辽夷略》记载："奴（努尔哈赤）之祖曰佟教场，建州卫左都督佥事也，生佟他失。有二子，曰奴儿（尔）哈赤、速儿哈赤。"

（六）傅国《辽广实录》记载："万历戊午夏四月，故龙虎将军建酋佟奴尔哈赤初发难，袭我抚顺关，陷之。"是年为明万历四十六年（1618 年）。

（七）沈国元《两朝从信录》卷九记载，明兵部尚书张鹤鸣奏曰："臣愚以为佟卜年与奴（努尔哈赤）同姓不同族。"

（八）于燕芳《剿奴议撮·建州考》记载："奴儿哈赤姓佟，故建州枝部也。"

（九）钱谦益《初学集》卷四三记载："佟奴（努尔哈赤）以王杲余孽，冒金源之后，启疆犯顺……"

（十）计六奇《明季北略·建州之始》记载："□□□□，佟姓，故建州枝部也。"计六奇写此书时在清朝，故"努尔哈赤"四字讳缺，代之以方框。

总之，关于努尔哈赤的姓氏，明人多有记载，说他姓佟。

二、其他多说

努尔哈赤曾同朝鲜打交道数十年，关于他的姓氏，朝鲜文献留下大量记载：

（一）申忠一《建州纪程图记》载述，万历二十四年（1596 年）正月，努尔哈赤向朝鲜国王回帖云："女直国建州卫管束夷人之主佟奴尔哈赤禀"云云。努尔哈赤自称姓佟。申忠一作为朝鲜南部主簿到达建州佛阿拉，受到努尔哈赤的接见，并在那里住了一段时间。他回国后将见闻写成《申忠一书启及图录》即《建州纪程图记》，资料珍贵，相当可信；而那篇"回帖"是努尔哈赤本人让他转给朝鲜国王李昖的。这是努尔哈赤亲自审阅过的正式公文，应当算是第一手资料。

朝鲜人申忠一著《建州纪程图记》

（二）朝鲜李朝《光海君日记》六年即明万历四十二年（1614年）六月丙午记载：奴尔哈赤，"酋本佟姓，以女真故种也。"

（三）朝鲜《李朝宣祖实录》三十八年即明万历三十三年（1605年）十一月十一日，努尔哈赤在给朝鲜的国书里，也自称是"建州等地方国王佟"云云。

（四）朝鲜李肯翊《燃藜室记述》卷二十三引《丙子录》云："奴尔哈赤，佟姓，故建州枝部也，其祖叫场，父塔失，并及于阿台之难，有殉国之忠。"

以上列举明朝与朝鲜共十四条史料，都记载努尔哈赤姓佟。

当然，朝鲜文献更多的是把"佟"写作"童"。举例来说，《建州纪程图记》记载：童交清哈（即觉昌安）子托时（即塔克世）。就是说努尔哈赤的祖父为"童交清哈"即"童觉昌安"，父亲为"童托时"即"童塔克世"。由此看来，努尔哈赤也应当是"童努尔哈赤"。更远些说，努尔哈赤的先祖为"童猛哥帖木儿"，也是姓童。当时三姓地方除"童猛哥帖木儿"外，另一首领就是"童於虚出"，此人就是《明太宗实录》记载的阿哈出。永乐年间阿哈出曾因从征有功，被明朝封为建州卫指挥使，受到丰厚赍赏，还成了皇家的亲戚。阿哈出的孙子李满住后来从朝鲜迁到婆猪江（今浑江），又迁到苏子河，开辟并奠定了建州女真在辽东发展的基地。

那时，女真人姓佟或童的很多，这是一个较普遍的姓氏。如前面说的，朝鲜使臣申忠一到建州老寨，沿途遇到的女真诸部酋长很多都姓童，他在《建州纪程图记》里记述的有：童汝乙古、童复应古、童流水、童亲自哈、童牌麻、童时罗破、童胡者打、童尼求里、童愁沙、童阿之夫、童阿斗、童时伐伊、童多古、童阿愁、童麻罗好、童歪、童豆伊致哈、童阳古、童欲古伊、童暗复应古、童光斗、童加可共二十二户姓童的人家。

“佟、童”二字，在明朝多用“佟”，而在朝鲜多用“童”。佟姓或童姓为什么是女真人的普遍姓氏呢？章炳麟在《清建国别记》中认为：佟姓是辽东的著姓，原来是汉人的姓氏，后来常被夷人袭用，以假冒汉人，别于夷类，自高身价。清人的祖先，也为了“羞于为夷”，才“以佟氏上达”。

清朝皇室祖先在名字之前冠以“佟”姓，是借用了汉人的姓氏。我们知道佟姓或童姓，不但是辽东的显著大姓，也是当时女真人的普遍姓氏。谁做了部落的酋长，谁与明朝发生关系，谁就以佟或童为姓，通过“四译馆”，转给明朝政府。有人统计，“佟氏世仕虏中，固山、公、侯、文武大吏将数百人”。可见，清朝的先世，羞于为夷姓，以佟氏上达，则自处于夷、汉之间。前面说的阿哈出姓童，当然也是借用汉姓，以抬高他的身份。

除上面说的努尔哈赤姓佟或童之外，朝鲜人还记载他姓雀或崔。朝鲜《光海君日记》六年即明万历四十二年（1614 年）六月丙午条记载：建州夷酋奴尔

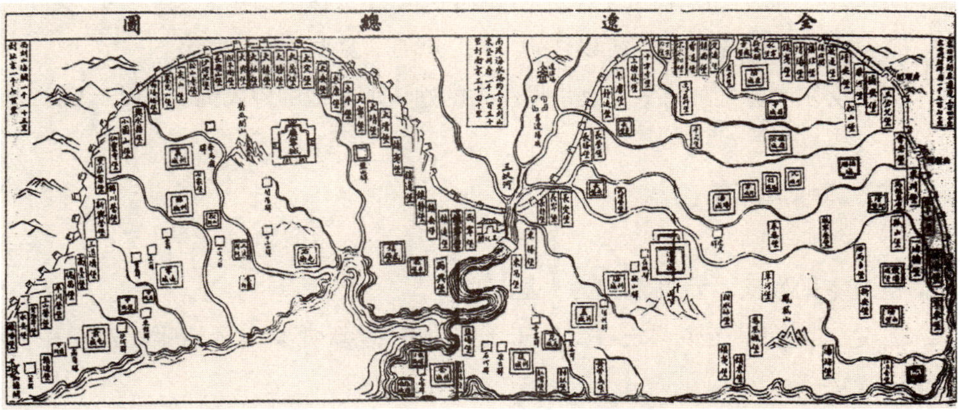

明朝《全辽志》之“全辽总图”

■ 满洲传统的“神杆锡斗”

哈赤，“称雀者，以其母吞雀卵而生酋故也”。“雀”“崔”字形相近，音也略似。说努尔哈赤姓雀或崔，有以下解释：

因本文开篇介绍过的神话，天女佛库伦吞服神鹊落下的朱果，感孕而生爱新觉罗始祖布库里雍顺，所以传闻其姓雀（鹊）。满洲皇室确有“后世子孙俱以鹊为祖”的传说和记载。满洲还流传乌鹊搭救老汗王的传说，并有神杆锡斗盛物祭祀神鹊的习俗。这都说明满洲先人曾把乌鹊作为图腾。这些都把清朝皇室姓氏同“鹊”或“雀”相联系。

从“鹊”到“雀”，又从“雀”到“崔”。“雀”与“崔”在汉文中字形相近，所以不排除“雀”与“崔”二字因字形相近而通假的可能。

还有学者提出“崔”就是“觉罗”。赵庆男《乱中杂录》卷五记载：“老胡崔姓”；李肯翊《燃藜室记述》记载：“老酋姓崔”；曾在萨尔浒大战中被俘的朝鲜军队统帅姜弘立，亦有“老酋（胡）崔姓”之说。以往人们多认为上述说法荒诞无稽，而不加以研究。后来有学者认为：在朝鲜语中，“崔”与“觉罗”的“觉”这两个字音相近，所以怀疑“崔”就是“觉罗”的误读。

既然努尔哈赤姓佟或童，是借用汉人的姓，那么他的姓氏到底是什么呢？

三、爱新觉罗

清皇室的姓氏，官书记载为“爱新觉罗”。

首先，清朝皇帝说自己“受姓于天”，姓“爱新觉罗”。《清太祖高皇帝实录》记载：

相传有天女三，曰恩古伦，次正古伦，次佛库伦，浴于池。浴毕，有神鹊衔朱果，置季女衣。季女爱之，不忍置诸地，含口中。甫被衣，忽已入腹，遂有身。告二姊曰："吾身重，不能飞升，奈何？"二姊曰："吾等列仙籍，无他虞也。此天授尔娠，俟免（娩）身，来未晚。"言已，别去。佛库伦寻产一男，生而能言，体貌奇异。及长，母告以吞朱果有身之故。因命之曰："汝以爱新觉罗为姓，名布库里雍顺……"（《清太祖高皇帝实录》卷一）

这里说清朝皇帝的祖先布库里雍顺，为天女所生，姓爱新觉罗。

《清太祖武皇帝实录》记载此事，加了注解：爱新（华言金也），觉罗（姓也）。也就是说，爱新觉罗，用汉语说，就是金觉罗。

■《满洲实录》之"三仙女浴布勒瑚里泊"图

在《清太祖高皇帝实录》之后，清朝官修的"会典""玉牒""通谱""老档""方略""通志""源流考"，以至于皇帝的御制诗文，凡属清代的官书，都来自努尔哈赤及其后裔一方的记载，都是"钦定""御制"，也都说自己姓爱新觉罗。

清人与金人，本是同族源。在明人记述里，便已有这种说法。举一个例子，满洲兴起，努尔哈赤占领辽东，皇太极率军攻打北京。明朝皇帝下令掘毁北京房山金陵，以破坏满洲的风水。清室也承认自己是金的后裔。《清高宗实录》乾隆十二年（1747 年）七月十八日记载乾隆帝的话说："金源即满洲也。"后来乾隆帝又说："我朝得姓曰爱新觉罗氏，国语谓金曰爱新，可为金源同派之证。"由此可知，金人与清人，是同一种族。金人的姓氏，据元朝的姚燧说："金有天下，诸部各以居地为姓。"就是说金人的姓氏，多由他们居住的地方而得来。郑天挺《清史探微》认为，《金史》中的"夹谷氏"或谓"夹温"；金启琮《爱新觉罗氏之谜》一文认为，《宴台女真进士题名碑》中的“交鲁”一姓与“觉罗”音相合，证明金代已有此姓。

清人的姓氏是不是也由居地名称得来的呢？我们从《满文老档》与朝鲜《李朝实录》的记载，可以知道有的姓氏也是从地名得来的。

“觉罗”一词，满文写作 gioro。《满洲实录》记载：建州地方有 muhu gioro，就是《清太祖高皇帝实录》里的“木户角洛”，也译成“穆瑚觉罗”。gioro 后来通常用“角落”和“角洛”，而不用“觉罗”，这是为了使后人读了不致联想到满洲皇室的姓氏。满洲以居地为姓氏，是常见的事。清初帝王说自己的姓氏是天赐的，这是讳言他们得姓于居地觉罗故里，因为那是一个荒僻寒微的地方。后世子孙修《实录》的时候，用“角落”和“角洛”来代替因故里而得姓的“觉罗”，实在是为了隐蔽他们寒微的家世。在《八旗满洲氏族通谱》里，记载有八种觉罗：“觉罗为满洲著姓，内有伊尔根觉罗、舒舒觉罗、西林觉罗、通颜觉罗、阿颜觉罗、呼伦觉罗、阿哈觉罗、察喇觉罗等氏。”可见“觉罗”是满洲皇室旧有的姓氏，“爱新”是后来加添的，其目的在于显示帝王的尊贵。

■ 记载满洲八旗姓氏源流的《八旗满洲氏族通谱》

为什么到清太祖的时候，他们舍弃了汉人的佟姓，而自称姓觉罗呢？因为佟姓毕竟是个汉人的姓氏，虽然借用了可以假冒汉人，在和明朝官方文书往来时方便些，可是金姓却是金朝女真的国号，不但可以自显是帝王族裔的血脉，而且可以借着它在女真部族中有所号召。因此，“爱新觉罗”这个姓并不是凭空创造的，而是有它产生的原因、形成的过程。

有学者查过：在《满文老档》和《满洲实录》里，很少出现“爱新觉罗”一词，仅有三例。并认为：清太祖建元天命后，在 gioro（觉罗）姓前冠以 aisin（爱新），标示其有别于一般人的高贵身份。

乾隆帝在《盛京赋》中说：

帝女天姝，朱果是吞，爰生圣子，帝用锡以姓曰觉罗，而徽其称曰爱新。

清朝太祖的姓氏，原来就是“觉罗”。而“觉罗”这个姓氏的由来，经过专家学者的考证，是因居地而得名。努尔哈赤的祖先，曾经姓佟或童。他们借用了汉人的姓氏，其目的：一是自高门第；二是便于同汉人往来；三是利于同朝鲜交际；四是书文有利于上达朝廷。到了清太祖努尔哈赤创建后金、龙兴大业的时候，为着振奋女真志气，团聚女真部民，同明朝对抗，便舍弃了汉人姓氏——佟或童，在自己原有姓氏“觉罗”之前，加上一个徽称“爱新”（金），于是就变成“爱新觉罗”，并流传故事，加以神秘化。

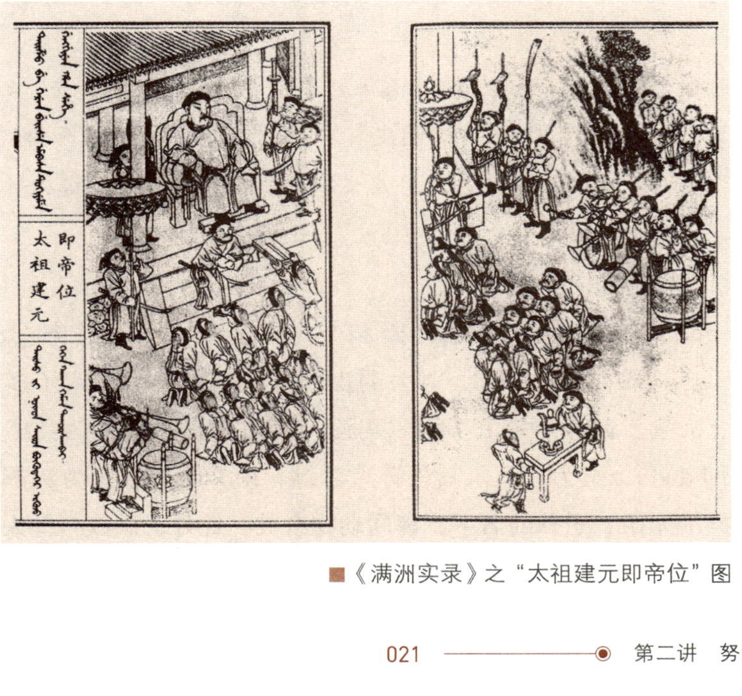

■《满洲实录》之“太祖建元即帝位”图

由以上分析可知，满洲先祖本姓“觉罗”（或雀、或崔），后来借用汉人的姓氏而姓“佟”（或童），清朝开国皇帝太祖努尔哈赤自称姓“爱新觉罗”，即“金觉罗”，既不是“受姓于天”，也不是“荒诞无稽”，而是在其原有的“觉罗”上，添加徽称“爱新”（金），就成了姓“爱新觉罗”。

这里顺便说一下，努尔哈赤不仅姓什么是个历史之谜，而且他的名字也有不同的说法。努尔哈赤，满文《玉牒》写作ᠨᡠᡵᡤᠠᠴᡳ。其拉丁字转写为 nurgaci，抑或写作 nurhaci。均不见于《无圈点老档》即《旧满洲档》或《老满文原档》或《满文老档》。在满文体的《满洲实录》《清太祖高皇帝实录》《清太祖本纪》中，清太祖的名字为贴签或讳阙。经我查验：黄签之下，空白无字。清史界有学者认为：清太祖起名时尚无满文，时用蒙古文，其名字或为蒙古文。据查，在蒙古文中找不到它的含义。也有的学者鉴于蒙古文是在回鹘字母基础上创制的，所以从回鹘文入手去探求其语义。在回鹘文中，nur（努尔）是“光明”的意思；haji（哈吉）是“朝圣”的意思。清太祖的名字 nurgaci 或 nurhaci，如由维吾尔语经蒙古语，而转被满语所吸收，那么在满语中应当出现这一词语。但是，在女真文和满文中，均未见 nurgaci 或 nurhaci 一词。可见上述诠释似不可通。另有一说认为努尔哈赤原意为“野猪皮”，据金启孮先生笺示：

> 唯幼时曾闻满文专家舍翁松贤前辈说过，努尔哈齐系“野猪皮”之义，舒尔哈齐为“小野猪皮”，雅尔哈齐为“豹皮”。其说必有根据。后闻西伯利亚通古斯各族民俗，小儿多喜以所穿之某种兽皮之衣，以为乳名，可反证松贤之说确实无误矣。（金启孮先生手书）

满语 nurheci（奴可齐），意为野猪皮。shurha（舒尔哈〔齐〕），意为小野猪皮。yarha（雅尔哈〔齐〕），意为豹皮。努尔哈赤的第十四子多尔衮，即 dorgon，意为獾。其侄阿敏之子固尔玛浑，即 gūlmahūn，意为兔子。其嫡长孙杜度，即 dudu，意为斑雀。其外孙库尔缠，即 kūrcan，意为灰鹤。上述努尔哈赤家族中兄弟、子孙的名字，都同动物有关。此外，满族一些人物的名字也同动物有关，如马福塔，即 mafuta，意为公鹿，等等。

朝鲜史籍记载清太祖的名字为“乙可赤”“奴可赤”，似即nurhaci的对音。在《明神宗实录》里，努尔哈赤进京贡方物、奏表文，朝廷颁敕封、赐宴赏的记载均称其为“奴儿哈赤”。至于朝鲜称“奴可赤”，似为“奴儿哈赤”之急读。总之，nurhaci即努尔哈赤，按照满文的本意，是“野猪皮”的意思。后来这一名字在满洲文献中不见出现。对清太祖名字满文本意的考释，纯属学术范畴。上述陋释，或有疑词；仁者见仁，智者见智。需要的是逻辑理智，摒弃的是情感偏见。同时，在我国东北方言中，“齐”与“赤”同音，满文体nurhaci应音译作努尔哈齐，现从历史传承，约定俗成，仍称努尔哈赤。

第三讲
努尔哈赤蒙难

从努尔哈赤的家世可知，他出生在建州女真的一个殷实之家。他的祖父觉昌安，是建州左卫指挥使脱原保的堂弟，外祖父王杲是建州女真首领，所以他的家庭在当地算是有地位、有声望之家。但是，努尔哈赤的青少年时期，同样也遭受了相继而来的诸种磨难和不幸。一次次挫折，一次次磨难，使懦弱者更怯弱，而使坚强者更刚强。努尔哈赤正是顶着挫折与磨难的熬炼，逐渐地成长起来。在青少年时期，努尔哈赤曾先后遭受三次大的磨难，这就是童年丧母、少处异乡、青年时父祖蒙难。

一、十岁丧母

努尔哈赤青少年时期受到第一次大的磨难，是他在十岁时生母故去，继母那拉氏（又作纳喇氏）又待他刻薄寡恩。《满洲实录》记载：

汗十岁时丧母。继母妒之，父惑于继母言，遂分居，年已十九矣，家产所予独薄。（《满洲实录》卷一）

努尔哈赤十岁时亲生母亲故去，继母又生同父异母弟，他在家中处于一种困难的境遇。十九岁就分家单过，分得的家产非常少，所以生活一度陷入贫困。《满文老档》记载："英明汗自幼贫苦"，这应合乎实情。他在青少年时期曾参加劳动。在三月至五月、七月至十月的采集季节里，努尔哈赤同伙伴们一起，进入莽莽林海，搭棚栖居，白天采撷，夜晚棚宿。他挖人参、采松子、摘榛子、拾蘑菇，赶往抚顺马市进行贸易，用赚来的钱维持或贴补家庭生活。这一时期因亲自挖人参、卖人参，接触部民，对他尔后的政治生涯有着很大的影响。如原先女真人与明朝的人参贸易货品是生参（鲜参），明朝在制裁女真时停止人参贸易，致使大量新鲜人参烂掉，损失惨重。努尔哈赤发明人参煮晒法，就是将新鲜人参煮熟晾干，可以长久储存，从而打破明朝霸市，造福女真部民。

努尔哈赤的母亲后被追谥为“宣皇后”，这是青玉“宣皇后之宝”

当时，汉人与女真人、蒙古人的贸易，集中在镇北关（在开原城东北七十里）、清河关（在开原城西南六十里）、广顺关（在开原城东六十里靖安堡）、新安关（在开原城西六十里庆云堡）和抚顺关（在城东三十里）等地。这种集市开始以买卖马匹为主，叫作“马市”，规定：“每月初一日至初五日，十六日至二十二日开市两次。各夷止将马匹并土产货物，赴彼处委官验放入市，许赍有货物者，与彼两平交易。”交易市场外面加一道围墙，将参加贸易的人圈在围墙内，所以叫“市圈”。当“市圈”开市时，汉人、女真人、蒙古人等熙熙攘攘，融汇一市。女真人带着人参、黄芪、鹿茸、熊胆、虎骨、松子、榛子、蘑菇、木耳、蜂蜜、东珠、麻布、马匹、狐狸皮、貂皮、猞猁狲皮等参加贸易。他们从汉人那里买去耕牛、铧子、木锨等生产工具，布匹、铁锅、碗盆、针线等生活用品。互市贸易，使汉人和女真人等加强了经济交流，促进了文化发展，丰富了物质生活，密切了民族关系。

努尔哈赤往来于抚顺关马市贸易，广交汉人，了解汉地经济实情，熟悉明朝政治动向；结识汉族知识分子，受到汉族文化熏陶。他在集市贸易的交往中，熟知了辽东山川形胜与道里险夷。他在同蒙古人和汉人的广泛接触中，学会了蒙古语，并粗懂汉语、略识汉字。黄道周说努尔哈赤“好看《三国》《水浒》二传，自谓有谋略”。但是，至今还没有材料证明努尔哈赤能看懂汉文的

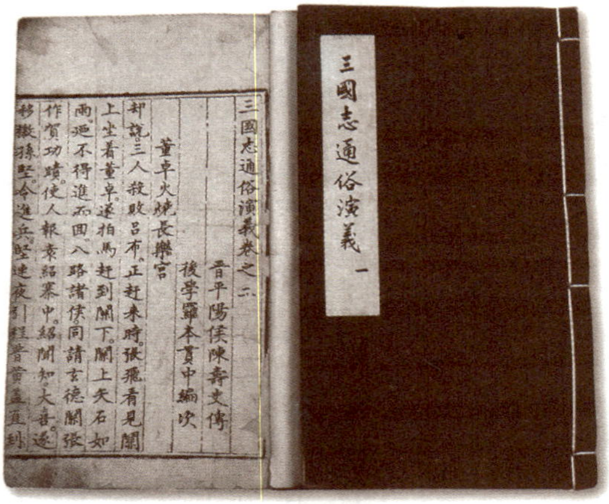

■《三国志通俗演义》（明万历刊本）

《三国演义》和《水浒传》。

不过，朝鲜人申忠一在明万历二十六年（1598 年）到佛阿拉（今辽宁省新宾满族自治县永陵镇二道河子村），见努尔哈赤胞弟舒尔哈齐家的大门上，有一副残破的对联：上联剩下的字是“迹处青山”，下联剩下的字是“身居绿林”。这反映他们喜爱汉文章回小说，受汉族文化影响较深。总之，抚顺关马市贸易像一所大学校，使努尔哈赤从中学习社会和经济、政治和文化、民俗和语言、军事和地理，从而增长了见识，开阔了胸怀，磨炼了意志，丰富了智慧。

二、寄人帐下

努尔哈赤青少年时期受到第二次大的磨难，是他在十五岁时，到了明辽东总兵李成梁帐下。这件事，要从努尔哈赤的外祖父王杲说起。

建州右卫指挥使王杲，明朝人瞿九思在《万历武功录·王杲列传》中说道：“为人聪慧，有才辩，能解番、汉语言字义”，兵强马壮，自为雄长。他先于嘉靖四十一年（1562 年）设伏擒杀明辽东副总兵黑春；又于万历二年（1574 年）七月，会同来力红杀死明朝游击裴承祖等。明朝断绝王杲市赏，王杲纠众越界入犯。明辽东总兵李成梁击败王杲之兵，又率军猛攻王杲寨。王杲寨险阻，城坚栅密，精兵守卫。李成梁督兵具炮石、火器，斧其栅，攻其寨。“环而攻之，会大风起，遂纵火焚烧杲室屋五百余间及刍茭，烟火相望，诸虏大败北。我兵乘胜先登，斩首捕虏凡一千一百四级，夺获马、牛凡五百二十五头，盔、甲凡九百八十一副。”王杲兵败后，第二年走投哈达部长王台。王台绑缚王杲，献给明朝边官。这件事发生在明万历三年（1575 年）。这年八月，明万历帝御午门城楼，受辽东守臣献俘王杲，命将其“磔尸剖腹”。这就是史籍记载的建州女真首领王杲被“槛车致阙下，磔于市”。这年王杲四十七岁。

午门城楼

努尔哈赤本来就失去了生母，孤单无依；现在外祖父又遭了难，于是，努尔哈赤就投到了辽东总兵李成梁帐下。

努尔哈赤投奔李成梁的原因，有的书说他流落抚顺贸易后为李总兵收养；也有的书说他在王杲寨破后被李总兵俘降。尽管努尔哈赤到李成梁帐下的原因与时间众说不一，但他确曾在辽东总兵李成梁帐下。史载颇多，择录于下。做过明朝兵部尚书、蓟辽经略的王在晋在《三朝辽事实录》中记载：

奴方十五、六岁，请死，成梁哀之。

从努尔哈赤嘉靖三十八年（1559 年）出生，到万历二年（1574 年）王杲寨破，恰好周岁十五岁、虚岁十六岁。陈建《皇明通纪辑要》卷一九也记载：

奴与速同为俘虏。

“奴”是指努尔哈赤，“速”是指努尔哈赤的胞弟舒尔哈齐。他们同时做了李成梁的俘虏。《姚宫詹文集》卷一记载：

奴儿哈赤……抱成梁马足，请死。成梁怜之，不杀，留帐下。

《神庙留中奏疏汇要》卷三记载：

自奴酋以孤俘，纵为龙虎将军。

彭孙贻《山中闻见录》卷一第一页记载：

太祖既长，身长八尺，智力过人，隶成梁标下。每战必先登，屡立功，成梁厚待之。

《辽筹·题熊侍御疏牍叙》记载：

主将李如柏世居辽。其先宁远公又儿子畜奴贼。

李如柏的父亲为宁远伯李成梁，官做到辽东总兵。方孔炤《全边略记·辽东略》又记载：

李成梁雏畜（奴儿）哈赤，及长，以祖、父殉国，予指挥，与南关埒。

另如《明史钞略·李成梁传》等书也有相似记载。

除上述文献记载外，在满族中流传着《关于罕王的传说》。这个美丽动人的传说，记述了努尔哈赤的这段“经历”：

明朝为表彰李成梁镇守辽东军功而建的石坊

那时候明朝天下大灾，各处反乱。罕王下山后投到李总兵的部下。李总兵见大罕长得标致可爱，聪明伶俐，便把他留在帐下，当个书童，用来伺候自己。

有一天晚上，李总兵洗脚，对他的爱妾骄傲地说："你看，我之所以能当总兵，正是因为脚上长了这七个黑痣！"他的爱妾回答说："咱帐下书童的脚上却长了七个红痣！"总兵闻听，不免大吃一惊。这明明是天子的象征。他前些时候才接到圣旨，说是紫微星下降，东北有天子象，谕其严密缉捕。原来要捉拿的人就在眼前。总兵暗自下令做囚车，准备解送罕王进京，问罪斩首。

总兵之妾，平素最喜欢罕王。她看到总兵要这般处理，心里十分懊悔。有心要救罕王，却又无可奈何。于是，把掌门的侍从找来，与他商量这件事。掌门的侍从当即答道："三十六计，走为上计。"定下计议，便急忙把罕王唤来，将事情原委说给他听，让他赶快逃跑。罕王听说之后，出了一身冷汗，十分感激地说："夫人相救，实是再生父母。他年得志，先敬夫人，后敬父母。"罕王拜谢夫人，惶急地盗了一匹大青马，出了后门，骑上马就朝长白山跑去。这时跟随罕王的，还有他平常喂养的那只狗。

罕王逃跑之后，李总兵的爱妾，就在柳枝上，系上白绫，把脖子往里一套，天鼓一响就死了。据说满族在每年黄米下来那天，总是要插柳枝的，其原因就在这里。

第二天，总兵不见了罕王。他正在惶惑之际，忽而发现自己的爱妾吊死在那里。李总兵立即省悟，顿时勃然大怒，在盛怒之下，把她全身脱光，重打四十（满族祭祖时有一段时间灭灯，传说是祭祀夫人的；因其死时赤身，为了避羞，熄灯祭祀）。然后派兵去追赶，定要将罕王捉回。

且说罕王逃了一夜，人困马乏。他正要下马休息，忽听后面喊杀声连天，觉察追兵已到，便策马逃跑。但是，追兵越来越近，后面万箭齐发，射死了大青马。罕王惋伤地说："如果以后能得天下，决忘不了'大青'！"所以后来罕王起国号叫"大清（青）"。罕王的战马已死，只好徒步逃奔，眼看追兵要赶上。正在危难之时，忽然发现路旁有一棵空心树。罕王急中生智，便钻进树洞里，这时恰巧飞来许多乌鸦，群集其上。追兵到此，见一群乌鸦落在树上，不加怀疑，便继续往前追去。罕王安全脱险。等追兵走远以后，罕王从树洞里出来，又躲到荒草芦苇中。他看见伴随自己的，仅有一只狗。罕王疲劳至极，一躺下就睡着啦。

追兵追了一阵，什么也没有追到；搜查多时，又四无人迹。于是纵火烧荒，然后收兵回营。

罕王一睡下来，就如泥人一般；漫天的大火，眼看要烧到身边。这时跟随他的那条狗，跑到河边，浸湿全身，然后跑回来，在罕王的四周打滚。这样往返多次，把罕王四周的草全部滚湿。罕王因此没有被火烧死，爱犬却由于劳累过度，死在罕王身旁。

罕王睁眼醒来，举目四望，一片灰烬。跟随自己的那只狗又死在旁边，浑身通湿。他马上就明白啦。罕王对狗发誓说："今后子孙万代，永远不吃狗肉，不穿狗皮。"这就是满族忌吃狗肉、忌穿狗皮衣的传说缘由。

罕王逃到长白山里，用木杆来挖野菜、掘人参，以维持生活。在山里，罕王回想起自己在种种危急关头，能化险为夷，俱是天公保佑。想到这里，罕王立起手中的杆子来祭天。同时又想起乌鸦救驾之事，也依样感激，就在杆子上挂些东西，让乌鸦来吃，是报答乌鸦相救的意思。后沿袭下来，遂成为风俗。

后来，罕王带领人马下山，攻占了沈阳。

上面引述了一个关于后金大汗努尔哈赤青少年时代的传说。传说中的满族立杆祭天，是对乌鸦的尊崇，属原始图腾崇拜的遗风；至于对狗的尊崇，除有原始图腾崇拜的遗风外，还同满族尚狩猎，狗与其主至关密切的民族习俗有关。关于狗的传说，金朝就有。《康熙顺天府志》记载：在良乡县南五里，有一个金代古迹叫"黑狗台"。这个故事说：

相传金时里人王恭，畜犬甚驯，出必随。一日，恭醉卧于道傍草间，野火延烧。犬身浥盐沟河水，以濡其草。恭寤见草尽湿，始知火灭由于犬，而犬以力竭毙矣。遂负归，筑台葬之。（《康熙顺天府志》卷二）

传说不同于历史，却富有神秘的色彩；传说也不同于神话，却带有历史的痕迹。罕王的传说，曲折地反映了满族杰出首领努尔哈赤青少时期片断历史的影子。

对上述记载的解释，有的学者认为努尔哈赤是"俘虏"，也有的学者认为他不是"俘虏"而是"质子"。以上明朝人的记载，难免有片面、偏见之嫌，既不可不信，又不可尽信。而清朝人，甚至于满洲人对此事也作了记载。康熙朝做过日讲起居注官、《明史》总裁官、直南书房、内阁学士、直讲经筵、左都御史、刑部尚书的徐乾学纂修的《叶赫国贝勒家乘》，乾隆时大学士阿桂等编修的《皇清开国方略》等书，均有所记载。《叶赫国贝勒家乘》（清抄本）第二页记载：

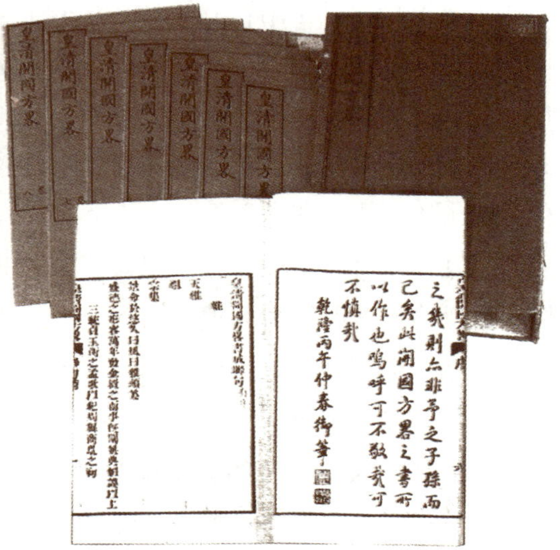
《皇清开国方略》（乾隆武英殿刻本）

壬午（1582年），十年，秋九月，辛亥朔，太祖如叶赫国。时上脱李成梁难而奔我，贝勒仰佳努（杨吉砮）识上为非常人，加礼优待。

壬午年为明万历十年（1582年），这年努尔哈赤二十四岁。叶赫贝勒杨吉砮器重努尔哈赤，以爱女许之，并赠马匹、甲胄，派兵护送他回到了赫图阿拉（今辽宁省抚顺市新宾满族自治县永陵镇赫图阿拉村）。

三、父祖罹难

努尔哈赤青少年时期受到第三次大的磨难，是他的祖父觉昌安和父亲塔克世，在明军攻阿台的古勒寨时，死于兵火。这是他以父祖“十三副遗甲”含恨起兵的直接原因。

觉昌安和塔克世父子两代，都同李成梁结好，故史称李成梁同他们“有香火之情”。另如《筹辽硕画》也记载：“叫场、他失皆忠顺，为中国出力。”可见他们父子均忠顺于明朝。特别是在明军进攻王杲寨时，塔克世对明军有所贡献。史称塔克世以助明征讨王杲之功，受封为建州左卫指挥使。

王杲死后，其子阿台（阿太）驻古勒寨，另一头人阿海（阿亥）驻莽子寨，两寨相依，互为掎角，彼此联络，互援固守。阿台、阿海怨王台缚献王杲，要向哈达部王台之子扈尔干（虎尔罕赤）报仇。同年，阿台、阿海约叶赫部清佳砮贝勒和杨吉砮贝勒共攻哈达。明辽东总兵李成梁提兵至曹子谷，大破之，斩俘一千五百六十三级。

万历十一年（1583年）正月，李成梁以“阿台未擒，终为祸本”，督兵攻阿台驻地古勒寨与阿海驻地莽子寨。当时苏子河部图伦城主尼堪外兰，受到明朝的扶植。明辽东总兵李成梁利用尼堪外兰为傀儡，企图通过他加强对建州女真各部的控制。尼堪外兰为讨好李成梁，引导明军到古勒寨下，攻打阿台。古勒寨在苏子河南岸、扎喀关西南（今新宾县上夹河镇古楼村）。阿台之妻是觉昌安的孙女，觉昌安见古勒寨被围日久，想救出孙女免遭兵火，又想去劝说阿台归降，就同他的儿子塔克世到了古勒寨。塔克世留在外面等候，觉昌安独身进入寨里。因伫候时间较久，塔克世也进到寨里探视。明军攻城益急，双方交战激烈，觉昌安和塔克世父子都被围在寨内。

明辽东总兵李成梁，攻城不克，颇为恼怒，要绑缚尼堪外兰，问师老兵折之罪。尼堪外兰害怕，愿身往城下招抚。他到古勒寨下，高声喊话：“天朝大兵既来，岂有释汝班师之理！汝等不如杀阿太（阿台）归顺。太师有令，若能杀阿太（阿台）者，即令为此城之主！”太师就是李成梁。阿台部下有人信以为真，便杀死阿台，打开寨门，投降明军。李成梁虽然占领古勒寨，但因攻城，损兵折将，极为生气，以杀泄愤。他在古勒寨降顺后，下令“诱城内人出，不分男妇老幼尽屠之！”古勒寨内，男女老幼，均遭屠戮！全寨兵民，无一幸免，尸横屯巷，血流成河。努尔哈赤的祖父觉昌安和父亲塔克世，也在混乱中被攻陷古勒寨的明军误杀。

是役，古勒寨与莽子寨共破，阿台与阿海并死。明军共得二千二百二十二级，并曹子谷之战，总共三千余级。明以此功，告捷郊庙，以功录蓟辽总督周咏、辽东巡抚李松、辽东总兵李成梁世袭锦衣卫指挥使。

古勒寨之役，努尔哈赤祖、父死于寨内。《清太祖武皇帝实录》的载述较明人记述为详，现将全文引录如下：

宁远伯李成梁，攻古勒城主阿太、夏古城主阿亥。成梁于二月，率辽阳、广宁兵，与尼康外郎约，以号带为记，二路进攻。成梁亲围阿太城，命辽阳副将围阿亥城。城中见兵至，遂弃城遁，半得脱出，半被截困，遂克其城，杀阿亥。复与成梁合兵，围古勒城。其城倚山险，阿太御守甚坚，屡屡亲出，绕城冲杀。围兵折伤甚多，不能攻克。成梁因数尼康外郎谗搆，以致折兵之罪，欲缚之。尼康外郎惧，愿往招抚，即至城边，赚之曰："天朝大兵既来，岂有释汝班师之理，汝等不如杀阿太，归顺。太师有令，若能杀阿太者，即令为此城之主。"城中人信其言，遂杀阿太而降。成梁诱城内人出，不分男妇老幼尽屠之。

阿太妻，系太祖大父李敦之女。祖觉常刚，闻古勒被围，恐孙女被陷，同子塔石，往救之。既至，见大兵攻城甚急，遂令塔石候于城外，独身进城，欲携孙女以归，阿太不从。塔石候良久，亦进城探视。及城陷，被尼康外郎唆使大明兵，并杀觉常刚父子。（《清太祖武皇帝实录》卷一）

上引《清太祖武皇帝实录》文字，古勒城即古勒寨，夏古城即莽子寨，阿太即阿台，阿亥即阿海，觉常刚即觉昌安，塔石即塔克世，李敦即礼敦，尼康外郎即尼堪外兰。在古勒寨之役中，努尔哈赤的祖父觉昌安和父亲塔克世，均被明军所杀。

努尔哈赤惊闻父、祖蒙难的噩耗，捶胸顿足，悲痛欲绝。他亲自去诘问明朝边吏道："我祖、父何故被害？汝等乃我不共戴天之仇也！汝何为辞？"明朝边官遣使谢过，称："非有意也，误耳！"遂还努尔哈赤祖、父遗体，并与"敕书三十道，马三十匹，复给都督敕书。"这一年，努尔哈赤二十五岁。

努尔哈赤的祖父觉昌安后被追谥为"景祖翼皇帝"，这是青玉"景祖翼皇帝之宝"

大明皇朝万历帝、辽东总兵李成梁，屠一座边塞小城，杀若干东夷草民，易如反掌，如要儿戏。但是，人心不可欺，民志不可辱。怨，可化不可聚；仇，可解不可结。明朝万历帝、总兵李成梁，一次一次地焚掠女真屯寨，一次一次地屠杀女真部民，同女真各部，同女真民众，积下文化之怨，结下文化之

努尔哈赤的父亲塔克世后被追谥为“显祖宣皇帝”，这是青玉“显祖宣皇帝谥册”

仇。女真与明朝，边民与明军，其怨其仇，其愤其恨，集中表现在努尔哈赤身上。努尔哈赤同大明皇朝结下四重仇恨——外祖父王杲、姑父（亦为舅父）阿台、祖父觉昌安、父亲塔克世，都死于明朝官军之手。从此，努尔哈赤与大明皇朝，积下不可化解之怨，结下不共戴天之仇。万历帝、李成梁杀了王杲、阿台、觉昌安、塔克世，在努尔哈赤心里，点燃起燎原之复仇星火，挖掘开溃堤之复仇蚁穴。努尔哈赤将复仇的星火，逐渐燃烧成为焚毁大明皇朝的燎原大火；将复仇的穴水，逐渐汇聚成为冲毁大明皇朝的滔滔洪水。最终，以清代明，江山易主。

努尔哈赤的青少年时期，正逢家世中衰，刻苦奋斗与丰富阅历的燧石，敲打着他胆略、性格和智慧的火花，在微弱的火光中，披荆斩棘，铿锵前行。

第四讲

努尔哈赤囚弟

清太祖努尔哈赤曾经杀死了胞弟舒尔哈齐，是真的吗？为什么？

一、手足起兵

努尔哈赤的父亲塔克世先娶都督阿古的女儿喜塔腊氏为妻（后被尊为宣皇后），又娶那拉氏为继妻，再娶李佳氏为庶妻等。塔克世有五个儿子：长子努尔哈赤、次子穆尔哈齐、三子舒尔哈齐、四子雅尔哈齐、五子巴雅喇。其中，喜塔腊氏生育三个儿子，就是努尔哈赤、舒尔哈齐和雅尔哈齐，还生育一个女儿（后被赠与和硕公主）。那拉氏生育一个儿子即巴雅喇。李佳氏生育一个儿子即穆尔哈齐。喜塔腊氏在明隆庆三年（1569年）去世。这年努尔哈赤十岁，舒尔哈齐五岁。

■ 努尔哈赤像

努尔哈赤兄弟亲生母亲去世后，后母对他们兄弟刻薄寡恩，另眼相待。后来他们的祖、父又死于明军的枪刀之下。努尔哈赤在患难的兄弟五人中，同舒尔哈齐为一母同胞，年龄接近、相依为命、关系密切。

在明朝官书中，往往将努尔哈赤与舒尔哈齐并称。跟胞兄努尔哈赤一样，舒尔哈齐也曾以建州卫都督等身份，多次到北京朝贡。

第一次，《明神宗实录》记载：万历二十三年（1595 年）八月，“建州等卫女直夷人速儿哈赤等赴京朝贡，命如例宴赏。”

第二次，万历二十五年（1597 年）七月，“建州等卫夷人都督都指挥速儿哈赤等一百员名、纳木章等一百员名，俱赴京（朝）贡，赐赏如例。”

第三次，谈迁《国榷》记载：万历三十四年（1606 年）十二月，“建州卫都督都指挥速儿哈赤等入贡。”

第四次，《明神宗实录》又记载：万历三十六年（1608）十二月，“颁给建州右等卫女直夷人速儿哈赤等一百四十名，贡赏如例。”

上文中的速儿哈赤就是舒尔哈齐，他多次进京朝贡，在兄弟五人中，除其长兄努尔哈赤进京朝贡达八次之多外，这是仅见的。舒尔哈齐多次进京朝贡，熟悉山海关内外地理民风，目睹京师繁华，关内富庶，人烟稠密，文明昌盛。

有书记载说，舒尔哈齐的女儿成为明朝辽东总兵李成梁爱子李如柏之妾，当时曾流传“奴酋女婿作镇守，未知辽东落谁手”的民谣。朝鲜使臣到佛阿拉，看见舒尔哈齐大门上贴着一副残旧的对联：上联写的是“迹处青山”；下联写的是“身居绿林”。以上都说明舒尔哈齐受汉族文化影响很多、很深。

明万历十一年（1583 年），努尔哈赤以父祖“遗甲十三副”起兵时，舒尔哈齐跟随长兄，四处征战，“多智习兵”，屡立军功。另在朝鲜史籍中，也能反映出舒尔哈齐的显贵地位。朝鲜《李朝实录》对努尔哈赤和舒尔哈齐兄弟经常并提，称努尔哈赤为“老乙可赤”“老哈赤”“老酋”，称舒尔哈齐为“小乙可赤”“小哈赤”“小酋”。朝鲜南部主簿申忠一到建州佛阿拉，写下《建州纪程图记》，书中绘制的建州首领住家图仅有二幅：一幅是努尔哈赤家的《木栅内奴酋家图》；另一幅则是舒尔哈齐家的《外城内小酋家图》。

申忠一所见的舒尔哈齐，长得“体胖壮大，面白而方，耳穿银环，服色与其兄一样。”比申忠一先一个月到佛阿拉的朝鲜会满语的通事（翻译）河世国，分别受到努尔哈赤和舒尔哈齐的接见与宴赏。《李朝宣祖实录》记载：

老乙可赤常时所住之家，麾下四千余名，佩剑卫立，而设坐交椅。唐官家丁先为请入，拜辞而罢。然后世国亦为请入，揖礼而出。小乙可赤处一样行礼矣。老乙可赤屠牛设宴，小乙可赤屠猪设宴，各有赏给。

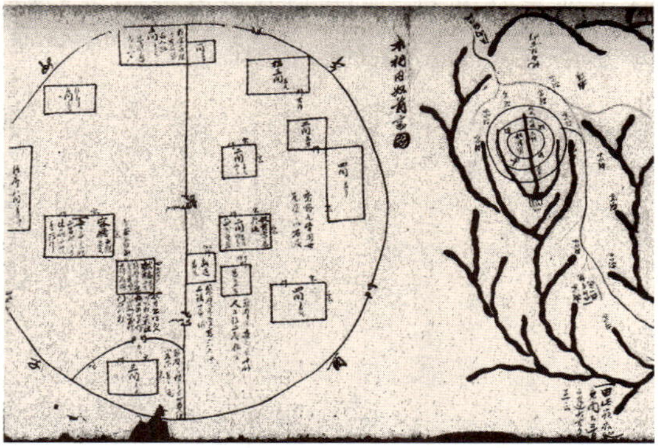

■《建州纪程图记》之“木栅内奴酋家图”

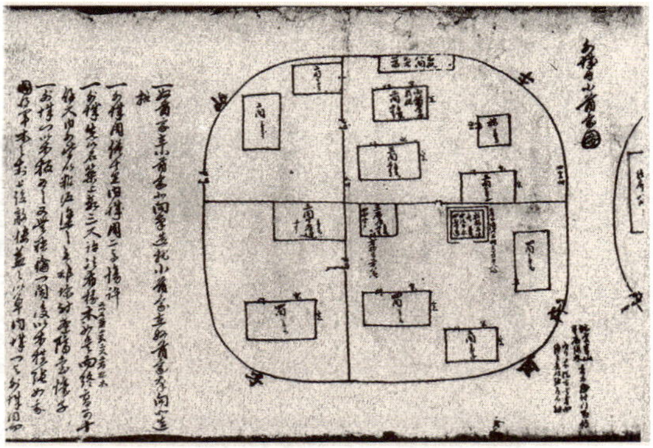

■《建州纪程图记》之“外城内小酋家图”

后来河世国又到佛阿拉，他目睹：“老乙可赤麾下万名，小乙可赤麾下五千余名。”申忠一还在建州佛阿拉和努尔哈赤、舒尔哈齐等人共同度过了一个农历新年。

申忠一、河世国等对努尔哈赤兄弟的记述都是亲眼所见，亲耳所听，应当是很真实的，也是很珍贵的。

舒尔哈齐当时已雄长于部落，实力在诸弟之上。朝鲜人对舒尔哈齐的记载，满怀同情、充分肯定。

明朝和朝鲜的史籍记载，都说明努尔哈赤与舒尔哈齐曾是主副配合、相辅相成的。早在努尔哈赤起兵之初，舒尔哈齐处于他长兄副手的地位。但是后来他们同胞兄弟演出“萁豆相煎”的悲剧。

二、萁豆相煎

关于舒尔哈齐之死，清朝记载非常简单。

（一）《清太祖高皇帝实录》万历三十九年（1611 年）八月记载：“上弟达尔汉巴图鲁贝勒舒尔哈齐薨，年四十八。”达尔汉巴图鲁为满语的译音，是舒尔哈齐武勇的美号。《清太祖武皇帝实录》和《满洲实录》也都做了同样的记载。以上三书，都仅用一个“薨”字简记此事。如此简略的记述，透露出讳莫如深的难言之隐。

而且，在《清太祖高皇帝实录》、《清太祖武皇帝实录》和《满洲实录》中，记述舒尔哈齐事迹，没有一处是荣光的，几乎到处隐伏着其罪状。

不仅如此，在以上诸书中，记努尔哈赤弟丧共有三次，如天命五年（1620年）九月，努尔哈赤的异母弟穆尔哈齐死，《清太祖高皇帝实录》记载：“皇弟青巴图鲁贝勒穆尔哈齐薨。穆尔哈齐，显祖庶妃所生也，上赐号青巴图鲁。祭墓时，上亲往奠之。因至一等大臣费英东墓，泣数行下，躬奠酒者三。又至喇哈、吉木巴逊墓，令从臣奠酒，二人，皆上之勤劳近臣也。”

穆尔哈齐、达尔察父子墓

努尔哈赤的异母弟巴雅喇死，努尔哈赤也有临丧之礼，也泣拜其墓。但是，曾经跟他最亲密的舒尔哈齐之丧，官书仅载年月而已，毫无居丧礼仪，也无哀痛表示。无论是以功，还是以亲，清史如此对待舒尔哈齐，必定有所隐讳，不然实在是太不合情理。

（二）清代所编纂的《清国史》没有为舒尔哈齐立传，《开国诸王公诸大臣传》和《宗室王公功绩表传》等也都没有为舒尔哈齐立传。舒尔哈齐以亲而言，为太祖同母弟；以功而言，为最早起兵的元勋；以爵而言，被封为亲王；以贵而言，为爱新觉罗宗室——不为其立传，实令人生疑。此外，《清国史》撰述舒尔哈齐事迹时，竟然附载于其子济尔哈朗传之中，算是一个史书奇例。

《清史稿》有舒尔哈齐的传记，但没有记载他的功绩，却载述舒尔哈齐居恒郁郁及脱离太祖移居黑扯木的事，后来努尔哈赤因为这件事而杀了舒尔哈齐的两个儿子阿尔通阿和扎萨卡图，不久舒尔哈齐自己也死了。《清史稿·舒尔哈齐传》取材于国史馆旧档，所记史事当是有所依据的。

欲盖弥彰，适得其反。以上这些反常的做法，引起学者的疑惑。为此，清史学家孟森著《清太祖杀弟事实考》、陈捷先撰《清太祖推刃胞弟考》、日本学者鸳渊一写《舒尔哈齐之死》，都试图解开舒尔哈齐死因之谜。

事情是这样的：努尔哈赤随着汗权的强化，同其胞弟舒尔哈齐发生了权力与财富之争。他们兄弟二人之间的矛盾，在万历二十三年（1595 年）已露端倪。朝鲜南部主簿申忠一到建州佛阿拉，他见舒尔哈齐家里的“凡百器具，不及其兄远矣”；舒尔哈齐也向申忠一诉说：“日后你佥使若有送礼，则不可高下于我兄弟。”这表露出舒尔哈齐对已获权位与财富的不满，总想和他长兄争名利、争权位。这可以看出舒尔哈齐是个不甘心居于其胞兄之下的人。

万历二十七年（1599 年），在建州兵征哈达时，舒尔哈齐表现出畏难退缩。满洲人“出兵之时，无不欢跃”，勇敢冲杀，驱骑争锋。舒尔哈齐却在哈达城下畏缩，努尔哈赤当众怒斥他，不给胞弟留点面子，使得他们兄弟之间的裂痕加深。舒尔哈齐身经百战，为什么在哈达城下畏缩？是想保存实力，还是另有所虑？努尔哈赤没有说明，也没有深究。但是兄弟间的裂痕已经形成，并公然表露。

辽宁新宾佛阿拉城遗址，这里是努尔哈赤称汗前的住所

万历三十五年（1607 年）正月，努尔哈赤派胞弟舒尔哈齐、长子褚英、次子代善率领部分军队，去接应东海女真斐优城五百户女真归降部民到建州。斐优城在今吉林省延边朝鲜族自治州和龙市境，我去这个地方考察过。在他们回来的路上，乌拉部贝勒布占泰派大将博克多率一万兵马横行拦截。（《满文老档·太祖》卷一）双方骑兵在图们江畔的乌碣岩（今朝鲜境内钟城附近）进行了一场大战。

乌拉部是海西女真扈伦四部中一个兵强马壮的大部。乌拉城在今吉林省吉林市永吉县乌拉街乡。建州部和乌拉部有联合，也有矛盾。乌拉部布占泰曾参加九部联军进攻努尔哈赤的大战，兵败被俘。努尔哈赤为了结好乌拉，扶持布占泰做了乌拉部贝勒。建州和乌拉又先后五次联姻：努尔哈赤的女儿穆库什、舒尔哈齐的两个女儿额实泰和娥恩哲，都先后嫁给乌拉贝勒布占泰为妻；布占泰哥哥满泰（原乌拉贝勒）的女儿阿巴亥嫁给努尔哈赤为妻，后来生了阿济格、多尔衮和多铎。布占泰的妹妹乎奈又是舒尔哈齐的妻子。所以，努尔哈赤是布占泰的岳父，舒尔哈齐也是布占泰的岳父；而布占泰又是努尔哈赤的妻叔，还是舒尔哈齐的妻兄。可以说两部是亲上加亲。但是，两部也有矛盾。乌碣岩大战就是两部矛盾的一个突出表现。

在乌碣岩大战中，舒尔哈齐顾及和乌拉贝勒两家是亲戚，便同部将常书和纳齐布率兵停在山下，畏葸不前，观战不动。而褚英和代善统兵率先冲入敌阵，大败乌拉兵。是战，褚英和代善率军阵斩乌拉统兵大将博克多，生擒其贝勒常住父子及贝勒胡里布，斩三千级，获马五千匹、甲三千副等。（《清太祖高皇帝实录》卷三）

乌碣岩之战，激化了努尔哈赤与舒尔哈齐兄弟之间的矛盾。努尔哈赤以舒尔哈齐作战不力为由，命将他的两员大将常书、纳齐布论死。舒尔哈齐恳求说："若杀二将，即杀我也！"努尔哈赤命免二将死，但罚常书银百两，夺纳齐布所属牛录。从此努尔哈赤不再派遣胞弟舒尔哈齐将兵，削夺了他的兵权。

舒尔哈齐被夺去兵权后，郁闷不乐，常出怨言，认为活着还不如死了的好。不久，他移居黑扯木地方，远离他的胞兄。努尔哈赤见到这般情状，对舒尔哈齐采取断然措施，据《满文老档》记载：万历三十七年（1609 年）三月十三日，努尔哈赤便收回舒尔哈齐贝勒的财产和阿哈（奴仆），杀了他的儿子阿布什，又命将他的部将乌尔昆蒙兀，吊在树上，下积柴草，以火烧死。

舒尔哈齐表示悔改，后"弟贝勒仍不满其兄聪睿恭敬汗之待遇，不屑天赐之安乐生活，遂于辛亥年（万历三十九年）八月十九日卒。”

那么，努尔哈赤为什么要幽杀胞弟舒尔哈齐呢？

其一，明朝人认为，他们兄弟之争是因对明朝政策的分歧；

其二，朝鲜人认为，他们兄弟之争是因对权位利益的贪欲；

其三，从性格分析。朝鲜李民寏认为：“奴酋为人猜厉威暴，虽其妻子及素亲者，少有所忤，即加杀害，是以人莫不畏惧。”努尔哈赤和舒尔哈齐兄弟二人，一个是“猜厉威暴”，一个是“贪婪固执”，性格冲撞，利益矛盾，导致悲剧。

其四，近年有人认为，他们兄弟为了争夺一个女人——叶赫老女，这毫无根据，当属戏说。

我认为，主要是政治的原因。这时，建州女真已经坐大，努尔哈赤要继续进取，而舒尔哈齐却追求享乐；努尔哈赤有大目标，而舒尔哈齐更顾及亲友情长。另外，努尔哈赤的长子褚英、次子代善等都已经崭露头角，努尔哈赤逐渐从倚重舒尔哈齐而转向褚英、代善。

三、幽禁而死

关于舒尔哈齐之死，清朝官方记载，讳莫如深，但是当时的《满文老档》，以及明朝、朝鲜，还是留下了一些官私记载。

（一）《满文老档》记载：万历三十七年（1609 年）三月十三日，努尔哈赤因胞弟舒尔哈齐对己不满，口吐怨言，便“尽夺赐弟贝勒之国人、僚友以及诸物”；又将忠于舒尔哈齐的大臣乌尔昆蒙兀，“吊缚于树，下积柴草，以火焚之，借以辱弟贝勒，使其孤立。”舒尔哈齐表示悔改，后“遂于辛亥年八月十九日卒。”虽然没有记载舒尔哈齐是怎么死的，但他死前两年所遭受的残酷对待，还是记载得比较详细。可以推想，舒尔哈齐最后免不了悲剧的结局。

舒尔哈齐的次子阿敏，由努尔哈赤养大。《清太宗实录》天聪四年（1630 年）六月初七日的记载，也间接追述了舒尔哈齐坐罪之事：“阿敏之父，上之叔父行也。当太祖在时，情敦友爱，乃阿敏嗾其父，欲离太祖移居黑扯木地，令人伐木，备造房屋。太祖闻之，以擅自移居坐罪。既而欲宥其父而戮其子，

■ 近年复建的赫图阿拉汗王寝宫

诸贝勒奏请，谓既宥其父，祈并宥其子。彼虽无状，不足深较。太祖于是仍加收养。及其父既殁，太祖爱养阿敏，同于己出，俾得与闻国政，并名为四和硕大贝勒。”（《清太宗实录》卷七）

（二）明朝人留下关于努尔哈赤幽杀胞弟舒尔哈齐的载述。

王在晋《三朝辽事实录》记载：“奴酋忌其弟速儿哈赤兵强，计杀之。”沈国元《两朝从信录》记载：“奴儿哈赤杀其弟速儿哈赤，并其兵。”彭孙贻《山中闻见录》，也作了相似的记述。再如黄石斋《建夷考》记载：

酋疑弟二心，佯营壮第一区，落成置酒，招弟饮会，入于寝室，锒铛之，注铁键其户，仅容二穴，通饮食，出便溺。弟有二名裨，以勇闻，酋恨其佐弟，假弟令召入宅，腰斩之。

黄氏的载述有些语句类似小说家言。且女真杀人，常以弓弦缢杀或以箭射杀，而不用汉人的“腰斩”。

（三）朝鲜人李民寏在万历四十七年（1619年）萨尔浒之役被俘降后金，在赫图阿拉居住了一年多，第二年被努尔哈赤释放回朝鲜。他写的《建州闻见录》记载：舒尔哈齐“为奴酋所杀”。

■ 努尔哈赤的宝剑

以上记载，都说舒尔哈齐遭到“幽禁”、曾被“惩罚”，以至于死。明朝人虽说努尔哈赤对其胞弟舒尔哈齐“计杀之”“腰斩之”，但不是直接史料。孟森先生《清太祖杀弟事考实》断言：舒尔哈齐之死，

“实乃杀之”。清太祖努尔哈赤幽死胞弟舒尔哈齐之事应当是可信的。但这只能证明舒尔哈齐之死同努尔哈赤有关，不能证明努尔哈赤杀死了舒尔哈齐。至今还没有直接而有力的史料，证明舒尔哈齐是被胞兄努尔哈赤杀死的。所以说，舒尔哈齐是病死，还是被努尔哈赤杀死，这仍是一个历史之谜。

舒尔哈齐的卒年，也是一个“谜中之谜”。《清太祖高皇帝实录》、《清太祖武皇帝实录》和《满洲实录》都记载，舒尔哈齐死于辛亥年即明万历三十九年（1611 年）八月十九日。《满文老档》也记载舒尔哈齐“于辛亥年八月十九日卒，享年四十八岁”。由上可见，舒尔哈齐的卒年似乎是没有争议的。

但是，有的学者提出舒尔哈齐可能死于万历四十一年（1613 年）。其根据有二：

其一，《满文老档》的记载。《满文老档》里有这样的一段记事：

> 长子阿尔哈图土门三十四岁的时候，即牛年的三月二十六日，被幽禁在高垣的家里。淑勒昆都仑汗的弟弟达尔汉巴图鲁贝勒大为抱怨哥哥，汗兄就发怒了。因此……夺取了他的人民、将佐等。

上面的牛年是癸丑年，就是万历四十一年（1613 年）。可见明万历四十一年（1613 年）三月，舒尔哈齐还活在人间，并不像《清实录》所说的，他在两年前就已经死去。所以，笔者认为《满文老档》癸丑年（万历四十一年）三月仍有舒尔哈齐的记事应该是有所根据的。然而，中华书局本《满文老档》译注在上述文字前加了一个“昔”字。就是说，那段往事是追述的。

其二，《建州闻见录》的记载。李民寏记载：“小乙可赤有战功，得人心，五六年前为奴酋所杀。”李民寏在建州的时间为万历四十七年（1619 年）到四十八年（1620 年），他所说的“五六年前”当然是指明万历

辽阳舒尔哈齐墓碑亭

四十一二年间的事。笔者认为：这和《满文老档》里的记载是相合的。同时万历四十一年（1613 年）春，努尔哈赤灭了乌喇，舒尔哈齐死于乌喇灭亡之后，从情理上看也是比较可能的。

在本文结束前，努尔哈赤幽死胞弟舒尔哈齐的史事，使笔者联想起《世说新语》记载的一个故事，曹丕命弟曹植七步中为诗，不成则将行大法。曹植《七步诗》云：

煮豆持作羹，漉菽以为汁。
萁在釜下燃，豆在釜中泣。
本自同根生，相煎何太急？

曹丕与曹植、努尔哈赤与舒尔哈齐，他们“萁豆相煎”的故事，有相似之处。

第五讲

努尔哈赤杀子

俗话说：虎毒不食子。有一出京剧叫《戚继光斩子》。后来有学者考证，历史上没有这件事，所谓“戚继光斩子”是艺术创作。那么，清太祖努尔哈赤斩子，真有其事吗？努尔哈赤又怎么会狠心下如此毒手，命令杀死亲生长子褚英呢？因为这种举动违背常理，为清朝皇家所忌讳，所以“正史”缺乏记载，成为清宫的一大疑案。下分三个题目，进行简要叙述。

一、褚英其人

努尔哈赤先后娶有十六位妻子，共生育十六个儿子和八个女儿。褚英是努尔哈赤的长子。努尔哈赤十九岁结婚分家，娶了一位女真女子佟佳氏·哈哈纳扎青（又叫詹泰）。第二年，他们生下一女，即东果格格。后来佟佳氏又生下两个男孩：长子叫褚英（1580—1615），次子叫代善（1583—1648）。佟佳氏在生下代善后不久就去世了。

褚英，万历八年（1580 年）生，这年努尔哈赤二十二岁。努尔哈赤起兵时，长子褚英才四岁，次子代善才一岁。当时努尔哈赤带兵打仗，主要将领是他的胞弟舒尔哈齐和五大臣——费英东、额亦都、何和礼、安费扬古、扈尔汉。

概括来讲，褚英的一生有“三幸”和“三不幸”。这“三幸”和“三不幸”，既成就了他，也毁灭了他。

褚英的“三幸”是：其一，出生在努尔哈赤家，父亲后来成为大清国的开创者；其二，从小在父辈和费英东、额亦都等杰出将领那里学习军事技艺和

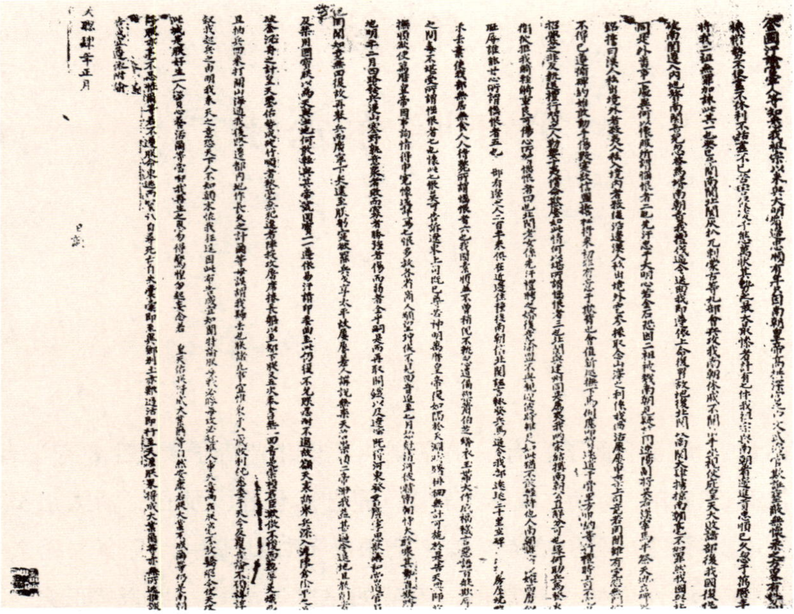

努尔哈赤起兵时的“七大恨”木刻揭榜

知识，长于弓马，武艺高强；其三，身临乌碣岩等大战，受到锻炼，得到汗父的信任和重用。

褚英的“三不幸”是：其一，母亲死得较早，父亲在危难中起兵，战马匆匆，忙于征战，他很少享受家庭的温暖；其二，家庭时时遇风险，处处遭劫难，所以他很小就开始了马背生涯，在刀光剑影、动荡不安的环境里成长；其三，那时女真没有文字，他没有上过学，也没有受过正规系统的教育，缺乏文化涵养，也少心智韬略。

褚英十九岁的时候，首次带兵打仗。《清太祖高皇帝实录》记载：万历二十六年（1598 年）褚英率兵征东海女真安楚拉库路，收取二十多个屯寨的部民而回，被赐号“洪巴图鲁”（汉语意为“旺盛的英雄”）。

褚英真正受到父亲努尔哈赤的重视，是因为他在乌碣岩之战中的出色表现。万历三十五年（1607 年）正月，努尔哈赤派胞弟舒尔哈齐、长子褚英、次子代善率领部分军队，去接应东海女真斐优城五百户女真归降部民到建州。在回来的路上，乌拉部贝勒布占泰派大将博克多，率一万兵马，在半路横行拦

■《满洲实录》之“洪巴图鲁、代善贝勒败乌拉兵”图

截。于是双方在图们江畔的乌碣岩（今朝鲜钟城境内）进行了一场大战。

在乌碣岩大战中，舒尔哈齐顾及和乌拉贝勒的姻亲关系，便同部将常书和纳齐布率兵停在山下，畏葸不前，观战不动。建州扈尔汉、扬古利则在山上立栅扎营，派兵守护带来的五百户人马，并率二百人同乌拉军前锋格斗。随后褚英与代善各率兵五百，分两路夹击乌拉军。褚英率先冲入敌阵，当时天寒雪飞，乌拉兵大败。代善擒斩乌拉大将博克多。这一仗，建州兵斩杀乌拉兵三千级，获马五千匹、甲三千副，乌拉兵败兵逃窜，“如天崩地裂”。

乌碣岩大战后，舒尔哈齐被削夺兵权，而褚英的地位迅速上升。《无圈点老档》即《旧满洲档》《老满文原档》开篇记载：万历三十五年（1607 年），褚英二十八岁，在乌碣岩之战中，立下大功，被赐号阿尔哈图土门，汉语为“广略”之意，也就是“大智勇”的意思。第二年，褚英偕贝勒等率军进攻乌拉，攻克宜罕山城。接着，因为他身为长子，又屡有军功，被授命执掌国政。这年他二十九岁。

“福兮祸之所伏”。褚英执掌国政，对这位年轻贝勒来说，是福还是祸？

二、杀子始末

褚英柄政之后，因年纪轻，资历较浅，心胸褊狭，操之过急，受到“四大贝勒”和“五大臣”内外两方面的反对。

“四大贝勒”就是努尔哈赤“爱如心肝”的四个子侄：次子代善、侄子阿敏、五子莽古尔泰、八子皇太极。代善是褚英的胞弟，比褚英小三岁；阿敏是褚英的堂弟、舒尔哈齐第二子，父亲死后被努尔哈赤收养；莽古尔泰是褚英的五弟，作战骁勇、骑射精通，母亲是富察氏，名衮代；皇太极是褚英的八弟，聪睿精明、武艺高强，母亲是叶赫那拉氏（又作叶赫纳喇氏），名孟古哲哲。他们有地位、立战功、拥权势、统军队、厚财帛、领部民，甚至还有外家势力依靠。他们四人，以德、以功、以长、以才、以能，于天命元年（1616年）被授为和硕贝勒。建州女真没有立嫡以长的传统，诸弟们不满于褚英当嗣子、主国政的地位。但是“四大贝勒”如果直接上告长兄褚英，似有争嗣之嫌。于是他们同“五大臣”联合，倾轧褚英。

“五大臣”就是努尔哈赤“信用恩养、同甘共苦”的“开国五大臣”——

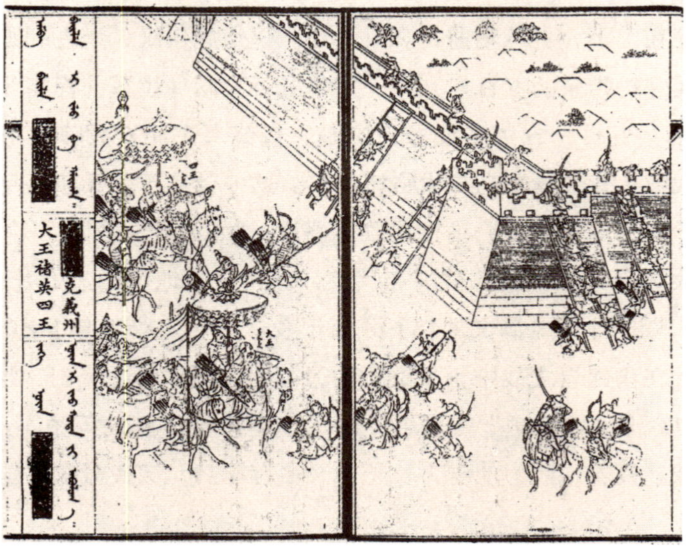

■《满洲实录》之“大王褚英、四王（皇太极）克义州”图

费英东、额亦都、何和礼、安费扬古、扈尔汉。他们早年跟随努尔哈赤，威望高、权势重；历战阵、建殊勋。在他们跟随努尔哈赤起兵攻克图伦城时，褚英尚在襁褓之中。所以他们自然也不满于褚英专军机、裁政事的地位。但是，如果“五大臣”首告储嗣褚英，似有二心之嫌，于是便力求同“四大贝勒”结合。

褚英面对这些建州的“柱石”和“元勋”，心胸狭窄，目光短浅，既缺乏谦恭的态度，又没有笼络的智术。他想趁汗父努尔哈赤在世时，逐渐削夺这些人的财富和权力，以便巩固自己的储位。这促使“四大贝勒”与“五大臣”人人自危，进而采取内外夹击的策略，共同对付褚英。

随着矛盾的激化，努尔哈赤在权衡长子褚英与“四大贝勒”“五大臣”两方的力量之后，最终决定疏远褚英。尔后两次进攻乌拉，努尔哈赤都没有派褚英出征，让他在家留守。褚英没有从中汲取教训，反躬自省；相反，褚英却写诅咒出征的汗父、弟弟们和五大臣们的咒语，对天地焚烧，后来几个参与者见势不妙，便一起向努尔哈赤坦白告发。这就表明，褚英觊觎努尔哈赤的大汗之权和大汗之位。由是，褚英引来杀身之祸。

努尔哈赤震怒了。于此，《清史稿·褚英传》记载“褚英意不自得，焚表告天自诉，乃坐咀咒”之罪。万历四十一年（1613 年）三月二十六日，努尔哈赤命将长子褚英幽禁在高墙之内，就是加以软禁。

“四大贝勒”和“五大臣”经过密议之后，借机联合向努尔哈赤告发褚英。努尔哈赤让他们每人写一份文书呈送。他们各写文书、联合控告，《满文老档·太祖》癸丑年即万历四十一年（1613 年）记载他们控告褚英的“罪状”是：

第一，褚英挑拨离间，使“四大贝勒”“五大臣”彼此不和；

第二，声称要索取诸弟贝勒的财物、马匹，引起诸弟不满；

第三，曾言：“我即位后，将诛杀与我为恶的诸弟、诸大臣。”

历史上，几乎所有朝代皇位的继承人，总要面临这样或那样的危险。当时褚英作为努尔哈赤的长子，也就是当时的汗位继承人，肯定是汗权觊觎者们攻击的目标，没事儿也得给他找出点事儿来，何况他还有把柄在他人手里！于是，褚英成了后金汗位之争的牺牲品。

万历四十三年（1615 年）八月二十二日，褚英死，年仅三十六岁。后葬在清东京陵（今辽宁省辽阳市）。

褚英墓

关于褚英的死，《清史列传·褚英》《清史稿·褚英传》记载："乙卯闰八月（《无圈点老档》记作"八月"），死于禁所。"这个简略的记载，没有交代褚英的死因。《满文老档》记载褚英事迹也很简略，并且讳言其被努尔哈赤下令处死的史实。所以，褚英是病死，是幽禁死，还是被处死，这是褚英死后三百多年未解的一个历史之谜。

褚英死因之谜是怎样被揭开的呢？事情是这样的：研究人员于 1962 年在中国台湾地区台中市雾峰北沟故宫博物院地库里，看到了《满文老档》，后广禄、李学智先生以《老满文原档》为书名加以介绍。1969 年台北故宫博物院加以影印出版，以《旧满洲档》作书名，陈捷先教授撰写了长文论述。1998 年我在中国第一历史档案馆看到当年乾隆对这份"老档"的整理与重抄的档案。当年官员从大内满本堂（收藏满文档案房）借还书以及呈送时都用《无圈点老档》这个名字，于是称它作《无圈点老档》，并且对其七部重抄本也分别定了名称。2006 年《老满文原档》（1 册—10 册），由冯明珠主编，沉香亭企业社影印，在台北出版。因此，这部原始满文档案，有《满文老档》《旧满洲档》《老满文原档》《无圈点老档》等书名。《无圈点老档》中对褚英之死作了记载，从而解开了褚英死因之谜。

聪睿恭敬汗以其长子阿尔哈图图们，心术不善，不认己错，深恐日后败坏治生之道，故令将其囚居于高墙内。经过二年多之深思，虑及长子若生存，必会败坏国家。倘怜惜一子，则将危及众子侄、诸大臣和国民。遂于乙卯年聪睿恭敬汗五十七岁，长子三十六岁，八月二十二日，始下决断，处死长子。

上面引文，自“经过”以下，至“长子”以上，在《无圈点老档》即《旧满洲档》《老满文原档》中被圈画删掉，为《满文老档》乾隆朝各种重抄本所讳阙。现看到《无圈点老档》六种抄本——《无圈点字档》（草本）和《加圈点字档》（草本）、《无圈点字档》（内阁本）和《加圈点字档》（内阁本）、《无圈点字档》（崇谟阁本）和《加圈点字档》（崇谟阁本），都没有记载上述文字。乾隆皇帝在命臣工重抄《无圈点老档》时，谕旨圈画删掉努尔哈赤命杀死长子褚英这段重要史料，是为亲者、尊者、贵者、贤者讳，不让创建龙兴大业的清太祖努尔哈赤，留下自家残杀的历史痕迹。

后金第一部官修档案《满文老档》

在这里我说一下，满洲宗室有个传统，父亲获罪死后，儿子仍可以任用。舒尔哈齐死后，子阿敏后位列“四大贝勒”，子济尔哈朗爵郑亲王、官至摄政王；褚英被杀，身后有三个儿子，长子杜度后为贝勒，三子尼堪后为亲王，都受到了重用。

三、情理冲突

舒尔哈齐和褚英是后金历史上影响很大的人物，他们对于努尔哈赤大业的完成，对于后金国家的建立，都曾起过重要的作用。由于种种原因，他们与努尔哈赤产生了利益的冲突，矛盾最终不可调和，被努尔哈赤所杀。那么，除了骨肉相残，难道这种情理冲突就没有办法调和吗？

其实，几百年来，人们一直在探询：努尔哈赤究竟为什么要做出这么违背常理的事情，在短短几年时间里，幽死胞弟，杀死亲子，骨肉相残，原因何在？

有人试图从努尔哈赤性格上找原因，认为："奴酋为人猜厉威暴，虽其妻子及素亲者，少有所忤，即加杀害，是以人莫不畏惧。"

■ 老满文"金国汗之宝"印文

也有人从利益上找原因，认为努尔哈赤是要保住自己至高无上的地位。

还有人从恋情上找原因，说他们父子为了争夺一个女人。这毫无根据，当属于戏说。

然而，努尔哈赤也是一个有手足情、父子情的人。事情过后，特别是到了晚年，努尔哈赤回顾幽弟、杀子的事情，心怀惭德，久不平静。应当说努尔哈赤一生最后悔的事就是囚杀了长子褚英。他年事渐高，不愿子孙们重演骨肉相残的悲剧，而希望他们不咎既往，惟鉴将来，子孙环护，长治久安。天命六年即明天启元年（1621年）正月十二日，天命汗召集诸子侄孙代善、阿敏、莽古尔泰、皇太极、德格类、济尔哈朗、阿济格、岳讬等，对天地神祇，焚香设誓：

> 今祷上下神祇：吾子孙中纵有不善者，天可灭之，勿令刑伤，以开杀戮之端。如有残忍之人，不待人（按：高录作天）诛，遽兴操戈之念，天地岂不知之？若此者，亦当夺其算。昆弟中若有作乱者，明知之而不加害，俱坏（怀）礼义之心，以化导其愚顽。似此者，天地祐之，俾子孙百世延长。所祷者此也。自此之后，伏愿神祇，不咎既往，惟鉴将来。（《清太祖武皇帝实录》卷三）

后金执政集团内部的斗争，不会因努尔哈赤率领众子侄等对神祇设誓而化解或消失。同样，"坏礼义之心"的诸王贝勒，对于觊觎汗位者，也不能"化导其愚顽"。有汗位，必有争夺；有争夺，必有厮杀。满洲宗室贵族为争夺皇位而骨肉相残的宫廷悲剧后来一再重演。

清太祖努尔哈赤从万历十一年（1583 年）起兵，到天命十一年即明天启六年（1626 年）逝世，共四十三年。其间，满洲宗室内部先后发生过三次大的冲突，第一次是努尔哈赤与胞弟舒尔哈齐的冲突，第二次是努尔哈赤与长子褚英的冲突，第三次是努尔哈赤与次子代善的冲突。应当说，虽然满洲宗室在四十三年间发生了三场大的冲突，但努尔哈赤的高明之处在于，始终坚持一个“合”字，使这三场冲突都迅速得到处理，化风浪为平静，化凶险为平夷，没有酿成大的裂变；相反，每冲突一次，满洲宗室内部不是分裂而是整合，不是衰弱而是坚强。

在清朝最初的年代里，宫廷斗争错综复杂，血刃相见，无情厮杀，但为何清王朝不仅没有走向分裂，反倒日渐强大呢？既然努尔哈赤事业成功的一大法宝就是坚持“合”字，那么父亲把儿子杀了，哥哥把弟弟杀了，应该是分，怎么能合呢？

努尔哈赤一生打过十二次大胜仗，留下十大历史功绩，是一位具有远大政治抱负的政治家。他的人生轨迹可以说是光彩夺目。但是，他当时力量还很弱小，他需要一支强有力的骨干队伍，同心同德，共同奋斗。当这其中出现不和谐的音符时，他就要去调整。当正常手段无法协调时，万不得已，他只能采取非常手段，来求得整体的和谐。这支骨干队伍主要是两个集团：一个是宗室贵族集团，如舒尔哈齐、褚英、代善、阿敏、济尔哈朗、莽古尔泰、皇太极等；另一个是军功贵族集团，如费英东、额亦都、何和礼、安费扬古、扈尔汉等。这两个集团矛盾的焦点，先是胞弟舒尔哈齐，后是长子褚英。努尔哈赤不处理褚英，就会出现三个不合：宗室贵族不合、军功贵族不合、宗室贵族与军功贵族不合。除掉褚英之后，既使宗室贵族合，又使军功贵族合，更促使宗室贵族与军功贵族大合。

清初宫廷经过舒尔哈齐、褚英、代善三大事件后，出现了三次政治飞跃：创建八旗制度、建立后金政权、进入辽沈地区，从而为清朝事业奠定了基础。

由上可以看出，所谓“合”不是没有矛盾，没有差异，没有斗争，没有冲突；而是妥善处理，恰当整合，化险为夷，聚分为合。就是说“合—分—合”的过程，本来是合，虽然有分，不是分裂，而是疏理，聚分为合，出现新合。

■《满洲实录》之“太祖克沈阳”图

以小分，促大合；以旧分，成新合。这就是“努尔哈赤杀子”故事给后人的历史启示。

第六讲

努尔哈赤大妃

在清太祖努尔哈赤的后宫，大妃举足轻重。大妃，满语为大福晋，相当于皇后。努尔哈赤的大妃，先后有两次作为主角，出现在历史记载中。一次是天命五年（1620 年），大妃被告发与大贝勒代善关系暧昧，因而被努尔哈赤休离了，也断了代善、莽古尔泰的继位之梦；另一次是天命十一年（1626 年），大妃被逼为努尔哈赤殉葬，使阿济格、多尔衮和多铎三兄弟失去生母依靠，而四贝勒皇太极继承了汗位。

然而，如此重要的历史角色，努尔哈赤的大妃，到底是谁？是同一个人，还是先后有两位大妃？因为满洲早期留下的资料少，后宫更是讳莫如深，所以直到今天，清史学者还在探索中。

一、众多福晋

清朝太祖努尔哈赤时，草昧初创，后宫妃嫔，没有制度。皇太极改国号大清、改年号崇德，开始建立五宫——一后四妃。顺治入关后，“清承明制”，建立后宫制度。康熙朝加以完善。[1]

努尔哈赤的妻子们没有专门的位号，而称作“福晋”。“福晋”是满语的音译，也译为“福金”。“福晋”一词的来源，有说源自蒙古语“可敦”，有说源自汉语“夫人”。由于努尔哈赤时期后妃没有位号，给大妃是谁的确定造成了困难。

清太祖的妻子，根据文献记载，有名分的共十六人。先后排在前四位的是：

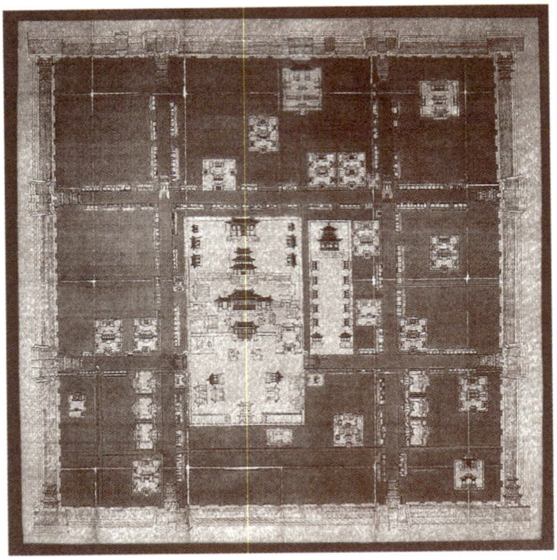

■ 清人绘《盛京城阙图》

（一）佟佳氏，名哈哈纳扎青，是努尔哈赤的原配发妻。努尔哈赤在万历五年（1577年）十九岁分家时，已经当了佟佳氏家的女婿。明万历六年（1578年）生长女东果格格，八年（1580年）生长子褚英，十一年（1583年）生次子代善。这位原配妻子何时去世，史无明文记载，可能是在代善出生后不久逝世的。

（二）富察氏，名衮代，先嫁给努尔哈赤的堂兄威准，生下三子——阿兰泰珠、充善和昂阿拉。威准阵亡后，衮代便与努尔哈赤再婚。这件事清朝官方记载隐饰。她同努尔哈赤生育两个儿子——莽古尔泰和德格类，还有一个女儿莽古济。衮代共生育五子一女。还有学者认为，努尔哈赤第十六子费扬古可能也是她生的。威准卒年不清，但阿兰泰珠生于万历十一年（1583年），充善生于万历十二年（1584年），昂阿拉生于万历十三年（1585年），莽古尔泰则生于万历十五年（1587年）。这说明衮代嫁给努尔哈赤约在万历十四年（1586年）。这一年代善四岁。

（三）叶赫那拉氏，名孟古哲哲（1575—1603），当年努尔哈赤落难，路过叶赫部，叶赫贝勒杨吉砮对他说："我有幼女，需其长，当以奉侍。"努尔哈赤说："汝欲结盟好，长者可妻，何幼耶？"杨吉砮说："我非惜长，但幼女仪容端重，举止不凡，堪为君配耳。"努尔哈赤应允。后来杨吉砮被明辽东总兵李成梁杀害，其子纳林布禄继为贝勒，又为李成梁所败。孟古哲哲生于万历三年（1575年），万历十六年（1588年）十四岁时嫁给努尔哈赤，万历二十年（1592年）生皇太极（后为清太宗）。万历三十一年（1603年）叶赫那拉氏病重思母，努尔哈赤派人去请，其兄纳林布禄不许。同年九月，病故，年二十九岁。努尔哈赤悲痛，月余不饮酒不茹荤。后葬赫图阿拉尼雅满山岗，后迁葬东京之杨鲁山，后再迁葬福陵（今沈阳东陵）。崇德元年（1636 年）追谥为孝慈武皇后。顺治元年（1644 年）祔太庙。叶赫那拉氏孟古哲哲因为儿子皇太极后来继位，所以地位很高，但她生前并没有被努尔哈赤封为大妃。

青玉“孝慈高皇后（叶赫那拉氏孟古哲哲）”谥册

（四）乌拉那拉氏（又作乌拉纳喇氏），名阿巴亥（1590—1626），万历二十九年（1601 年）嫁给努尔哈赤，年十二岁。生育三个儿子——阿济格、多尔衮、多铎。在努尔哈赤晚年最得宠，被封为大妃。天命十一年即天启六年（1626 年）为努尔哈赤殉葬。

以上这四位福晋，第一位和第三位，生前并没有大妃的名号，而生前即有大福晋、大妃名号的，只有富察氏衮代和乌拉那拉氏阿巴亥两位。

换一个角度看，到天命五年（1620 年）发生大妃事件时，努尔哈赤的原配佟佳氏哈哈纳扎青已死；叶赫那拉氏孟古哲哲也已死。所以，清太祖努尔哈赤天命五年（1620 年）时的大妃，会不会是两个人？不会，因为掌控后宫只能是一人——或者是富察氏衮代，或者是乌拉那拉氏阿巴亥。因有两种看法：一种认为大妃是富察氏衮代，就是莽古尔泰、德格类和莽古济格格的生母；另一种认为大妃是乌拉那拉氏阿巴亥，就是阿济格、多尔衮和多铎的生母。这是清史界长期争论的一个学术问题，也是努尔哈赤时期的一个历史疑案。

除了以上四位以外，努尔哈赤还有十二位福晋，她们是：两位博尔济吉特氏、两位伊尔根觉罗氏、叶赫那拉氏、哈达那拉氏、兆佳氏、钮祜禄氏、嘉穆瑚觉罗氏、西林觉罗氏、阿济根、德因泽。

天命五年即万历四十八年（1620 年），努尔哈赤休离了大妃，也使大贝勒代善和三贝勒莽古尔泰失势。此时休离大妃，关联到汗位之争，因而引起清史界的关注。

二、休离大妃

如前面所述，围绕汗位接班人，努尔哈赤的胞弟舒尔哈齐、长子褚英，先后成为牺牲品。尔后，努尔哈赤属意于次子代善。代善，万历十一年（1583年）生，比胞兄褚英小三岁。褚英失宠之后，代善权位日重。努尔哈赤在处死褚英当年（1615年），将原来的满洲四旗——黄旗、红旗、白旗、蓝旗，扩充为满洲八旗——正黄旗、镶黄旗、正白旗、镶白旗、正红旗、镶红旗、正蓝旗、镶蓝旗，建立八旗制度。努尔哈赤自领两黄旗，代善领两红旗，阿敏、莽古尔泰、皇太极、杜度（褚英长子）各领一旗。代善的政治地位与军事实力，已居于诸贝勒之上。代善年居长，战功多，为努尔哈赤倚重。天命元年即万历四十四年（1616年），努尔哈赤称汗，封代善为和硕贝勒，军国大事，委其执行，隐意立储。

但是，努尔哈赤的"立储"问题，随着代善地位日重而争夺益烈。"四大贝勒"——代善、阿敏、莽古尔泰和皇太极，各拥重兵，觊觎大位。这主要表现在"四大贝勒"中代善和皇太极之间的明争与暗斗。

代善——以序齿言，褚英已死，代善居长；以武力言，代善及其子独拥二旗，为其他诸弟侄掌一旗所不及；以军功言，代善出师早，军功多，被赐号"古英巴图鲁"；以才德言，代善宽厚得众心。努尔哈赤自然决定让代善继褚英执掌国政。朝鲜李民寏《建州闻见录》记载，待努尔哈赤死后，"则贵盈哥必代其父"。"贵盈哥"就是代善。《满文老档》记述努尔哈赤的话："俟我百年之后，我的诸幼子和大福晋交给大阿哥收养。"努尔哈赤将大福晋和诸幼子托付给大阿哥代善，就是预定他日后继承汗位。

但是，有一件事，使努尔哈赤对代善非常不满。代善偏爱并溺爱幼子，将好的财产、人口分给后妻所生的幼子，将不好的财产、人口分给次子硕讬。硕讬愤恨不平，又因与别的女人通奸被告发，于是与斋桑古（阿敏弟）、莫洛浑夫妇共谋欲叛逃投明。事觉，经审，莫洛浑夫妇承认"确有此事"；硕讬则咬定说"绝无此事"，于是杀莫洛浑夫妇等人。代善要杀死硕讬，努尔哈赤不允，命将其幽禁。代善听信后妻谗言，先后五六次跪请汗父诛杀硕讬，并要求将硕讬交给自己亲手杀之。努尔哈赤坚决不允其请，斥责代善说：“因为妻的唆使便想除掉亲子与诸弟，像你这种人如何够资格当一国之君！”命将硕讬释放。这件事情说明代善在处理家事与国事上，既缺乏公平与情理，又缺乏胸怀与圆通。

代善同努尔哈赤间的矛盾，以努尔哈赤小福晋德因泽的告讦而爆发。

《满文老档》记载，天命五年即万历四十八年（1620年）三月，小福晋德因泽向天命汗告发说，大贝勒代善与继母大福晋关系暧昧：

（一）“大福晋曾二次备办饭食，送与大贝勒，大贝勒受而食之。又一次送饭食与四贝勒（皇太极），四贝勒受而未食。”

（二）“大福晋一日二三次差人至大贝勒家，如此往来，谅有同谋也！”

（三）“大福晋自身深夜出院亦已二三次之多。”

（四）每当诸贝勒大臣在汗的家里宴会、集议国事时，大福晋饰金佩珠、锦缎妆扮，倾视大贝勒，彼此眉来眼去。诸贝勒大臣虽内心不满，因惧怕大贝勒和大福晋而不敢向汗报告。

于是，努尔哈赤派扈尔汉、额尔德尼、雅逊和莽阿图四位大臣进行调查，后奏报告发属实。同时，又查出大福晋在多处藏匿金银财物。

努尔哈赤对大贝勒代善同大福晋的

代善像

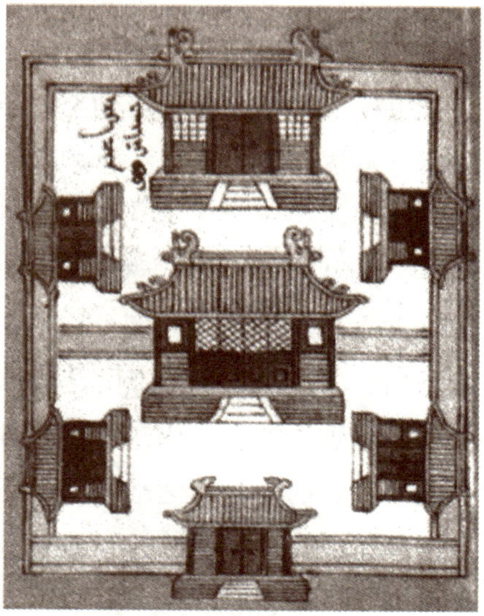

《盛京城阙图》中的汗王寝宫

暧昧关系极为愤慨，遂将大福晋之罪宣示于众，说："该福晋奸诈虚伪，人之邪恶，彼皆有之。我以金珠装饰尔头尔身，以人所未见之佳缎供尔服用，予以眷养。尔竟不爱汗夫，蒙我耳目，置我于一边，而勾引他人，不诛之者，可乎？"但努尔哈赤接受先前处置褚英的教训，既不愿意加罪儿子，又不愿意家丑外扬，还虑及杀大福晋后"我三子一女犹如我心，怎能使伊等悲伤耶？"便借口大福晋窃藏金帛，勒令休离。

由是，上述案件存在一个问题：这位大福晋是谁呢？

三、大妃是谁

努尔哈赤的大妃究竟是那拉氏，还是富察氏？本来不应是重要的问题，为什么会引起许多专家学者和广大读者的兴趣呢？这个问题是由天命汗努尔哈赤废大妃引起的，并且同清初皇位斗争紧密相关。所以事情要从大妃是谁说起。

大妃即大福晋的姓名，《满文老档》没有明确记载，其他满文、汉文、朝鲜文的文献也没有明确记载。于是，出现关于大妃的两说：一说是富察氏衮代，另一说是乌拉那拉氏阿巴亥。先看为什么有学者认为是富察氏衮代。

第一，富察氏确曾受到努尔哈赤的宠爱。明万历二十一年（1593 年），叶赫纠合哈达、乌拉、辉发等九部联军，兵三万，分三路，向建州古勒山猛扑而来。时努尔哈赤兵不满万，侦骑报警，建州官兵闻之色变。努尔哈赤得到警报后，安然就寝酣睡。继妃富察氏把他推醒后，问道："尔方寸乱耶，惧耶？九国兵来攻，岂酣寝时耶？"努尔哈赤从容回答："人有所惧，虽寝，不成寐；我果惧，安能酣寝？前闻叶赫兵三路来侵，因无期，时以为念。既至，吾心安矣！"说完之后，安寝如故，第二天一早，努尔哈赤拜祭堂子，率兵破敌。这就是著名的古勒山之战。这个故事说明富察氏同努尔哈赤的关系极为密切，可以作为富察氏是大妃的一个旁证。

第二，从富察氏衮代之死来分析。《清史稿·后妃传》记载："天命五年，妃得罪死。"这个时间，与大妃被休离的时间恰能对得上。关于富察氏的死因，文献记载不一：一说是由于她窃藏金帛而被努尔哈赤赐死；二说是富察氏被赶回娘家后，儿子莽古尔泰希宠于其父，而弑其生母，就是被自己亲生儿子莽

■《满洲实录》之“太祖大败九部兵”图

古尔泰杀死的。后于天聪三年（1629 年），富察氏祔葬于福陵。

第三，从富察氏衮代所生子女的情况分析。《满文老档》天命五年（1620 年）二月（应作三月）记载，继妃得罪时，太祖言：“大福晋罪无可逭，惟念所出三子一女，遽失所恃，不免心中悲悼。”但是，《清史稿·后妃传》的记载：继妃富察氏，生子二、女一，即莽古尔泰、德格类和莽古济格格。被休离的大妃应当有三子一女，而富察氏衮代却只生育了二子一女，这就对不上了。

唐邦治《清皇室四谱》卷三提出：“按费扬古疑亦继妃富察氏出，为莽古尔泰、德格类同母弟。大福晋即继妃，官书称生二子一女，若增入费扬古，则三子一女，情事宛合。”就是说莽古尔泰、德格类、莽古济格格，再加上努尔哈赤第十六子费扬古，则恰好为三子一女。后费扬古之死在天聪九年（1635 年）十二月，于莽古尔泰等谋逆案中受到牵连。唐邦治先生说费扬古为富察氏所出，但年岁不合，只是推论，不成史据。

日本的冈田英弘教授认为：舒尔哈齐死后，努尔哈赤收阿敏为其养子，归富察氏收养，再加上二子莽古尔泰和德格类和一女莽古济格格，正符合“三子一女”的说法。

以上说法，虽有道理，但是解决不了“三子一女”和“二子一女”的矛盾，都算作是推论，不算确凿证据。而且，富察氏衮代的生年，一说生于嘉靖四十二年（1563 年），于万历十三年（1585 年）嫁给努尔哈赤，时年二十三岁（比努尔哈赤小四岁），两年后生莽古尔泰。如此算来，天命五年（1620 年）事发时，富察氏约五十八岁，在当时来说已是很老的女人了。所以，从年龄看，代善同比自己大二十岁的富察氏发生暧昧关系，未免不合情理。因此，不能确定富察氏衮代就是那位被休离的大福晋。

而努尔哈赤的福晋里，确实有一位大福晋乌拉那拉氏阿巴亥，她生了三个儿子：阿济格、多尔衮和多铎。于是，有的学者认为，这位被努尔哈赤休离的大妃，是乌拉那拉氏阿巴亥。

乌拉那拉氏阿巴亥（1590—1626），海西女真乌拉部贝勒满泰之女。万历二十九年（1601 年）嫁与努尔哈赤，是年十二岁，比努尔哈赤小三十一岁。万历三十三年（1605 年）为努尔哈赤生子阿济格，四十年（1612 年）生子多尔衮，四十二年（1614 年）生子多铎。阿巴亥的三子是对上了，但她没有生育女儿，也不符合“三子一女”的条件。

努尔哈赤晚年的确宠爱乌拉那拉氏阿巴亥，立为大妃。《满文老档》天命六年（1621 年）四月十五日记载，天命汗得辽阳城后，“前汗之大福晋来辽东城”云云。努尔哈赤自宁远战败回归，也是召大妃出迎。可见在天命五年（1620 年）原大妃富察氏衮代死后，努尔哈赤后来复立乌拉那拉氏阿巴亥为大

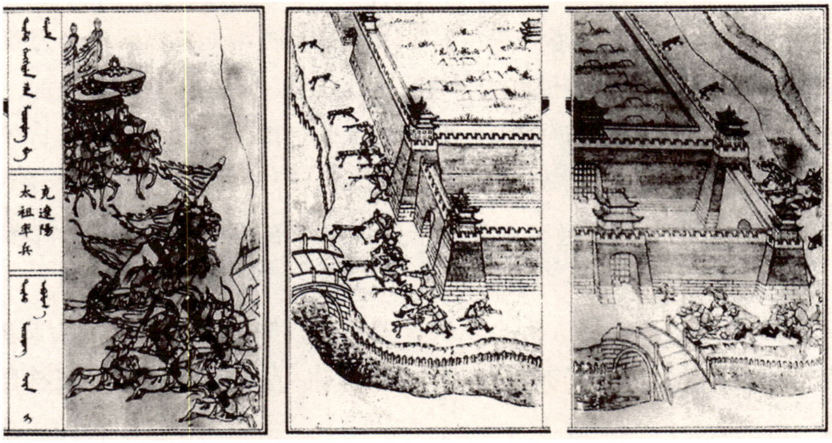

■《满洲实录》之“太祖率兵克辽阳”图

福晋。而且，努尔哈赤喜爱大妃生的儿子，将正黄旗和镶黄旗的一部分，交给年仅十几岁的多尔衮和多铎。再加上阿济格、多尔衮领有白旗，所以大妃一支势力甚强。

天命十一年（1626 年）七月，努尔哈赤因病及炮伤发作，至清河汤泉沐养。八月，努尔哈赤病情转重，自太子河还盛京，召大妃乌拉那拉氏阿巴亥出迎，行至叆鸡堡病逝。

皇太极、代善等遂以努尔哈赤“遗言”为由，迫使大妃乌拉那拉氏阿巴亥殉葬，时年三十七岁，与努尔哈赤同柩。之前曾向努尔哈赤告密，说代善与大妃暧昧的小福晋德因泽，也一起殉葬了，代善也算出了一口气。

认为先前被努尔哈赤休离的大妃为乌拉那拉氏一说，主要依据是：

第一，年龄。乌拉那拉氏阿巴亥生于万历十八年（1590 年），天命五年（1620 年）。事发时，阿巴亥三十一岁，比代善小七岁，似乎从年龄上看此二人关系暧昧更有可能。

第二，档案。《老满文原档》记载努尔哈赤不杀大福晋的原因，除了有三子一女需要照顾之外，还提到“幼子患病，令其照顾”。《玉牒》记载多铎为努尔哈赤幼子，由大福晋那拉氏所出，时年八岁。所以，三子、幼子这几个点，都对得上。

第三，文献。《星源吉庆》与《清史稿·后妃传》都记载，清太祖只有一位大妃即大福晋，就是乌拉那拉氏阿巴亥，是为阿济格、多尔衮、多铎的生母；而富察氏衮代则为继妃。

第四，《玉牒》。努尔哈赤曾在《汗谕》中说明大福晋生有三个儿子。在《清史稿·后妃传》记载天命汗的十六位妻子中，生育三个儿子者，只有乌拉那拉氏阿巴亥一人，没有其他诸妃生育三个儿子的记录。《玉牒》记载，可为实证。

第五，“老档”。天命汗死，大妃乌拉那拉氏殉葬，故所废大福晋应是乌拉那拉氏阿巴亥，而不是富察氏衮代。

以上数条理由，都指向大妃就是乌拉那拉氏阿巴亥，但是仍然存在疑点。

第一，阿巴亥虽有三子，但并没有生育女儿，这和“三子一女”的说法对不上。

第二，如果阿巴亥是大妃，天命五年（1620 年）被休离，之后又被恢复

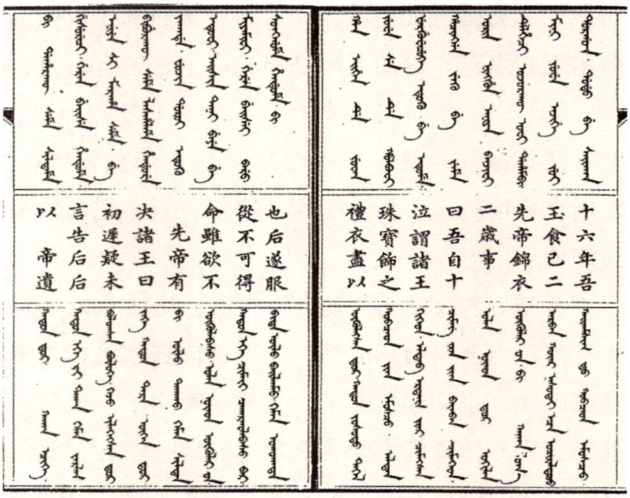
十六年吾
王食已二
先帝錦衣
二歲事
曰吾自十
泣謂諸王
珠寶飾之
禮衣盡以
也后遂服
從不可得
命雖欲不
先帝有
決諸王曰
初遲疑未
言告后后
以 帝遺

■《满洲实录》令大妃殉葬的记载

大妃身份，直到努尔哈赤死后陪葬。其中如此重要的情节——恢复大妃身份，史料中未见任何记载。

所以，说大妃就是乌拉那拉氏阿巴亥，有一定的道理，但也不能自圆其说。

其实，破解这个疑案，我们可以从更加深广的角度去考虑。

无论是努尔哈赤休离大妃，还是皇太极逼大妃殉葬，其背后都贯穿一条主线，就是汗位之争。褚英死后，努尔哈赤的汗位继承者，可能为佟佳氏系的代善、富察氏系的莽古尔泰、叶赫那拉氏系的皇太极、乌拉那拉氏系的多尔衮或多铎。天命五年（1620 年）的大妃风波，表面上是大妃被废，实际上是代善的一次失败；而莽古尔泰杀了母亲，更是绝了自己通向汗位的路。大妃被逼为努尔哈赤殉葬，实际上是断了多尔衮和多铎的继位之路，这都为皇太极登上汗位准备了条件。

从这个意义上分析，努尔哈赤在天命五年（1620 年）休离的是莽古尔泰、德格类、莽古济格格的生母富察氏衮代，还是阿济格、多尔衮、多铎的生母乌拉那拉氏阿巴亥，矛盾的焦点，并不是大妃，而是牵连到此案中的代善；牺牲最大的表面上看是大妃，而实际上是代善的继位之路就此断了。

〔1〕《国朝宫史》记载："我朝宫殿制度，自外朝以至内廷，多仍胜国之旧，而斟酌损益，皆合于经籍所传，以为亿万年攸芋攸宁[2]之所。"康熙以后，制度完备。规定：皇后一位，居中宫；皇贵妃一位，贵妃二位，妃四位，嫔六位，贵人、常在、答应没有定位，分居东六宫——景仁宫、承乾宫、钟粹宫、延禧宫、永和宫、景阳宫和西六宫——永寿宫、翊坤宫、储秀宫、启祥宫、长春宫、咸福宫，各宫都有太监、宫女服侍。宫女有额数：皇太后宫十二名，皇后宫十名，皇贵妃位下八名，贵妃位下八名，妃位下六名，嫔位下六名，贵人位下四名，常在位下三名，答应位下二名。秀女，八旗秀女每三年选一次，由户部主持；内务府属秀女每年选一次，由内务府主持。秀女选中入宫后，做答应、常在、贵人、嫔、妃，惟皇帝的喜好决定。顺治帝以汉女为妃，乾隆帝以回女为妃，算是特例。皇帝的祖母称"太皇太后"、母亲称"皇太后"，居住在慈宁宫、寿康宫、宁寿宫等。先朝的妃称作"太妃"、嫔称作"太嫔"，随皇太后同居。但是，她们与嗣皇帝需双方都年过五十以后才可以相见。慈宁宫俗称"寡妇院"，里面敬佛的殿堂特别多，为了消磨她们的时光，磨灭她们的性灵。

〔2〕"攸芋""攸宁"典出《诗经·小雅·斯干》："约之阁阁，椓之橐橐。风雨攸除，鸟鼠攸去，君子攸芋……殖殖其庭，有觉其楹。哙哙其正，哕哕其冥，君子攸宁。"

第七讲

努尔哈赤死因

清太祖努尔哈赤是后背发疽而死，还是中炮伤而死？这是清史界长期争论的一个学术问题。

一、事情缘起

事情的缘起是宁远之战。先是，天命三年即万历四十六年（1618 年），努尔哈赤发布“七大恨”告天之后，采取突然袭击、里应外合的战术，亲自率兵，攻打抚顺。

抚顺位于明朝与后金、平原与山区、汉族与女真、农耕文化与森林文化的接合部，是后金向西进入辽河流域的头道重关。明抚顺城游击李永芳面对努尔哈赤的进攻，寡不敌众，献城投降。这是努尔哈赤第一次向明朝发起军事进攻并取得了胜利，它标志着后金 - 清同明朝关系的一个转折。从此，努尔哈赤由明里称臣、暗自称雄，而为公然犯顺、主动出击。抚顺之战是明清战争史上的初战，由此拉开了晚明清初战争历史的帷幕。明朝称此为“辽事”之始。

天命四年即万历四十七年（1619 年），明朝万历皇帝为回应后金天命汗努尔哈赤的挑衅，调发十二万大军，号称四十七万，兵分四路，分进合击，企图对后金都城赫图阿拉犁庭扫穴，一举歼之。然而，事与愿违。努尔哈赤面对明军的大举进攻，采取“凭尔几路来，我只一路去”，就是集中兵力，各个击破的战术，短短五天，夺取大捷。这就是著名的萨尔浒战役。于是，明清关系史又出现了一个转折点，就是后金由军事防御转为军事进攻、明朝由军事进攻转

■《满洲实录》之“太祖取抚顺降李永芳”图

为军事防御的历史性转折点。

萨尔浒战役之后，努尔哈赤率领八旗军，于天命六年即天启元年（1621年）三月，向明朝辽东核心地区发起进攻，连续夺占辽东重镇沈阳和辽东首府辽阳，并相继攻占辽东七十余座城镇寨堡。随之辽河以东、鸭绿江以西的广大地带，都归努尔哈赤占有。同年，后金将都城从赫图阿拉迁到辽阳，后清称为东京，就是东部京城。天命十年即天启五年（1625年），再迁都城到沈阳，后金称为盛京，就是兴盛的京城。努尔哈赤迁都沈阳，促进了后金在辽河地区经济与文化的发展，也加速了女真-满洲从渔猎文化向农耕文化的过渡。天命七年即天启二年（1622年），努尔哈赤乘着沈辽大捷的有利态势，进军辽西。

明辽西重镇广宁（今辽宁省北镇市），为辽东巡抚的驻地，城垣高固，城池深广，兵力较多，防守较固。明军失去辽河以东土地后，重点防守辽河以西的广宁城。明朝辽军将防线分为南、中、西三路，设立广宁前屯、后屯、左屯、右屯四卫。当时，辽东经略熊廷弼驻山海关，巡抚王化贞驻广宁。努尔哈赤巧妙地利用熊廷弼与王化贞的“经（经略）抚（巡抚）不和”，进攻广宁。他采用军事进攻与里应外合的两手策略，兵不血刃地占领了广宁。

明失守广宁后，将经略熊廷弼“传首九边”、巡抚王化贞下狱（后处死），任命孙承宗为辽东经略。孙承宗为大学士、天启帝师，位高权重，勇于任事。

孙承宗像

他重用袁崇焕，修筑宁远城（今辽宁省兴城市），并重兵严守。不久，孙承宗遭到阉党排挤而去职。以魏忠贤为首的阉党，控制朝廷，独断专权。朝廷派阉党分子兵部尚书高第为辽东经略，驻山海关。高第采取消极防御策略，命守军从大凌河城以南，包括锦州、小凌河、松山、杏山、塔山、连山、宁远、沙后、前屯等地所有兵民撤退入关。撤退的百姓，背井离乡，扶老携幼，络绎道路，哀鸿遍野。但是，宁前道袁崇焕拒不从命，说："兵法有进无退。三城已复，安可轻撤？锦、右动摇，则宁、前震惊，关门亦失保障。今但择良将守之，必无他虑。"高第坚意要撤，并要撤宁、前二城。袁崇焕斩钉截铁地说："我宁前道也，官此当死此，我必不去。"（《明史·袁崇焕传》卷二五九）

努尔哈赤得到明朝变换经略并撤退锦州军民到山海关的消息后，决定进攻明朝辽西的孤城——宁远。

二、是否炮伤

天命十一年即天启六年（1626年）正月十四日，努尔哈赤率领六万八旗大军，号称十四万，从沈阳出发，往攻宁远。

二十三日，后金兵临宁远城下。袁崇焕带兵民万人守城，城上布设红夷大炮（清讳"夷"字而称红衣大炮）。这种红衣大炮为英国制造的早期加农炮，炮身长、管壁厚、射程远、威力大，特别是对密集骑兵具有强大的杀伤力，是当时世界上最先进的火炮。明末，徐光启、李之藻等先后从澳门购买三十门，其中留北京城十八门、炸毁一门、解往山海关十一门。这十一门红衣大炮架设在宁远城上，成为袁崇焕凭城用炮、击退敌军的强大武器。使用红衣大炮的孙元化、彭簪古等人，曾在京营中受过葡萄牙人的训练。他们周密部署，准备迎战。

二十四日，后金官兵推楯车、运钩梯，骑步配合，蜂拥攻城。城上发炮，攻城受挫。

二十五日，后金军继续攻城。城上放矢镞、下礌石、放大炮，城下八旗官兵血肉横飞、尸体堆积。

二十六日，后金撤兵。

一些学者认为，努尔哈赤在宁远城下被明军的炮弹击伤，其主要根据如下：

第一，明蓟辽经略高第奏报：“奴贼攻宁远，炮毙一大头目，用红布包裹，众贼抬去，放声大哭。”（《明熹宗实录》卷六八）这个大头目，有人认为就是努尔哈赤。

第二，张岱《石匮书后集·袁崇焕列传》记载：“炮过处，打死北骑无算，并及黄龙幕，伤一裨王。北骑谓出兵不利，以皮革裹尸，号哭奔去。”

第三，后金撤军非常突然。后金军是在火炮打中“黄龙幕”和“以皮革裹尸，号哭奔去”的紧急状态下撤军的，由此推断被打伤的是后金军的统帅努尔哈赤。

袁崇焕石刻像（拓片）

第四，明兵部尚书王永光奏称，“虏众五六万人，力攻宁远，城中用红夷大炮，及一应火器诸物，奋勇焚击，前后伤虏数千，内有头目数人，酋子一人，遗弃车械钩梯无数。”

第五，《清太祖武皇帝实录》记载：明军“婴城固守，枪炮、药罐、雷石齐下，死战不退。满洲兵不能进，少却。次日，复攻之，又不能克，乃收兵。二日攻城，共折游击二员、备御二员、兵五百”，最后只有“大兵遂退”。

第六，朝鲜李星龄《春坡堂日月录》记载：“我国译官韩瑗，随使命入朝。适见崇焕，崇焕悦之，请借于使臣，带入其镇，瑗目见其战。军事节制，虽不可知，而军中甚静，崇焕与数三幕僚，相与闲谈而已。及贼报至，崇焕轿到敌

《满洲实录》之“太祖率兵攻宁远”图

楼，又与瑗等论古谈文，略无忧色。俄顷放一炮，声动天地，瑗怕不能举头。崇焕笑曰：‘贼至矣！’乃开窗，俯见贼兵满野而进，城中了无人声。是夜贼入外城，盖崇焕预空外城，以为诱入之地矣。贼因并力城，又放大炮，城上一时举火，明烛天地，矢石俱下。战方酣，自城中每于堞间，推出木樻子，甚大且长，半在堞内，半出城外，樻中实伏甲士，立于樻上，俯下矢石。如是屡次，自城上投枯草油物及棉花，堞堞无数。须臾，地炮大发，自城外遍内外，土石俱扬，火光中见胡人，俱人马腾空，乱堕者无数，贼大挫而退。翌朝，见贼拥聚于大野一边，状若一叶，崇焕即送一使，备物谢曰：‘老将横行天下久矣，今日见败于小子，岂其数耶！’奴儿哈赤先已重伤，及是俱礼物及名马回谢，请借再战之期，因懑恚而毙云。”这段话，虽如“俱礼物及名马回谢”似小说家言，却提及“奴儿哈赤先已重伤”云云。

第七，经查《满文老档》《清太祖高皇帝实录》《清太祖武皇帝实录》《满洲实录》等档案和文献，在宁远之战中，八位著名贝勒代善、阿敏、莽古尔泰、皇太极、德格类、济尔哈朗、阿济格、岳讬，没有一位受伤。这位受到炮伤的大头目，可能性最大而又最容易令人想到的就是努尔哈赤。

努尔哈赤的宁远之战的大败，是他一生中受到的最沉重的打击。天命汗“自二十五岁征伐以来，战无不胜，攻无不克，惟宁远一城不下，遂大怀仇恨而回”。(《清太祖武皇帝实录》卷四)努尔哈赤受到炮伤后，久治不愈，致伤口恶化，洗汤泉之后，因并发症而死。

努尔哈赤的盔甲

三、死亡原因

有的学者认为，努尔哈赤没有在宁远之战中负伤。《中国历史文献研究集刊》1980 年第一集载孟森先生遗著《清太祖死于宁远之战之不确》及商鸿逵教授附《赘言》等文，均对努尔哈赤在宁远城下负伤持异议。李鸿彬先生在《满族崛起与清帝国建立》一书中，对努尔哈赤被明军炮火击伤、不治而死论断的史料根据——《春坡堂日月录》提出三点质疑：

第一，据《春坡堂日月录》记载，“目见”宁远大战的韩瑗是在战前(即明天启六年正月以前)朝鲜赴明使团中的一名翻译官。但是，除《春坡堂日月录》外，我们看到的一些明朝和朝鲜的官书私籍，均未见到此时朝鲜遣使来明和明朝接待来使，以及韩瑗在宁远观战情况的记载。尽管明人沈国元的《两朝从信录》一书中曾说：“天启六年三月，朝鲜陪臣全堤等庆贺礼毕辞归”。然而全堤何时出使明朝，何时途经宁远，韩瑗是否就是跟从全堤而来的译官，皆无材料证明。因此，有无韩瑗其人，是否“目见其战”，这是怀疑的问题之一。

第二，据《春坡堂日月录》记载，既然朝鲜译官韩瑗都知道在宁远战斗中“奴儿哈赤先已重伤”，那么作为守卫宁远的最高将领，并在韩瑗身旁的袁崇焕，对努尔哈赤的伤情更应一清二楚。况且袁崇焕还曾“即送一使”前往后金阵地察看过。倘若努尔哈赤确实身负“重伤”，这当然是袁崇焕的特大功劳，

宁远东门瓮城

也是明军的重大胜利，不仅袁崇焕本人，而且明廷上下，文武百官，都将对此事大书特书，以资激奋军民的情绪和保卫辽左的决心。

但是，无论是袁崇焕屡次向朝廷报告宁远大捷的战况，还是明廷多次表彰袁崇焕守卫宁远的功绩，以及许多朝臣庆贺宁远之战胜利的奏疏，都只字不提此事。因此，努尔哈赤在宁远对明军作战中，有无身受“重伤”，是否“懑恚而毙”，这是怀疑的问题之二。

第三，从大量记载看，努尔哈赤自宁远败退回到沈阳直至死去的八个月里，并没去寻医治伤，而是“修整舟车，试演火器”，并且“近边射猎，挑选披甲”，积极准备再攻宁远，以洗前次败走之耻。四月初，当青草长大，战马得食，他即亲率大军，渡过辽河，在攻明之前，西向进军蒙古喀尔喀等部。到五月上旬，得知明将毛文龙进攻鞍山，后方吃紧，则又回师沈阳。六月，蒙古科尔沁部的鄂巴洪台吉来叩见，努尔哈赤亲自带领贝勒大臣，“出郭迎十里”。从他的这些活动看，努尔哈赤哪像身受“重伤”的病人？这是怀疑的问题之三。

因此，笔者认定：努尔哈赤“先已重伤”的说法是不可靠的。

那么，努尔哈赤的死因清代官书是怎样记载的？

其一，《满文老档》记载。丙寅年（1626 年）七月二十三日，汗因病前往清河温泉。八月初一日，遣贝勒阿敏代祭，瓦尔喀、旺善、萨哈尔察等陪祭，向显祖神主祷告：儿因身体有病，命贝勒阿敏等代祭，望保佑儿的身体早日痊愈。

其二，《清太祖武皇帝实录》记载。七月二十三日，帝不豫，诣清河温泉沐养。十三日，大渐，欲还京，遂乘舟顺代子河（太子河）而下，遣人请后迎之，于浑河相遇，至叆鸡堡，离沈阳四十里。八月十一日，庚戌，未时，崩。

其三，《清太祖高皇帝实录》记载：（七月）癸巳（二十三日），上不豫，幸清河坐汤。八月庚子朔，丙午（初七日），上大渐，欲还京，乘舟顺太子河而下，使人召大妃来迎。入浑河，大妃至。溯流至叆鸡堡，距沈阳城四十里。庚戌（十一日），未刻，上崩。在位凡十一年，年六十有八。

由上，清代官书均说努尔哈赤死于疾病，但都没有交代努尔哈赤死于什么病。

努尔哈赤究竟是死于什么病呢？

其一，明朝记载。辽东巡抚袁崇焕向明廷报告努尔哈赤死因时说："而四乡络绎皆云，奴酋耻宁远之败，遂蓄愠患疽死。"明御史汪若极也说，因宁远大捷，使"奴焰大挫，一旦疽发，而伏天诛矣！"沈国元《两朝从信录》记载："老奴酋疽发背死。"彭孙贻《山中闻见录》亦记载："建州国汗，疽发于背殂。"

其二，朝鲜记载。朝鲜捉获后金部民则说："奴酋去（按应为今）七月间得肉毒病，沐浴于辽东温井（即温泉），而病势渐重，回向沈阳之际，中路而毙。"朝鲜《丙子录》也记载："建州虏酋奴儿赤，疽发背死。"

有学者说，上述资料分别来自明朝和朝鲜，但都是从后金内部传出的消息，因此这种间接记载颇可怀疑——努尔哈赤是患疽而死，还是受炮伤感染因并发症而死，仍存在研究之余地。

又有学者说：努尔哈赤在宁远负伤，为何仅见于朝鲜记载，而不见于明朝与后金记载？下述两个问题值得思索：其一，《满文老档》于宁远之败记载断简；其二，袁崇焕部将周文郁《边事小纪》又恰于宁远之役载述阙文。这或同清入主中原后删除对其不利文字记载有关？

也有学者说，宁远之战后努尔哈赤仍有军事和会盟活动，表明他没有受伤。于此似可以另有解释：这只能说明努尔哈赤没有受到卧床不起的重伤，但不能说明他没有受伤。

描绘努尔哈赤陵寝的《福陵图》（清人绘）

还有学者说，皇太极宁锦之败后，直至其死，再没有攻打宁远。皇太极对宁远存在一种极特殊的恐惧与禓（shāng，意鬼）祲（jìn，意不祥）的心理。这同他父亲在宁远之战中受炮伤而致死有直接的关系。

综上，努尔哈赤之死因，有三种解释：

第一，努尔哈赤宁远之战受炮伤，久治不愈，天气暑热，洗汤浴感染，致伤口恶化，因并发症而死；

第二，努尔哈赤宁远之战没有受伤，宁远战败后，郁悒不自得，由心理创伤而患痈疽致死；

第三，努尔哈赤之死同宁远之战无关，纯属死于毒疽。

总之，清太祖努尔哈赤的死因，仍是一个待解的历史之谜。

第八讲

皇太极争汗位

清太宗皇太极是清太祖努尔哈赤的第八子，因曾位列“四大贝勒”即代善、阿敏、莽古尔泰、皇太极中的第四位，也称他为“四贝勒”。大家都知道他名叫皇太极，皇太极是什么意思？台湾大学的陈捷先教授作过详细的介绍。皇太极在继承汗位之前，对他有多种称呼：清人称皇太极，满文作 hongtaiji；明朝人称黄台吉；朝鲜人称弘他时、弘太始、红歹是；西人称 Abahai，汉译安巴亥；俄文称 Amba han 等。我想，西文、俄文应是满文“Aba”“amba”，也就是汉文“大”的音译，“hai”“han”应是“汗”的音译，合起来应是“大汗”的音译；朝鲜文则是满语的不同译写。我们按照通常的写法或叫法，称为“皇太极”就是了。下面进入皇太极继位的正题。

清太宗皇太极朝服像

清太宗皇太极继承汗父努尔哈赤的遗位，有“正取”与“夺取”两说。

“正取”说主要根据《清太宗实录》卷一的记载。努尔哈赤崩，三大贝勒代善、阿敏、莽古尔泰及诸贝勒对皇太极曰：“国岂可无君？众议已定，请勿固辞。”皇太极不允。“自卯至申，众坚请不已。然后从之。”（《清太宗实录》卷一）

“夺取”说主要根据《清世祖实录》卷五三的记载。摄政睿亲王多尔衮称：“太宗文皇帝之即位，原系夺立，以挟制中外。”（《清世祖实录》卷五三）

清太宗的继位，是“正取”还是“夺取”？这成为清宫史的一个谜。为解说清太宗继位之谜，下面从五个女人、五个男人和五大事件说起。

一、五个女人

先说努尔哈赤时期同皇太极嗣位相关的五个女人。这五个女人，都是皇太极汗父努尔哈赤的妻子。

前面说过，清太祖努尔哈赤的妻子，根据文献记载，有名分的共十六人，她们是：高皇后叶赫那拉氏，元福晋佟佳氏，继福晋富察氏，大福晋乌拉那拉氏，福晋博尔济吉特氏，侧福晋伊尔根觉罗氏、叶赫那拉氏、博尔济吉特氏、哈达那拉氏，庶福晋兆佳氏、钮祜禄氏、嘉穆瑚觉罗氏、西林觉罗氏、伊尔根觉罗氏，还有小福晋阿济根、德因泽。其中，对皇太极嗣位有重要影响者五人：

（一）佟佳氏，名哈哈纳扎青，是努尔哈赤的结发妻子，努尔哈赤长子褚英和次子代善的生母。其父塔本巴宴，是建州佟佳地方人。努尔哈赤在万历五年（1577 年）十九岁分家时，娶了佟佳氏为妻子。第二年，长女东果格格出生，后嫁给清开国五大臣之一的何和礼。万历八年（1580 年）长子褚英出生，万历十一年（1583 年）次子代善出生。这位原配妻子何时去世，史无明文记载。因为她是努尔哈赤的原配发妻，并生下长子褚英和次子代善，而他们同皇位继承密切相关，所以首先要提到这位佟佳氏。

（二）富察氏，名衮代，努尔哈赤第五子莽古尔泰、德格类和莽古济格格的生母。其父莽塞杜诸祜，建州沙济地方人。她先嫁给努尔哈赤祖父觉昌安三兄索长阿之次子吴泰的第二个儿子威准（努尔哈赤的堂兄），生下三子——阿兰泰珠、充善和昂阿拉。威准二十九岁阵亡后，衮代便与努尔哈赤再缔婚姻。这件事清朝的官方记载讳载，但《爱新觉罗宗谱》留下一些蛛丝马迹。她同努尔哈赤生育两个儿子——莽古尔泰和德格类，还有一个女儿莽古济格格。所以衮代共生育五子一女，还抚养舒尔哈齐第二子阿敏。衮代生年与嫁给努尔哈赤的时间记载不详，但长子阿兰泰珠生于万历十一年（1583 年），次子充善生于万历十二年（1584 年），三子昂阿拉生于万历十三年（1585 年），她同努尔哈赤结婚后的儿子莽古尔泰则生于万历十五年（1587 年）。这说明衮代嫁给努尔哈赤约在万历十四年（1586 年）。这一年代善四岁。她在万历二十四年（1596 年）生子德格类，后又生女莽古济格格。因为衮代牵涉到大妃疑案，并同皇太极继位密切相关，所以要特别提到她。

（三）叶赫那拉氏，名孟古哲哲。她是皇太极的生母。当年努尔哈赤落难路过叶赫，叶赫贝勒杨吉砮对他说："我有幼女，需其长，当以奉侍。"努尔哈赤说："汝欲结盟好，长者可妻，何幼耶？"杨吉砮说："我非惜长，但幼女仪容端重，举止不凡，堪为君配耳。"努尔哈赤许之。后杨吉砮被明辽东总兵李成梁杀害，孟古哲哲兄长纳林布禄继为贝勒。孟古哲哲生于万历三年（1575 年），十六年（1588 年）十四岁时嫁给努尔哈赤，二十年（1592 年）生皇太极。三十一年（1603 年）病重思母，努尔哈赤派人去请，其兄纳林布禄不许。这是为什么呢？因为当年叶赫那拉氏堂兄贝勒布寨和胞兄纳林布禄等，组成九部联军，进攻建州。努尔哈赤以寡击众，以逸待劳，打败九部联军。布寨兵败被杀。有书记载：努尔哈赤命将布寨尸体劈为两半，一半留在建州，另一半归还叶赫。纳林布禄则狼狈逃回叶赫。从此，叶赫与建州"结下不共戴天之仇"。纳林布禄深衔大恨，不许叶赫那拉氏与母相见。同年九月，叶赫那拉氏病故，年二十九岁。努尔哈赤极为悲痛，一个多月，不饮酒、吃肉。

崇德元年（1636 年）追谥叶赫那拉氏为孝慈武皇后，康熙元年（1662 年）改谥为孝慈高皇后。因为她生的唯一的儿子皇太极后来成为清太宗皇帝，所以要提到她。但是，叶赫那拉氏与富察氏为正妃的时间重叠，而同时不会有两位正妃主持后宫，因此叶赫那拉氏的正妃名号可能是死后追尊的，其生前或为侧福晋。这是皇太极嗣位的一个脆弱因素。

（四）乌拉那拉氏，名阿巴亥，努尔哈赤第十二子阿济格、第十四子多尔衮和第十五子多铎的生母。先是，乌拉部被努尔哈赤击败，乌拉部贝勒满泰的女儿阿巴亥嫁给建州部的努尔哈赤为妻。努尔哈赤也将侄女俄恩哲嫁给乌拉部贝勒布占泰为妻，互相婚嫁，以求盟谊。万历二十九年（1601 年），十二岁的阿巴亥嫁给努尔哈赤，她比努尔哈赤小三十一岁。阿巴亥也牵涉到大妃疑案，

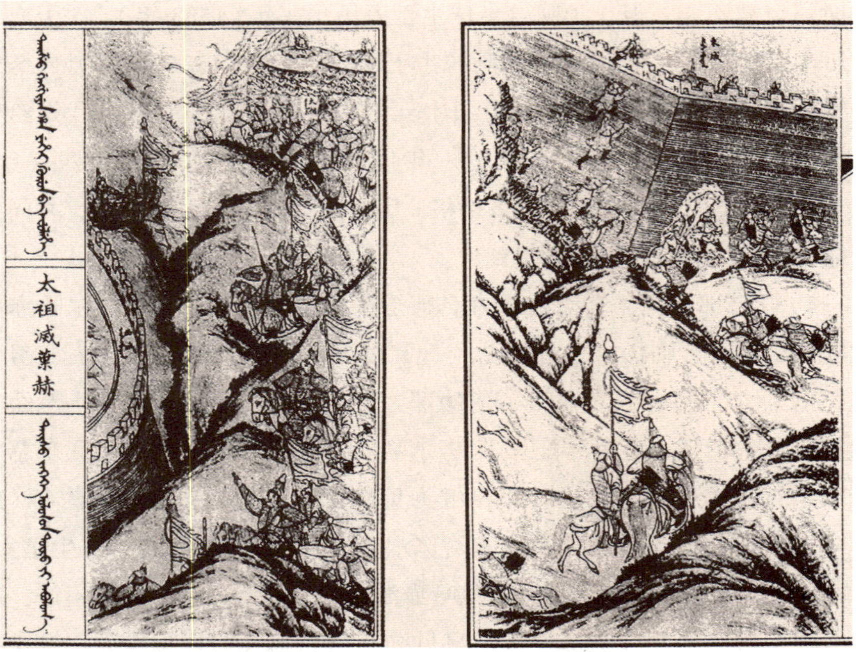

■《满洲实录》之“太祖灭叶赫”图

且她的儿子多尔衮后来成为摄政睿亲王，演绎出许多生动有趣的历史故事。她又在努尔哈赤死时殉葬，其子多尔衮称皇太极“系夺立”，所以阿巴亥成为清初宫廷斗争中一个非常重要的女人。

（五）德因泽，不知姓氏，也没有生育子女，《清史稿·后妃传》和《清列朝后妃传稿》都没有记载。小福晋德因泽因告讦大妃和代善的暧昧关系事件有功，被升与努尔哈赤同桌共食。《清皇室四谱》附记说，“按：太祖殂时，大妃从殉外，仍有二庶妃亦从殉，一名阿济根，一名德因泽，今不能详为何氏。”其中德因泽同大妃疑案有关，所以我也把她列入同皇太极继位之谜有关的“五个女人”之一。

到天命五年（1620 年）发生大妃事件时，努尔哈赤的原配佟佳氏哈哈纳扎青已死；叶赫那拉氏孟古哲哲也已死。所以，这时的大妃即大福晋，无论是富察氏衮代，或是乌拉那拉氏阿巴亥，都同皇太极嗣位的“正取”或“夺取”之谜有着重要的直接关系。

二、五个男人

次说努尔哈赤时期同皇太极嗣位相关的五个男人。

（一）褚英，努尔哈赤嫡长子，母佟佳氏，万历八年（1580 年）生。早年随父出征，十八岁带兵出征东海瓦尔喀部安楚拉库，有战功，封贝勒。万历三十五年（1607 年），因击败乌拉部，得美称“阿尔哈图土门贝勒”（意为广略贝勒）。曾受信任，辅掌国政。万历四十三年（1615 年）死，三十六岁。他的长子杜度后分得其部分财产与部民。

（二）代善，努尔哈赤次子，母佟佳氏，万历十一年（1583 年）生，为褚英胞弟。万历三十五年（1607 年）随兄褚英参与乌碣岩之战，同乌拉大将博克多搏击，马胫相交，激烈拼杀。史载：“代善驰逐博克多，自马上左手攫其胄斩之。”努尔哈赤嘉奖他的勇敢，赐号“古英巴图鲁”（“古英”一解作天鹅；“巴图鲁”意为勇士）。天命元年（1616 年）封和硕贝勒，以齿序称大贝勒，为“四大贝勒”之首，参与国政。后封为和硕礼亲王。顺治五年（1648 年）病死于北京。

（三）阿敏，舒尔哈齐次子、努尔哈赤之侄，万历十四年（1586 年）生，其兄阿尔通阿、弟扎萨克图，因舒尔哈齐事件被努尔哈赤所杀。天命元年（1616 年）授和硕贝勒，以齿序称二贝勒。阿敏在父亲死后，为努尔哈赤收留，并由继福晋富察氏衮代领养在身边。阿敏同富察氏衮代、衮代之子莽古尔泰的这种特殊关系，在皇太极争夺嗣位前后，为阿敏与莽古尔泰的历史悲剧埋下了种子。

（四）莽古尔泰，努尔哈赤第五子，母富察氏衮代，万历十五年（1587 年）生。万历四十年（1612 年）随父努尔哈赤出征乌拉，立有战功。天命元年（1616 年）封和硕贝勒，以齿序称三贝勒。统正蓝旗，屡立军功。莽古尔泰同皇太极矛盾逐渐激化，后被革贝勒称号。天聪六年（1632 年），莽古尔泰“以暴疾卒”。

（五）皇太极，努尔哈赤第八子，母叶赫那拉氏，万历二十年（1592 年）生。早年丧母，受到父亲的钟爱。年轻时随汗父出征，颇有战功。万历四十三

■ 正白旗、镶白旗甲胄

年（1615 年），努尔哈赤将满洲四旗扩建为八旗，皇太极为正白旗主旗贝勒。天命元年（1616 年）封和硕贝勒，以齿序称四贝勒，襄理国政。皇太极“勇力绝伦，颇有战功，所领将卒皆精锐”，能文能武，胸怀谋略。

清太宗皇太极继位斗争，以努尔哈赤为轴心，围绕五个女人、五个男人在五大事件中，分五个回合展开冲突与融合。

三、五大事件

再说努尔哈赤时期同皇太极嗣位相关的五大事件。

（一）舒尔哈齐事件。舒尔哈齐为努尔哈赤胞弟，与胞长兄努尔哈赤并肩起兵，共同创业，屡立战功，深得众心。他曾先后四次到北京“朝贡”，被明廷封为都督，后同其兄努尔哈赤矛盾表面化。

在万历三十五年（1607 年）乌碣岩之战中，舒尔哈齐在双方接战后仍迟不出战，后褚英与代善的军队打败了乌拉军。努尔哈赤追究此事，怒责舒尔哈齐，令将他属下两名战将常书、纳齐布论死。舒尔哈齐则说：“若杀二将，即杀我也！”努尔哈赤虽作了让步，但此后不再派遣他带兵作战。

万历三十七年（1609 年），努尔哈赤与舒尔哈齐兄弟严重失和。老满文档册里记载：舒尔哈齐战时不肯出力，贪得无厌，常出怨言，因此努尔哈赤责备他。但舒尔哈齐仍不自省，反而策划迁居黑扯木自立。于是努尔哈赤大怒，就没收了他的家产，杀了他的大臣。后舒尔哈齐回来，努尔哈赤又把没收的家产还给了他，可是他依然不满。努尔哈赤再次“夺取”舒尔哈齐的属人、部将及产业。

赫图阿拉老城墙

《爱新觉罗宗谱》云：万历三十八年（1610年），舒尔哈齐的长子阿尔通阿、三子扎萨克图因罪被处死。万历三十九年（1611年），舒尔哈齐被囚禁死。朝鲜人李民寏《建州闻见录》说舒尔哈齐“有战功，得众心”，被“奴酋所杀”。明人黄石斋《建夷考》记载：“注铁键其户，仅容二穴，通饮食，出便溺。”同年，舒尔哈齐死。王在晋《三朝辽事实录》则说：“奴酋忌其弟速儿哈赤兵强，计杀之。”清史学家孟森称：清太祖努尔哈赤“推刃胞弟”“实乃杀之”。

努尔哈赤兄弟发生内讧，骨肉相残，为家门不幸。但这种整合，既强固了建州的力量，也为皇太极嗣位准备了条件。

（二）褚英事件。舒尔哈齐死后，褚英地位日显重要。褚英因居长，屡有军功，被努尔哈赤授命执掌国政。褚英柄政后，因年纪轻，资历浅，心胸褊狭，操之过急，受到“四大贝勒”——代善、阿敏、莽古尔泰、皇太极和“五大臣”——额亦都、费英东、和硕礼、安费扬古、扈尔汉等内外两方面的反对。褚英对这些建州的“柱石”和“元勋”，既缺乏谦恭的态度，又没有笼络的智术。他想趁汗父在世时，逐渐削夺他们的财富和权力，以便巩固自己的储位。这促使“四贝勒”与“五大臣”以内外夹击的策略，共同对付褚英。他们向努尔哈赤奏告褚英：第一，挑唆“四贝勒”与“五大臣”不和；第二，公然声称要索取诸弟财物；第三，曾扬言，我即位后将杀死同我为恶的诸弟与诸大臣。由是，褚英陷于孤立境地。

努尔哈赤感到事态严重。他在权衡长子褚英与“四贝勒”“五大臣”两方力量之后，决定疏离褚英。努尔哈赤下令削夺褚英所领部众与财产，均等地分配给代善、阿敏、莽古尔泰与皇太极四位弟弟。褚英政争失败后，大为气恼，非但没有自省，反而“意不自得，焚表告天自诉”，于是“乃坐咀咒”父亲和诸弟之罪。

■ 复建后的赫图阿拉汗王寝宫内部

万历四十一年（1613年）三月二十六日，努尔哈赤命将长子褚英幽禁在高墙之内。万历四十三年（1615年）八月二十二日，努尔哈赤经过两年的反复思考，“始下决断，处死长子”。褚英年仅三十六岁。这个事件是父杀子，很不光彩，到乾隆重修《无圈点老档》（《旧满洲档》《老满文原档》）时，将这段记载删掉。直到1962年在中国台湾地区台中市雾峰北沟故宫博物院地下仓库里发现，1969年台北故宫博物院以《旧满洲档》为书名影印出版，学者看到了上述影印老满文档案的记载，才将其历史真相大白于天下。

（三）大妃事件。天命五年（1620年）三月，后金宫里发生一起大事件，就是小福晋德因泽讦告大妃和代善。《满文老档》记载小福晋德因泽向天命汗告发代善与继母大福晋暧昧关系道：第一，“大福晋曾二次备办饭食，送与大贝勒，大贝勒受而食之。又一次送饭食与四贝勒（皇太极），四贝勒受而未食。”第二，“大福晋一日二三次差人至大贝勒家，如此往来，谅有同谋也！”第三，“大福晋自身深夜出院亦已二三次之多。”第四，每当诸贝勒大臣在汗的家里宴会、集议国事时，大福晋饰金佩珠、锦缎妆扮，倾视大贝勒，彼此眉来眼去。诸贝勒大臣虽内心不满，因惧怕大贝勒和大福晋而不敢向汗报告。努尔哈赤派扈尔汉、额尔德尼、雅逊和莽阿图四大臣进行调查，后奏报讦告属实。同时，又查出大福晋在多处藏匿金银财物。

努尔哈赤对大贝勒同大福晋的暧昧关系极为愤慨，但他既不愿加罪于儿子，又不愿家丑外扬，便借口大福晋窃藏金帛，勒令休离（一说后恢复）。或言德因泽告讦之谋出自皇太极。皇太极借大贝勒与大福晋的关系，施一箭双雕之计，既使大福晋被废，又使大贝勒代善声名狼藉，并离间努尔哈赤与代善的父子关系，为他后来夺取汗位作了铺垫。后莽古尔泰将他的生母富察氏衮代杀了。这位大福晋，即大妃，到底是富察氏衮代，还是乌拉那拉氏阿巴亥，并无定论，但是，此后阿敏、莽古尔泰的两蓝旗势力大为削弱，增加了皇太极嗣位的机会。

（四）代善事件。代善祸不单行，除受大妃事件牵连外，同年（天命五年）九月又发生一件大事情。这同代善自己的弱点有关。代善偏爱后妻之子，将好的财产、人口分给后妻所生的幼子，将不好的财产、人口分给前妻所生的次子硕讬。硕讬愤恨不平。代善告硕讬与庶母通奸。硕讬于是与斋桑古（阿敏弟）、莫洛浑夫妇共谋欲叛逃投明。事觉，经审：

关于"通奸"——只有喀勒珠一人说"有"，其他人都说"没有"，硕讬说"全系乌有之言，因感到自己被诬。"所以，硕讬之被诬和喀勒珠之伪证昭然若揭。

关于"叛逃"——莫洛浑夫妇承认"确有此事"；硕讬则咬定说"绝无此事"。

努尔哈赤叱责代善说："汝妻的阴谋使喀勒珠出自其口，你便上了这般中伤话的当。硕讬是你的亲生儿子，如果听信你妻的花言巧语而残杀亲子，诸弟还在啊！你又想用什么法子对付诸弟？因为妻的唆使便想除掉亲子与诸弟，像你这种人如何够资格当一国之君！"于是，努尔哈赤命杀死莫洛浑夫妇等人，而不杀硕讬。但代善要杀死硕讬，努尔哈赤不允，命将其幽禁。代善听信后妻谗言，先后五六次跪请父汗诛杀硕讬，并要求将硕讬交给自己亲手杀之。努尔哈赤坚决不允其请，并下令尽夺代善已得的权位和所领的臣民，让代善及其妻一无所有地过活。

尽失财产、名位的代善请求手刃其妻，努尔哈赤不许。努尔哈赤集合众人，当众释放硕讬，命将喀勒珠缚绑于柱，让硕讬凌迟杀之。九月二十八日，代善亲自杀妻后，到汗父处请罪："我已除掉妻了！"

这件事情说明代善在处理家事与国事上，都缺乏公平与情理，也缺乏胸怀与情怀。此后代善同汗父及其弟皇太极的矛盾日渐加深。

（五）阿巴亥事件。天命十一年（1626年）七月，努尔哈赤患病，到汤泉浴疗。八月，病危，乘船由太子河返还沈阳。努尔哈赤召大妃阿巴亥出来迎接。十一日，大妃到了叆鸡堡，努尔哈赤死。大妃阿巴亥殉葬，遗留三个儿子：阿济格、多尔衮和多铎。《实录》记载，当时大妃不欲殉死，诸王大臣秉持遗命，逼令殉葬。有学者认为：这是史官的曲笔，因为愿殉被许，是妻妾的最高名誉，而认为乌拉那拉氏不愿殉死，这不过是削弱其三子——阿济格、多尔衮和多铎地位的宣传手段而已。

以上五大事件，时间跨度从万历三十五年（1607 年）努尔哈赤兄弟失和，到天命十一年即天启六年（1626 年）努尔哈赤死，时间长达十九年。

在上述事件中，怎样看待皇太极嗣位的争议呢？说皇太极继位是“正取”，理由是——舒尔哈齐、褚英死后，大贝勒代善在天命五年（1620 年）大妃事件和代善事件后，其威信、权力、地位、军力、财富大为降低，丧失争夺嗣位的优势；二贝勒阿敏在舒尔哈齐与大妃事件中，受到了沉重打击，也完全丧失了争夺嗣位的力量；三贝勒莽古尔泰，亲手杀死生母，其镶蓝旗受挫，更失去争夺嗣位的条件。虽然，努尔哈赤生前不曾指定继嗣者，但是他先后清除了舒尔哈齐、褚英，使代善、阿敏、莽古尔泰丧失威信，实际上为皇太极继位扫清了障碍。《清史稿·代善传》记载，“太祖崩，岳讬与其弟萨哈璘告代善，请奉太宗嗣位。代善曰：‘是吾心也！’告诸贝勒定策。太宗辞让再三，代善等请益坚，乃即位。”（《清史稿·代善传》卷二一六）所以，皇太极继承嗣位，已经是“瓜熟蒂落”。

有人说皇太极继位是“夺取”，理由是——皇太极借着德因泽告讦而打击诸兄贝勒，又借着阿巴亥事件逼大妃殉葬，使多尔衮和多铎失去母亲呵护，也就失去了嗣位的可能。

皇太极即位后所制满文“皇帝之宝”

因此，皇太极的继位，系“正取”或系“夺取”？仁者见仁，智者见智，若予确证，尚需史料。

清初的宫廷斗争，不可谓不激烈，不可谓不残酷！在这些宫廷斗争中，出现了一幅幅黑暗、残暴的画面。努尔哈赤的家族，父杀子、子弑母、夫杀妻、弟杀兄、叔杀侄，甚至诸子合伙逼迫庶母阿巴亥殉葬——撇下可怜的阿济格、多尔衮和多铎。这些斗争产生了哪些历史影响？有哪些历史经验？

第一，争取实现人合。我在《正说清朝十二帝》一书中说过：努尔哈赤事业成功的一个重要原因是“四合”，即天合、地合、人合、己合。“天合”主要是指天时，“地合”主要是指地利，“己合”主要是指自己生理平衡和心理平衡，而“人合”的“合”字怎样解释？“合”字与“分”字相对，主要有两层含义。一是“和合”“协合”，如《诗·小雅·棠棣》：“妻子好合，如鼓瑟琴。”二是“聚合”“整合”，如《左传》：“宋襄公欲合诸侯”；《论语·宪问》：“桓公九合诸侯”。人与事的合，因为万物都处于对立统一之中，其统一的合，主要表现为“和合”；其对立的合，主要表现为“整合”；通过“整合”，达到新的“和合”。对人对事，不仅要看到统一的“和合”，更要看到对立的“整合”。将对立的双方整合到一起，才会形成更大的统一的力量。从上面的五个事件中，可以看出努尔哈赤位下的四股政治势力——代善、阿敏和莽古尔泰、多尔衮和多铎、皇太极，是怎样整合到一起的：褚英事件后，其部民、财产进行了一次重新分配，随之设立八旗制度，建立后金政权。爱新觉罗贵族没有涣散，而是更加团聚。后金的事业出现一个崭新的、蓬勃的局面。大妃事件和代善事件后，富察氏衮代死，衮代生前抚养的阿敏、衮代的儿子莽古尔泰两人受到沉重打击，蓝旗力量削弱，代善红旗力量也被削弱。当然最后的得益者是皇太极。清初领导集团内部虽有多次危机，但因经过多次整合，而没有发生大的分裂。如果清初领导集团内部发生大的分裂，就不可能迁鼎北京，也不可能入主中原。

第二，激活内原动力。代善事件使代善遭到沉重的打击，从此失去争夺嗣位的可能。代善虐待前妻之子，又杀死后妻，结果前妻之子岳讬与后妻之子萨哈璘都对代善不满而投向皇太极。所以，努尔哈赤死后，岳讬和萨哈璘最先向代善提出让皇太极登大位，代善只好同意。当然，代善事件最后的得益者是皇太极。天命五年（1620 年）经过两次大的整合，后金力量空前团结、空前强大。第二年，努尔哈赤率领八旗军进兵辽河流域，占领沈阳，攻占辽阳，结束了明朝在辽东的统治。在自己弱小的情势下，不断地激活内部的潜力，应当说这是满族兴起的一个内部原动力。通过整合，四股政治势力中的三股——大贝勒代善、二贝勒阿敏和三贝勒莽古尔泰以及多尔衮和多铎，都丧失了继承汗位的条件，天命汗努尔哈赤身后的权力向皇太极聚集。

第三，实行优胜劣汰。努尔哈赤嗣位的候选者——佟佳系的代善，富察系的阿敏、莽古尔泰，叶赫那拉系的皇太极四人，在天命五年（1620年）发生了势力关系的大变动。在整合中通过公平而残酷的斗争，优胜劣汰，强中选强。如第一回合褚英事件中褚英被淘汰，第二回合大妃事件中莽古尔泰和阿敏处于劣势，第三回合代善事件中代善被淘汰，第四回合阿巴亥事件的结果是阿巴亥殉葬，她的三个儿子阿济格、多尔衮、多铎只能依靠皇太极。当然，最后的得益者还是皇太极。随后，出现了一个皇太极时代。清初宫廷势力整合导致的一个结果，就是皇太极顺利地登上了后金大汗的宝座。

第四，改变继位祖制。天命七年（1622年）三月，努尔哈赤召集八子，讨论汗位继嗣问题。天命汗努尔哈赤建立了汗位选举与罢免的八王共议制度，就是“贵族公推制”。

■ 盛京皇宫大政殿与十王亭

这个制度在努尔哈赤与皇太极身后实行了两次。从顺治朝开始皇位继承改变为“皇帝遗命制”，雍正朝实行“秘密立储制”，同治朝则改为“懿旨定储制”。清入关后十朝的皇位继承制，都不利于竞争，也不利于选优。这是后来清朝衰败的一个重要内在原因。

第五，同明后期相比。明朝皇位继承实行嫡长制，明晚期的三案——梃击案、红丸案、移宫案，都是围绕嫡长子继承制发生的，而不是优胜劣汰。因之，明衰落、清崛兴，皇位继承制度是其重要原因之一。

总之，清初满洲经过二十年的碰撞、选择与整合，满洲贵族领导集团逐渐实现“人合”，不断选优劣汰（皇太极和多尔衮是努尔哈赤十六个儿子中最优秀的两位），经常激活内原动力——这是清朝崛兴的一个重要内在因素。

第九讲

蒙古一后四妃

清太宗皇太极的“一后四妃”都是蒙古族人，都姓博尔济吉特，都是成吉思汗的后裔。在中国历代皇帝后妃史上，一位皇帝娶异民族同姓氏的“一后四妃”，前无古人，后无来者。其中的宫廷秘密何在？皇太极蒙古后妃之谜的起点，在于他的父亲努尔哈赤。因为清朝皇帝娶蒙古后妃的传统，从清太祖努尔哈赤娶蒙古科尔沁部明安贝勒之女开始，后来满蒙联姻成为清朝的重要国策。

一、满蒙联姻

努尔哈赤的妻子，据《星源吉庆》与《清史稿·后妃传》记载，共有十六位。这十六位福晋，从其部属来看：建州女真十人，海西女真叶赫部二人，哈达部一人，乌拉部一人，蒙古科尔沁部二人。科尔沁部驻牧于嫩江流域，东临叶赫，西界扎鲁特，南接喀尔喀，北临嫩江上游地区。科尔沁部为了不被蒙古察哈尔林丹汗兼并，便与海西女真的叶赫、乌拉结盟。万历二十一年（1593年），叶赫、哈达、辉发、乌拉、蒙古科尔沁等九部联军发动“古勒山之战”，进攻建州，结果大败。

科尔沁部明安贝勒在战斗中马陷于阵，“骑骣（意为骑马不加鞍辔）马”仓皇夺命，尴尬逃出。第二年，明安贝勒遣使建州，请求讲和，从此之后，通使不绝。万历四十年（1612年），努尔哈赤听说明安贝勒的女儿“颇有丰姿”，便遣使求婚。明安“绝先许之婿，送其女来”，让女儿与努尔哈赤成婚。这是

清宫蒙古文抄本《蒙古源流》

后金大汗与蒙古贝勒的第一次联姻。万历四十二年（1614 年），明安之兄莽古思也以其女给努尔哈赤第八子皇太极为妻。万历四十三年（1615 年），明安之弟孔果尔（又作洪果尔），又以其女送给努尔哈赤为妻。这位博尔济吉特氏福晋，到康熙四年（1665 年）才故去，是努尔哈赤后妃中最高寿的一位。天命元年即万历四十四年（1616 年），努尔哈赤黄衣称朕，科尔沁贝勒翁果岱之子奥巴（又作鄂巴）与努尔哈赤结盟。不久，奥巴亲谒努尔哈赤，受封土谢图汗，娶努尔哈赤养女、舒尔哈齐第四子图伦之第二女为妻。又努尔哈赤养女、舒尔哈齐第四女，嫁蒙古喀尔喀巴岳特部台吉恩格德尔。至此，蒙古科尔沁各部等，全都归附后金。

上述努尔哈赤的满蒙联姻，正如乾隆帝后来在诗中所说："塞牧虽称远，姻盟向最亲。"这对于清太宗皇太极娶蒙古后妃有着原生性的影响。

二、蒙古后妃

皇太极究竟有多少位后妃，目前尚无确切资料，不能精确统计出来。不过为他生过子女而又能够查考的，共有十五人。她们都各有名号，应是没有问题的。根据清代官方资料，皇太极的后妃及其名号记述如下：

（一）孝端文皇后，博尔济吉特氏，蒙古科尔沁贝勒莽古思之女。封为中宫皇后，生育三女：长女封为固伦温庄长公主，名马喀塔，下嫁林丹汗之子额哲；次女封固伦端靖长公主，名字不详；第八女封固伦端贞长公主，名字不详，下嫁土谢图汗巴达礼之子巴雅思护朗。

（二）孝庄文皇后，博尔济吉特氏，蒙古科尔沁贝勒寨桑之女。万历四十一年（1613 年）生，天命十年（1625 年）嫁给皇太极，后封为永福宫庄妃，生女二人，名雅图、阿图；生一子，名福临，就是后来的顺治皇帝。

孝庄文皇后像

（三）敏惠恭和元妃，博尔济吉特氏，蒙古科尔沁贝勒寨桑之女。万历三十七年（1609 年）生，比庄妃年长五岁，后封为关雎宫宸妃，生一子，未命名，早殇。

（四）懿靖大贵妃，博尔济吉特氏，蒙古阿鲁阿霸垓部额齐克诺颜之女，后封麟趾宫贵妃，生子博穆博果尔，生女一人（名字不详）。

（五）康惠淑妃，博尔济吉特氏，蒙古阿鲁阿霸垓部塔布囊博第塞楚祜尔之女，后封衍庆宫淑妃，生女一人（名字不详）。

（六）元妃，钮祜禄氏，满洲人，清开国大臣额亦都之女，生子洛博会。

（七）继妃，乌拉那拉氏，满洲人，博克铎贝勒之女，生子豪格、洛格二人；女一人（名字不详）。

（八）侧妃，叶赫那拉氏，满洲人，阿纳布贝勒之女，生子硕塞。

（九）侧妃，博尔济吉特氏，蒙古扎鲁特部巴雅尔图戴青之女，天聪六年（1632 年）嫁给皇太极，生女二人（名字不详）。

（十）庶妃，那拉氏，满洲人，英格布之女，生子高塞、女二人（名字不详）。

（十一）庶妃，奇垒氏，蒙古察哈尔部额尔济图固英寨桑之女，生女一人（名字不详）。

（十二）庶妃，颜扎氏，满洲人，布颜之女，生子叶布舒。

（十三）庶妃，伊尔根觉罗氏，满洲人，安塔锡之女，生子常舒。

（十四）庶妃（不知氏族），拜祜之女，生子韬塞。

（十五）庶妃（不知氏族），其父名不详，生女一人（名字不详）。

以上所述，可以看出：

第一，皇太极后妃中，能够确指其民族成分的有十三人，而蒙古族为七人，占其总数的百分之五十三点八，且占据后宫核心主导地位。崇德元年（1636年）四月，皇太极登极称帝，册封“一后四妃”，都是蒙古族人，也都姓博尔济吉特。

第二，皇太极后妃中，没有纯汉族籍的女子，这可能与当时满洲执政者要保持满洲血统，不让汉族危及其政权有关。满汉语言不通，也是因素之一。

第三，蒙古重视世谱姓氏，博尔济吉特氏为元太祖成吉思汗的直接后裔，蒙古阿鲁阿霸垓部、蒙古察哈尔部，也都是成吉思汗的后裔。这是皇太极多次与其联姻的政治原因。

第四，满蒙有共同的文化基础。满族与蒙古族在生活、习俗、语言、宗教等方面，有共同性或相似性。譬如语言，满语和蒙古语都属于阿尔泰语系，满语中有大量蒙古语借词，满洲人听蒙古语大体可以听懂，如在一起生活，很快可以语言交流。又如宗教，满洲和蒙古都信奉萨满教。这些都为满蒙联姻提供了方便条件。

崇德元年（1636年）皇太极册封“一后四妃”：中宫皇后博尔济吉特氏哲哲与东宫关雎宫宸妃海兰珠、西宫麟趾宫贵妃娜木钟、东次宫衍庆宫淑妃巴特玛·璪、西次宫永福宫庄妃布木布泰。这“一后四妃”，全部来自科尔沁蒙古博尔济吉特氏。

皇太极的蒙古博尔济吉特氏“一后四妃”，说明他继承了父汗努尔哈赤同蒙古联姻的遗策，继续同蒙古联姻。皇太极的蒙古博尔济吉特氏“一后四妃”，内关宫壶，外系社稷，下面着重加以介绍与分析。

皇太极的“一后四妃”都是蒙古族成吉思汗的后裔。她们的身世，值得一述：

（一）孝端文皇后：蒙古科尔沁贝勒莽古思之女，万历二十七年（1599年）

■ 册封庄妃册文（蒙古文部分）

生，四十二年（1614 年）与皇太极成婚，时年十六岁。天聪元年（1627 年），因皇太极继承大汗之位，她被封为大福晋。崇德元年（1636 年）皇太极任大清国皇帝，她被册封为中宫皇后，居盛京清宁宫。顺治帝即皇位后，尊其为皇太后。入关后居住在紫禁城。顺治六年（1649 年）病逝，享年五十一岁，后与皇太极合葬于昭陵（沈阳北陵）。

（二）孝庄文皇后：名布木布泰，是蒙古科尔沁贝勒寨桑的女儿，孝端文皇后的侄女，关雎宫宸妃的妹妹。万历四十一年（1613 年）生，天命十年（1625 年）与皇太极成婚，时年十三岁。崇德元年（1636 年）被封为永福宫庄妃。崇德三年（1638 年）她为皇太极生了皇九子福临，就是后来的顺治皇帝。布木布泰长得秀美，人很聪明，又知礼数，是皇太极后妃中最著名的，也是关系到清朝早期兴起与强盛的一位关键人物。庄妃在当时似乎不太得宠，皇太极特别衷爱的是关雎宫宸妃海兰珠。布木布泰在皇太极死后的政争中，发挥了调和矛盾、安定局势的作用。她在康熙帝继承大位以及扳倒鳌拜集团的斗争中，为清朝作出了守成兼创业的贡献。她的历史地位是受到后人肯定的。当然这位女性名人的传闻很多，如下嫁多尔衮、温情说服洪承畴降清等，这些事的真实性不大，不过倒是充分反映了她的聪明与智慧、美丽与善良。布木布泰死于康熙二十六年（1687 年），享年七十六岁。

（三）关雎宫宸妃：博尔济吉特氏，名海兰珠，是皇太极最富有戏剧性的一位妃子。她是孝端文皇后的亲侄女、孝庄文皇后的亲姐姐。据说她以知书、文静、美丽、睿智而出名，皇太极因此要娶她为妻。她嫁给皇太极时已经

"关雎宫"匾额

二十六岁。崇德元年（1636 年），她居住的宫殿名为"关雎宫"，取《诗经·关雎》"关关雎鸠，在河之洲，窈窕淑女，君子好逑"的典故，表示出皇太极对她的深厚爱情。她曾为皇太极生过一子，不幸早夭。她痛苦过甚、悲伤至极，不久患病。皇太极当时正在明清生死交关的松山大战前线，闻讯后竟不顾一切地从战场赶回沈阳宫中，可惜为时已晚，宸妃先一日死亡。

皇太极悲痛万分，"涕泣不止"，饮食不思，夜不成寐，甚至昏厥。这种真挚爱情发生于帝王身上，还是不多见的。海兰珠与皇太极的婚姻生活只有七年，死时年仅三十三岁。他们生前恩爱异常，皇太极连死后永眠地下也要傍近宸妃墓地，两人情义深浓，可谓无以复加。

（四）衍庆宫淑妃：名巴特玛·璪，曾是蒙古察哈尔林丹汗的窦土门福晋，在林丹汗死后，于天聪八年（1634 年）闰八月二十八日，率众投降后金。第二天，大贝勒代善等举行盛宴欢迎归附诸大臣。第三天，大贝勒代善与众和硕贝勒等上奏，请皇太极娶窦土门福晋为妃。《清太宗实录》里记载了这件事。最初，皇太极不从。代善等认为窦土门福晋"委身顺运，异地来归，其作合实由于天，上若不纳，得毋拂天意耶？……伏念皇上修德行义，允符天道，故天于皇上，特加眷佑"，皇上恩泽娶她，群庶无不欢欣。皇太极犹豫三天，想到"行师时，驻营纳里特河，曾有文雉，飞入御幄之祥。今福金来归，显系天意，于是意始定。"命希福、达雅齐前往迎娶。卫送巴特玛·璪来的蒙古人闻讯后，都高兴地说："皇上纳之，则新附诸国与我等，皆不胜踊跃欢庆之至矣！"可见皇太极娶林丹汗的遗孀窦土门福晋，有着极大的政治意味。《清史稿·后妃传》记载，淑妃"抚蒙古女"，此女当是她同林丹汗所生。皇太极后命十四弟多尔衮纳娶此女为妻。顺治九年（1652 年）加封为康惠淑妃。

（五）麟趾宫贵妃：名娜木钟，原是蒙古察哈尔林丹汗的囊囊福晋。在皇太极娶了林丹汗的窦土门福晋巴特玛·璪一年后，林丹汗的囊囊福晋娜木钟，

麟趾宫

于天聪九年（1635 年）五月二十七日，前来投降后金。

当娜木钟来降时，贝勒阿巴泰等多人因为她是“察哈尔汗多罗大福晋”，请皇太极“纳之”为妻。皇太极以“先已纳一福晋，今又纳之，于理不宜”，而婉然拒之。皇太极命兄长大贝勒代善娶她为妻，大贝勒因“其贫而不娶”。这个“贫”字，可能不是理由，而是另有隐情。诸贝勒再三坚请，认为这是“天赐”，不是“强娶”，皇太极这才同意。皇太极随即于同年七月将娜木钟纳入后宫。后顺治加封她为懿靖大贵妃。康熙十三年（1674）病死。她的儿子博穆博果尔在顺治朝留下一段故事。《清史稿·后妃传》记载她还有一个“抚蒙古女”，可能是同林丹汗所生，带到宫中抚养成人的。

皇太极一生的婚姻多为政治婚姻，与蒙古的关系特别重要，这从盛京皇宫的五宫后妃都是蒙古博尔济吉特氏一事可以证明。皇太极的蒙古博尔济吉特氏后妃，除三位来自蒙古科尔沁部外，有两位曾是蒙古察哈尔林丹汗的遗孀——囊囊福晋和窦土门福晋，且她们都同林丹汗生育过女儿，皇太极将她们收留在宫中加以抚养。皇太极的蒙古博尔济吉特氏“一后四妃”，对满洲史、蒙古史、清朝史产生了什么影响？

三、百年影响

从努尔哈赤开始，由皇太极继承并发展的满蒙联姻，对清朝前期，乃至整个清朝历史的发展，产生了极为重要的作用。

在天命朝，努尔哈赤要对付明朝，光靠自身女真-满洲的力量是不够的。他首先要同蒙古联盟。努尔哈赤刚兴起的时候，蒙古各部首领视之为仇敌。科尔沁贝勒明安出兵参加九部联军之战，就是一个例证。此战之后，双方态度都有转变。先是通婚，继是通使，再是结盟，复是设旗，后是重教等。蒙古科尔沁部，由原来建州的敌人而成为满洲的朋友。努尔哈赤通过与蒙古科尔沁部的联姻，在蒙古各部整体链条上，打开了一个化敌为友的缺口。

在天聪朝，皇太极继续其父同蒙古联姻的政策。天命十年（1625 年），努尔哈赤为皇太极娶蒙古科尔沁贝勒寨桑之女为福晋。她生下福临，就是后来的顺治皇帝。蒙古的外孙福临成了大清的皇帝，这就极大地加强并巩固了满蒙联盟。

这个时期，皇太极的妻子不仅有科尔沁部人，还有察哈尔部人。自称全蒙古大汗的林丹汗，他的遗孀囊囊福晋、窦土门福晋却成了皇太极的妃子，其苏泰福晋也成了郑亲王、后任摄政王济尔哈朗的福晋。这表明漠南蒙古同满洲结成了政治-军事的联盟。此外，皇太极的两个幼弟：多尔衮娶蒙古科尔沁部莽古思之妹为妻，多铎娶莽古思之女为妻。

宸妃、庄妃之父，蒙古科尔沁部忠亲王追封碑

在崇德朝，皇太极通过册封蒙古博尔济吉特氏的“一后四妃”，使得满蒙联姻达到清朝史、中华史的顶峰。林丹汗的遗孀苏泰太后及其子额哲，向皇太极投降。林丹汗之子额哲则娶了中宫孝端文皇后博尔济吉特氏的长女固伦温庄长公主马喀塔做妻子。在皇太极就任清朝皇帝的登极大典上，额哲用蒙古文宣读表文，承认皇太极不仅是满洲人的皇帝，而且是蒙古人的皇帝。后来睿亲王、摄政王多尔衮成为衍庆宫淑妃即窦土门福晋的姑爷。此外，崇德元年（1636 年），

皇太极分封国舅巴达礼为和硕土谢图亲王，国舅吴克善为和硕卓礼克图亲王，固伦额驸额哲为和硕亲王，布塔齐为多罗扎萨克图郡王，满珠习礼为多罗巴图鲁郡王等。翌年又封莽古思为和硕福亲王，莽古思大福晋为和硕福妃。清朝蒙古后妃于椒房之盛，盖莫过于此。

在顺治朝，顺治帝的十九位后妃中，竟有六位蒙古后妃。其中先后两位皇后都是蒙古博尔济吉特氏。

在康熙朝，康熙帝的四十位后妃中，有宣妃科尔沁博尔济吉特氏和慧妃科尔沁博尔济吉特氏二人。但是，康熙帝先后有四位皇后（包括后来追封的），没有一位是蒙古博尔济吉特氏。

尔后，雍正帝的九位后妃中，没有蒙古后妃；乾隆帝的二十九位后妃中，只有一位豫妃是蒙古博尔济吉特氏；嘉庆帝的十五位后妃中没有蒙古博尔济吉特氏后妃；道光帝的二十位后妃中，只有一位孝静成皇后是蒙古博尔济吉特氏；咸丰、同治、光绪、宣统四朝，均没有蒙古博尔济吉特氏后妃。

据杜家骥教授《清朝满蒙联姻研究》一书统计：清朝二百九十六年间，满蒙宗室联姻八十六次。我初步统计，清帝蒙古后妃：太祖朝二人、太宗朝七人、顺治朝六人、康熙朝二人、道光朝一人，共计十八人，且清太宗二后三妃、顺治帝二后四妃，均出自蒙古科尔沁部博尔济吉特氏一门。上述天命、天聪、崇德、顺治、康熙、乾隆、道光七朝中，蒙古博尔济吉特氏共有皇后五人、皇妃十三人，其中主要出自科尔沁。有清一代帝王多从蒙古科尔沁部纳娶后妃，清室公主也多有嫁给科尔沁王公的。在所有来自科尔沁的清初后妃中，以清太宗皇太极的孝庄文皇后最为杰出，她历经天命、天聪、崇德、顺治、康熙五朝，对清朝兴起与强盛作出了重大的贡献。

满洲同蒙古联姻，加强了满蒙联盟。举四个例子。

其一，科尔沁部。明安贝勒的四子桑格尔斋台吉、长子伊格都齐台吉、次子哈坦巴图鲁台吉、五子巴特玛台吉，都先后到建州“叩头谒见”努尔哈赤。努尔哈赤也回赠他们大量盔甲、缎布，做到宾主两欢。明安贝勒本人也在天命二年，即万历四十五年（1617 年）来“朝贡”，努尔哈赤对这位老丈人特别礼遇，郊迎百里之外，行马上抱见礼，“每日小宴，越日大宴”，留住一月，厚礼送回。明安在天命七年即天启二年（1622 年），带领十六位贝勒及喀尔喀部的一些台吉，“各率所属军民三千余户，并驱其畜产”，从科尔沁前来归附努尔哈赤。努尔哈赤为他们别立“蒙古一旗”，是为后来八旗蒙古的基础。天命十年即天启五年（1625年），察哈尔林丹汗将出兵攻打科尔沁部，科尔沁右翼奥巴台吉向努尔哈赤求援。努尔哈赤命第八子皇太极率兵五千往援，逼走了林丹汗的大军。事后努尔哈赤又把族孙女嫁给奥巴，并与他杀白马、乌牛，祭告天地，盟誓结好。

其二，内喀尔喀部。分为五部，时合时争，自身实力大为削弱。其中，喀尔喀五部中的扎鲁特部、巴岳特部都对努尔哈赤示好。扎鲁特部早就派使臣去佛阿拉，努尔哈赤的儿子代善、莽古尔泰、德格类都娶了扎鲁特部贝勒之女为妻，双方建立起良好的关系。内喀尔喀五部中最重要的两个首领是介赛（又作宰赛）与炒花（又作炒哈或卓礼克图）。明朝很重视介赛，不惜重金加以收买，利用他对付建州。介赛同明朝三次立盟，与努尔哈赤为敌，并囚系建州的使者。天命四年（1619年）七月，努尔哈赤率兵攻打铁岭时，介赛为协助明兵而前来参战，战败被擒。努尔哈赤没有杀他，而幽禁他作为人质。后喀尔喀部以牲畜万头赎介赛，努尔哈赤与他盟誓，并命代善娶介赛之女，结为姻盟，将他释回。

其三，喀尔喀巴岳特部。该部达尔汉贝勒之子恩格德尔，于万历三十四年（1606年），引领喀尔喀五部使臣到建州，“进驼马来谒，尊太祖为昆都仑（昆都仑，谦恭之意）汗”。天命二年即万历四十五年（1617年），努尔哈赤将养女（胞弟舒尔哈齐之女）嫁给恩格德尔，恩格德尔便成为后金的“额驸”。

天命九年（1624年），恩格德尔来后金贺正旦时，朝拜次序竟名列第二，排在阿敏、莽古尔泰、皇太极诸大贝勒之前。不久恩格德尔在后金定居，努尔哈赤还特别赐给他庄田、奴仆，授为总兵官。他的子孙有的在顺治朝任领侍卫大臣，爵至一等公。

其四，由努尔哈赤、皇太极创制的满蒙联盟国策，在清定都北京后，得到贯彻。康熙帝说：“昔秦兴土石之工，修筑长城。我朝施恩于喀尔喀，使之防备朔方，较长城更为坚固也。”（《清圣祖实录》卷一五一）此话并不为过。在康雍乾时期，满蒙联盟国策得到全面的贯彻和执行。出现了内蒙古（漠南蒙古）、外蒙古（喀尔喀蒙古）、西蒙古（厄鲁特蒙古）和北蒙古（布里亚特蒙古）全部归

《满洲实录》之“恩格德尔来上尊号”图

入清朝版图的局面。这是自秦始皇以降，帝制时代从未出现的大局面。

总之，皇太极继承并发扬努尔哈赤满蒙联姻的政策，通过满蒙联姻——血缘与宗族的纽带，加强满蒙联盟——政治与军事的联盟。这是清朝兴起与强盛的一个关键性的因素，也是皇太极“一后四妃”皆为蒙古博尔济吉特氏宫廷之谜的一解。

第十讲

为独尊杀两兄

二贝勒阿敏和三贝勒莽古尔泰，是否为清太宗皇太极所杀？皇太极为什么要下令幽死堂兄阿敏和杀死五兄莽古尔泰？这成为一个清宫历史之谜。

一、四佛并尊

清太祖努尔哈赤于天命元年即万历四十四年（1616年）登上汗位，是满蒙贵族公推的，其威望、其军功、其地位、其影响，在当时，在建州，是唯一的，独尊的。其他贝勒则是天命大汗的子孙或侄子。在御定长子褚英、次子代善继储失败后，努尔哈赤在临终前，没有采取中原皇朝皇位继承的嫡长制。努尔哈赤生前“汗谕”：新汗由诸贝勒公推，诸贝勒也可以罢黜大汗。这显然是后金时期的“贵族共和制”。

这时，在爱新觉罗宗室中，已经形成“四大和硕贝勒”，习称为“四大贝勒”，就是代善、阿敏、莽古尔泰、皇太极。由皇太极继承努尔哈赤的遗位，正是“四大贝勒”议商后作出的决定。

天命十一年即天启六年（1626年）九月初一日，在盛京大政殿，皇太极举行登极大典。诸和硕贝勒、贝勒、大臣等一同拜天盟誓。新汗皇太极誓言：

谨告于皇天后土，今我诸兄弟子侄，以家国人民之重，推我为君，敬绍皇考之业，钦承皇考之心。我若不敬兄长，不爱子弟，不行正道，明知非义之事而故为之，兄弟子侄，微有过愆，遂削夺皇考所予户口，或贬或诛，天地鉴谴，

夺其寿算。若敬兄长、爱子弟、行正道，天地眷佑，俾永膺纯嘏；或有无心过误，亦祈天地鉴之。(《清太宗实录》卷一)

■ 皇太极像

代善、阿敏、莽古尔泰三大贝勒与诸贝勒等十四人列名誓曰："我等兄弟子侄，询谋佥同，奉皇帝缵承皇考基业，嗣登大位，宗社式凭，臣民倚赖，如有佥壬，心怀嫉妒，将不利于上者，天地谴责之，夺其寿算。"

誓毕，皇太极"以三大贝勒推戴，初登宸极，不遽以臣礼待之，率诸贝勒行三拜礼，各赐雕鞍、马匹"。(《清太宗实录》卷一)

以上说明：这时皇太极虽然继承了汗位，但表面上与代善、阿敏、莽古尔泰是平等的，在临朝御政或节庆朝拜时，四人并坐，这就是俗称的"四佛并尊"。

在原"四大贝勒"中，皇太极位列第四。当时，代善四十四岁，阿敏四十一岁，莽古尔泰四十岁，皇太极三十五岁。所以，皇太极继承汗位后，并没有"面南独坐"，而是"四佛并尊"。

除上述年齿因素外，旗分也是一大重要因素。满洲宗室贵族，其权力、地位、军力、经济是以"旗"作基础单位的。前述褚英死之年，就是万历四十三(1615年)，努尔哈赤将原有的满洲四旗——黄旗、白旗、红旗、蓝旗，扩充为八旗——正黄旗、镶黄旗、正白旗、镶白旗、正红旗、镶红旗、正蓝旗、镶蓝旗。每旗有主旗贝勒，就是旗的主人。旗，不仅是军事单位，还是政治、人口、财富单位。主旗贝勒是变动的，初建八旗的主旗贝勒大致是：努尔哈赤自领正黄旗、镶黄旗；代善领正红旗、镶红旗；皇太极领正白旗，杜度(褚英之子)领镶白旗；莽古尔泰领正蓝旗，阿敏领镶蓝旗。

皇太极成为天聪大汗后，大体情况是：皇太极、豪格父子领两黄旗；代善、岳托父子领两红旗；多尔衮、多铎兄弟领两白旗；莽古尔泰领正蓝旗、

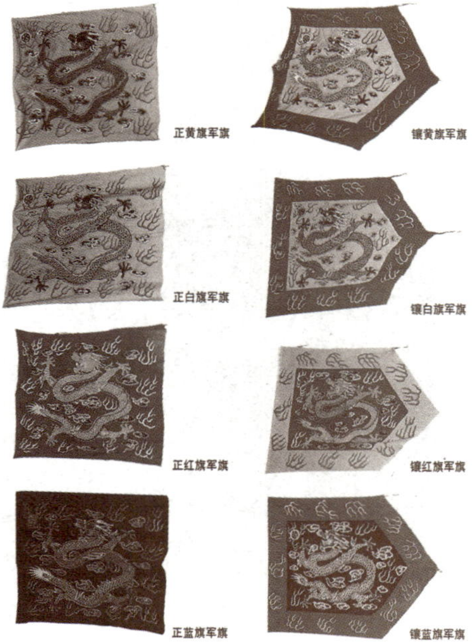

八旗军旗

阿敏（后为济尔哈朗）领镶蓝旗。

从以上情况看，两黄旗由皇太极父子亲掌，可靠且牢固；两红旗归代善父子执掌，也可信且可靠；两白旗归多尔衮、多铎掌握，他们母亲殉死，自己年幼，也是可控；唯独两蓝旗的主旗贝勒——阿敏和莽古尔泰，位列“四大贝勒”，对于新汗皇太极来说，既可疑，又难控。

“四佛并尊”并没有达到皇太极的目的，而巩固汗权，“面南独尊”才是他的追求。于是，皇太极便拿两蓝旗的主旗贝勒阿敏和莽古尔泰开刀。

盛京皇宫的“金銮殿”——崇政殿

二、先砍阿敏

皇太极同阿敏的冲突，要从阿敏的身世说起。

阿敏是舒尔哈齐的第二子、皇太极的堂兄。皇太极的父亲努尔哈赤兄弟五人：皇太极的父亲努尔哈赤居长，二叔为穆尔哈齐，三叔为舒尔哈齐，四叔为雅尔哈齐，五叔为巴雅喇。皇太极的三叔舒尔哈齐和他的父亲努尔哈赤是同父同母的兄弟，都受到继母的刻薄对待，所以兄弟二人的关系格外亲密。明万历十一年（1583 年），时年二十五岁的努尔哈赤和时年二十岁的胞弟舒尔哈齐，共同起兵，并肩战斗，东征西讨，同立功业。

朝鲜南部主簿申忠一曾到建州的佛阿拉，回朝鲜后将自己的所见所闻写成了《建州纪程图记》，也就是《申忠一书启及图录》。书中记载：努尔哈赤同舒尔哈齐兄弟，分别住在各自的栅城里，各自统领自己的军队。朝鲜通事（翻译）河世国也作了记载：

老乙可赤（努尔哈赤）常时所住之家，麾下四千余名，佩剑卫立，而设坐交椅。唐（明朝）官家丁先请入拜辞而罢，然后世国亦为请入，揖礼而出。小乙可赤（舒尔哈齐）一样行礼矣。老乙可赤屠牛设宴，小乙可赤屠猪设宴，各有赏给。

他们兄弟的兵力，申忠一记载说：

大概目睹，则老乙可赤麾下万余名，小乙可赤麾下五千余名，常在城中，而常时习阵。

申忠一在文字记录中还附有亲手所绘的插图，如《木栅内奴酋家图》《外城内小酋家图》等。在新年期间，舒尔哈齐在家中宴请申忠一，他竟然当着申忠一的面说出对兄长不满的话："日后你佥使若有送礼，则不可高下于我兄弟！"透露出舒尔哈齐于权力、地位、人口、财货对其兄的不满。后来，兄弟二人的矛盾逐渐积累，日益严重。努尔哈赤不让舒尔哈齐统兵出征。舒尔哈齐更加不满，走出屯落，另行居住。努尔哈赤不能容忍胞弟的行为，对胞弟加以圈禁。在万历三十九年（1611 年）舒尔哈齐死，年四十八。

舒尔哈齐的死，明朝人记载：“酋（努尔哈赤）疑弟二心，佯营壮第一区，落成置酒，招弟饮会，入于寝室，锒铛之，注铁键其户，仅容二穴，通饮食，出便溺……”也有人说：“奴酋忌其弟兵强，计杀之。”朝鲜也记载：努尔哈赤“杀弟而并其兵”。所以，孟森先生说努尔哈赤是“手刃其弟”。

努尔哈赤逼死或杀死胞弟舒尔哈齐后，把舒尔哈齐的第二子阿敏收养了，其兵力、人口的一部分给了阿敏。

努尔哈赤晚年的“四大贝勒”，按年齿排座次为：大贝勒代善、二贝勒阿敏、三贝勒莽古尔泰、四贝勒皇太极。

阿敏（1586—1640），舒尔哈齐死时他二十六岁，后由努尔哈赤收养。八旗创立后任主旗贝勒，曾参加乌碣岩之战、萨尔浒大战等，骁勇坚毅，屡立战功，颇受努尔哈赤信任和重用。天聪元年（1627 年）统帅后金军攻陷平壤，与朝鲜定下“兄弟之盟”。

立于朝鲜汉江南岸的“大清皇帝功德碑”

因为阿敏有舒尔哈齐这个软肋，而且只是皇太极的堂兄，并不是亲兄弟，所以皇太极为了集中权力，便先拿软的柿子捏——向阿敏开刀。

天聪三年（1629 年）皇太极率军攻打北京城，阿敏坐守沈阳。皇太极攻城不下，统军到京东地带，连下永平、遵化、迁安、滦州四城。皇太极率军回沈阳后，命阿敏等带兵六千，前去接替驻守永平的济尔哈朗。时明朝大学士、经略孙承宗，会锦州总兵祖大寿及山东、山西、宁夏、陕西、甘肃等省援兵，分兵围攻永平等四城。明军先攻滦州，守将溃围而出。阿敏见形势不妙，为保存实力，弃守遵化、迁安。最后，阿敏放弃永平，出冷口，奔沈阳。行前，将投降并被任命的永平巡抚白养粹等明朝官员全部杀害，并下令屠杀城中汉民。阿敏又令遵化守将弃城出边。

皇太极闻报阿敏率领败军回师沈阳郊外，命将阿敏羁押听审。皇太极集诸王贝勒会议阿敏罪状，宣示阿敏十六大罪，罪当死。皇太极命将阿敏"送高墙禁锢，永不叙用"。命"留庄六所、园二所、奴仆二十、羊五百、牛二十"。（《清史稿·阿敏传》卷二一五）。阿敏被囚禁十载，崇德五年（1640年），死于高墙内。

阿敏弃守永平、遵化、迁安、滦州四城，为形势之所迫。官修清史一概斥之为"弃地不守"。其实，阿敏仅率五千官兵，分守关内四座孤城，在彼己力量绝对悬殊的局势下，主动撤离永平，保存部众实力是为明智之举。但阿敏也有过错，就是"妄杀降官"。阿敏落狱后，他的镶蓝旗归其弟济尔哈朗掌管。皇太极用人的一招，就是将自己不喜欢的人派到最危难、最险恶的作战前线，既借对方兵力来削弱自己对手的兵力，又借对手的失利来制裁自己的对手。他对阿敏和莽古尔泰采用的是同一种手段。皇太极登极誓言说得冠冕堂皇，一旦得势，就独断任性，背离了信誓旦旦的初衷。

三、再杀五兄

皇太极同莽古尔泰的冲突，要从莽古尔泰的身世说起。莽古尔泰（1587—1633），是努尔哈赤第五子。莽古尔泰的母亲富察氏，为建州女真莽塞杜诸祜之女，原嫁给努尔哈赤三伯祖索长阿之孙、努尔哈赤叔伯兄威准为妻。万历十三年（1585年），威准死。富察氏改嫁努尔哈赤为妻。富察氏于万历十五年（1587年）生子莽古尔泰，十八年（1590年）生女莽古济，二十四年（1596年）生子德格类，并抚养舒尔哈齐之子阿敏。

莽古尔泰性勇猛、精骑射，但鲁莽。明万历四十三年（1615年）定八旗，莽古尔泰为正蓝旗的主旗贝勒。富察氏既是莽古尔泰的生母，又是阿敏的养母。天命五年即万历四十八年（1620年），富察氏死去。阿敏死后，莽古尔泰既势单力薄，且孤掌难鸣。

皇太极与莽古尔泰的冲突，表现在大凌河之战。明军大凌河城守将为明朝

皇太极的马鞍

名将祖大寿。城里除了祖大寿自己的亲军外，主要是修城班军和夫役，缺乏粮秣、武器、弹药、矢镞等。

天聪五年即崇祯四年（1631 年）夏，皇太极率领八旗军攻大凌河城，倾巢而出，志在必得。皇太极的部署是：四面围城，攻城打援，运用火炮，战和兼施。其围城部署：两黄旗在北面，两红旗在西面，两白旗在东面，两蓝旗在南面。守城明军突围要出南门，山海关明军增援也要在南门打开通道。八旗军又以红衣大炮攻城的南面，坏雉堞，破敌楼。所以，整个大凌河之战，打得最激烈、最残酷的是大凌河城南门的攻防战。

明守将祖大寿先后四次从南城突围。第一次突围从南城门，五百余骑出战，遭到两蓝旗军的拼死围堵，双方伤亡相当惨重，明军退回城内。祖大寿第二次从南城门突围，又同两蓝旗军遭遇。两蓝旗兵进抵城壕，舍骑步战拼杀，明军退入壕内。时明军城上与壕内，上下配合，矢炮齐发。两蓝旗兵力不能敌，死伤惨重，仓皇后退。皇太极得知败报，非常生气，情绪激动，竟对正蓝旗军的军官“唾其面”，羞辱之。正蓝旗主旗贝勒莽古尔泰既非常焦躁，又异常气愤。这是因为：明朝实行卫所制、募兵制，总兵官统兵作战；阵亡官兵的家属则分散在全国各地，不知其长官是谁。八旗军则不同，八旗军是寓兵于民，全民皆兵。兵民按照八旗统制起来，分作三级管理——固山额真（相当于军长）、甲喇额真（相当于师长）、牛录额真（相当于团长），他们既是军事指挥官，

“正蓝旗满洲二甲喇十一佐领图记”铜印

又是部民行政官。

一场争战下来，两黄、两红、两白各旗官兵很少伤亡，而正蓝旗官兵伤亡惨重，这怎么向其眷属交代？在这种尴尬困境下，莽古尔泰向皇太极流露怨言：“昨日之战，我属下将领被伤者多。”（《清太宗实录》卷九）面对这种牢骚话，天聪汗皇太极不仅没有体恤安抚、正面鼓励，反而指责说：“朕闻尔所部兵，凡有差遣，每致违误。”莽古尔泰进一步辩解说：“我部众凡有差遣，每倍于人，何尝违误？”皇太极很不高兴：“上不怿而起，将乘马（去）。”莽古尔泰更加不满，说：“皇上宜从公开谕，奈何独与我为难？我止以推崇皇上，是以一切承顺，乃意犹未释，而欲杀我耶？”于是，举其佩刀之柄前向，“频摩视之”。这时，莽古尔泰同母弟贝勒德格类上前说：“尔举动大悖，谁能容汝！”挥拳殴向莽古尔泰。莽古尔泰发怒并责问其弟说：“尔何为殴我！”说着用手拔出佩刀五寸多。德格类急忙推开莽古尔泰。皇太极骑马回到营帐。事后，莽古尔泰觉得白天欠克制，晚间到皇太极大营帐外，派人奏曰：“臣以枵腹饮酒四卮，因对上狂言。言出于口，竟不自知。今来叩首，请罪于上。”皇太极派额驸扬古利、达尔哈传谕曰：“尔于白昼拔刃欲犯朕，昏夜复来何为？”拒不接见莽古尔泰。

大凌河之战，从八月初六日围城，到十月二十九日陷城，共八十三天。皇太极获得三千五百门大小火炮等战利品，后回到沈阳。莽古尔泰与皇太极在大凌河城爆发的这场冲突，开启了莽古尔泰的历史悲剧。

同年十二月，议莽古尔泰“御前露刃罪”，定：革去莽古尔泰大贝勒，降为贝勒；夺五牛录属员，罚驮甲胄雕鞍马十一匹，素鞍马各一匹；又罚银一万两入官。（《清太宗实录》卷一〇）翌年十二月初二日，莽古尔泰以暴疾卒，年四十六。而后，其弟德格类也以暴疾卒，年四十四。

事情到此，并未结束。皇太极胸怀狭窄，器量不够。莽古尔泰死后一年，其生前所领正蓝旗固山额真觉罗色勒等，率正蓝旗大臣及莽古尔泰亲戚二十五人，为莽古尔泰扫墓。皇太极知道这个消息后，召集诸贝勒大臣等在大政殿会议，拟将觉罗色勒斩首，后免死，令“众唾其面，黜之”。又传谕诸福晋对莽古尔泰福晋“往辱詈而训诫之”。（《清太宗实录》卷一七）对莽古尔泰部将、亲戚、福晋加以羞辱，使之丢尽脸面，声名扫地。

还有，皇太极为打击和镇压莽古尔泰正蓝旗势力，将莽古尔泰的长子额必

盛京皇宫大政殿内宝座

伦等杀死，还杀了正蓝旗官兵一千余人。（《明清史料》甲编）

皇太极通过种种手段，先使代善服帖退让，再打击阿敏，又打击莽古尔泰，均取得胜利。于是，皇太极、代善、阿敏、莽古尔泰“四佛并尊”的政治格局被打破，出现皇太极“一佛独尊”的专制局面。

在这里，要肯定皇太极在位十七年的历史功绩，譬如：改族名为“满洲”、改国号为“大清”；仿明朝建立三院（内国史院、内秘书院、内弘文院）、六部（吏、户、礼、兵、刑、工）、二衙门（都察院和理藩院）的政府架构；建立八旗蒙古和八旗汉军，研制红衣大炮，继其父征抚漠南蒙古（内蒙古），完成对明奴儿干都司和辽东都司（山东北部除外）的重新统一和管辖；始行开科取士，重用汉官范文程、洪承畴、祖大寿等；改革老满文，推行加圈点新满文等。特别是和努尔哈赤父子两代，开拓疆域，完成了对东北森林文化地域约三百万平方公里土地的重新统一：

予缵承皇考太祖皇帝之业，嗣位以来，蒙天眷佑，自东北海滨，迄西北海滨，其间使犬、使鹿之邦，及产黑狐、黑貂之地，不事耕种、渔猎为生之俗，厄鲁特部落，以至斡难河源，远迩诸国，在在臣服。蒙古大元及朝鲜国，悉入版图。（《清太宗实录》卷六一）

到皇太极临终前，清朝实际控制的土地约有四百万平方公里，与明朝实际控制的土地面积大体相仿。这为清军入关、迁都北京、入主中原、一统华夏，奠定了基础。但是，皇太极也有问题。于其外部，举例之一，是他派八旗大兵七次掳掠中原，直至济南，给关内百姓造成巨大灾难。于其内部，举例之一，是他在对待阿敏、莽古尔泰的问题上，过于任性，过于狭隘，过于专断，过于残暴，完全背离了他的誓言：“兄弟子侄，微有过愆，遂削夺皇考所予户口，或贬或诛，天地鉴谴，夺其寿算。”皇太极的任性，还表现为“皇帝罢工”。他几次因不高兴就闹情绪，宣布“罢工”——就是关上盛京皇宫的大清门，不上班，把六部官员等都关在大门外。皇太极在清十二帝中，既贡献重大，又任性任情。其结果应了那句话：“天地鉴谴，夺其寿算！”皇太极五十二岁崩逝，疾有所因，并非偶然。修养不够，未能进关定鼎北京、君临天下。皇太极身后被清尊为“清太宗”，他的儿子福临却被清尊为“清世祖”。子为祖，父为宗——这是皇太极专权任性的一个回报。

第十一讲

清朝国号由来

在清朝的开国史上，在不到半年的时间里，清宫接连有三件大事发生，构成了一幅历史奇观图卷。这三件大事是：

其一，天聪九年即崇祯八年十月十三日（1635 年 11 月 22 日），皇太极发布汗谕，改族名“诸申”为“满洲”；

其二，天聪九年（1635 年）八月，林丹汗遗孀苏泰福晋献上元朝忽必烈的传国玉玺；

其三，天聪十年即崇祯九年（1636 年）四月十一日，皇太极宣布即皇帝位，正式改国号“金”为“清”，改年号“天聪”为“崇德”。

这三件大事，如行云流水，在半年之内一气呵成，似乎是天助人愿。这到底是怎么回事呢？

一、族名满洲

清天聪九年即明崇祯八年十月十三日（1635 年 11 月 22 日），皇太极发布关于改族名的《汗谕》：

我国原有满洲、哈达、乌喇、叶赫、辉发等名，向者无知之人，往往称为诸申。夫诸申之号，乃席北超墨尔根之裔，实与我国无涉。我国建号满洲，统绪绵远，相传奕世。自今以后，一切人等，止称我国满洲原名，不得仍前妄称。（《清太宗实录》卷二五）

人们读了上述谕旨，难解之处在于："诸申"即"女真"，都是满语 jūsen 的汉文音译，皇太极何以认为它与金国无涉，而将"诸申"说成是"席北超墨尔根之裔"？如果把这件《汗谕》，同翌年皇太极改国号为"大清"相联系，似不难理解。因为天聪十年（1636 年）四月十一日，改的是国号，而天聪九年（1635 年）十月十三日，改的是族名，"国号"与"族名"，既有联系，也有区别。

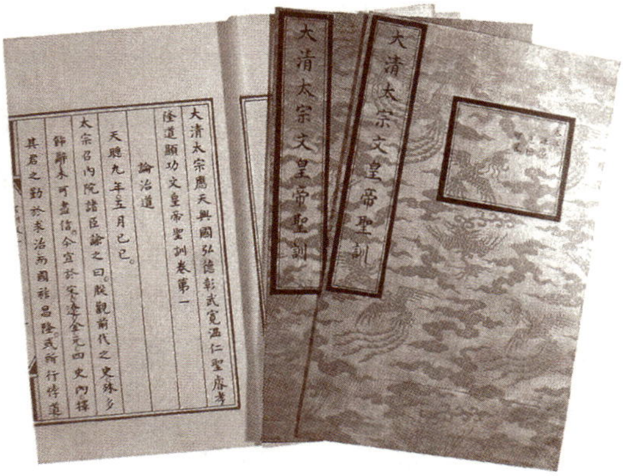

■《大清太宗文皇帝圣训》

但是，皇太极的这道命令留下以下历史疑问：

第一，"满洲"一词是怎么来的？所谓"我国建号满洲，统绪绵远，相传奕世"，改族名为"满洲"，怎么找不到文献依据呢？

《清太祖武皇帝实录》《满洲实录》《清太祖高皇帝实录》虽出现"满洲"，但都是天聪后纂修并定稿的。而当时皇太极也没有说明改族名"满洲"的原因，致使后来人不断揣测。例如：

佛名说。乾隆朝敕修《钦定满洲源流考》说：满洲人奉佛，佛号"曼珠师利"的"曼珠"谐音为"满洲"。佛教，东汉才开始传到中国，传到建州地区应当更晚，远远不到"统绪绵远，相传奕世"的历史。此说不足为证。

人名说。建州有位首领李满住，被建州女真奉为英雄。"李"为赐姓，"满住"为名。"满住"与"满洲"语音相近，故以其作为族名。这是后人附会，未见史料记载。

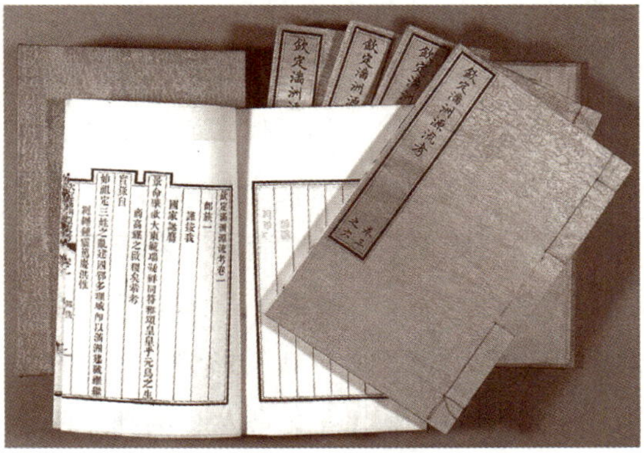
■《钦定满洲源流考》（乾隆武英殿刻本）

地名说。建州地名中有"蔓遮"，谐音作"满洲"。朝鲜申忠一在《建州纪程图记》中记载，从鸭绿江畔满浦到苏子河建州，沿途"蔓遮"凡十见，其中有洞名、岭名、川名、屯名、农幕名、部落名等，但里面并没有著名的村屯或部落。因此按常理，不会以某个不知名的村屯名称或某个不知名的部落名称，作为族群之名。

部名说。有学者认为，"满洲"为清太祖统辖的女真某一个部的名称，这个部后来发展、强大，便以满洲部名作为"族名"。（陈捷先《说"满洲"》）

总之，"满洲"的出处不得而知，为什么以"满洲"作为族名，皇太极、清人学者、满文文献，都没有给出科学而可信的解答。

第二，"诸申"之称，怎么能说与后金没有关系？

满族的先人，最早见于汉文典籍文献记载的名称是"肃慎"或"息慎""稷慎"。这是满-女真语"诸申"的汉译。这个名称，在历史发展过程中不断发生变化：秦汉称挹娄、魏晋称勿吉、隋唐称靺鞨、宋辽称女直、元明称女真。文献记载，实实在在。

第三，皇太极改族名为"满洲"，有什么意义？为什么不许称其他族名而只许称满洲？

应当说，皇太极将族名改为"满洲"，的确是后金历史与现实的最新反映。从明万历十一年（1583 年）努尔哈赤起兵，到天聪九年即崇祯八年（1635 年）皇太极改族名，中间经过五十多年的征抚，他们不仅已经统一了建州女真，而且吞并了海西女真的哈达、辉发、乌拉、叶赫等部，还重新整合了东海女真、黑龙江女真。此期有大量汉人、蒙古人、朝鲜人、鄂伦春人、锡伯人、赫哲人、达斡尔人、鄂温克人、虎尔哈人等，同建州部民融合，而形成了一个新的民族共同体。显然，为了体现新的族群现实、新的政治现实，需要对族名进行变更。皇太极为着反映这个新的现实，认为原有的族名诸申即女真，已经不能适应新的需要，因此改"满洲"为新民族共同体的名称。

后金对本族人称女真，对蒙古族人称蒙古，对汉族人则称尼堪，这都是习惯上的称谓。为了适应新的形势，需要统一族名，也需要规范族名。皇太极在上述《汗谕》中指出：女真人有满洲、哈达、乌拉、叶赫、辉发等名，用什么族名来"称谓"、来"统一"、来"规范"新族群的名称？在上述满洲、哈达、乌拉、叶赫、辉发等称谓中，后四个名称，其部落已灭，其部神已无；只有满洲是胜利者。因此，以“满洲”代替原来的泛称“诸申”，既顺应历史，也贴合现实。而且，在新的民族共同体中，除满洲、哈达、乌拉、叶赫、辉发之外，还包括已归附的汉人、蒙古人、朝鲜人、锡伯人、赫哲人、鄂伦春人等，显然用“诸申”作族名，也不完全妥当。而用胜利者部落名称——“满洲”作族名，各个方面，易于接受。

二、传国玉玺

这个“传国玉玺”是怎么回事呢？

据记载：汉代的“制诰之宝”，历代帝王视之为宝，世代流传，传到谁手，算是天降祥瑞，真龙天子现世。相传“传国玉玺”到元世祖忽必烈时，收于大都皇宫，密室珍藏，视为国宝。元末帝顺帝时，弃守大都，出城北逃，携带传国玉玺，到了大漠。明太祖朱元璋派徐达率军北攻，元顺帝死于应昌（今内蒙古自治区赤峰市克什克腾旗经棚镇），传国玉玺遗失。在二百多年后，传说在山冈下有个牧羊人，见一只山羊三天不吃草，但以羊蹄刨地。牧羊人看见好奇，就挖掘这块草地，发现了传国玉玺。而后，这块传国玉玺归于蒙古察哈尔林丹汗。

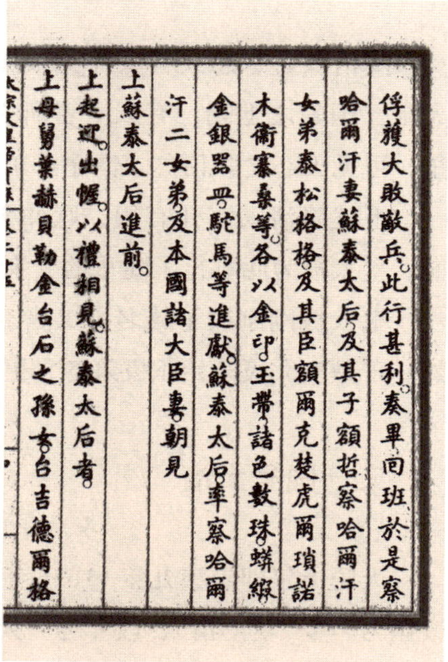
俘獲大敗敵兵。此行甚利。奏畢回班。於是察
哈爾汗妻蘇泰太后及其子額哲。察哈爾汗
女弟泰松格格。及其臣額爾克楚虎爾瑣諾
木衛寨桑等。各以金印。玉帶。諸色數珠。蟒緞。
金銀器皿。駝馬等進獻。蘇泰太后率察哈爾
汗二女弟。及本國諸大臣妻朝見
上蘇泰太后進前。
上起迎出幄。以禮相見。蘇泰太后者。
上母舅葉赫貝勒金台石之孫女。台吉德爾格

■《清太宗实录》中关于察哈尔部归降的记载

在皇太极派多尔衮统兵，第三次进攻林丹汗时，林丹汗西逃，走死青海大草滩。这块传国玉玺归林丹汗遗孀苏泰福晋收藏。苏泰福晋是叶赫部人，知道多尔衮将其包围，已经逃脱不掉。经多尔衮规劝后，苏泰福晋率子额哲等投降多尔衮，并献出这件传国玉玺。

这方传国玉玺，璠玙为质，交龙为

纽，玺文为汉篆“制诰之宝”四字，光气焕烂，是为至宝。多尔衮等见到传国玉玺，如获至宝，喜出望外，于是将这方传国玉玺秘密珍藏，亲自携带，凯旋回军到归化城（今内蒙古自治区呼和浩特市）。多尔衮回到沈阳后，非常隆重地将传国玉玺献给了天聪大汗皇太极。多尔衮在献传国玉玺给皇太极时，说：

皇上洪福非常，天锡至宝，此一统万年之瑞也。（《清太宗实录》卷二四）

降清汉官、都元帅孔有德很会投皇太极所愿，奏言：

窃观自古受命之主，必有受命之符。昔文王时，凤凰鸣于岐山；今皇上得传国宝玺，二兆略同。此宝实非寻常，乃汉时所传，迄今二千余年。他人不能得，惟我皇上得之，盖皇上爱民如子，顺时合天，虽宝玺在千里之远，应运呈祥，是天启其兆，登九五之尊，而享天下之福无疑也。不但臣一人喜而不寐，即中外闻之，莫不欢忻鼓舞，以为尧舜之治，今得复见矣！（《清太宗实录》卷二五）

降清汉官、总兵官耿仲明跟随孔有德之后，奏言：“夫玉玺者，乃天子之大宝，国家之上瑞，有天下者所必用也。今皇上合天心，爱百姓，故天赐宝玺，可见天心之默佑矣。惟愿蚤正大统，以慰臣民之望。”（《清太宗实录》卷二五）

上述降清汉官孔有德、耿仲明的两份奏言，恰好投合皇太极之所想、所愿。皇太极为此举行了隆重的受宝大典。

皇太极刚刚改了族名，又喜获汉代传国玉玺，他登极称帝的条件已经成熟。于是皇太极开始积极筹备，更改国号，登极称帝。

三、国号大清

天聪十年即崇祯九年（1636 年）四月十一日，皇太极宣布即皇帝位，正式改国号“金”为“清”，改年号“天聪”为“崇德”。这是满洲史上也是清朝史上划时代的事件，从此中国历史上又出现了一个新皇朝——清朝。

皇太极改国号、称皇帝，要做舆情准备，也就是要群臣劝进。同年四月初五日，后金大贝勒代善，和硕贝勒济尔哈朗、多尔衮、多铎、岳讬、豪格，贝勒阿巴泰、阿济格、杜度等，蒙古八固山额真、六部大臣，都元帅孔有德，总兵官耿仲明、尚可喜、石廷柱等，蒙古科尔沁贝勒土谢图济农巴达礼、扎萨克图杜棱布塔齐等，及满洲、蒙古、汉人文武官员，恭请皇太极上尊号。

上尊号的表文用满文、蒙古文、汉文三种文字写成——和硕贝勒多尔衮捧满字表文一道，科尔沁贝勒土谢图济农巴达礼捧蒙古字表文一道，都元帅孔有德捧汉字表文一道，率诸贝勒大臣文武各官，诣阙跪进。时皇太极御内楼，满洲、蒙古、汉人三位儒臣，捧表进入。诸贝勒大臣行三跪九叩之礼。儒臣跪读表文，表曰："诸贝勒大臣文武各官，及外藩诸贝勒上言：恭惟我皇上承天眷佑，应运而兴，辑宁诸国，爱育群黎。当天下昏乱之时，体天心，行天讨，逆者以兵威之，顺者以德抚之。宽温之誉，施及万方。征服朝鲜，混一蒙古，更获玉玺，受命之符，昭然可见。上合天意，下协舆情。臣等遇景运之丕隆，信大统之攸属，敬上尊号……伏愿俯赐俞允。"读毕，皇太极谕曰："今内外诸贝勒大臣，复以劝进尊号，再三固请，朕重违尔等之意，弗获坚辞，勉从众议。"（《清太宗实录》卷二八）皇太极在绥服蒙古、征服朝鲜、南攻明朝、北征索伦，屡次取得胜利之后，自然不想做"大汗"，而要做"皇帝"。皇太极在建号"大清"的同时，接受了满、蒙、汉群臣恭上"宽温仁圣皇帝"的尊号。皇太极称"皇帝"，而把出于蒙古语的"汗"，封赐给外藩蒙古的王公。

皇太极"上尊号""改年号"，要举行祭告天地的大典。这里，皇太极并不需要天地的批准，只是祭告即报告天地而已。

皇太极在满、蒙、汉三方臣民推举，告祭上天、地祇、祖先三方之后，便举行了隆重的大典。

四月十一日，举行上尊号、建国、改元大典。满洲、蒙古、汉人官员，捧满、蒙、汉三种文体的表文，立于坛东，以上称尊号、建国、改元事，宣示于众曰："我皇上应天顺人，聿修厥德，收服朝鲜，统一蒙古，更得玉玺，符瑞昭应，鸿名伟业，丕扬天下。是以内外诸贝勒大臣，同心推戴。敬上尊号曰'宽温仁圣皇帝'，建国号曰'大清'，改元为'崇德'元年。"从此，皇太极接受"宽温仁圣皇帝"尊号，建国号曰"大清"，改年号为"崇德"。

皇太极改"汗"为"帝"，"汗"即"可汗"的简称，为蒙古语，汉语译为

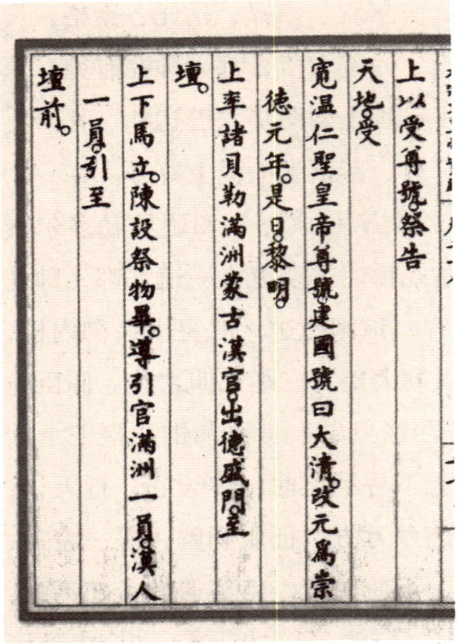
上以受尊號祭告
天地受
寬溫仁聖皇帝尊號建國號曰大清改元爲崇
德元年。是日黎明。
上率諸貝勒滿洲蒙古漢官出德盛門至
壇。
上下馬立。陳設祭物畢。導引官滿洲一員漢人
一員引至
壇前。

《清太宗实录》中关于称帝和改国号的上谕

“王”或“帝”。东北森林文化的女真族、西北草原文化的蒙古族，地域相邻，文化相连，故努尔哈赤建国即位之后，称“汗”。但努尔哈赤在一些对明朝或朝鲜的文书中，称“大金国汗”或“大金国皇帝”。实际上“汗”即“帝”，万历皇帝在满文中就是“万历汗”。皇太极继位后仍称“汗”，在满文中，凡文书“大金国皇帝”之处，“帝”仍用“汗”。皇太极与袁崇焕议和时，汉文书信中所写的“大金国皇帝”字样，曾被袁崇焕指责为议和的障碍。皇太极对此作出让步，曾声明不称“帝”而称“汗”。这是因为在明朝人看来，只有明朝皇帝才能称“皇帝”，“帝”与“汗”是不同等级的尊称。在天聪时，许多汉官给皇太极上奏疏，多称皇太极为“汗”。

皇太极不仅将尊号“大汗”改成“皇帝”，而且将国号“大金”改为“大清”。皇太极改“金”为“清”，实际上是改换了一个发音相近的汉字而已。汉字的“清”和“金”，发音相近，字义吉祥。但皇太极作这种更改的原因，自己没作说明，文献也无记载。于是，后来学者进行了许多推测。有人从字面上附会，说“金”与“清”的汉字语音相近；有人从历史角度作说明，因为“清”字以往皇朝没有用过；有人从五行说——“明”为“火”，“清”为“水”，水能克火，加以诠释；也有人从萨满文化中找答案；更有人从民族方面去解释——皇太极声明过，他们不是金国的后裔，当然这里面也包含如果沿用历史上的“金”为国号，有刺激汉族“以宋为鉴”的禁忌。

应当说，皇太极把国号由“金”改为“清”，主要是由于当时形势的发展。皇太极认为，他本人已不仅是满洲的“大汗”，也不仅是满洲和蒙古的“大汗”；而是满、蒙、汉的“共主”，是天下的“共主”。因此，皇太极要建立一个新的皇朝，改换一个新的国号，以同明朝抗衡，并且取而代之。因之，既改国号为“大清”，也改年号为“崇德”。

历史现象，有时巧合。清太宗皇太极在位十七年，先后有两个年号，即“天聪”和“崇德”。天聪九年（1627—1635）和崇德八年（1636—1643），共十七年；崇祯帝，也在位十七年（1628—1644）。明朱由检与清皇太极，他们在位基本同时，在位时间也相当。

皇太极的年号“崇德”与朱由检的年号“崇祯”是相对应的：

——“德”，《尚书·盘庚上》：“汝克黜乃心，施实德于民。”《周易·乾·文言》：“君子进德修业。”德，重在德政，德行。

——“祯”，《说文解字》：“祯，祥也。”就年号来说，反映了皇太极与朱由检治国理念的差异：崇德帝重德政，崇祯帝重祯祥。

在清代十二位皇帝中，除皇太极有两个年号（天聪、崇德）外，其余十一帝都是一个皇帝一个年号。这同明朝一样，在明代十六位皇帝中，除朱祁镇有两个年号（正统、天顺）外，其余十五帝也都是一个皇帝一个年号。从中国皇朝史来看，当朝的皇帝改年号是常事，改国号却少见；一般只是在改朝换代之际，才出现新皇朝的国号。所以，皇太极改国号、改年号，具有政治家的气魄与胆略、勇气与大气，也具有改革家的

■ 蒙古文“天聪汗之牌”信牌

■ 满蒙汉三体“皇帝之宝”信牌

更制与维新之义。

可是，皇太极为什么改国号为“大清”呢？当年元世祖忽必烈建国号为“大元”，《元史》是有解释的：“法《春秋》之正始，体大《易》之乾元。”(《元史》卷四）所以称为元朝。

■ 崇德年制白玉“大清受命之宝”

皇太极为什么称清国，他没有解释，清人没有解释，清史也没有解释。只有一个传说做了故事性的解释：

当年，大汗（努尔哈赤）遇难，骑着一匹大青马出逃。后面追兵赶来，大汗策马急奔，大青马过累而倒下死了。大汗抚摸大青（马）说：“大青（清）啊大青（清），我将来得了天下，就叫‘大清（青）’！”

上面是个民间传说故事，不是史料，不必当真。

总之，天聪汗皇太极改国号“大金”为“大清”，标志着原先以女真-满洲为主体的女真国（金国），已经发展为以满洲为主体，包含汉族、蒙古族、东北和漠南等地域其他民族在内，民族多元、国家一统的大清帝国了，并为清军入关、移鼎北京、入主中原做了政治准备。

还有后话，在此补述。促成这件大事的那件传国玉玺，如此珍贵，定当保存。此后许多文书都用此“制诰之宝”，直到清入关后才改用满汉文合璧的“制诰之宝”。乾隆十一年（1746 年），清理原宫中保存的清初宝玺，送往盛京故宫凤凰楼收藏，却不见有这方“制诰之宝”。后来乾隆帝下旨，从盛京藏宝玺中撤去“丹符出验四方”之宝，换上了一方青玉“制诰之宝”。但这是不是那枚珍贵的传国玉玺，不得而知。

另外，据宫中《活计档》记载：乾隆十三年（1748年）五月二十二日，七品首领萨木哈来说，太监胡世杰交白玉“制诰之宝”一方（随锦盒一件，磁青纸金道册页一册，黑漆描金宝匣一件），旨交启祥宫将宝上字磨去。有学者认为这方白玉“制诰之宝”就是原来的传国玉玺。既然乾隆皇帝把如此珍贵的传国玉玺给毁了，只能说明这不是真正的传国玉玺，也许根本就不存在所谓的传国玉玺，是皇太极当年为制造舆论称帝而造的假。

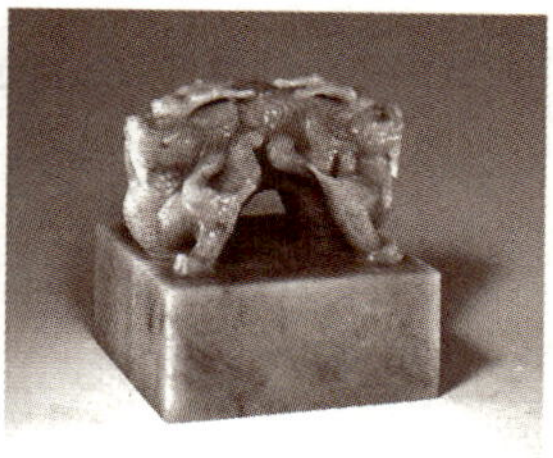

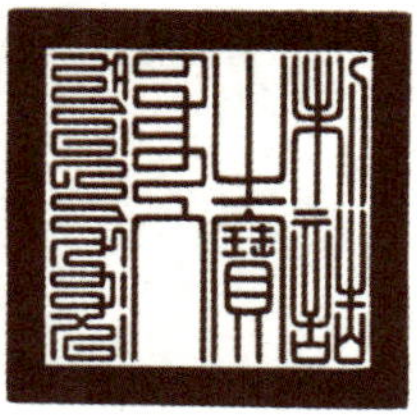

青玉“制诰之宝”

然而，这件白玉“制诰之宝”后来也不见踪影了。按说，盛京沈阳，清初皇宫，没有经历地震、天灾、战争、人祸，传国宝玺理应作为国宝保存至今。但今沈阳故宫博物院、北京故宫博物院、台北故宫博物院，都没有发现这件传国玉玺。所以，当年皇太极获得的传国玉玺“制诰之宝”，其真伪、去向、存毁、变故，仍是个历史之谜。

总之，皇太极在位期间先后有三桩奇事，总是说不清道不明的：为什么改族名为满洲？为什么改国号为大清？为什么传国玉玺下落不明？这三件奇事，不少人提出疑问，成为故宫的历史之谜。

第十二讲

福临继位之谜

顺治帝六岁登极，被立为清朝皇帝，这在满洲史上是没有先例的。那么皇太极生前是怎样安排储君的？

一、皇帝猝死

崇德八年即崇祯十六年（1643 年）八月初九日白天，皇太极御政，据《清太宗实录》记载，这天他主要做了四件事：

皇太极朝服像

第一，土默特部落来朝贡马，赐其甲喇章京大诺尔布、小诺尔布，牛录章京根都、俄博尼、兀苏木、达赖，古禄格章京下毕喇习，毕力克章京下俄尔希代，摆都喇章京下塔毕，根都章京下华木，杭古章京下巴习礼，讬博克章京下耨德，车克车木下达萨马等，以及从役人员等，银两有差。

第二，赐土默特部落牛录章京毕齐克图貂帽、貂镶朝衣、带、靴、银两等物。

第三，因其来送格隆喇嘛到达盛京，赐车克车木下诺木习礼及其从人，银两有差。

第四，偕皇后、诸妃，召固伦公主等，到崇政殿，以出军征明所获缎匹、财物中的佳品，赐科尔沁部福妃、贤妃及固伦公主、诸福晋等有差。随后还宫。

就在这天白天忙碌之后，到夜里亥时（21时—23时）时，“上无疾，端坐而崩。”（《清太宗实录》卷六五）皇太极在位十七年，寿五十有二。

清太宗皇太极白天御政，夜间发病，不治而死。他可能是因患中风猝死的。皇太极身后的遗位怎样解决？

先是，努尔哈赤在临终前没有明言由谁来继承汗位，但留下了由诸王贝勒会议推举的遗言。努尔哈赤身后的汗位，是由八大贝勒会议协商推举产生的。当下，皇太极在临终前并没有料到自己会突然病发而崩，所以也没有留下由谁继承皇位的遗言。

此时，宗室贵族中，爵位最高的是四位亲王、三位郡王，他们的身份和年龄分别为：

礼亲王代善，为努尔哈赤次子（在世长子），皇太极兄，年六十一；

郑亲王济尔哈朗，为舒尔哈齐第六子，皇太极堂弟，年四十五；

肃亲王豪格，为皇太极长子，年三十五；

睿亲王多尔衮，为努尔哈赤第十四子，皇太极弟，年三十二；

武英郡王阿济格，为努尔哈赤第十二子，皇太极弟，年三十九；

多罗豫郡王多铎，为努尔哈赤第十五子，皇太极弟，年三十；

多罗颖郡王阿达礼，为代善之孙，皇太极侄，年龄不详。

按照当时清皇室家法，皇太极的继承人应当在这七王中由推举产生。在上述七王中，阿济格、多铎、阿达礼均为郡王，按照常规，他们几乎没有继位的可能。在上述四位亲王中，郑亲王济尔哈朗为舒尔哈齐之子，皇太极堂弟，非帝系血胤，似乎没有可能被推举继位。余下三位亲王是：礼亲王代善、睿亲王多尔衮、肃亲王豪格。代善年龄过大，自己退让，又有前述事件，几乎不大可能继位。所以，新皇位争夺主要在皇长子豪格与皇太极十四弟多尔衮之间展开。

皇太极遗位继承人，依照清室家法，应在七王会议上由推举产生。

二、庙堂会议

豪格像

按照清太祖努尔哈赤规定的皇位继承《汗谕》，由满洲八旗贵族共议嗣君。于是，由礼亲王代善主持，在皇宫崇政殿，满洲八旗贵族决定并拥立皇太极遗位的继承人。就如哲人所说，事情的结果往往不是愿望的甲方，也不是愿望的乙方，而是谁也没有想到的丙方。就是说继承人既不是肃亲王豪格，也不是睿亲王多尔衮，而是谁也没有想到的皇太极第九子、六岁的爱新觉罗·福临。这是谁的建议呢？福临又是怎样被推举的呢？讨论这个问题的基本史料依据是朝鲜《沈阳状启》或《沈馆录》中的一段记载。这份史料是当时朝鲜驻沈阳的使臣，就皇太极遗位继承问题所获得的“大衙门”会议的机密资料，是报送朝鲜李朝国王李倧的《秘密状启》。为了便于分析，全文征引如下：

秘密状启：十四日，诸王皆会于大衙门，大王发言曰：“虎口，帝之长子，当承大统云。”则虎口曰：“福少德薄，非所堪当！”固辞退去。定策之议，未及归一。帝之手下将领之辈，佩剑而前，曰：“吾属食于帝，衣于帝，养育之恩与天同大，若不立帝之子，则宁死从帝于地下而已。”大王曰：“吾以帝兄，常时朝政，老不预知，何可参于此议乎？”即起去。八王亦随而去。十王默无一言。九王应之曰：“汝等之言是矣。虎口王既让退出，无继统之意，当立帝之第三（应作九）子。而年岁幼稚，八高山军兵，吾与右真王分掌其半，左右辅政，年长之后，当即归政。”誓天而罢。（《沈馆录》卷六）

上述《秘密状启》，时间记为癸未年即崇德八年（1643 年）八月二十六日，就是在"大衙门"即崇政殿举行秘密会议后的第十二天。文中的"大王"为礼亲王代善，"虎口"为肃亲王豪格，"八王"为英郡王阿济格，"九王"为睿亲王多尔衮，"十王"为豫郡王多铎，"右真王"为郑亲王济尔哈朗，"帝之第三（应作九）子"为福临。

崇政殿内景

对于这段记载继承皇太极遗位者的文字，产生了几种看法：

第一，出自多尔衮说。认为福临继位之议，出自多尔衮的学者，其主要依据是朝鲜《沈阳状启》或《沈馆录》中有两句重要的话，不应该被忽视，而应当被重视。这就是"九王应之曰"和"汝等之言是"十个字。在整段文字中，"九王应之曰"——此前为议论，此后为结论；"汝等之言是"——承上而启下，接前而转后。其中包含了三层意思：

其一，"九王应之曰"，就是说在九王多尔衮发表当立帝之第九子福临以前，诸王们有一番议论，而被《秘密状启》的作者，或出于重点在启报新君为谁而省略繁文，或对当时密议不甚了了而断简缺载，不管出于哪种原因，其前都有一番争论。因是崇政殿最高机密会议，外人不可得知其详，这段记载，十分可贵，有所罅漏，不必苛责。

其二，"汝等之言是"，就是说在九王多尔衮发表当立帝之第九子福临以前，诸王们有人提出立福临，故多尔衮才"应之""是之"，否则何应之有、何是之言！《秘密状启》记载疏略，"汝等之言"断简，于是给人一种信息误导，似乎福临继位是由多尔衮提出的。睿亲王多尔衮权势倾朝，把功劳归于己，罪祸嫁于人。这样，多尔衮就"翊戴拥立，国赖以安"，（《清世祖实录》卷九）把拥立福临的功劳归于自己。

其三，"九王应之曰"与"汝等之言是"，萧一山先生在《清代通史》转述上面引文时，进行了通俗节录，“睿亲王多尔衮曰：‘诸将之言是也。豪格既退让无续继意，则当立帝之三子福临，若以为年稚，则吾与郑亲王济尔哈朗分掌其半，以左右辅政，年长之后，再当归政。’因誓天而散，福临方六岁云。”这里虽省略“九王应之曰”，却将“汝等之言是”解释为“诸将之言是也”。

上面在“九王应之曰”和“汝等之言是”中，其“应”的是什么？其“是”的又是什么？细加分析，共有四点：一是，豪格退让，无意继统；二是，拥立福临，嗣承皇位；三是，福临年幼，郑亲王济尔哈朗和睿亲王多尔衮共同辅政；四是，幼主年长，当即归政。

由上可见，福临继位之议，出自多尔衮，直接史料，未见一条。所引《秘密状启》之记载，含糊其词，且存疑点。

第二，出自代善说。皇太极死后，各旗力量都在或明或暗地进行活动。此事，《清史列传·索尼传》和《清国史·索尼传》均阙载，而《清史稿·索尼传》有详述：“太祖崩后五日，睿亲王多尔衮诣三官庙，召索尼议册立。索尼曰：‘先帝有皇子在，必立其一，他非所知也。’是夕，巴牙喇纛章京图赖诣索尼，告以定立皇子。黎明，两黄旗大臣盟于大清门，令两旗巴牙喇兵张弓挟矢，环立宫殿，率以诣崇政殿。”

在崇政殿议商册立的“大衙门”会议，由礼亲王代善主持。会上，索尼及巴图鲁鳌拜首言立皇子，睿亲王令暂退。英郡王阿济格、豫郡王多铎劝其胞兄睿亲王多尔衮即帝位，多尔衮犹豫未允，豫郡王多铎曰：“若不允，当立我。”

盛京皇宫大清门

睿亲王不允。多铎又曰："不立我，论长当立礼亲王。"礼亲王代善曰："睿亲王若允，我国之福。否则当立皇子，我老矣，能胜此耶！乃定议奉世祖即位。"（《清史稿·索尼传》卷二四九）

礼亲王代善是议商嗣君诸王会议的重要政治力量。因为：代善是清太祖努尔哈赤次子（长子褚英已死），年六十一，花甲老翁，在宗室中年龄最长、有着家长的地位，此其一。代善在皇太极崇德朝为大贝勒、和硕礼亲王，被朝鲜称为"大王"，此其二。代善为正红旗的主旗贝勒，此其三。代善的子孙掌镶红旗，有军事实力，此其四。代善召集诸王大臣会议，议立嗣君，此其五。代善率领诸王、大臣、贝勒等以福临继位盟誓告天，此其六。所以，代善在议立嗣君的诸王会议上有着举足轻重的影响。但是，代善知己知彼，圆融平和，进退有度，主动谦让，以"我老矣，能胜此耶！"或"常时朝政，老不预知，何可参于此议"而坚辞。所以，定议奉福临之继位，并非出自代善首议。从代善坚决辞让、圆融建言、退席避锋与未行摄政四件事，可以反证礼亲王代善并未首议福临继位。

第三，出自豪格说。肃亲王豪格继承皇位的有利条件是：豪格为皇太极长子，三十五岁（比多尔衮年长三岁），正值壮年，文韬武略，多有战功，此其一。豪格的十一位弟弟中，有七位在世：四阿哥叶布舒十七岁，五阿哥硕塞十六岁，六阿哥高塞七岁，七阿哥常舒七岁，九阿哥福临六岁，十阿哥韬塞五岁，十一阿哥博穆博果尔三岁，六、七、九、十、十一阿哥都年龄较小，此其二。豪格人才出众，史称他"容貌不凡、有弓马才""英毅、多智略"，此其三。豪格在太祖时因军功被封为贝勒，太宗天聪时被晋为和硕贝勒，崇德元年（1636年）皇太极即皇帝位后，再被封为和硕肃亲王兼摄户部事，此其四。皇太极生前亲掌正黄、镶黄和正蓝三旗，而两黄旗和正蓝旗大臣拥护豪格继位，此其五。豪格有济尔哈朗支持，还有众大臣拥护，如开国五大臣中额亦都、费英东，以及扬古利的子弟侄孙多是两黄旗的勇将，都拥戴豪格，此其六。但是，肃亲王豪格既不善上（故作虚套），也不善让（真正辞让），或者说既不知上，也不知让，"因王性柔，力不能胜众"。大清皇位，失之交臂。从豪格或因故套谦恭或由愤懑退席与未行摄政两事，可以反证其并未首议福临继位。

第四，出自英郡王、豫郡王说。参加崇政殿会议的还有英郡王阿济格、豫

■ 多铎像

郡王多铎。前已分析，英郡王阿济格主张立胞弟多尔衮，豫郡王多铎也主张立胞兄多尔衮。史载：英郡王阿济格、豫郡王多铎等“跪劝睿王，当即大位”。(《清世祖实录》卷六三）甚至于说：“若立肃王，我等俱无生理！”豫郡王多铎还提出“当立我”即立自己，他们兄弟不会，也没有提出拥立福临继位。

第五，出自阿达礼说。颖郡王阿达礼，为代善第三子萨哈璘之长子，以父死袭郡王。萨哈璘多军功，与议政，掌礼部，同多尔衮亲近。其子阿达礼多有战功，附多尔衮，管礼部，与议政。阿达礼在皇太极死后，谋立多尔衮继位。阿达礼、硕讬（代善次子）往来于代善、多尔衮、济尔哈朗之间，谓“众已定议，立和硕睿亲王矣”。(《清世祖实录》卷一）所以，颖郡王阿达礼是多尔衮的铁杆支持者、拥立者，甚至于在议定福临继位之后，阿达礼仍然推动支持多尔衮继位，结果阿达礼以“扰政乱国”罪，在当夜被“露体绑缚”“即缢杀之”。阿达礼之母、硕讬之妻，也同时被缢杀。

除上述三位亲王、三位郡王之外，剩下的就是郑亲王济尔哈朗。

三、简略讨论

拥立福临继承皇位之议，出自郑亲王济尔哈朗，依据史料，阐述如下。

第一，四大亲王态度。当时最有影响的四位和硕亲王——礼亲王代善抱明哲保身态度，以年老多病为由，不想也没有实力卷进这场政治旋涡；肃亲王豪格与睿亲王多尔衮角力，互不相让，双方僵持；郑亲王济尔哈朗虽是努尔哈赤胞弟舒尔哈齐之子，但地位在睿亲王多尔衮和肃亲王豪格之上，在这场宫廷斗争中扮演着重要的政治角色。他比较超脱而能起协调作用。因为：一则，济尔哈朗虽是舒尔哈齐之第六子，但自幼被伯父努尔哈赤养育宫中；二则，济尔哈朗小皇太极七岁，两人情谊如同胞；三则，阿敏被夺旗后，济尔哈朗成为镶蓝旗的主旗贝勒；四则，济尔哈朗屡经疆场，军功显赫；五则，济尔哈朗年四十五，序齿仅亚于代善，比多尔衮年长十三岁；六则，济尔哈朗受清太宗信任倚重，被封为和硕郑亲王；七则，济尔哈朗既是多尔衮的堂兄，又是豪格的堂叔，便于两方协调。八则，济尔哈朗表面憨厚而内心机敏，在关键时刻提出重要政议。所以，郑亲王济尔哈朗在崇政殿议商皇位继承而陷于僵局之时，提出了一个折中方案——让既是皇子，又不是豪格的福临继位。

第二，济尔哈朗辅政。郑亲王济尔哈朗因倡立福临继位之功，而得到担任辅政王的政治回报，且其位次在睿亲王多尔衮之前，辅政亲王的政治地位，较和硕亲王更高一层。当时为何不由代善、豪格，而由济尔哈朗辅政？显然，代善在这场严重而激烈的政治斗争中，没有作出有利于胜利一方的贡献。豪格则与多尔衮对立，如二人同时辅政，会出现两虎相争的局面。至于济尔哈朗，有学者解释说，多尔衮拉济尔哈朗辅政，是因为他“非属皇室直系，当然无法与多尔衮并肩，也决不会与之争夺权势”。在宫廷激烈斗争态势下，济尔哈朗出任辅政王，既不是情愫之事，也不是弱势之因，而是政治势力角逐的结果。

愚以为，济尔哈朗之所以为辅政王，主要原因如下：一是，原有“谋立肃王为君，以上（福临）为太子”之私议，当肃亲王继位受阻，退而求其次就是拥立福临。二是，他提出了福临继位这一折中方案，皇子继统，皇叔辅政，理所当然，众王接受。三是，他因私下表示拥立豪格，而为两黄旗大臣所认同。四是，他同代善父子无恶，而为两红旗王大臣所认可。五是，他非帝统血胤，对多尔衮兄弟构不成政治威胁，而为两白旗三王及其大臣所接受。六是，他执掌镶蓝旗并同正蓝旗有历史渊源，而能够为两蓝旗大臣所服从。综上所述，可以说，济尔哈朗是当时皇位继承矛盾对立两方最合适的协调者——史载，肃亲王豪格派何洛会、扬善同郑亲王密商，两黄旗大臣曰：“定立我为君，尚须尔议。”济尔哈朗回答道：睿亲王多尔衮“尚未知，待我与众商之”。（《清世祖实录》卷三七）这说明郑亲王济尔哈朗同争位角力的两方都能对话，他不仅有可能，而且实际上提出协调矛盾双方的方案，而首议拥立福临继位。

在这里，附论立福临的一个理由。皇太极死时除其长子豪格和九子福临

■ 顺治帝像

外，还有六位儿子在世：四阿哥叶布舒十七岁、五阿哥硕塞十六岁，均已成年，若立为君，无需辅政；六阿哥高塞和七阿哥常舒虽均比福临年长一岁，但其生母皆为庶妃；十阿哥韬塞不仅年幼，且其生母氏族不明，地位更低；十一阿哥博穆博果尔虽其生母为麟趾宫贵妃，但年仅三岁，又太幼小。皇九子福临则在年龄长幼与生母身份方面均占优势：福临年龄不算太大（太大不便摄政），也不算太小；其生母博尔济吉特氏布木布泰，既是孝端文皇后之侄女，又是永福宫庄妃。所以，仅从当时年龄与其生母身份来说，拥立福临当是皇子中除豪格之外的最佳选择。但济尔哈朗拥立福临后，于顺治四年（1647 年）二月被多尔衮罢其辅政王，一年后又被多尔衮降为郡王。这是多尔衮对济尔哈朗不拥立自己而拥戴福临的一个政治报复，也是多尔衮谋求独揽朝纲的一项举措。

第三，睿王权衡利弊。睿亲王多尔衮在两黄、两红和两蓝六个旗不支持的情势下，若自己强行登极，只有两白旗支持，不支持者与支持者，其比例为六比二，明显不占优势，还势必引起两白旗与两黄旗的火拼，其后果可能是两败俱伤。解决皇位继承难题的途径不外三条：一是强自为君，得不到两黄、两红、两蓝旗的赞同，还会引发两黄旗的强烈反对；二是让豪格登极，多尔衮自己既不甘心，还怕遭到豪格报复；三是让年幼的皇子福临继位，而自己同济尔哈朗辅政，可收一石三鸟之利——打击豪格、摄政掌权、避免内讧。显然，在上述三种解决办法中，以第三种解决办法比较切实可行，两黄旗、两白旗、两红旗、两蓝旗各方都可以接受。睿亲王多尔衮能识时务、聪睿机智，他在权衡利弊之后，回应说：我赞同黄旗大臣“立皇子”的意见，而肃亲王豪格既然没有继统之意，所以就立先帝第九子福临；但他年龄还小，由郑亲王和我辅政，待新君年长之后“当即归政”。众赞同，议遂定。

第四，顺治帝的肯定。福临当时尚在冲龄，不了解继位政争内幕，后来逐渐知道当年的故事。待多尔衮病死，自己亲政之后，即表彰皇叔济尔哈朗当年功绩，赐予其金册金宝。对此，《清世祖实录》记载：

> 我太祖武皇帝，肇造鸿基，创业垂统，以贻子孙。太宗文皇帝继统，混一蒙古，平定朝鲜，疆围式廓，勋业日隆。及龙驭上宾，宗室众兄弟，乘国有丧，肆行作乱，窥窃大宝。当时尔与两旗大臣，坚持一心，翊戴联躬，以定国难。……睿王心怀不轨，以尔同摄朝政，难以行私，不令辅政，无故罢为和硕亲王。及朕亲政后，知尔持心忠义，不改初志，故锡以金册、金宝，封为叔和硕郑亲王。（《清世祖实录》卷六三）

上面顺治帝福临明确谕示：济尔哈朗在诸王议立自己为帝时，有首议之功。福临的这番话，说出了当时的内情。郑亲王之功，在拥立福临。

■ “大清嗣天子宝”金印

细分析，有八则：

其一，册文中明白清楚地说：当太宗皇帝去世国丧之时，“宗室众兄弟，乘国有丧，肆行作乱，窥窃大宝”。这显然指的是皇叔睿亲王多尔衮、英郡王阿济格、豫郡王多铎和皇侄颖郡王阿达礼。

其二，在这宗社危难之时，是谁站出来翊戴福临继位呢？册文里没有提代善，没有提豪格，也没有提多尔衮，与会的四大亲王除前三人外，剩下的只有济尔哈朗。

其三，册文又明白清楚地说：“当时尔与两旗大臣，坚持一心，翊戴朕躬，以定国难。”在这里，“尔”即济尔哈朗，在崇政殿议立嗣君的最高贵族会议上，倡言“翊戴朕躬，以定国难”。

其四，在上文，“两旗大臣”即两黄旗大臣。他们没有出席崇政殿议立嗣君的最高贵族会议，索尼与鳌拜虽与会，但会议刚开始不久因抢先发言而被多尔衮勒令退席，只能在会外起策应作用。

其五，郑亲王济尔哈朗翊戴福临的倡言，得到礼亲王代善、肃亲王豪格等人的赞同。

其六，于是，睿亲王多尔衮才“应之”、才赞同，即《秘密状启》中“九王应之曰”和“汝等之言是”的记载。

其七，至于顺治元年（1644 年）十月，为多尔衮“建碑立绩”，那是摄政睿亲王自我表彰所为。

第五，王公大臣同誓。礼亲王代善、郑亲王济尔哈朗、睿亲王多尔衮、肃亲王豪格、英郡王阿济格、豫郡王多铎、颖郡王阿达礼等十九位王公共同誓书，昭告天地：“不幸值先帝升遐，国不可无主，公议奉先帝子（福临），缵承大位，嗣后有不遵先帝定制，弗殚忠诚，藐视皇上幼冲，明知欺君怀奸之人，互徇情面，不行举发，及修旧怨，倾害无辜，兄弟谗构，私结党羽者，天地谴之，令短折而死。”（《清世祖实录》卷一）八旗大臣阿山等也立誓要竭诚事君。郑、睿二王，特立誓辞：“今公议以济尔哈朗、多尔衮，辅理国政。我等如有应得罪过，不自承受，及从公审断，又不折服者，天地谴之，令短折而死。”以上三份誓词，都有“公议”二字，表明是经过王贝勒大臣会议集体决定的。济尔哈朗拥立福临继承皇位之议，最后得到诸亲王、郡王、贝勒等王公大臣的认同。

综上所述，郑亲王济尔哈朗在崇政殿诸王皇位继承会议上，鉴于豪格与多尔衮争夺皇位陷于僵局，从大局出发，平衡各旗利益，提出折中方案，首议由福临继承皇位，得到多尔衮的回应，也得到诸王贝勒公议。清太宗皇太极遗位争夺的结果，既不是角力一方的肃亲王豪格，也不是角力另一方的睿亲王多尔衮，而是由第三者——六岁的福临继承遗位。福临缵承皇位，是当时政治与军事、帝胤与血缘、智谋与达变、明争与暗斗，诸种因素相互斗争与相互均衡的结果。这个方案与结果，对于四位和硕亲王来说——于礼亲王代善无利无弊，于睿亲王多尔衮有利有弊，于肃亲王豪格无利有弊，于郑亲王济尔哈朗则

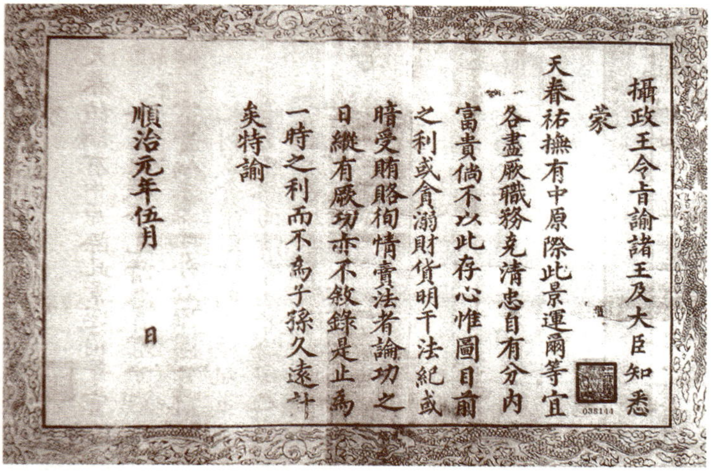
攝政王令旨諭諸王及大臣知悉
蒙
天眷祐撫有中原際此景運爾等宜
一各盡厥職務充清忠自有分內
富貴倘不以此存心惟圖目前
之利或貪瀆財貨明干法紀或
瞎受賄賂徇情賣法者論功之
日縱有厥功亦不叙錄是止為
一時之利而不為子孫久遠計
矣特諭
順治元年伍月　日

摄政王谕诸王大臣令旨

有利无弊。所以，皇太极遗位由福临继承，得益最大的四个人是：福临、孝庄太后[1]、济尔哈朗和多尔衮。

皇位在肃亲王豪格同睿亲王多尔衮之间角逐，结果却由第三者——六岁的福临继承。清史界普遍认为：拥立福临继位之议，出自睿亲王多尔衮。笔者对多尔衮拥立福临说的史料依据《沈阳状启》，进行了全面剖析，并列举《顺治上谕》等文献，进行历史逻辑分析，提出新的见解：拥立福临继承皇位之首议，出自郑亲王济尔哈朗。从此，在清代史、满洲史上开了一个幼童继承皇位的先例，开启清朝皇位与皇权产生分离的状态。其后由八岁的康熙、六岁的同治、四岁的光绪和三岁的宣统继承皇位，在清入关后的十帝中竟占了五位。也都是皇位与皇权分离，或为亲贵摄政辅政，或为皇太后垂帘听政。《清史稿·诸王传》论曰：大清皇朝，亲贵用事，“以摄政始，以摄政终”。(《清史稿·诸王一》卷二一五）论其影响，可谓深远！六龄稚童福临继位，二王摄政，燕京定鼎；三龄幼童溥仪继位，醇王摄政，清祚覆亡。论者谓有天焉，诚一代得失也！

总之，既往论者，多认为顺治继位出自睿亲王多尔衮之首议。笔者提出另一粗浅看法：就是由郑亲王济尔哈朗首议，睿亲王多尔衮附议，在礼亲王代善和肃亲王豪格不反对局面下，出现立六岁的福临继承皇位，由郑亲王济尔哈朗、睿亲王多尔衮辅政（摄政）的格局，结束了一场宫廷政治危机，避免了兵戎相见、骨肉相残的悲剧，进而满洲贵族出现新的团结，进而清军入关、定鼎北京、入主中原、一统华夏。至今一些人认为：顺治继位仍是个清宫历史之谜。

〔1〕高阳:《清朝的皇帝》载:“世祖可能为多尔衮的私生子”“至于选立六岁的福临继承皇位，自然是由于孝庄太后之故”云云。此为小说家言。

第十三讲

孝庄太后下嫁

近些年来，我到各地，国内和海外，江南和塞北，许多读者、观众、听众问及最多的问题是：孝庄太后是否下嫁了睿亲王多尔衮？可见这个问题是许多清史爱好者所关心的。顺治皇帝六岁继位，他的母亲皇太后博尔济吉特氏和叔父摄政睿亲王多尔衮，共同辅佐年幼的他，度过清朝入关初期的艰难岁月。从顺治帝即位到多尔衮去世，一共是七年的时间。从当时到现在，三百多年来，人们在关注这段历史的同时，更多地关注这对不平凡的叔嫂关系。他们之间的关系引出许多的猜测、杜撰、议论和故事，也是故宫历史中的一个疑案。

孝庄皇太后与睿王多尔衮，是事情的两方，下面我先说孝庄皇太后，次说睿王多尔衮，再说皇太后是否下嫁多尔衮。

一、孝庄太后

孝庄皇太后姓博尔济吉特氏，名字叫布木布泰，是蒙古科尔沁部贝勒塞桑的女儿、后封和硕卓礼克图亲王的妹妹。布木布泰出身于蒙古贵族名门，容貌秀美，聪明知礼。她历经天命、天聪、崇德、顺治、康熙五朝，是清初的重要人物之一，为清朝的守成兼创业作出了重大贡献。清朝有两位皇太后对清朝政治至关重要，清初的一位是孝庄皇太后，清末的一位是慈禧皇太后。

孝庄皇太后布木布泰是皇太极中宫皇后哲哲的侄女、关雎宫宸妃海兰珠的妹妹。万历四十一年（1613 年）生，天命十年（1625 年）与皇太极成婚，时

孝庄皇太后像

永福宫

年十三岁，皇太极三十四岁。崇德元年（1636 年），被封为永福宫庄妃。她于崇德三年（1638 年）生下皇太极第九子福临，时年二十六岁。皇太极于崇德八年（1643 年）死时庄妃三十一岁。这年多尔衮三十二岁。孝庄太皇太后病死于康熙二十六年（1687 年），享年七十五岁。

第一，身负满蒙联姻重任。天命十年（1625 年）十三岁的布木布泰从科尔沁草原来到建州，与三十四岁的皇太极成婚。这时皇太极早已同她的姑姑哲哲结婚十一年了，天聪八年（1634 年）她的姐姐海兰珠也嫁给了皇太极。姑姑与侄女三人都嫁给同一个男人，是出于政治的原因。从太祖努尔哈赤开始，满洲和蒙古科尔沁部建立了姻亲关系，共同开创后金的事业。布木布泰是个有福气的女人，她嫁过来的第二年，丈夫皇太极继承了汗位，她从贝勒福晋变成大汗福晋。十一年以后，皇太极建国号“大清”，改元“崇德”，她又成为崇德皇帝的永福宫庄妃。

第二，为清皇室生儿育女。布木布泰先后为皇太极生了三个儿女。皇太极有十一个儿子、十四个女儿。其中，庄妃生了皇四女、皇五女和皇七女，崇德三年（1638 年）二十六岁的庄妃又生下皇九子福临，就是后来的顺治皇帝。这支血脉延续了清朝的帝胤。从庄妃生育了四个子女看，她和皇太极的关系还是很好的，起码在一段时间里是很好的。其四个子女的出生时间如下：

皇四女	天聪三年（1629 年）生	庄妃十七岁
皇五女	天聪六年（1632 年）生	庄妃二十岁
皇七女	天聪七年（1633 年）生	庄妃二十一岁
皇九子	崇德三年（1638 年）生	庄妃二十六岁

第三，经历四次皇位之争。皇太后布木布泰亲历了四次后金-清最高权力的争夺，就是汗位和皇位的斗争。

第一次，公公努尔哈赤死后，尸骨未寒，便发生了汗位之争。是时，她刚刚嫁给皇太极一年，才十四岁，没有直接参与这场斗争。但是她目睹了丈夫是怎样用尽心机，排除障碍，脱颖而出，继承汗位的。虽然她那时年轻，其实情知之甚少，但斗争之惊心动魄，她是会有所感受的。

第二次，丈夫皇太极突然崩逝后，她悲戚哀恸，不动声色，依靠姑姑皇后博尔济吉特氏哲哲，通过错综复杂的宫廷斗争和关系整合，使儿子福临登上皇位，她自己也成为皇太后。

第三次，应对多尔衮死后的突发变局。顺治七年（1650 年）十二月初九日，多尔衮在塞外喀喇城狩猎时突然死亡（一说狩猎坠马不治而死）。时议立福临继位的七王中，代善、多尔衮、豪格、多铎、阿达礼均已死，济尔哈朗被罢斥，仅存的英亲王阿济格在酝酿“夺政”“乱谋”，就是要取代多尔衮，当上摄政王。这时顺治帝才十二周岁，在孝庄太后直接辅政下，果断采取举措，稳定朝政大局。寻将被及时告发的阿济格，监禁，赐死，时年四十六岁。其子劳亲也被赐死。而后，清算多尔衮（见后文）。起用被贬守昭陵的索尼（正黄旗）、被降责的鳌拜（镶黄旗）、被论死的遏必隆（镶黄旗）、首先告发多尔衮的苏克萨哈（正白旗）等为议政大臣，重新任命“叔和硕郑亲王”济尔哈朗为议政王之首。皇帝重新控制“上三旗”，并兼顾“下五旗”，顺治帝亲政，皇权才安固。

第四次，儿子顺治帝英年早逝后，她力主子继父位（不是兄终弟及），懿旨命皇子中出过天花的皇三子玄烨继位。于是，顺治帝生前指定的玄烨继承皇位，这就是康熙皇帝。

孝庄皇太后不仅亲历四次大的皇位继承之争，而且目睹明末清初的沧桑之

■ 康熙帝像

变。她在社会变革中，发挥了守成兼创业的重要作用。

第四，守成兼创业功绩大。孝庄太后在清宫六十二年，身历天命、天聪、崇德、顺治、康熙五朝，青年时帮助丈夫崇德帝皇太极，中年时辅佐儿子顺治帝福临，老年时辅佐孙子康熙帝玄烨。玄烨八岁时，她吸取福临幼年被多尔衮控制，没有勤苦读书的教训，亲自请师父教授幼帝满语文、蒙古语文、汉语文，又督导玄烨系统学习儒家文化，这成为满汉文化史上的一个转折点。康熙帝亲政后，每次御门听政后，据《康熙起居注》记载，都要到皇祖母处请安，既示孝敬，更重求教。康熙帝说："遇有事奏启，一日二三次进见。"（康熙帝《庭训格言》）她虽然从来没有走到政治的前台，但是她的一生对清初政治产生了重要影响。

孝庄太后在清前四帝（太祖、太宗、顺治、康熙），慈禧太后在清后四帝（咸丰、同治、光绪、宣统），她们的性格、修养、作用、风范可以说是完全相反，这是一个很有意思的历史现象。这也是孝庄太后与慈禧太后的重要区别之一。

以上四条，可以看出：皇太后布木布泰是一位非凡的女性，也是跨越清初五朝的重要人物。

二、摄政睿王

多尔衮（1612—1650），是清太祖努尔哈赤生前最钟爱的第十四子，他的母亲是努尔哈赤宠爱的大妃乌拉那拉氏，名阿巴亥。阿巴亥十二岁嫁给努尔哈赤，二人共同生活二十五年。努尔哈赤去世时，大妃阿巴亥三十七岁，正值盛年，丰姿饶艳，养育三个儿子：皇十二子阿济格二十二岁、皇十四子多尔衮十五岁、皇十五子多铎十三岁。为争夺汗位，皇太极等“四大贝勒”威逼阿巴亥自缢而死（一说用弓弦勒死）。阿巴亥死后，多尔衮失去依靠，没有力量同皇太极争夺大位。

多尔衮像

多尔衮跟随皇兄南征北战，成长为能文能武、长于谋略的和硕贝勒、睿亲王。崇德八年（1643 年）皇太极逝世，多尔衮第二次参与了争夺大位的斗争。这一年，多尔衮三十二岁，比豪格小三岁，比庄妃大一岁，比福临（顺治帝）大三十三岁。皇太极遗位争夺的结果，是他的侄子顺治帝即位，睿亲王多尔衮与郑亲王济尔哈朗共同辅政。

第二年，清朝迁都北京，后封多尔衮为叔父摄政王。顺治五年（1648 年）十一月，被尊为皇父摄政王。顺治七年（1650 年）十二月，多尔衮到塞外围猎，薨于塞外喀喇城，年三十九岁。

多尔衮辅政和摄政前后七年，怎样评价多尔衮的功过？乾隆三十八年（1773 年），即多尔衮死一百二十三年后，乾隆帝给多尔衮以比较公正的历史评价：“定鼎之初，睿亲王实先统众入关，肃清京辇，檄定中原，前劳未可尽泯”；但指出他“摄政有年，威福自专”。（《清高宗实录》卷九二六）

可以说，多尔衮有功亦有过，功大过也大。

“六大功绩”：

第一，文武兼长，屡立战功。多尔衮能文能武，多次统军出征，“倡谋出奇，攻城必克，野战必胜”，屡立大功。出征蒙古，获“制诰之宝”；随征朝鲜，立下功勋；率军入塞，克济南府城。

第二，皇位继承，能识大体。有人说，多尔衮一生两次与皇位失之交臂，是个失败者。这是从他个人的得失去考量。但是，两次争夺皇位，特别是第二次争夺皇位，多尔衮以满洲整体利益为重，顾全大局，克己忍让，退出皇位之争。做摄政王后，他一方面把摄政王做到登峰造极的地步；一方面又克制了对皇权的欲望，没有做出篡权夺位的举动。多尔衮能观大局、识大体，在清朝入关的关键时期有效地稳定了满洲贵族上层的团结。

第三，抓住时机，统兵入关。在闯王进京、崇祯自缢的重大历史关头，多尔衮纳谏大学士范文程等人建议，抓住时机，统兵进关；辅佐年幼的顺治皇帝，把握历史机遇，移都北京，定鼎中原，建立清朝统治，为清朝立下卓越的历史功勋。

第四，定鼎北京，保护故宫。力排众议，迁都北京，保护并利用故明皇宫。在中国皇朝历史上，大一统皇朝利用前朝宫殿，仅此一例。故宫现成为世界文化遗产。

明代《北京宫城图》

第五，安定官民，废除三饷。多尔衮进关后，宣布“官仍其职、民复其业、录其贤能、恤其无告”（《清世祖实录》卷四）和“废除三饷”等重大政策。这些举措比较高明，对稳定民心，安定社会，起了重要的作用。

第六，重用汉官，统一中原。对投降的汉族官员，加以任用，迅速稳定政治局面。“寻奉世祖（顺治）车驾入都，成一统之业，厥功最著。”（《清史稿·多尔衮传》卷二一八）

“六大弊政”：即剃发、易服、圈地、占房、投充、逋逃，扰乱社会秩序，破坏中原经济，挫伤汉人情感，带来严重后果。所谓“扬州十日”“嘉定三屠”，杀人数字可能有出入，但多尔衮违背皇太极对汉人的政策，杀人过多，是其重大错误。二百多年后，辛亥革命口号“驱除鞑虏，恢复中华”，就是对这些政策的不满与反抗。

皇太后与多尔衮，一个是顺治帝的母亲、皇太后，一个是顺治帝的叔叔、摄政王，他们共同辅佐年幼的小皇帝六年。

三、太后下嫁

“太后下嫁”说，民国以来，沸沸扬扬。小横香室主人的《清朝野史大观》，民国五年（1916 年）由上海中华书局印行。书中有《多尔衮》《太后下嫁摄政王》《太后下嫁贺诏》《太后下嫁后之礼制》四条记太后下嫁的事，并说这是“中国有史以来所未有也”！民国六年（1917 年），上海会文堂书局出版蔡东帆（藩）的《清史通俗演义》，其第十八回目《创新仪太后联婚，报宿怨中宫易位》的上半回，说的就是“太后下嫁”。民国八年（1919 年）一位署名“古稀老人”者写了《多尔衮轶事》，书中的《太后下嫁》条，谈到顺治皇帝在多尔衮摄政下“危如累卵”，太后认为“非有羁縻而挟持之，不足以奠宗社于泰山之安，故宁牺牲一人，以成大业”。而多尔衮“涎太后之色”，常入宫禁，纵尝试之。太后为了“卫我母子”“两人对天立誓，各刺臂作血书，互执一书”，以为凭证。特别是书中安排太后诈崩，在举行隆重丧礼后，再以皇帝乳母身份嫁给多尔衮，故事曲折，引人入胜。民国三十七年（1948 年）九月，王浩沅的《清宫十三朝》（又名《清宫秘史》）由文业书局出版，书中描述多尔衮与皇太后相恋事，如《种情根巧救小玉，偿夙愿亲王大婚》《槐树荫中窥嫂浴，荷花池上捺叔腮》《香衾卧娇艳经略降清，宫内候兄安亲王戏嫂》《建新仪摄政娶太后，名打猎姊妹嫁亲王》等，而布木布泰名“大玉儿”、其妹名“小玉儿”，则是王浩沅的乱编之一。此外，还有许啸天的《清宫十三朝演义》等。总之，太后下嫁之事，始自民国初年，野史流布，遍及民间。那么，孝庄皇太后是否下嫁睿亲王多尔衮了呢？

关于皇太后下嫁多尔衮的说法及其讨论，下面列出十二条：

第一，关于“建夷宫词”。张煌言《建夷宫词》曰：

上寿觞为合卺尊，慈宁宫里烂盈门。
春官昨进新仪注，大礼恭逢太后婚。(《张苍水全集》)

张煌言（1620—1664），号苍水，浙江宁波人，这时他在江南抗清。他的这首词写在当时，明确写了是住在慈宁宫的皇太后又结婚了，所以成为太后下嫁说的一条证据。

慈宁宫

我们分析一下：

其一，张煌言虽然是当时之人，但是他并没有在北京，而是远在江南。他对清朝的态度是对抗、敌视，那么“然远道之传闻，邻敌之口语，未敢据此孤证为论定也！”(孟森《明清史论著集刊》)出自敌人之口，记在异乡之文，不能成为历史的直接证据。

其二，《建夷宫词》是诗词，而不是宫廷档案。诗词可以夸张，也可以比赋，还可以虚拟，所以也不能不加考据，简单直接地作为历史的证据。

其三，或谓张冠李戴。顺治六年（1649 年）十二月，多尔衮元妃博尔济吉特氏病故，次年（顺治七年）正月，多尔衮纳娶寡居的肃亲王豪格王妃。这件事牵扯到多尔衮与豪格的争斗，又是叔娶侄媳，有悖伦理，朝野内外，议论纷纷。有人认为，张煌言远在江南，也许是听到了误传，把多尔衮娶王妃当作娶孝庄皇太后了。他的《建夷宫词》是写于顺治六年（1649年），多尔衮元妃死于这一年的年底，当时还没有发生多尔衮娶豪格王妃之事。

其四，“慈宁宫里烂盈门”一句，是说喜事是在慈宁宫里办的，因为皇太后住在慈宁宫。当时有两位皇太后，一位是中宫孝端太后哲哲，写《建夷宫词》时孝端太后已病死；另一位是孝庄太后布木布泰。但是，根据历史档案的记载，慈宁宫在李自成临撤出皇宫时被焚毁。待顺治十年（1653年）修葺而成，皇太后才搬居慈宁宫，多尔衮则死于顺治七年（1650年），所以多尔衮与皇太后怎能在此举行结婚典礼呢！

其五，“春官”是指礼部官员，钱谦益曾为南明福王弘光的礼部尚书，降清后官礼部侍郎。有人说这里是指钱谦益。但是，钱于顺治三年（1646年）正月在北京就职，六月便因病回到家乡常熟。（《清史列传·钱谦益传》卷七九）后死于家。同前述《建夷宫词》的时间对不上。显然也不能作为史据。

所以“建夷宫词”只能是一说，而不能成为历史依据。

第二，关于“皇宫内院”。多尔衮死后追其罪时，有一条罪状是：“又亲到皇宫内院。”（蒋良骐《东华录》）朝鲜《李朝实录》也作了相同的记载，但后来纂修的《清世祖实录》却删掉了这句话。这说明多尔衮到“皇宫内院”确有其事，而删掉这句话，或为表明事有隐衷。那么，多尔衮到皇宫内院，能说明太后下嫁了吗？显然不能。这是一条似是而非的史料，并非经过考据。譬如说：

其一，这个皇宫内院是沈阳的皇宫内院，还是北京紫禁城的皇宫内院？没有指明。

其二，多尔衮是“到”皇宫内院，而不是“住”皇宫内院，那么“到”皇宫内院，就一定是太后下嫁给多尔衮了吗？

其三，史家对此进行了推测：皇太后与多尔衮也许有暧昧关系。高阳先生认为：极有可能是指孝庄与多尔衮相恋的事实。孝庄太后与睿王多尔衮关系暧昧，可能是真，也可能

多尔衮摄政王府旧址

是假；但即使关系暧昧，也不等于太后下嫁了。

其四，也有人认为，如果太后真的下嫁了，多尔衮到皇宫内院也就名正言顺了，而把这一条列为多尔衮的罪状，恰好反证太后并没有下嫁。

其五，并不排斥孝庄皇太后与睿王多尔衮之间，“政治默契显然是很好的，他们一个为增强摄政王的权势，一个为维护幼年天子的地位，必然有着密切的合作关系。”（陈捷先《顺治写真》）

总之，“皇宫内院说”不能提供太后下嫁的确凿依据，却露出了疑点。

第三，关于“下嫁诏书”。民国时出版了一部书《多尔衮摄政日记》，这部书原名叫《皇父摄政王多尔衮起居注》，是一个叫刘文兴的家里收藏的。在出版之前，他写了一篇《清初皇父摄政王多尔衮起居注跋》，发表在民国三十六年（1947 年）一月二十八日的《中央日报·文史周刊》上。文中说：“清季，宣统改元，内阁库垣圮。时家君方任阁读，奉朝命检库藏。既得顺治时太后下嫁皇父摄政王诏，摄政王致史可法、唐通、马科书稿等，遂以闻于朝，迄今犹藏诸故宫博物院。”多尔衮致唐通、马科书稿，发表在《清代档案史料丛编》，致史可法书的内容今亦可知。惟有这位刘先生父亲见过的太后下嫁诏未见发表，别人也没见过。清宫档案收藏在中国第一历史档案馆和台北故宫博物院文献处，有许多学者专门整理和研究清宫档案，从刘文兴说他父亲见过太后下嫁的诏书，直到现在，还没有一位学者和档案保管者说自己见过这份档案。

既然至今没有见到这份太后下嫁诏，所以这个证据目前还不能成立。如果真的有这份档案，将来随着清宫档案的进一步整理，是一定会被发现的。况且，这么重要的档案，怎么会没有别人知道呢？于此，有人写书说，刘文兴是个喜欢开玩笑的人，当年为了让自己的书好卖，才故意制造了这么一个噱头。

第四，关于“未葬昭陵”。清朝的皇帝陵分三处：一处是关外三陵——永陵、福陵（沈阳东陵）、昭陵（沈阳北陵）；一处是河北遵化的清东陵；另一处是河北易县的清西陵。皇太极葬在关外三陵之一的昭陵。他的“一后四妃”，即孝端皇后于顺治六年（1649 年）四月十七日病逝，次年二月骨灰奉移沈阳，入葬昭陵，与皇太极同衾。关雎宫宸妃于崇德六年（1641 年）先于皇太极病逝，后来将宸妃遗骨迁葬到昭陵的妃园寝。衍庆宫淑妃于康熙六年（1667 年）病逝，葬入昭陵的妃园寝。麟趾宫贵妃博尔济吉特氏，病逝于康熙十三年（1674 年），也葬入昭陵的妃园寝。按照清朝陵寝制度，孝庄太后死后应葬在昭陵，同皇太极合葬。但是，她身后不仅没有葬在昭陵，而且还葬在了东陵的风水墙外。于是就引出了许多说法。有人说因为孝庄太后下嫁了，无颜见夫君，所以把她葬在东陵大门旁，给子孙看门。

孝庄太后在三十一岁时丧夫，四十九岁时丧子，所以她的后事由孙子康熙皇帝处理。康熙二十六年十二月二十五日，孝庄太皇太后去世，这年她七十五岁。孝庄太皇太后从三十二岁来到北京，已经在关内生活近半个世纪，所以接受了汉族棺葬的习俗；而她的丈夫皇太极已经逝世四十四年，是按照满洲的习俗火葬的，早已在关外沈阳的昭陵入土为安。孝庄太皇太后对于自己的后事，向皇孙康熙帝有交代："太宗文皇帝梓宫，安奉已久，不可为我轻动。况我心恋汝皇父及汝，不忍远去，务于孝陵近地，择吉安厝，则我心无憾矣。"（《清圣祖实录》卷一三二）就是说，她不愿意惊动太宗皇太极的亡灵，而愿意同儿子顺治帝在一起，陪伴英年早逝的儿子福临。

太皇太后死后要葬在东陵，这就给皇孙康熙帝出了一道难题：既不能违背祖宗之制，又不能违抗祖母之命，怎么办？康熙帝采取了一个临时举措，把太皇太后生前在紫禁城里最喜欢住的寝宫拆了，搬到东陵风水墙外，修起一座"暂安奉殿"，将孝庄太皇太后的梓宫（棺材）暂时安置在那里。但直到康熙帝逝世，他一直没有解决祖母陵寝的难题。

雍正帝即位以后，着手解决这个难题。雍正二年（1724 年）二月初五日，雍正帝下谕，追述了孝庄不与太宗合葬、在孝陵附近安厝的遗嘱，说："朕惟《礼经》云：合葬非古也。先儒又云：神灵有知，无所不通。是知合与不合，惟义所在。今昭陵安奉日久，若于左近另起山陵，究非合葬之意。且自孝庄文皇后安奉以来，我圣祖仁皇帝历数绵长，海宇乂安，子孙繁衍，想孝庄文皇后在天之灵，极为安妥。"（《清世宗实录》卷一六）经过大臣们的反复磋商，终于确定了解决方案，当年十一月二十一日，确定孝庄文皇后陵为昭西陵。将暂安奉殿改建为陵。

雍正三年（1725 年）十二月初十日，孝庄文皇后梓宫下葬昭西陵地宫。这时，孝庄太后已经逝世三十八年了，所以她的陵园是重孙子胤禛给她修建的。雍正皇帝的这个解决方案是很高明的。既遵循了祖制，又满足了孝庄太

■ 孝庄太后的昭西陵

后的心愿。

从以上过程可以看出：

其一，从昭西陵名称看，太宗文皇帝皇太极陵寝的名称是昭陵，孝庄文皇后陵寝位于太宗昭陵的西边（河北省遵化市，在沈阳西），陵寝的名称是“昭西陵”，所以从名称上确定墓主是太宗皇帝的皇后（后追封），昭西陵和昭陵是同一体系。虽然昭西陵紧挨着东陵风水墙，但是它和东陵完全是两个系统。

其二，从昭西陵规制看，建有重檐庑殿顶的隆恩殿，内外有两道围墙，还建了神道碑亭。这些超过常规的做法，表明了对墓主的尊重，显示出墓主的崇高地位，根本看不出有“轻蔑”的意思。

其三，从昭西陵地位看，因为顺治帝是逝世在关内的第一位清朝皇帝，他的祖父努尔哈赤和父亲皇太极都葬在关外，他是第一个葬进关内东陵的皇帝，所以孝陵理所当然是清东陵的主陵，地位最高。但是孝庄太后是顺治帝的母亲，如葬在东陵就无法显示她的地位。所以雍正帝想了一个办法，把孝庄太皇太后的昭西陵安置在东陵风水墙外而单独成陵，如此既表明了和太宗昭陵的关系，又表明了墓主的崇高地位，还实现了孝庄太后陪伴顺治帝的遗愿。

从孝庄太后的昭西陵，既看不出孝庄太后因下嫁多尔衮，而不能和皇太极同衾的迹象；也看不出她“无颜见人”而被轻蔑的迹象，看到的却是对她的崇敬。因此，以孝庄皇太后“未葬昭陵”，给“东陵看门”而断定太后曾经下嫁，显然是无稽之谈。

孝庄并不是清朝第一位未同皇帝合葬的皇后。在她之前，康熙五十七年（1718 年）顺治帝的孝惠章皇后死后葬在了孝陵的东边，后来这座陵就命名为孝东陵，清朝以后的皇后陵于是都按照这种形式来命名。康熙帝死后葬在景陵，他的“一后四妃”葬入的都是棺椁。从景陵开始，皇后先于皇帝而死的先葬于地宫，但石门不关，一旦皇帝死后葬入地宫，就关闭地宫。死于皇帝之后的皇后，就另建地宫，这成为清朝的一项制度。

第五，关于“青梅竹马”。有人说庄妃与多尔衮是“青梅竹马”，很小就相恋，所以太后下嫁是有感情基础的。庄妃出生在蒙古科尔沁，多尔衮则出生在满洲赫图阿拉，两地相距甚远，二人并无“青梅竹马”的机会。也有人说在努尔哈赤和皇太极到科尔沁娶亲时，多尔衮跟着去了，见到幼年的庄妃，两人相恋。实际上，努尔哈赤父子虽然都娶了科尔沁女子，但当时是送亲，而不是他们到科尔沁去娶亲，所以多尔衮也不可能去科尔沁见布木布泰（庄妃）。庄妃从十三岁起就来到爱新觉罗家庭，又和多尔衮年龄相仿，是否会产生恋情，史书不会记载，后人也无法推断。但是即使两人之间有恋情，也不能证明孝庄太后就一定嫁给了多尔衮。

第六，关于“保儿皇位”。说孝庄太后为了保住儿子福临的皇位，不得不委身于多尔衮。此说站不住脚。年仅六岁的福临能够继位，是当时多种政治势力复杂斗争和相互妥协的结果，而不是由皇太后依靠多尔衮一个人所能决定的。实际上，多尔衮本意是自己继承皇位，根本没打算让侄子福临继位。在和皇二兄代善、皇长侄豪格等激烈角逐之后，接受了济尔哈朗等的建议，才扶福临即位，自己和济尔哈朗做辅政王。顺治帝即位以后，如果孝庄以“情色”巴结多尔衮，只会让皇权更加容易落到多尔衮之手。事实上，皇太后依靠孝端皇太后，对多尔衮既重用、又牵制，采取了非常复杂的政治手段，才使多尔衮最终没有突破摄政王的圈子，而保证了年幼的顺治帝的皇位。因为皇帝年幼，国事家事都要依靠摄政王，所以皇太后注意协调与多尔衮的关系。但是由此作为太后下嫁的依据，显然站不住脚。

第七，关于“弟娶其嫂”。满洲确实有“兄死弟娶其嫂”的习俗。清太宗皇太极开始改革满洲的婚姻习俗，规定“不许乱伦婚娶”。（《清太宗实录》卷一一）严禁转房婚——不许娶庶母、婶母、嫂子、侄妇等，但没有触动异辈相婚和姐妹同嫁一夫的婚俗。清帝中满洲异辈相婚，入关后仅在顺治帝身上体现过，后来就再没出现过。姐妹同嫁一夫者，还是有的。康熙帝后妃中有三对亲姐妹，光绪曾有瑾妃和珍妃为姐妹。但有这样的习俗，并不能证明多尔衮就一定娶了他的嫂子。

第八，关于“尊称皇父”。多尔衮被称为“皇父摄政王”，有人说既然被称作“皇父”，那就证明顺治帝的母亲孝庄太后下嫁给他了。崇德八年（1643 年）皇太极逝世，顺治帝即位。第二年，清朝迁都北京，封多尔衮为叔父摄政王。顺治五年（1648 年）十一月，尊多尔衮为皇父摄政王，“加皇叔父摄政王为皇父摄政王，凡进呈本章旨意，俱书皇父摄政王”。（蒋良骐《东华录》卷六）无论是叔父摄政王，还是皇父摄政王，都是摄政王的尊称，并不能证明多尔衮做了顺治的继父。这就如同后来光绪皇帝尊称慈禧太后为“皇阿玛（父亲）”一样，不能据此说慈禧皇太后就是光绪皇帝的父亲了。

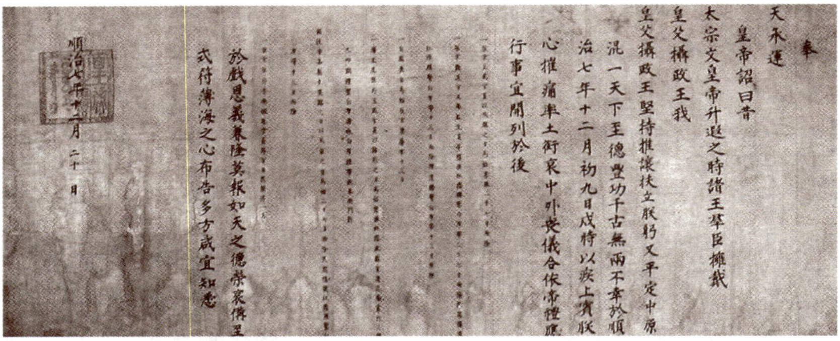
奉天承運
皇帝詔曰昔
太宗文皇帝升遐之時諸王羣臣擁戴
皇父攝政王我
皇父攝政王堅持推讓扶立朕躬又平定中原
混一天下至德豐功千古無兩不幸於順
治七年十二月初九日戌時以疾上賓朕
心摧痛率土銜哀中外喪儀合依帝禮應
行事宜開列於後
於戲恩義兼隆莫報如天之德崇褒備至
式付薄海之心布告多方咸宜知悉
順治七年十二月二十 日

■ 顺治帝为“皇父摄政王”之死颁发的哀诏

第九，关于“朝鲜史证”。类似太后下嫁颁诏这种朝廷大事，照例是应当诏谕属国的。当时作为清朝属国，朝鲜对于清朝发生的大事有详细的记载，留下了珍贵的历史资料，如《李朝实录》。但是朝鲜《李朝实录》没有“太后下嫁”颁诏告谕的相关记载。所以有学者推断，根本没有太后下嫁这件事。

第十，关于“顺治报复”。顺治七年（1650 年）十二月，多尔衮死。不到一个月，顺治帝就拿多尔衮的哥哥阿济格开刀，来惩治多尔衮。顺治八年（1651 年）正月初六日，顺治帝以“和硕英亲王阿济格谋乱”罪，将其幽禁，后来将阿济格赐死。二月十五日，也就是福临亲政一个月零三天，就定多尔衮十大罪状，命将多尔衮削其爵号，撤其庙享，黜其宗室，籍其财产，没其府第，毁其陵墓，继子多尔博归宗。耶稣会士卫匡国在《鞑靼战纪》中记载：多尔衮死后被毁挖坟墓，掘出尸体，用棍子打，以鞭子抽，砍掉脑袋，暴尸示众。多尔衮活着的时候被尊为“皇父摄政王”，死后尸骨未寒就如此定罪惩罚，所以有人推断，是因多尔衮逼太后下嫁，才引起顺治帝如此的仇恨。这种说法不能说一点道理都没有，但毕竟是推测，不能作为太后下嫁的依据。况且少年天子亲政以后，严惩摄政王，例子是很多的。明朝万历皇帝亲政后，严惩张居正。康熙皇帝亲政后，严惩辅政大臣鳌拜，都是史例。

第十一，关于孝端不允。“孝端”指的是清太宗孝端文皇后博尔济吉特氏，名哲哲，孝庄布木布泰的姑姑，崇德元年（1636 年）晋称清宁宫中宫皇后。顺治帝继位后，尊为皇太后。顺治六年（1649 年）五十一岁病逝。有她在世，不会允许自己的侄女布木布泰下嫁——既败坏皇家的体统，又玷辱娘家的尊严。

第十二，关于笔记无载。当时在京的大小官员、来京科考举子、文人墨客、失意书生不少，至今没有见到一篇他们对于“太后下嫁”的记载。如果说当时怕触犯文网，那么私家笔记、文集、手稿、秘录等，民国以来，稿本抄本、公私刊本，已大量出现，却不见记载。

从以上十二条来看，孝庄太后下嫁多尔衮，既无文献根据，也无档案依据。从目前清史研究的现状看，既没有过硬的材料证明太后下嫁了，也不能完全消除关于太后下嫁的疑问。所以，三百年来，直到今天，太后下嫁一直是清宫中的一桩历史疑案。

最后，我们探讨孝庄太后下嫁疑案的意义：第一，不要单纯地用世俗的眼光看待孝庄太后与多尔衮的关系；第二，弄清事实真相，廓清戏说历史的迷雾；第三，孝庄皇太后和睿王多尔衮在皇帝年幼、江山不稳、国难维艰的局势下，以大局为重，和衷共济，结成合力，共渡难关，取得胜利，给后人留下了宝贵的历史经验；第四，我认为，孝庄皇太后布木布泰同摄政睿亲王多尔衮可能有情愫，但“太后下嫁”之事确实无。

第十四讲
顺治皇帝出家

清世祖章皇帝爱新觉罗·福临，是清朝入关后的第一位皇帝，也是清朝历史上第一位冲龄继位的少年天子。他的生命只有短短的二十三年，却给后人留下了不少疑惑。其中，最为人们所关注的是：顺治帝是患天花死的，还是出家了？传说顺治帝升遐之前数月，适为端敬皇后董鄂氏之丧，世祖哀悼过度，由哀悼而厌世，脱离尘世，遁入空门，弃天下如敝履，西入五台为僧，成万古钟情天子的佳话。

这是一件重要的清宫疑案。我从福兮祸兮、因苦结佛、患痘而逝三个方面，进行分析，加以解说。

一、福兮祸兮

顺治帝六岁登极，是清代历史上第一位少年天子。从此，在清代史、满洲史上开了一个幼童继承皇位的先例。其后，有八岁的康熙、六岁的同治、四岁的光绪和三岁的宣统继承皇位。在清入关后十位皇帝中幼帝竟占了五位，其影响可谓至深至远！幼童继位，必有摄政。《清史稿·诸王传》曰：“以摄政始，以摄政终。”特别是清朝最后的半个世纪，由一位太后连续控制三位儿童皇帝——同治帝、光绪帝、宣统帝，来统治西方列强觊觎下的中国，成为一段悲痛的历史。

顺治这个年号：顺，意顺利；治，意治理。就是“顺利治国，华夏一统”的意思。少年福临的命运，真和他的名字一样：“福”从天上降“临”。为什么这样说呢？

第一，父死子继，皇位从天而降。 崇德八年（1643 年）清太宗皇太极突然逝世，引出了激烈的皇位之争。在各种力量斗争中，年仅六岁的皇九子福临居然继承皇位。

顺治帝朝服像

第二，迁鼎燕京，机会从天而降。 清顺治元年即明崇祯十七年（1644 年），李自成军攻陷燕京。崇祯帝朱由检在煤山（今景山）自缢而死，大明皇朝灭亡。清摄政睿亲王多尔衮在吴三桂引领下进入山海关，获得山海关大捷。五月初二日，多尔衮率领清军进入北京城，在武英殿御政，实现了清太宗皇太极的遗愿："若得北京，当即徙都，以图进取。"年方七岁的顺治帝，自然采纳多尔衮迁都北京的意见。同年十月初一日，顺治帝在皇极门（今太和门）举行大典，颁诏天下，定鼎燕京。祖、父二十八年奋争未能实现的迁都燕京的愿望，七岁的福临却实现了。他在多尔衮的辅佐下，"入关定鼎，奄宅区夏"。所以，福临身后得到的庙号是"世祖"，而他的父亲皇太极的庙号仅是"太宗"。

第三，亲掌朝纲，权柄从天而降。 顺治七年（1650 年）摄政睿亲王多尔衮突然逝世，年仅三十九岁，使顺治皇帝很快便得以亲政。试想，如果多尔衮活到康熙帝的年龄，还有三十年的时间。那么，顺治帝的政治生涯会是一种什么样的局面，实在难以预料。

福临六岁时戏剧性地登上了政治舞台，并在这个舞台上活动了十八年。在这十八年中，他做了七年傀儡，其间主要是摄政王多尔衮在发号施令；后十一年才逐步实现乾纲独断，当上主角。顺治朝的十八年：剃发、易服、圈地、占房、投充、逋逃，是其"六大弊政"；而"六大功绩"是：定鼎北京，保护故宫；攻占南京，统一中原；废除三饷，兴利除弊；亲善蒙古，治理西藏；惩治贪官，整顿吏治；崇文兴教，倾心汉化。历史学家对顺治朝历史的评价，可谓是亦褒亦贬、毁誉参半。

福临生在帝王之家，祖父是清太祖努尔哈赤，父亲是清太宗皇太极，儿子是后来的康熙大帝。可以说，他的人生虽然短暂，但享受到的人世间的幸福和荣誉却非常丰厚。从这个意义上说，他的确是有福之人。但是，顺治帝有喜也有悲。为什么说他有悲呢？

■ 顺治帝绘《墨竹图》

第一，未受系统全面的儒家教育。 这里有一段故事。顺治帝曾经把读过的一些书拿给高僧木陈忞看，说："朕极不幸，五岁时先太宗早已晏驾，皇太后生朕一身，又极娇养，无人教训，坐此失学。年至十四，九王薨，方始亲政，阅诸臣章奏，茫然不解。由是发愤读书，每晨牌至午，理军国大事外，即读至晚，然顽心尚在，多不能记。逮五更起读，天宇空明，始能背诵。计前后诸书，读了九年，曾经呕血。从老和尚来后，始不苦读，今唯广览而已。"（木陈忞《北游集》）经过苦学，顺治帝完全不同于他的父亲皇太极和祖父努尔哈赤，而熟读经史子集，通略儒释真谛，而且诗、书、画、文都好。顺治帝的指画颇具造诣，台北故宫博物院珍藏顺治帝的画，笔墨清简，神韵溢彩。

第二，少年即位承受巨大的压力。 少年福临承受了太多的责任、期望和压力。他很少享受到普通人家孩子的快乐和轻松。重压之下，必有反弹。这一点，从他对叔父摄政王多尔衮的报复可以看出。多尔衮是顺治帝的亲人，因为他是顺治帝的皇叔父；多尔衮是顺治帝的恩人，因为他帮助顺治帝登上皇位、稳定政局，并迁都北京、统一中原。顺治帝能当上皇帝，多尔衮起了重大的作用。顺治七年（1650 年）十二月，多尔衮死在塞外喀喇城。第二年正月，顺治帝亲政。二月，追论多尔衮十大罪状，籍其家产、削其封典、撤其庙享、诛其党羽。传教士卫匡国《鞑靼战纪》载述：多尔衮死后被毁挖坟墓，掘出尸体，用棍子打，以鞭子抽，砍掉脑袋，暴尸示众。这显示出顺治帝对多尔衮的切齿之恨。

第三，同母后的关系不太协调。福临甚至可能同太后有冲突：一是，母后管儿读书过严，顺治帝幼年贪玩，这是家庭中的常理。二是，母后将自己的侄女许给顺治帝做皇后，小皇后出身蒙古科尔沁贵族，从小娇生惯养，姑母是皇太后、姑奶奶也是皇太后，小两口经常发生口角。顺治帝废掉了皇后，又立一位科尔沁贝勒的女儿，顺治帝还是不喜欢。三是，顺治帝宠爱董鄂妃，遭到母后反对。四是，顺治帝要出家当和尚，更是受到母后斥责。五是，母后同多尔衮的关系问题，传言很多，让他难堪。六是，乳母李氏病死，令他伤心难过，曾写下动情文字，全文引录如下：

乳母李氏，当朕诞毓之年，入宫抚哺，尽心奉侍，进食必饥饱适宜，尚衣必寒温应候，啼笑之间，曲意调和，期于中节，言动之际，相机善导，务合规程。诸凡襁褓殷勤，无不周详恳挚。睿王摄政时，皇太后与朕分宫而居，每经累月，方得一见，以致皇太后萦怀弥切。乳母竭尽心力，多方保护诱掖，皇太后惓念慈衷，赖以宽慰。即读书明理者，未必过是。此其贤德，今昔罕闻。乃一旦溘然长逝，深堪悯悼。（《清世祖实录》卷一四三）

皇帝也是人，皇帝也有苦。福临身边最亲近的人：母后与其关系不洽、叔父专权跋扈、皇后两度废立，后来还有兄弟矛盾、爱子夭亡、爱妃早逝、乳保去世，等等，实在是烦恼、痛苦的事情。顺治帝亲政以后，国事烦扰，更使他心力交瘁。虽然他名叫福临，但是他也有苦恼。怎样解脱？于是，他找到了一处佛界的清净之地。

二、因苦结佛

大体说来，顺治帝亲政后，前七年因耶稣会士汤若望而受基督教影响较大，后四年因亲近和尚而受佛教影响较大。我着重说一下顺治帝同佛教的关系。

顺治帝之所以笃信佛教，有他生活环境的影响。早在他的祖父努尔哈赤时，佛教已经传到赫图阿拉。努尔哈赤常手持念珠，尊崇佛教，并在赫图阿拉建立佛寺。到皇太极时，处理同蒙古的关系，崇奉喇嘛教，“重教”成为一项重要的国策，所以在盛京（沈阳）兴建实胜寺，崇奉玛哈噶喇佛，藏传佛教在后金已产生很大影响。顺治帝的母后孝庄皇太后是蒙古人，自幼受到佛教的熏陶，又年轻寡居，以信佛排解内心的孤独、困惑、悲凉与苦闷。当时后宫里蒙古后妃很多，所以慈宁宫里普遍信奉佛教。这些，对年幼的顺治帝有深刻的影响。

■ 盛京实胜寺

然而，真正促使顺治帝与佛门结下很深佛缘的，是他的董鄂妃。那么，这位董鄂妃到底是何许人也？

《清史稿·后妃传》记载顺治帝有四后、十四妃，共十八人。《星源吉庆》记载顺治帝有三后、十六妃，共十九人。顺治帝的后妃中，同他父亲皇太极一样，也有姐妹共侍一夫的，如孝惠章皇后和淑惠妃就是两姐妹。并有汉女恪妃石氏（冠服用汉式）和庶妃陈氏、唐氏、杨氏等。传说孝庄太后命在神武门上挂“有以缠足女子入宫者斩”旨，显然在顺治后宫就有汉人女子。

顺治帝先后册立或追封四位皇后。

第一位是废皇后博尔济吉特氏，是他母亲的侄女，算是舅表亲，聪明而美丽，由摄政睿亲王多尔衮做主订婚、聘娶。顺治八年（1651 年）八月，册立为皇后。事过两年，二人性格不合，时常发生口角。一天，顺治帝让大学士冯铨查阅并奏报前朝废皇后的历史故事，冯铨等疏谏，顺治帝严词拒绝。顺治帝大怒道："皇后无能，所以当废！"后礼部尚书胡世安等十八人分别具疏力争。一个叫孔允樾的礼部员外郎奏称："皇后正位三年，未闻失德，特以'无能'二字定废嫡之案，何以服皇后之心？何以服天下后世之心？君后犹父母，父欲出母，即心知母过，犹涕泣以谏，况不知母过何事，安忍缄口而不为母请命？"这件事被下发诸王大臣会议。会议结论是：皇后仍居中宫。顺治帝命再议。顺治帝坚持己见，奏报皇太后，并得到懿准，废掉皇后，降为静妃，改居侧宫。直到顺治帝病重，废后请求见顺治帝一面，也被拒绝了。

第二位是孝惠章皇后，蒙古科尔沁部博尔济吉特氏，顺治十一年（1654年）五月，年十四，聘为妃。六月，册为皇后。她不久即受到顺治帝的斥责。皇后能委曲圆通，又有太后呵护，得以未被废掉，至康熙五十六年死，寿龄七十七。

第三位是孝康章皇后（追封），姓佟佳氏，都统佟图赖之女，是康熙帝的生母。顺治十一年（1654年）生玄烨，年十五岁。康熙二年（1663年）病死，二十四岁，时康熙帝十岁。

第四位是孝献皇后（追封），董鄂氏，就是顺治帝最宠爱的董鄂妃。《清史稿·后妃传》记载："孝献皇后栋鄂氏，内大臣鄂硕女，年十八入侍。上眷之特厚，宠冠后宫。"顺治帝对董鄂妃可谓是一见钟情，至死不渝。

这位董鄂妃的身世，也是清宫的一桩疑案。她的身世有三说：有人说董鄂妃就是江南名妓董小宛。《清史稿·后妃传》则说她姓栋鄂氏。而根据耶稣会士汤若望的回忆录和学者的考据，她曾经是福临同父异母弟襄亲王博穆博果尔的福晋，是福临夺其十一弟之爱。董鄂氏

孝惠章皇后像

因聪敏俊丽，明秀婉惠，诵经习书，善解人意，而博得顺治帝的宠爱。两人情意缠绵，火热爱恋。据载，其事被博穆博果尔发觉，董鄂氏遭到夫君的严斥。董鄂氏受了委屈，找顺治帝哭诉。顺治帝闻知后，狠狠地打了博穆博果尔一个耳光。博穆博果尔心情痛苦、愤怒，但事情发生于当今皇兄身上，是没有地方讲理的。于是，博穆博果尔只有两条路可以选择：一是忍，二是死——博穆博果尔于顺治十三年（1656 年）七月初三日，或是忧愤致死，或是自杀而死。博穆博果尔死后，顺治帝在其二十七日服满后，将董鄂氏娶进承乾宫。此说，清史学者持是与否两种看法。

有几件事可以说明少年天子对董鄂妃的宠爱逾常。

一是晋升之速、典礼之隆。董鄂氏在顺治十三年（1656 年）八月二十五日被册为“贤妃”，仅过了三十三天，即九月二十八日就被晋为“皇贵妃”，这样的升迁速度在历史上十分罕见。顺治帝还为董鄂妃举行了十分隆重的册妃典礼，并颁恩诏大赦天下。在有清一代近三百年的历史上，因为册立皇贵妃而大赦天下的，仅此一例。

二是尽改恶习、专宠一人。据当时的传教士汤若望记述，少年福临“和一切满洲人一个样，而肉感肉欲的性癖尤其特别发达”，结婚之后，“人们仍听得到他在道德方面的过失”。（魏特《汤若望传》）可见，福临确实沾染了满洲贵族子弟那种好色纵淫之习。但顺治帝自从遇到董鄂妃后，少年天子变得专一起来。两人情投意合，心心相印。可谓“长信宫中，三千第一”“昭阳殿里，八百无双”，真是六宫无色，专宠一身，董鄂妃受到专宠。

三是荣宠董鄂妃生下的皇四子。顺治十四年（1657 年）十月初七日，董鄂氏生下一位皇子。顺治帝福临高兴至极，甚至有让这个儿子继承皇位的想法。但事有不巧，小皇子出生三个月，未命名，便夭折。这件事对董鄂妃的打击实在太大了。自从她嫁给皇上，虽然受到宠爱，但是也招致其他后妃的嫉妒和不满，特别是孝庄太后的不满。她最大的期望就是生一位皇子，将来母以子贵，作为晚年的依靠，没想到儿子还没有来得及起名字就死了。顺治帝也非常悲伤，为了安慰董鄂妃，追封这位早夭的儿子为和硕荣亲王，并在蓟州黄花山下修建“荣亲王园寝”。墓碑刻：和硕荣亲王，朕第一子也。本来是皇四子，却被称为第一子，说明这位皇子及其生母董鄂妃在顺治帝心目中的特殊地位。

四是身后隆遇谥典。董鄂妃死后，追谥为皇后。亲王以下，满汉四品官员以上，并公主、王妃以下命妇等，都到皇宫景运门内外齐集哭临，皇帝辍朝五日，谕旨不用朱批而用蓝批，将“三十名太监与宫女悉行赐死”在阴间服侍爱妃，撰写悼念数千言行状等。这对于一位亡妃来说，可谓是空前绝后的。

几乎就在同时，顺治帝在太监的精心安排下，同憨璞性聪和尚见面了。憨璞性聪，福建延平人，十八岁为僧，顺治十三年（1656 年）五月住京师海会寺。十四年（1657 年）初，顺治帝驾幸南海子，途经海会寺，召见憨璞性聪，两人相谈甚欢。十月初四日，又召憨璞性聪进入大内，后在西苑万善殿与他对话。

西苑万善殿旧影

顺治帝问：“从古治天下，皆以祖祖相传，日对万机，不得闲暇，如今好学佛法，从谁而学？”憨璞性聪答：“皇上即是金轮王转世，夙植大善根、大智慧，天然种性，故信佛法，不化而自善，不学而自明，所以天下至尊也！”憨璞性聪的巧言阿谀，让顺治帝觉得很欢心。憨璞性聪还巴结顺治帝身边的太监，他有赠太监的诗十首，对太监歌颂备至。比如，《赠弗二曹居士》云：

玉柱擎天宰老臣，朝纲德政施仁民；
珠玑满腹饱儒业，心意朗明通教乘。
昔日灵峰亲嘱咐，今时法社赖维屏；
毗耶不二默然旨，犹胜文殊多口生。

（《憨璞性聪语录》，转引自《陈垣史学论著选》）

憨璞性聪会逢迎皇上，又广交太监，所以受到顺治帝的信赖。顺治帝多次召他入宫里，向他请教佛法，并赐以“明觉禅师”封号，憨璞性聪是一位政治和尚。在憨璞性聪的影响下，顺治帝对佛教的信仰，愈信愈虔，愈修愈诚。

影响顺治帝最深的是，憨璞性聪推荐了南方来的三位高僧——玉林琇、木陈忞、茆（áng 或 yǎng）溪森。

玉林琇（1614—1675），江苏江阴人，俗姓杨，出身于名门巨族。他受父亲影响从小就虔诚奉佛，十八岁入常州磐山寺，二十三岁任浙江湖州报恩寺住持，道风严峻，声名远扬，与憨璞之师祖费隐通容是同辈。经憨璞性聪推荐，顺治十五年（1658 年）九月，遣使宣诏玉林琇入京说法。玉林琇先是辞谢不应，以示遗民风骨。经顺治帝三次邀请，直至十六年（1659 年）正月才姗姗启程，二月十五日入京见帝。玉林琇施展其奇特之才，阐释高深禅理，机敏巧妙奏对，甚蒙顺治帝推崇。顺治帝屡至玉林琇馆舍请教佛道，以禅门师长相待，并请他给自己起法名，说："要用丑些字样。"玉林琇拟十余字进览，"世祖自择'痴'字"，取法名'行痴'、法号'痴道人'"。

对玉林琇的弟子，"俱以法兄师兄为称"。玉林琇称赞顺治帝是"佛心天子"。顺治帝初赐玉林琇以"大觉禅师"称号，不久晋"大觉普济禅师"，后加封为"大觉普济能仁国师"。玉林琇于顺治十六年（1659 年）四月十六日出京，十七年（1660 年）十月十五日再次到京，这正是董鄂妃仙逝、顺治帝万念俱灰的时候。第二年二月十五日，玉林琇南还。顺治帝总有剃度出家的念头。据说玉林琇为人"阴骘"，平常寡言多思，但野心极大，"阳为忘荣谢宠，而实阴行其沽名钓誉之术"。他晚年因弟子仗其势强占地产与邻近民人争讼，他的寺庙被焚毁，后自己则"终日危坐"而死。他著有《大觉普济玉林国师语录》等。

■ 顺治帝手书"敬佛"碑（拓片）

木陈忞（1596—1674），广东茶阳人，出身于书香门第，幼年修行，明崇祯十五年（1642 年）住持宁波天童寺。他编过《新蒲绿》诗文集，不满清朝统治，后来投靠清廷。有人写诗讽刺他说："从今不哭新蒲绿，一任煤山花鸟愁。"木陈忞是比玉林琇伴帝更久、影响更大的名僧，也是一位政治和尚。顺治十六年（1659年）九月应召入京，第二年五月南还。木陈忞在京八个月，受到顺治帝尊崇，下榻于西苑万善殿，被赐封“弘觉禅师”尊号。顺治帝尊称他为“老和尚”，以师礼事之，自视为弟子。一次顺治帝对木陈忞说：“朕想前身一定是僧人，所以一到佛寺，见僧家窗明几净，就不愿意再回到宫里。要不是怕皇太后挂念，那我就要出家了！”两人除了参禅问佛以外，还道古论今，臧否人物，评议时政，话题广泛，见解相同，话语投机。木陈忞称赞顺治帝“夙世为八股时文、诗词书法，以及小说《西厢记》《红拂记》等”，是和尚转世来的。顺治帝对木陈忞的书法非常赞赏，誉其楷书是“字画圆劲，笔笔中锋，不落书家时套”，赞他是“僧中右军”。顺治帝对他讲过一些心里话，如想出家、终宵失眠、身体瘦弱等。雍正皇帝对木陈忞记事文字中有不少漏泄顺治宫廷秘事，颇为深恶。木陈忞后来受到打压，僧门衰落。他有《百城集》《北游集》等传世。

茚溪森（1603—1667），广东博罗人，父黎绍爵曾任明朝刑部侍郎。茚溪森出家为僧后，作为玉林琇的大弟子，有一年半的时间在京说法，伴帝最久。茚溪森与顺治帝相处时间最长，奏对默契，甚得帝宠，顺治帝曾多次欲封他为禅师，茚溪森因师父玉林琇已获此号，师徒不便同受封号，竭力奏辞。顺治帝亲笔大书“敕赐圆照禅寺”的匾额，以示荣宠，命杭州织造恭悬于昔日茚溪森住持之浙江仁和县龙溪庵。

这些和尚宣扬的佛法理念，可能在一定程度上缓解了顺治帝丧子、丧妃、丧乳保的哀痛，也缓解了他治国的压力。

董鄂妃本来就体弱多病，丧子的沉重打击使得她一病不起。顺治十七年（1660年）八月十九日，二十二岁的董鄂妃在承乾宫病死。顺治帝得知噩耗，悲不欲生，“寻死觅活，不顾一切，人们不得不昼夜看守着他，使他不得自杀”。顺治帝辍朝五日，追谥董鄂妃为端敬皇后。在景山建水陆道场，大办丧事。全国服丧，官员一月，百姓三日。当时茚溪森正在北京，所以一切火化事宜全由他办理。茚溪森在景山寿皇殿前主持董鄂氏火化仪式。

顺治帝亲自为董鄂氏收取灵骨（骨灰）。顺治帝请学士撰拟祭文，“再呈稿，再不允”。后由张宸具稿，“皇上阅之，亦为堕泪”。以顺治帝名义亲制的《御制行状》数千言，极尽才情，极致哀悼，历数董鄂氏的嘉言懿行，贤品惠德。

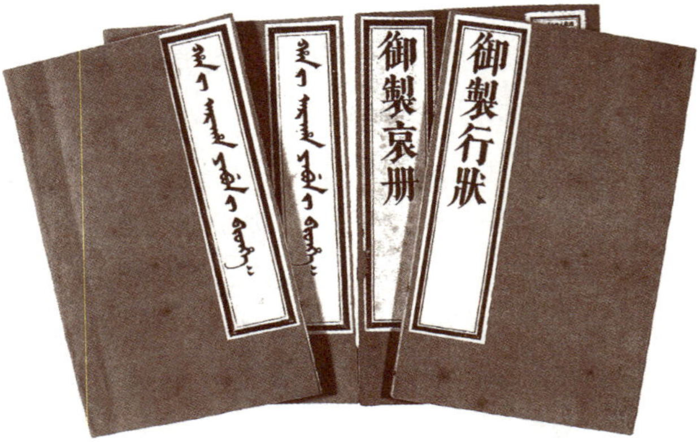

顺治帝哀悼董鄂妃的《御制哀册》《御制行状》

顺治帝真正下决心遁入空门，是在爱妃董鄂氏死后，他万念俱灰。有记载统计，在该年九月到十月两个月中，顺治帝曾先后访问茚溪森的馆舍三十八次，相访论禅，彻夜交谈，完全沉迷于佛的世界。顺治最后命令茚溪森为他剃度，决心“披缁山林，孑身修道”，要放弃皇位，身披袈裟，一身修道。茚溪森开始劝阻，他不听，最后就剃成和尚头了。这一下皇太后着急了，火速叫人把茚溪森的师傅玉林琇召回京城。

八里庄慈寿寺塔

玉林琇到北京后大怒，令徒弟们取来柴薪，架起柴堆，要烧死弟子茚溪森。顺治帝无奈，只好让步，经皇太后与玉林琇的阻止才再蓄发。茚溪森得免一死。后来茚溪森临终时作偈语说：“大清国里度天子，金銮殿上说禅道！”就是说他同顺治帝的特殊关系。茚溪森死后，弟子为他编辑语录，书名《敕赐圆照茚溪森禅师语录》。

这件事过去不久，顺治帝又听从玉林琇的建议，命选僧一千五百人，在北京阜成门外八里庄慈寿寺，从玉林琇受菩萨戒，并加封他为“大觉普济能仁国师”。

有一次顺治帝和玉林琇在西苑万善殿见面时，因为一个是光头皇帝（新发尚未长出），另一个是光头和尚，所以相视而笑。顺治帝问玉林琇：“朕思上古，惟释迦如来舍王宫而成正觉，达摩亦舍国位而为禅祖，朕欲效之如何？”就是说，释迦牟尼，舍去王子的豪华生活，二十九岁出家，六年苦行，未得真谛，在菩提树下“成道”，成为佛教的始祖；达摩（菩提达摩），南天竺人，舍弃王位，面壁九年，为禅宗始祖。这说明顺治帝想放弃帝位，出家做和尚。玉林琇回答：“若以世法论，皇上宜永居正位，上以安圣母之心，下以乐万民之业；若以出世法论，皇上宜永作国王帝主，外以护持诸佛正法之轮，内住一切大权菩萨智所住处。”对顺治帝出家的念头加以劝阻。但是，顺治帝同玉林琇这次谈话两个月后，皇家办丧事，噩耗传天下。

三、患痘而崩

顺治十八年（1661年）正月初七日，顺治帝驾崩，年仅二十四岁。实际寿命只有二十二岁零十一个月。正当青春年华的顺治皇帝居然这么早就去世了，所以他的死因引起人们的种种猜测。正史记载，顺治帝是患痘而死，就是患天花而死的。这有什么根据呢？

第一，《清世祖实录》的记载。顺治十八年（1661年）正月初一日，顺治帝没有视朝，初二日“上不豫”，初四日“上大渐”，初七日“上崩于养心殿”。

第二，当事人的记载。曾为顺治帝撰拟董鄂妃祭文的内阁官员张宸记载：“传谕民间勿炒豆，勿燃灯，勿泼水，始知上疾为出痘……十四日，焚大行御所冠袍、器用、珍玩于宫门外。时百官哭临未散，遥闻宫中哭声沸天而出，仰见皇太后黑素袍，御乾清门台基上，南面，扶石栏立，哭极哀。诸宫娥数辈俱白帕首、白衣从哭，百官亦跪哭。”（张宸《青琱集·杂记》）

第三，两位高僧的记载。《玉林国师年谱》记载：“顺治十八年正月初三，中使马公二次奉旨至万善殿云：‘圣躬少安。’师集众展礼御赐金字《楞严经》，绕持大士名一千，为上保安。初四，李近侍言：‘圣躬不安之甚。’初七亥刻，驾崩。初八日，皇太后慈旨，请师率众即刻入宫，大行皇帝前说法……二月初二，奉旨到景山，为世祖安位。”玉林琇和尚亲临顺治帝的大殡。

《敕赐圆照茚溪森禅师语录》记载：辛丑（顺治十八年）二月初三日，钦差内总督满洲大人通议銮仪正堂董定邦奉世祖遗诏到圆照（指杭州圆照寺），召师进京举火，即日设世祖升遐位……四月十六日，茚溪森奉旨至京，表贺康熙皇帝。过了几天，“诣世祖金棺前秉炬”火化。同书卷二又记：火化时，茚溪森在景山寿皇殿“秉炬，曰：‘释迦涅槃，人天齐悟，先帝火化，更进一步。’顾左右曰：‘大众会么，寿皇殿前，官马大路，遂进炬。’”顺治帝临终前说：“祖制火浴，朕今留心禅理，须得秉炬法语”云云。按照他的遗愿，顺治帝死后被火化，由茚溪森和尚主持。茚溪森和尚在景山寿皇殿，为顺治帝遗体亲自秉炬火化。

第四，《王熙自定年谱》。顺治帝病危时，翰林院掌院学士王熙起草遗诏。《王熙自定年谱》记载：顺治十八年（1661 年）正月初二日，顺治帝前往悯忠寺（今法源寺）观看代他出家的替身吴良辅祝发为僧，回来后“圣躬少安”，就是顺治帝突然病倒，病情严重。第二天，顺治帝召王熙到养心殿，赐坐，赐茶。第三天，召王熙入养心殿说：“圣躬不安之甚。”初六日子夜，又召王熙到养心殿说：“朕患痘，势将不起。尔可详听朕言，速撰诏书。”王熙在榻前书写，然后退到乾清门下西围屏内，根据顺治帝的意思撰写遗诏，写完一条，立即呈送。一天一夜，三次进览，三蒙钦定。日入时始完。至夜，圣驾宾天，泣血哀

养心殿旧影

恸。遗诏到初七日傍晚撰写、修改完毕。当夜，顺治帝就去世了。

第五，西洋人的记载。《汤若望传》记载："顺治对于痘症有一种极大的恐惧，因为这在成人差不多也总是要伤命的。在宫中特为奉祀痘神娘娘，是另设有庙坛的。或许是因他对于这种病症的恐惧，而竟使他真正传染上了这种病症。在这个消息传出宫外之后，汤若望立即亲赴宫中，流着眼泪，请求容许他觐见万岁……顺治病倒三日之后，于一六六一年二月五日到六日之夜间崩驾，享寿还未满二十三岁。"（魏特《汤若望传》）

第六，还有一条旁证。在考虑继位者时，顺治帝初始考虑由皇弟做继承人；孝庄太后主张立皇三子玄烨为继承人；在征询汤若望意见时，汤若望站在皇太后一边，劝促立已经出过天花，而不再受这种病伤害的玄烨。（魏特《汤若望传》）最后顺治帝也赞同太后的意见，决定由皇三子玄烨来继承皇位，这就是后来的康熙皇帝。由此可见，顺治帝因患天花而英年早逝，深深震动了他的母后以及朝廷内外。

但是，因为顺治帝去世前频繁接触僧人寺院，多次表示想出家的愿望，所以人们猜测最多的，就是他没有死，而是出家了。顺治皇帝出家之说，有人举出三个证据：

第一，文字之证——吴伟业《清凉山赞佛诗》。诗云："房星竟未动，天降白玉棺。惜哉善财洞，未得夸迎銮"，有人说是指顺治皇帝没有归天，而"尝闻穆天子，六飞骋万里"，就是指顺治帝"西行"到西天出家了。吴伟业，号梅村，江苏太仓人，曾于顺治十年（1653 年）应诏北上，后任秘书院侍讲，后升国子监祭酒。但在顺治帝继位以后，以奉母丧为由乞假南归。当时与后世有不少人认为，吴以见闻入诗，应该可以相信。但实际上顺治帝去世时，吴早已南归，与史实不合。

第二，事实之证——康熙五幸五台山为看望父亲。康熙帝一生先后三次东巡，六次南巡，三次西征，六次西巡，二十次去避暑山庄，四十八次去木兰围场。他在六次西巡中，五次"幸五台山"。最早的一次是在康熙二十二年（1683 年），离顺治帝死已经过去二十二年。如果康熙是去看他父亲，应当早去，何必等二十二年之后才去呢！太皇太后虽幸五台山，却并没有登上菩萨顶。

第一次，康熙二十二年（1683 年）二月甲申（十二日）"上幸五台山菩萨顶”，后登南台、东台、北台、中台、西台。丙申（二十四日）下五台山。

第二次，康熙二十二年（1683 年）九月己卯（十一日）“上奉太皇太后幸五台山”起行。十九日，康熙帝登上菩萨顶，太皇太后没有登上菩萨顶。

第三次，康熙三十七年（1698 年）正月癸卯（二十七日）“上巡幸五台山”起行，二月癸丑（初九日）“上驻菩萨顶”。

第四次，康熙四十一年（1702 年）正月庚戌（二十八日）“上幸五台山”起行，二月辛酉（初九日）康熙帝驻跸菩萨顶。

第五次，康熙四十九年（1710 年）二月丁酉（初二日）“上巡幸五台山”起行，戊申（十三日）康熙帝驻跸五台县射虎川地方，未登菩萨顶。（《清圣祖实录》卷二四一）

以上史料说明：康熙帝在他父亲死了二十二年之后才到五台山，六次西巡中有一次未到五台山、一次到五台山但未登菩萨顶；太皇太后只去五台山一次且未上菩萨顶。这些从侧面说明：康熙帝暨太皇太后去五台山显然不是为了看望出家在五台山的顺治皇帝。

第三，文物之证——光绪二十六年（1900 年），两宫西狩，道经晋北，供御器具，地方无从措备，借自五台佛寺，宛然内廷器物，更相信寺中必为帝王所居。所谓宫廷用具，康熙帝先后五次到五台山，可能会留下一些器物，这同顺治帝出家没有必然的联系。

综上，官方记载与私人记述，中国人与外国人，朝廷官员与出家和尚，都一致说顺治帝死于天花。所以，我认为：顺治帝不是出家了，而是病死了。

第十五讲

康熙立废太子

清康熙帝玄烨，八岁登极，在位六十一年，享年六十九岁。庙号圣祖，谥号仁皇帝。康熙皇帝是中国历史上自秦始皇以来，在位时间最长的皇帝。康熙大帝革除旧制，施行新政，勤于国事，好学不倦，统一台湾，御敌入侵，绥服外蒙，安定西藏，山河一统，治河重农，提倡文教，奠下了清朝兴盛的根基。康熙帝“虽曰守成，实同开创焉”，开创出“康乾之治”的大局面。康熙帝二十二岁就立了皇太子，五十七岁废皇太子，六十岁又立皇太子，六十二岁再废皇太子，直到他去世前，也没有明确宣布接班人。太子立了废，废了立，立了再废，两立两废，从而成为他晚年最为纠结的一个政治难题。

一、立储难题

康熙帝在位时间长，儿子多，重视皇子教育，同时儿子间的争斗也格外激烈。

皇子命名。在这里交代一下康熙帝皇子们的名字。康熙帝有三十五个儿子，其中排序的有二十四位。前九个皇子起名，主要是采纳了孝庄太皇太后的意见，老大叫承瑞、老二叫承祜、老三叫承庆、老四叫赛音察浑、老五叫保清、老六叫长华、老七叫保成、老八叫长生、老九叫万黼。这种现象反映了清初满汉文化的交融。

康熙二十年（1681 年）以后，康熙帝按“胤”字排行，为皇子命名。如老五保清排序皇长子，改名胤禔（zhī）；老七保成为皇太子，改名胤礽（réng）；

■ 康熙帝朝服像

老八排序皇四子，改名胤禛（zhēn）。

到雍正帝胤禛即位后，为避名讳，除自己保留“胤”字外，其他皇兄弟都避讳“胤”字而改为“允”字排行。而皇十四弟胤祯名字的两个字都改了，名为允禵（tí）。

这样，康熙帝的皇子们有的先后有两个名字，有的则有三个名字。

康熙帝三十五个儿子中，排序的只有二十四位，除去夭折三人、出继一人，还有二十人；康熙帝临终前未满十六岁的有六人，可以考虑皇位继承的只有十四人。在这些皇子中怎样立储呢？下面分别叙述。

立储原因。康熙帝为什么要在二十二岁时，就立两岁的胤礽为皇太子呢？主要原因有五：

第一，满洲历史传统。康熙帝的曾祖父努尔哈赤、祖父皇太极临死之前都没有公开确定并宣布皇位的继承人，死后由八旗贵族公推新君。努尔哈赤曾经先后试图立褚英、代善为皇太子，均遭失败。皇太极生前没有立储，身后的皇位继承，是由实力较强的七位亲王、郡王议立的。这两次皇位继承，都几乎兵戎相见，几使皇室濒于分裂。而康熙帝继位，则是由顺治帝指定的，在孝庄太后和八大臣的辅佐下，避免了一场宫廷危机。所以，按照满洲历史传统，并没有立太子的成功例子。

第二，皇权旗权矛盾。皇权是指皇帝的权力，旗权是指八旗贵族的权力。二者有统一，也有矛盾。天命末、崇德末的皇位继承，旗权占主导地位。顺治朝由诸王议立新君的制度开始发生变化。顺治皇帝在临死前，不遵祖制，想以兄弟为继承人。但顺治帝的愿望没有实现，继而由他本人与孝庄太后等商量，决定由皇三子玄烨来继承皇位。四大臣索尼（正黄旗）、苏克萨哈（正白旗）、遏必隆（镶黄旗）、鳌拜（镶黄旗）辅政，皇权与旗权取得了折中。康熙帝立皇太子，想强化皇权，削弱旗权。

第三，汉族皇位继承。康熙帝学习并接受汉族儒家经典，研究中国历朝统治经验，深悉预立储君有利于皇权的连续性与稳固性，是巩固清朝统治的头等政治大事。他吸取历代皇位继承的经验，特别是明朝的嫡长制即由正妻长子继承皇位的历史传统。

第四，平定叛乱所需。当时发生“三藩之乱”，吴三桂伪托“朱三太子”蛊惑人心，虚作号召，煽动叛乱，使康熙帝看到“太子”威力之大。他命杀掉吴三桂唯一的儿子、在北京做人质的额驸吴应熊，这对吴三桂来说，丧其志，绝其望；同时，自己也立皇太子，以为身后做准备，并有壮大声势、稳定人心、加强皇权、巩固统治的作用。

第五，特殊原因。皇太子胤礽的生母是皇后赫舍里氏。她出身显赫，爷爷索尼是辅政大臣、一等公，父亲噶布喇是康熙朝的领侍卫内大臣，叔叔索额图官至大学士。赫舍里氏十二岁嫁给玄烨，两人恩爱，但不幸在生育胤礽时难产而死，年仅二十一岁。康熙帝特别怀念这位早逝的皇后。

康熙孝诚仁皇后赫舍里氏像

举个例子：康熙十三年（1674 年）五月初五日，赫舍里氏去世后的第三天，梓宫迁于紫禁城西，直到二十七日，康熙帝几乎每天都去举哀。后来他亲自将梓宫送往昌平巩华城，从六月到十二月，他去巩华城三十四次；第二年又去了二十四次；第三年去了十五次。有学者统计，从康熙十三年到十六年，他一共去了八十次。这四年里，每逢腊月二十九日，他都去巩华城陪伴亡灵。母因子死，子以母贵。康熙帝对皇后赫舍里氏生的这位嫡长子格外关爱，第一次打破清朝原有的皇位继承制度，而预立储君。

二十二岁的康熙帝预立太子，说明他决定改变曾祖父、祖父、父亲三代的皇位继承制度，实行皇位嫡长继承制。

二、两立两废

第一，首立太子。康熙十四年（1675 年）十二月十三日，只有二十二岁的康熙帝亲临太和殿，参照汉族的“嫡长制”，册立刚满周岁的嫡长子胤礽为皇太子。康熙帝说：“帝王绍基垂统，长治久安，必建立元储，懋隆国本，以绵宗社之祥，慰臣民之望。”（《清圣祖实录》卷五六）于是告祭天地太庙，举行隆重盛典，并设立詹事府满、汉詹事。詹事府是一个中央机关，主官为詹事，满、汉各一人，正三品（相当于副部级），主要为太子服务。康熙二十五年（1686 年）后，詹事汤斌等为皇太子老师、上书房（又作尚书房）师傅。

■ 上书房

太子教育　康熙帝特别关心对皇太子胤礽的培养和教育，倾注了很多心血。太子幼小时候，康熙帝就开始亲自为他授课，“上在宫中亲为东宫讲授‘四书’‘五经’，每日御门之前，必令将前一日所授书背诵、覆讲一过，务精熟贯通乃已。”（章乃炜《清宫述闻》）太子稍长，康熙帝向他传授治国之道，教导皇太子以祖宗为楷模，守成基业，学习用兵，又传授经史，借鉴历史经验，体察人心向背，并带他外出视察。

皇太子六岁拜师入学，先后有张英、李光地、熊赐履、汤斌等名儒任皇太子的老师。皇太子十三岁时，康熙帝仿照明朝教育东宫的做法，正式让皇太子出阁读书，多次在文华殿为满、汉大臣疏讲儒家经典。

皇太子天资聪颖，学业进步很快。史载：皇太子“通满、汉文字，娴骑射，从上行幸，赓咏斐然。”（《清史稿·允礽传》卷二二〇）而且身体健壮，眉清目秀，一表人才，康熙帝非常喜爱。

委以重任　康熙三十五年（1696 年）、三十六年（1697 年），康熙帝三次亲征噶尔丹，先后有十多个月不在京城，他命二十三岁的皇太子胤礽坐镇京师，处理朝政，“代行郊祀礼；各部院奏章，听太子处理；事重要，诸大臣议定，启皇太子。”(《清史稿·允礽传》卷二二〇)由于皇太子不负众望，克尽厥职，“举朝皆称皇太子之善”。(《清圣祖实录》卷二三五)康熙帝也很满意，他给皇太子的朱批说：“皇太子所问，甚周密而详尽，凡事皆欲明悉之意，正与朕心相同，朕不胜喜悦。且汝居京师，办理政务，如泰山之固，故朕在边外，心意舒畅，事无烦扰，多日优闲，冀此岂易得乎？朕之福泽，想由行善所致耶！朕在此凡所遇人，靡不告之。因汝之所以尽孝以事父，凡事皆诚恳惇切，朕亦愿尔年龄遐远，子孙亦若尔之如此尽孝，以敬事汝矣。因稔知尔诸事谨慎，故书此以寄。”(《宫中档康熙朝奏折》第八辑《满文谕折》)这时皇太子已经进入青年期，康熙帝开始在实践中锻炼皇太子，对皇太子充分信任，寄予莫大希望。

康熙三十七年(1698年)三月，康熙帝分别册封诸成年皇子为郡王、贝勒，其中：封皇长子胤禔为多罗直郡王，皇三子胤祉为多罗诚郡王，皇四子胤禛、皇五子胤祺、皇七子胤祐、皇八子胤禩俱为多罗贝勒。受封诸子参与国家政务，并分拨佐领，各有属下之人。分封皇子，相对削弱了皇太子的力量，对皇太子来说是又一考验。同时，诸年长皇子有权有势以后，加剧了诸皇子与皇太子的矛盾，他们共同的打击目标，就是皇太子及皇太子党。于是，皇帝与储君、诸皇子与皇太子之间的矛盾错综复杂、日益加剧。特别表现于索额图党。

■ 毓庆宫——胤礽的太子宫

索额图党 康熙帝立胤礽为皇太子后，朝中就出现了拥护皇太子与反对皇太子的两大暗藏政治势力。皇太子党首脑人物索额图，是康熙帝幼年时首席辅政大臣索尼之子、孝诚仁皇后的叔父、皇太子的舅姥爷、大学士、领侍卫内大臣，曾是康熙帝最信任的大臣之一。他对小时候没有母亲的侄外孙皇太子胤礽格外疼爱和关怀。康熙二十八年（1689年）索额图任中俄议定边界谈判清方首席代表，主张尼布楚、雅克萨两地当归清朝，签订《中俄尼布楚条约》。

索额图后来陷入了康熙帝与皇太子之间矛盾的旋涡。康熙四十二年（1703年）五月，康熙帝以索额图"议论国事，结党妄行"之罪，令宗人府将其拘禁，索额图不久死于幽所；又命逮捕其诸子，交索额图弟弟心裕、法保拘禁，并命："若别生事端，心裕、法保当族诛！"大臣麻尔图、额库礼、温代、邵甘、佟宝等，也以党附索额图之罪，并被禁锢，其"诸臣同祖子孙在部院者，皆夺官。江潢以家有索额图私书，下刑部论死"。（《清史稿·索额图传》卷二六九）

对索额图进行如此严惩的原因，直到五年以后废皇太子时，康熙帝才做了明确解释："从前索额图助伊潜谋大事，朕悉知其情，将索额图处死。"（《清圣祖实录》卷二三四）就是说索额图之罪在于结皇太子党，骄纵皇太子，图谋篡夺皇位。所以康熙帝严惩索额图，打击并削弱外戚势力，而给皇太子敲了警钟。

矛盾激化　康熙四十七年（1708年）五月十一日，康熙帝巡幸塞外，命皇太子、皇长子、皇十三子、皇十四子、皇十五子、皇十六子、皇十七子、皇十八子随驾。在巡幸期间，发生了几件事，促使康熙帝与皇太子矛盾激化。

第一件事，反对皇太子的胤禔等皇子在康熙帝身边奏报了许多皇太子的不良表现。比如，说他暴戾不仁，恣行捶挞诸王、贝勒、大臣，以至兵丁"鲜不遭其荼毒"（《清圣祖实录》卷二三四），还有截留蒙古贡品，放纵其奶妈丈夫、内务府总管凌普敲诈勒索属下等。皇太子种种不仁的表现，都令康熙帝非常不满。这些奏报，有些是不实之辞，但康熙帝深信不疑。最重要的，他不仅为皇太子的暴戾言行所气恼，而且为皇太子越位处事所不满。他认为皇太子的行为是"欲分朕威柄，以恣其行事也。岂知大权所在，何得分毫假人！"（《清圣祖实录》卷二三三）

第二件事，在康熙帝巡幸途中，刚满七岁的皇十八子胤祄患了急病，康熙帝十分焦虑，而皇太子却似乎无动于衷。康熙帝一方面疼爱年幼的皇十八子，一方面又回想起十多年来耿耿于怀的一桩事——康熙二十九年（1690年）七月，乌兰布通之战前夕，康熙帝出塞，途中生病，令皇太子与皇三子驰驿前迎。胤礽到行宫给皇父请安，看到天颜消瘦，竟没有忧戚之意，也没有良言宽慰。康熙帝认为这位皇太子“绝无忠爱君父之念”，心中不满，就让他先回北京。（《清圣祖实录》卷一四七）当时只有十六岁的胤礽，一向被人照顾，不会体贴别人，可能没有察觉到皇父的不满，但是康熙帝认为皇太子不仁不孝，不堪重用。后来康熙帝在废皇太子时说已包容了近二十年，就是把这件事作为起点，可见这件事给康熙帝留下了多么深刻的印象。想到当年自己生病，皇太子漠不关心，现在幼弟生病，皇太子还是这般冷漠，康熙帝就责备皇太子：“伊系亲兄，毫无友爱之意。”但是皇太子不仅不接受批评，而且还“忿然发怒”。（《清圣祖实录》卷二三四）这让康熙帝感到伤心和寒心。所以在胤祄病死的当天，康熙帝就下令拘执胤礽。

第三件事，在返京途中，康熙帝发现皇太子夜晚靠近他的帐篷，从缝隙向里面窥视，便立即怀疑皇太子可能要“弑逆”。这件事也刺激康熙帝下决心，立即废掉皇太子。

第二，首废太子。康熙四十七年（1708 年）九月初四日，康熙帝在巡视塞外返回时，途经布尔哈苏台，召集诸王、大臣、侍卫、文武官员等于行宫前，垂泪宣布皇太子胤礽的罪状：

其一，专擅威权，肆恶虐众，对诸王、贝勒、大臣、官员恣行捶挞；

其二，穷奢极欲，吃穿所用远过皇帝，犹不以为足，恣取国帑，遣使邀截外藩入贡之人，将进御马匹任意攘取；

其三，对亲兄弟无情无义，有将诸皇子不遗噍类之势；

其四，鸠聚党羽，窥伺朕躬，起居动作无不探听，伊每夜逼近布城，裂缝向内窃视；

其五，从前索额图助伊潜谋大事，朕悉知其情，将索额图处死。今胤礽欲为索额图复仇，结成党羽。朕未卜今日被鸩，明日遇害，昼夜戒慎不宁。（《清圣祖实录》卷二三四）

罗列罪状之后，康熙帝说：不能让这不孝不仁的人为君。

康熙帝“且谕且泣，至于仆地”。谕毕，命将胤礽即行拘执。

同日，康熙帝为了打击皇太子集团的势力，下令将索额图的两个儿子格尔芬、阿尔吉善及胤礽左右二格、苏尔特、哈什太、萨尔邦阿等人“立行正法”。

就在同一天，皇十八子胤祄死。对康熙帝来说祸不单行，感情上受到了沉重的打击。康熙帝为了政治上的需要，不得不废斥皇太子。但废斥之后，又很难过，愤恨、失望、惋惜、怜爱，复杂的心情交织在一起，一连六日“未尝安寝”，对诸臣谈起此事，犹“涕泣不已”。（《清圣祖实录》卷二三四）

九月十六日，康熙帝回到北京，命在皇帝养马的上驷院旁设毡帷，给胤礽居住，又命皇四子胤禛与皇长子胤禔共同看守。当天，康熙帝召集诸王、贝勒、副都统以上大臣、九卿、詹事、科道官员等于午门内，宣谕拘执皇太子胤礽之事。康熙帝亲撰告祭文，于十八日告祭天地、宗庙、社稷。将废皇太子幽禁咸安宫，二十四日，颁诏天下。

皇太子从康熙十四年（1675 年）初立，至康熙四十七年（1708 年）初废，长达三十三年之久。这时康熙帝五十五岁，皇太子三十五岁。为了培养皇太子，康熙帝可谓竭尽心力，费尽心血。废皇太子一事使康熙帝悲愤叠加，格外痛心，心力交瘁。这时，康熙帝已经进入老年，而接班人却变得渺茫。他哀求皇子们说：在同一时间里发生皇十八子死和废皇太子两件事，心伤不已，你们仰体朕心，不要再生事了。

咸安门

康熙帝的儿子太多，他在位时间又长，“夜长梦多”，皇子们结党自固，逐渐形成了几个集团。他们所争夺的，不是房子、银子、妃子，而是未来的皇位。

皇太子胤礽被废后，储位空缺，诸皇子极力争夺储位。皇子们之间的争斗，由表及里，由隐到显，由缓到急，由温到烈，演变为残酷的宫廷斗争和政治斗争。

皇长子胤禔　皇长子胤禔谋取皇储。他的有利条件是：一则居长；二则原大学士、朝廷权臣明珠是其外舅父；三则得到皇父的宠爱。其表现是：

其一，争取立长。他错误地估计形势，认为康熙帝立嫡不成，势必立长。但康熙帝对他的野心已有所察觉。康熙四十七年（1708 年）九月初四日，宣布拘执胤礽的同时即明确宣谕：“朕前命直郡王允禔善护朕躬，并无欲立允禔为

皇太子之意。允禔秉性躁急、愚顽，岂可立为皇太子！”（《清圣祖实录》卷二三四）

其二，请杀胤礽。胤禔利令智昏，竟奏请杀掉胤礽，说：“今欲诛允礽，不必出自皇父之手。”康熙听了，非常惊异，意识到胤禔与皇八子胤禩结党谋储位，竟欲杀害胤礽，如若得逞，后果严重。康熙帝一再批评胤禔，指出他杀弟之念：不谙君臣大义，不念父子至情，天理国法，皆所不容。

其三，推荐胤禩。胤禔见自己夺储无望，便想推荐与自己关系密切的皇八弟胤禩（胤禩少时为胤禔生母惠妃所抚养）。

其四，制造舆论。胤禔利用张明德相面事，为胤禩制造舆论，说：“相面人张明德曾相允禩，后必大贵。”康熙帝派人追查张明德相面之事，查出，不仅有相面之事，而且有谋杀皇太子的企图。

其五，镇魇（yǎn）胤礽。皇三子胤祉向康熙帝揭发：皇长子与一个会巫术的人有来往。经查，发现胤禔用巫术镇魇胤礽，阴谋暗害亲兄弟，并有物证。其母惠妃出身微贱，向康熙帝奏称胤禔不孝，请置正法，康熙帝不忍杀亲生儿子，令革其王爵，终身幽禁，并将其所属包衣佐领及人口，均分给皇十四子胤禵及皇八子胤禩之子弘旺。康熙帝此举，实际上是警惕以明珠为首的另一支外戚势力的增长。

胤禩像

皇八子胤禩 胤禩精明能干，在朝中有威望，党羽多，声势大。康熙帝从相面、对张明德等谋刺皇太子事知情不举等事发现他有野心，又发现胤禩署内务府总管时，到处拉拢，妄图虚名，将皇帝所赐恩泽的功劳归于自己。特别是他与皇长子胤禔“党羽早相要结”，而他们的背后，是明珠党。

康熙四十七年（1708 年）九月，康熙帝痛斥胤禩道：“允禩柔奸性成，妄蓄大志，党羽相结，谋害允礽。今其事皆败露，即锁系，交议政处审理。”皇九子胤禟告诉皇十四弟胤禵，胤禵进入，营救胤禩。康熙帝大怒，拔出佩刀，将诛胤禵。善良敦厚的皇五子胤祺上前，跪抱劝止，康熙帝愤怒稍解。这件事情闹得宫廷沸沸扬扬。（《清史稿·允禩传》卷二二〇）

这件事情表明：索额图势力受到了打压，而明珠势力膨胀，并在皇子中结党。而康熙帝深恶皇子结党，他废掉太子的重要原因就是要打掉太子身后的索额图党。但是，他发现皇长子、皇八子和皇十四子有结党的嫌疑，他们内外勾结，上下串联，蓄谋大位。他说：“诸皇子有钻营为皇太子者，即国之贼，法所不容。”

废太子后，在皇长子胤禔、皇八子胤禩、皇十四子胤禵等加紧活动时，皇四子胤禛却不露声色，韬光养晦，观察窥测，等待时机。

既然皇长子、皇八子皆不可立，康熙帝便考虑重新再立胤礽为皇太子。

第三，再立太子。自废皇太子后，康熙帝就痛惜不已，无日不流涕，寝食不宁。康熙帝逐渐重新认识了胤礽的罪名原多不实。当初，他最怀疑胤礽企图谋杀他，皇太子申诉说：“皇父若说我别样的不是，事事都有，只弑逆的事，我实无此心。”康熙帝听了，不但未斥责皇太子，反而认为说得对，令将胤礽项上的锁链取下。（《文献丛编》第三辑《允禩允禟案》）

康熙帝回想拘禁胤礽那天，“天色忽昏”，十八子胤祄病死；进京前一日，大风旋绕驾前；夜间梦见已故祖母太皇太后，远坐不言，颜色殊不乐，与平时不同；皇后亦以皇太子被冤见梦。（《清圣祖实录》卷二三五）

康熙四十七年（1708 年）十月十九日，康熙去南苑行围，忆昔皇太子及诸阿哥随行之时，不禁伤怀。终于在十月二十三日病倒。当日回宫，立即召见胤礽，并将召见胤礽事谕告臣下，谓：“自此以后，不复再提往事。”（《清圣祖实录》卷二三五）此后经常召见废太子，每“召见一次，胸中疏快一次”。

于是，康熙帝找李光地，询问废皇太子的病情：“如何医治，方可痊好？”试图启发臣下，复立胤礽。很明显，胤礽的病由废皇太子引起，所以对症下药，只有复立。但是李光地答：“徐徐调治，天下之福。”显然他没有理解康熙帝的本意。

康熙四十七年（1708 年）十一月十四日，康熙帝召满汉文武大臣齐集畅春园，令从诸皇子（皇长子除外）中举奏一位堪任皇太子之人，说："众议谁属，朕即从之。"在此之前，李光地未向任何人透露康熙帝之前询问如何医治太子病疾之事，以致推举时，诸臣并没有推举胤礽，而是将胤禩推举出来。

这次推举过程："集议日，马齐先至，张玉书后入，问：'众意谁属？'马齐言众有欲举八阿哥者。俄，上命马齐毋预议，马齐避去。阿灵阿等书'八'字密示诸大臣，诸大臣遂以允禩名上，上不怿。"（《清史稿·马齐传》卷二八七）时马齐为大学士、阿灵阿为领侍卫内大臣兼理藩院尚书。

针对上述结果，康熙帝指出：皇八子未曾办理过政事，近又罹罪，家母出身微贱，故不宜立为皇太子。（《清圣祖实录》卷二三五）康熙帝传谕李光地，提醒说："前召尔入内，曾有陈奏，今日何无一言？"这时诸臣才恍然大悟。

储位空缺，诸子纷争，愈演愈烈。这使康熙帝认识到有必要把这个缺位补上，以堵塞诸子争储之路。鉴于朝中保奏胤禩的势力大、呼声高，康熙帝考虑唯有用嫡长子抵制一途可行。后来他说："朕前患病，诸大臣保奏八阿哥，朕甚无奈，将不可册立之允礽放出。"（《清圣祖实录》卷二六一）

康熙四十七年（1708年）十一月十五日，在诸大臣保奏皇八子的次日，康熙帝召科尔沁达尔汉亲王额驸班第、领侍卫内大臣、都统、护军统领、满大学士、尚书等人入宫，亲自向他们宣布："皇太子前因魇魅，以至本性汩没耳。因召至左右，加意调治，今已痊矣。"命人将御笔朱书，当众宣读。谕旨内容为：

前执允礽时，朕初未尝谋之于人。因理所应行，遂执而拘系之，举国皆以朕所行为是。今每念前事，不释于心，一一细加体察，有相符合者，有全无风影者。况所感心疾，已有渐愈之象，不但诸臣惜之，朕亦惜之。今得渐愈，朕之福也，亦诸臣之福也。朕尝令人护视，仍时加训诲，俾不离朕躬。今朕且不遽立允礽为皇太子，但令尔诸大臣知之而已。允礽断不抱复仇怨，朕可以力保之也。（《清圣祖实录》卷二三五）

这是一份为废太子平反昭雪的文书，意向已极明白，将要复立胤礽为皇太子。康熙帝召废皇太子、诸皇子、诸王、大臣、都统、护军统领等进一步澄清事实，说胤礽"虽曾有暴怒捶挞伤人事，并未致人于死，亦未干预国政""胤禔所播扬诸事，其中多属虚诬”。

接着，当众将胤礽释放。胤礽表示：“皇父谕旨，至圣至明。凡事俱我不善，人始从而陷之、杀之。若念人之仇，不改诸恶，天亦不容。”（《清圣祖实录》卷二三五）

康熙四十八年（1709 年）三月初九日，康熙因复立皇太子胤礽，遣官告祭天地、宗庙、社稷。次日，分别将皇三子胤祉、皇四子胤禛、皇五子胤祺晋封为亲王，七子胤祐、十一子胤䄉（é）晋封为郡王，九子胤禟、十二子胤祹、十四子胤禵俱封为贝子，胤禩在此前已复为贝勒。康熙帝试图以此促进皇太子与诸皇子之间的团结。然而，事与愿违，皇储争夺，愈演愈烈。

严惩托合齐　这次的牺牲品是索额图党的步军统领托合齐和刑部尚书齐世武。皇太子复立，但原有的皇帝与储君的矛盾并未解决，所以很快又发生了严惩皇太子党的斗争。这次抓的是步军统领托合齐。托合齐出身卑微，原为安亲王家人，后转为内务府包衣，曾任广善库司库。以其为定嫔之兄、皇十二子胤祹之舅，故受到康熙帝的信任，于康熙四十一年（1702 年）六月任步军统领。康熙五十年（1711）十月二十日，康熙以托合齐有病为由，将其解职；同时任命隆科多为步军统领。托合齐被解职七天后，即十月二十七日，康熙帝在畅春园大西门内箭厅召见诸王、贝勒、文武大臣等，宣称：“诸大臣皆朕擢用之人，受恩五十年矣，其附皇太子者，意将何为也？”于是当场逐个质问刑部尚书齐世武、兵部尚书耿额等，众人矢口否认结党。康熙帝令锁拿候审。（《清圣祖实录》卷二四八）另外，他将已经解职的步军统领托合齐拘禁于宗人府。

皇太子宝

至次年四月，议处户部尚书沈天生等串通户部员外郎伊尔赛等，包揽湖滩河朔事例额外多索银两一案。经刑讯取供：刑部尚书齐世武受贿三千两，步军统领托合齐受贿两千四百两，兵部尚书耿额受贿一千两。这在贪污大案中不算太大的数字，但因有皇太子党一事，处罚特重。这三个人与主犯沈天生、伊尔赛等一样，俱拟绞监候，秋后处决。命将尚书齐世武“以铁钉钉其五体于壁而死”。另据《满洲名臣传·齐世武列传》记载：齐被判绞刑之后，又改发遣伯都纳，雍正二年（1724年）卒。十月二十九日，议托合齐将其“即行凌迟处死”，不久于监所病故，命将其“挫尸扬灰，不准收葬”，就是将托合齐的尸体挖出来剁了、烧了、扬了。其罪主要是：胤礽潜通信息，求托合齐等人借助手中之权势，“保奏”他尽早即帝位。（《清圣祖实录》卷二五〇）这就是说，皇太子在策划逼皇父尽早让位。可见，康熙帝对皇太子党恨之入骨。

第四，再废太子。皇帝与储君之间的矛盾，终于又发展到不可调和的地步，康熙帝决定再废皇太子。康熙五十一年（1712年）九月三十日，康熙帝在巡视塞外回京当天，即向诸皇子宣布：

皇太子允礽，自复立以来，狂疾未除，大失人心。祖宗弘业断不可托付此人。朕已奏闻皇太后，著将允礽拘执看守。（《清圣祖实录》卷二五一）

十月初一，以御笔朱书向诸王、贝勒、大臣等宣谕重新废黜胤礽的理由，主要是：

其一，从释放之日起，乖戾之心，即行显露；

其二，数年以来，狂易之疾，仍然未除；

其三，是非莫辨，大失人心；

其四，秉性凶残，与恶劣小人结党。

到第二次废皇太子时，康熙帝更明确地说皇太子问题的根子在索额图：“骄纵之渐，实由于此。索额图诚本朝第一罪人也！”（《清圣祖实录》卷二五三）就是说索额图之罪在于结皇太子党，骄纵皇太子，图谋篡夺皇位。

康熙帝要求诸臣：“各当绝念，倾心向主，共享太平。后若有奏请皇太子已经改过从善，应当释放者，朕即诛之。”（《清圣祖实录》卷二五一）十一月十六日，将废皇太子事遣官告祭天地、宗庙、社稷。

康熙帝第二次废黜皇太子，虽然并非如他自己所说的“毫不介意，谈笑处之”，但确实不像第一次时那么痛苦。因为他发现，立皇太子就难免有矛盾；不立皇太子可能更好。康熙帝数月之后，针对有的官员奏请册立皇太子事，说：

宋仁宗三十年未立太子，我太祖皇帝并未预立皇太子，太宗皇帝亦未预立皇太子。汉唐以来，太子幼冲，尚保无事；若太子年长，其左右群小结党营私，鲜有能无事者……今众皇子学问、见识不后于人，但年俱长成，已经分封，其所属人员未有不各庇护其主者，即使立之，能保将来无事乎？”（《清圣祖实录》卷二五三）

皇十四子胤禵 皇十四子胤禵在几位阿哥接连受挫后，积极活动，欲谋取储位。他讨好大臣，礼贤下士。历史给他提供了一个或吉或凶的机遇。康熙五十七年（1718 年），命胤禵为抚远大将军，征讨策旺阿拉布坦。行前，康熙帝亲往堂子行祭告礼，亲御太和殿授印，胤禵乘马出天安门，诸王、二品以上文武官员都到德胜门外军营送行。胤禵称“大将军王”，用正黄旗纛。胤禟对胤禵说：“早成大功，得立为皇太子。”可见胤禵、胤禟等将这次出征立功视为争取皇储的机会。但是，康熙帝病故时，胤禵恰巧不在宫廷，胞兄胤禛得以继位。所以胤禵挂大将军印出征，给他的命运带来的不是吉兆，而是凶讯。

■《抚远大将军西征图卷》（局部）

三、历史经验

康熙五十一年（1712 年），康熙帝再废皇太子后，已届花甲之年，体弱多病，经常思虑身后之事。废太子如何处理？如果禁锢在咸安宫，新君会如何处置他？胤礽虽被废掉太子之位，但父子情深，难以忘怀。由子及母，康熙帝经常思念、眷恋先皇后赫舍里氏。于是，更加可怜幼年丧母的胤礽。康熙帝想：胤礽虽然不能做天子，究竟没有叛逆之罪！应当让这个既可气又可怜的孩子，优衣优食，平安度过此生，也算是尽了一个皇父应该尽到的责任。

由是，康熙帝秘密作出一个决定：打破王府不出内城的规矩，在北京昌平温榆河南岸，濒临今小汤山温泉的地方（过去名马场，今名郑各庄），建立行宫和王府，营筑城池宫殿。但是他并没有明确这处王府是为废太子胤礽建造的。这项工程，不经工部，而由内务府鸠工督建，工程之费用也由内务府奏销。这项工程，自康熙五十七年（1718 年）兴工，到康熙六十年（1721 年）十月工程告竣。其兴工满文档案珍藏在中国第一历史档案馆，其竣工满文档案珍藏在台北故宫博物院。北京昌平郑各庄的康熙行宫和王府的两份档案，工程设计、竣工结果，完全符合；档案记载、现存遗迹，完全吻合。其城墙遗迹的尺寸，护城河长宽数据，也与档案记载完全相合。可参见笔者拙著《清郑各庄行宫、王府、城池与兵营考》和《雍正理王府址考》两文。这个郑家庄（即郑各庄），《清史稿·允礽传》误载为：“雍正元年（1723 年），诏于祁县郑家庄修盖房屋，驻扎兵丁，将移允礽往居之。”（《清史稿·允礽传》卷二二〇）其时间与地址记载错简，完全失实。

雍正帝继位后，考虑废太子胤礽及其眷属的安置难题。他想：先考修建王府，是预备给宗室王居住的，胤礽虽被废太子，但也没有谕旨不按王来安排，如按王来安排，先考也未曾明示……雍正帝用智慧处理了这个棘手的难题——先封胤礽之子弘晳为理郡王，命他从皇宫迁到王府新址居住，并举行隆重的乔迁礼仪。雍正二年（1724 年），废太子胤礽死，年五十一，其遗体被运到昌平郑各庄理郡王府举行停灵祭奠，然后葬之；并被追谥为“理密亲王”。雍正六年（1728 年），弘晳晋封为理亲王。理亲王府城高池深，驻军严守，理亲王出门，旨准而后行。一年只许正旦进宫朝拜一次，还要准许方可。这时废太子已死，其家眷跟随弘晳也名正言顺，同时解决了“咸安宫囚禁废太子”这个皇父遗留的问题。

乾隆时，有一次乾隆帝过生日，理亲王弘晳进献“鹅黄肩舆一乘”。此礼物，乾隆帝既可以接纳，也可以不接纳；如果乾隆帝不接受，那么弘晳把它供起来也无妨，并不意味着非违僭越。但乾隆帝借题发挥，对弘晳严加处分。先是严厉谴责，继是降爵施罚，又是景山圈禁，复是迁到城内，再是夷为平地——下令将理亲王府拆毁，消灭痕迹。其驻守官兵，借八旗换防之名，携家搬到福州永久驻防。这是福州清代八旗驻防后裔至今仍说北京话的一个历史原因。

清康熙帝从康熙十四年（1675 年）十二月十三日，册立胤礽为皇太子，到康熙五十一年（1712 年）九月三十日，第二次废太子，事情发展起伏跌宕，近近四十年。事实证明：康熙大帝英明一世，却糊涂一时——两立两废皇太子，成为康熙帝的一大政治缺憾。

胤礽像

康熙五十六年（1717 年）十一月二十一日，康熙帝发布上谕称：“此谕已备十年，若有遗诏，无非此言。”后康熙帝说：“日后朕躬考终，必至将朕躬置乾清宫内，尔等束甲相争耳！”（《清圣祖实录》卷二三五）这个典故，说的是春秋五霸之一齐桓公的故事。齐桓公晚年五个儿子树党争立。桓公刚死，诸子相攻，箭射在尸体上，尸体在床上六十七日而未入殓，以致蛆虫爬出窗外。由此可以透出康熙大帝晚年心境的悲苦。康熙帝因其诸子皇位继承的纠葛，大伤元气，郁结成疾，病情日重，于康熙六十一年十一月十三日（1722 年 12 月 20 日）抱憾而死。

为什么康熙帝两立两废皇太子均遭到失败？从中可以吸取什么历史经验呢？

第一，皇帝与太子的矛盾。当时处于由八和硕贝勒共治国政向中央集权过渡的时期，预立储君，皇帝、满洲贵族和储君本人都一时无法适应这种新的情况。比如，实行储君制度，就应当坚持储君不御政。皇太子御政，必然引发皇太子与皇帝的权力冲突。皇太子御政，必然从中植成党羽，与皇权相争。康熙帝一方面改革前代的皇位继承制度，建立储君；另一方面又让太子领兵从政，派皇太子和其他皇子参与各种军政事务，其本意是锻炼和培养皇子，让他们为国家建功立业。但皇太子权势的增长侵犯和威胁了皇权。无形中朝廷里似乎要出现两个中心，至高无上的皇权受到了侵犯。康熙帝事与愿违，陷入旋涡，遭到失败。

第二，太子与皇子的矛盾。明朝诸王“列爵而不临民、食禄而不治事”，清朝诸王“内襄政本、外领师干”，这样太子与皇子便产生了矛盾。康熙帝本意是培养教育皇子，但这种培养却使他们增长了对权力与财富的欲望。这不以康熙帝的意志为转移，也不由皇太子的主观意志所决定。诸皇子成人之后，赐封世爵，分拨人口，建立府第，设置官署，对内临政，对外领兵。各自所属人员又“各庇护其主”，甚至背靠外戚，纠集党羽。如果设立皇太子，其地位高于诸王，近于皇帝，又必然为诸皇子所不容，使矛盾更趋复杂。康熙帝两立两废皇太子，既是皇帝与储君的矛盾，也是太子与皇子的矛盾，更是外戚与皇权的矛盾尖锐化的集中表现。

第三，太子日久贪婪骄奢。胤礽两岁时被立为皇太子，从此身居一人之下、万人之上，事事、时时、处处与众不同。身边充满了优越、荣耀、奉迎、吹捧、欲望和权力的刺激，天长日久，目空一切，妄自尊大，骄奢暴戾。康熙帝在位时间又过长，皇太子与幼帝有所不同——皇太子有荣誉地位，而无重担在身；有权力欲望，而无责任在肩，容易骄奢不仁。后来雍正帝秘密建储，既是为了防止太子骄奢淫逸，也是为了避免皇子彼此厮杀。

第四，皇位继承制度的死结。清朝的皇位继承，无论是采用汉族嫡长继承制，还是满洲贵族公推制，从本质上来说都没有找到解决问题的办法，也就是没有跳出“父死子继”“兄终弟及”家天下的窠臼。只有推翻帝制，实行共和，历史才会进入一个新的阶段。

清代立储制，为康熙帝所创，虽思之久远，却事与愿违。这不是康熙帝无能，而是皇位继承制结下的苦果。所以，终清世不复立太子。后来雍正的“秘密建储制”、慈禧的“懿旨立储制”，依然不能解开皇位继承制度的死结。六岁的同治、四岁的光绪、三岁的宣统继承皇位，说明大清皇朝已经走进“家天下”的死胡同。以民主共和制取代封建君主制，才是历史之趋势、世界之潮流、时代之必然、民众之所望。

【附表一】 康熙帝三十五子中排序的二十四子

顺序	名字	生年	生母	卒年	寿龄
皇长子	胤禔（zhī）	1672	惠妃那拉氏	1734	63
皇次子	胤礽（réng）	1674	皇后赫舍里氏	1724	51
皇三子	胤祉（zhǐ）	1677	荣妃马佳氏	1732	56
皇四子	胤禛（zhēn）	1678	皇后乌雅氏（追尊）	1735	58
皇五子	胤祺（qí）	1679	宜嫔郭络罗氏	1732	54
皇六子	胤祚（zuò）	1680	皇后乌雅氏（追尊）	1685	6
皇七子	胤祐（yòu）	1680	成妃戴佳氏	1730	51
皇八子	胤禩（sì）	1681	良妃卫氏	1726	46
皇九子	胤禟（táng）	1683	宜妃郭络罗氏	1726	44
皇十子	胤䄉（é）	1683	僖贵妃钮祜禄氏	1741	59
皇十一子	胤禌（zī）	1685	宜妃郭络罗氏	1696	12
皇十二子	胤祹（táo）	1685	定妃万琉哈氏	1763	79
皇十三子	胤祥	1686	敬敏皇贵妃章佳氏	1730	45
皇十四子	胤禵（tí）	1688	皇后乌雅氏（追尊）	1755	68
皇十五子	胤禑（wú）	1693	顺懿密妃王氏	1731	39
皇十六子	胤禄（出继）	1695	顺懿密妃王氏	1767	73
皇十七子	胤礼	1697	纯裕勤妃陈氏	1738	42
皇十八子	胤祄（xiè）	1701	顺懿密妃王氏	1708	8
皇十九子	胤禝（jì）	1702	襄嫔高氏	1704	3
皇二十子	胤祎（yī）	1706	襄嫔高氏	1755	50

续表

顺序	名字	生年	生母	卒年	寿龄
皇二十一子	胤禧	1711	熙嫔陈氏	1758	48
皇二十二子	胤祜（hù）	1711	谨嫔色赫图氏	1743	33
皇二十三子	胤祁（qí）	1713	静嫔石氏	1785	73
皇二十四子	胤祕（mì）	1716	穆嫔陈氏	1773	58

【附表二】 康熙帝的三十五子

顺序	名字	生年	生母	卒年	寿龄
1.	承瑞	1667	荣妃马佳氏	1670	4
2.	承祜（hù）	1669	皇后赫舍里氏	1672	4
3.	承庆	1670	惠妃那拉氏	1671	2
4.	赛音察浑	1671	荣妃马佳氏	1674	4
5.	皇长子胤禔	1672	惠妃那拉氏	1734	63
6.	长华	1674	荣妃马佳氏	1674	1
7.	皇次子胤礽	1674	皇后赫舍里氏	1724	51
8.	长生	1675	荣妃马佳氏	1677	3
9.	万黼	1675	通嫔那拉氏	1679	5
10.	皇三子胤祉	1677	荣妃马佳氏	1732	56
11.	皇四子胤禛	1678	皇后乌雅氏（追尊）	1735	58
12.	胤禶（zàn）	1679	通嫔那拉氏	1680	2
13.	皇五子胤祺	1679	宜嫔郭络罗氏	1732	54
14.	皇六子胤祚	1680	皇后乌雅氏（追尊）	1685	6
15.	皇七子胤祐	1680	成妃戴佳氏	1730	51
16.	皇八子胤禩	1681	良妃卫氏	1726	46
17.	皇九子胤禟	1683	宜妃郭络罗氏	1726	44
18.	皇十子胤䄉	1683	僖贵妃钮祜禄氏	1741	59
19.	胤禑（yǔ）	1683	贵人郭络罗氏	1684	2
20.	皇十一子胤禌（zī）	1685	宜妃郭络罗氏	1696	12

续表

顺序	名字	生年	生母	卒年	寿龄
21.	皇十二子胤祹	1685	定妃万琉哈氏	1763	79
22.	皇十三子胤祥	1686	敬敏皇贵妃章佳氏	1730	45
23.	皇十四子胤禵	1688	皇后乌雅氏（追尊）	1755	68
24.	胤禨（jī）	1691	平妃赫舍里氏	1691	1
25.	皇十五子胤禑	1693	顺懿密妃王氏	1731	39
26.	皇十六子胤禄（出继）	1695	顺懿密妃王氏	1767	73
27.	皇十七子胤礼	1697	纯裕勤妃陈氏	1738	42
28.	皇十八子胤祄	1701	顺懿密妃王氏	1708	8
29.	皇十九子胤禝	1702	襄嫔高氏	1704	3
30.	皇二十子胤祎	1706	襄嫔高氏	1755	50
31.	皇二十一子胤禧	1711	熙嫔陈氏	1758	48
32.	皇二十二子胤祜	1711	谨嫔色赫图氏	1743	33
33.	皇二十三子胤祁	1713	静嫔石氏	1785	73
34.	皇二十四子胤祕	1716	穆嫔陈氏	1773	58
35.	胤禐	1718	贵人陈氏	1718	1

第十六讲

雍正是否夺位

清雍正帝爱新觉罗·胤禛，康熙十七年（1678年）十月三十日生，属马，四十五岁登极，在位十三年，雍正十三年（1735年）八月二十三日死，庙号世宗，谥号宪皇帝，葬泰陵（今河北省易县清西陵）。享年五十八岁。

雍正帝统治时期属清朝“康乾之治”时代，上承康熙，下启乾隆，具有承上启下的历史地位。他盛年登极，年富力强，学识广博，阅历丰富，刚毅果决，颇有作为。年号雍正，就是雍亲王得位之正的意思。但是，恰恰就是雍正帝的继位问题，反而是清宫的一件疑案，从当时到现在，将近三百年间，一直有不同的说法，主要有“夺嫡说”“篡位说”“继位说”“夺位说”等。清史学者们各持己见，也各有根据。

■ 雍正帝朝服像

雍正帝继位，无论是夺位还是篡位，无论是正取还是逆取，他毕竟坐上了皇帝的宝座。那么，康熙帝众多皇子，都想继承皇位，为什么唯独胤禛心想事成？在长达四十五年的皇子生涯中，胤禛是怎样一步一步地攀援，最后登上皇帝宝座的？我先从介绍雍正帝这个人开始。

一、皇子胤禛

前面我叙述过，康熙帝是一位长寿多子的皇帝。他一共有五十五个子女，其中三十五个儿子、二十个女儿。在三十五个儿子中，成年且受册封者二十人；在二十个女儿中，长大成人并下嫁者八人。按后来的排序，雍正皇帝胤禛是康熙帝的第四子。

胤禛的母亲乌雅氏，是满洲正黄旗、护军参领威武的女儿。乌雅氏生育了三个儿子，就是皇四子胤禛、皇六子胤祚（六岁殇）和皇十四子胤禵（原名胤祯）；另外还生育了三个女儿。胤禛从小受孝懿仁皇后（康熙生母孝康章皇后的侄女）养育，年幼的胤禛因她而尊贵。

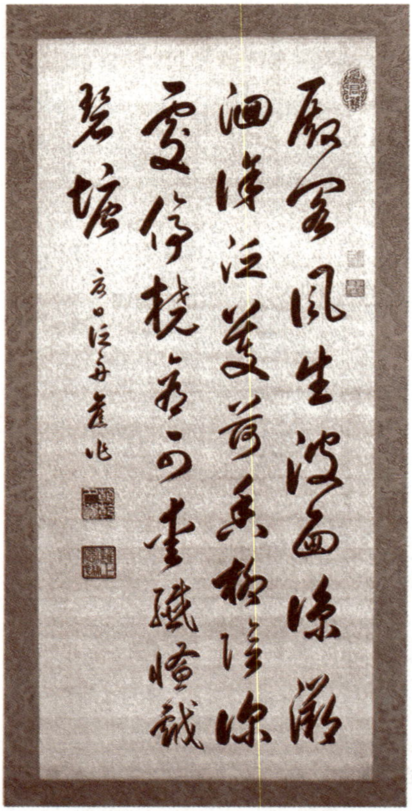

■ 胤禛行书《夏日泛舟诗》

胤禛过了整整四十五年的皇子生活。胤禛的皇子生活有几个特点：

第一，好学上进。胤禛像他的兄弟一样，受到全面而系统、严格而良好的教育。他的长兄胤禔，比他年长六岁；二兄胤礽比他年长四岁（两岁便被立为皇太子）；三兄胤祉比他年长一岁。胤禛从七岁开始，同他的三位兄长到上书房读书。他有时在宫里的上书房读书，有时在畅春园的无逸斋读书。他的师傅主要有大学士张英、徐元梦和侍讲顾八代等人。他们都是当朝一流的学者。胤禛学的功课，一种是儒家经典，主要为“四书”——《大学》《中庸》《论语》《孟子》和“五经”——《诗经》《尚书》《礼记》《周易》《春秋》；一种是满洲的“国语骑射”，就是满洲语文与骑马射箭，还有书法绘画等。胤禛的书法造诣很高，用笔苍劲，行笔流畅。他流传至今的墨翰就是有力证据。

读书是学习，实践也是学习。胤禛经常随从皇父，或参加祭祀，或军事出征，或塞外行围，或巡视地方，或代理政务，或关心旗务。康熙二十五年（1686年），九岁的胤禛同大阿哥胤禔、二阿哥皇太子胤礽、三阿哥胤祉，随皇父巡行塞外。康熙二十七年（1688年），十一岁的胤禛同大阿哥、三阿哥随皇父到遵化昌瑞山孝陵，为顺治帝祭陵；又到孝陵旁，为孝庄太皇太后梓宫“暂安奉殿”祭祀。康熙二十九年（1690年），舅舅佟国纲在反击噶尔丹南犯的乌兰布通之役中阵亡，灵柩到京，受父之命，胤禛同大阿哥迎接灵柩。同年，再随皇父同三位阿哥到遵化孝庄太皇太后“暂安奉殿”祭祀。康熙三十二年（1693年），十六岁的胤禛同皇太子等侍从皇父巡视畿甸水利。经南苑、永清、霸州、雄县，从雄县十里堡乘船到苑家口，途中登河堤、阅堤工，见旧堤多处坍塌。康熙帝说：如浑河泛溢，大城、文安等必受水灾；命估算所需费用，增固河堤，以防水患。同年十月，曲阜孔庙重修落成，胤禛受皇父之命，同三阿哥胤祉前往祭祀。

第二，结婚封王。胤禛的皇子生活中有两件大事：结婚与受封。康熙三十年（1691年），十四岁的胤禛奉父命同内大臣费扬古（隶满洲正黄旗）的女儿乌拉那拉氏成婚。康熙帝册封那拉氏为胤禛的嫡福晋。父以女贵，费扬古后官至步军统领，死后追封为一等承恩公。

康熙三十七年（1698年），二十一岁的胤禛受封为贝勒，大阿哥胤禔（二十七岁）、三阿哥胤祉（二十二岁）被封为郡王，他的五弟胤祺（二十岁）、七弟胤祐（十九岁）、八弟胤禩（十八岁）也被封为贝勒。按清朝的规定，皇子封爵，爵位的高低依次为亲王、郡王、贝勒、贝子等。次年，康熙帝为诸皇子建府邸。“禛贝勒府”（又称四贝勒府）建成后，胤禛从皇宫阿哥住所迁往府邸居住。康熙四十八年（1709年），三十二岁的胤禛被封为雍亲王，这里就成为雍亲王府。胤禛继承皇位后，原雍亲王府赐给皇十三弟胤（允）祥。后来乾隆帝将其改为雍和宫，就是今北京雍和宫。

第三，诚孝皇父。康熙四十七年（1708年），皇太子胤礽被废。这是一件震动朝野的政治大事件，也是一件震惊庙社的宗室大事。胤禛时年三十一岁，此后十四年，历史对他进行了烈火般的考验，也为他登上皇位提供了难得的机遇。

雍和宫法轮殿旧影

胤禛知道，博得皇父的信赖和喜欢，是自己一生事业中最为重要的事情。他抱定一项宗旨，就是诚孝皇父。胤禛熟读“四书”“五经”，深谙儒家经典。《大学》开宗明义讲“诚”字。所谓：“欲修其身者，先正其心；欲正其心者，先诚其意；欲诚其意者，先致其知。”《中庸》也谓：“唯天下至诚，能经纶天下之大经，立天下之大本。”胤禛对“诚”字可谓心领神会，以诚事皇父。至于孝，《大学》谓：“孝者，所以事君也。”又谓：“为人子，止于孝。”《中庸》谓：“夫孝者，善继人之志，善述人之事者也。”胤禛对“孝”字也可谓心领神会，以孝事君父。如在诸皇子争夺皇位激烈之时，他极力表现出对皇父的“诚”与“孝”，既不明于竞争，且劝慰皇父保重。康熙帝第一次废皇太子后，大病一场。胤禛入内，奏请选择太医及皇子中稍知药性者胤祉、胤祺、胤禩和自己检视方药，服侍皇父吃药治疗。康熙帝服药后，病体逐渐痊愈。胤禛自己也说：“四十余年以来，朕养志承欢，至诚至敬，屡蒙皇考恩谕。诸昆弟中，独谓朕诚孝。”康熙帝最早对皇太子胤礽产生不满，就是因为在生病时，年少的胤礽不懂得对皇父示孝。胤禛则学习康熙帝对孝庄太皇太后之孝，对皇父始终是“诚”与“孝”，最终得到了回应。

胤禛的努力得到了皇父的肯定。康熙帝说：“惟四阿哥，朕亲抚育。幼年时微觉喜怒不定，至其能体朕意，爱朕之心，殷勤恳切，可谓诚孝！”（《清圣祖实录》卷二三五）

第四，友爱兄弟。胤禛知道，处理好兄弟之间的关系，是自己一生事业中仅次于诚孝皇父的重要事情。他抱定一项原则，就是友爱兄弟。他曾在随驾出京途中作《早起寄都中诸弟》诗说：“一雁孤鸣惊旅梦，千峰攒立动诗思。凤城诸弟应相忆，好对黄花泛酒卮。”表明他愿做群雁而不做孤雁的心意。胤禛的三十四个兄弟中，其时最主要的是年满二十以上的十一位兄弟。《大学》谓：“弟者，所以事长也。”《中庸》也谓：“亲亲为大。”就是将昆弟关系列为天下五条达道之一。胤禛在处理兄弟之间关系时，主要原则是“不结党”“不结怨”。在康熙帝第一次、第二次废太子之后，有一定势力的皇子们结成了不同的朋党。诸兄弟之间，结党必结怨。胤禛没有参加皇太子党，也没有参加皇长子党，更没有参加皇八子党。他超然于兄弟们的朋党之外。或者说，他在兄弟角逐皇储时，采取一种不附不和、不排不斥的中庸态度。这种态度，使他躲避开了自皇父与兄弟两方面而来的矢镞，而安然无恙。最后在众兄弟或被废黜、或被囚禁、或被疏离、或被厌倦的情况下，胤禛登上宝座，成为清朝第五任皇帝。

除了不结党、不结怨之外，胤禛还友爱兄弟。如皇太子第一次被废，胤禛非但没有落井下石，而是给以关照。胤礽初被幽禁在上驷院旁所设的毡帷里，皇长子胤禔和皇四子胤禛受父命负责看守。胤礽说皇父所斥“弑逆”一事，实为乌有，请代奏明。胤禔不答应；胤禛说：“你不奏，我就奏。”胤禔只好代奏。康熙帝听了后说奏得对，命将胤礽身上的锁链去掉。后来，康熙帝曾说：“前拘禁胤礽时，并无一人为之陈奏，惟四阿哥性量过人，深知大义，屡在朕前为胤礽保奏。”胤禛的几位弟弟胤禟、胤祹、胤禵等被封为贝子时，他启奏说，愿意降低自己的爵位，以提高弟弟们的世爵。胤禛这样乖巧的做法，既博得了皇父的欢心，也讨得了诸弟的好感。

《雍亲王胤禛行乐图》

第五，勤慎敬业。胤禛尽量避开皇储争夺的矛盾，极力表现自己不仅诚孝皇父、友爱兄弟，而且勤勉敬业、勤奋向学。他结婚之后，多次受皇父之命，参与重大政治与祭祀活动。胤禛的足迹所至，遍及东西南北中——东向，至少五次到东陵祭祀，还到关外祭祀三陵——永陵、福陵和昭陵；西向，随皇父西巡五台山；南向，随皇父两次南巡；北向，康熙三十一年（1692年）随皇父巡视塞外，以后到康熙六十一年（1722年），先后十余次到塞外；京畿，五次随皇父巡视京畿，治理永定河，查看水利，并写诗纪事：

帝念切生民，銮舆冒暑行。
绕堤翻麦浪，隔柳度莺声。
万姓资疏浚，群工受准程。
圣心期永定，河伯助功成。

此外，他还查勘仓储粮谷。特别是在康熙三十五年（1696年），他跟随皇父远征噶尔丹，领正红旗大营，军旅生活使他受到了锻炼。在文的方面，他也受到了磨炼。康熙六十年（1721年）三月，胤禛受命同三阿哥胤祉率大学士王顼龄等磨勘（复核）会试中式的原卷。总之，结婚后三十年的实际磨炼，使他对社会、对人生有了深刻的认识与深切的体验，为其后来登上皇位做了准备。

第六，戒急用忍。胤禛的性格，有两个缺点：一是喜怒不定，二是遇事急躁。胤禛曾是个喜怒不定的皇子。康熙四十一年（1702年），胤禛央求皇父说：今臣年逾三十，请将谕旨内“喜怒不定”四字，恩免记载。康熙帝同意，“十余年来实未见四阿哥有‘喜怒不定’之处”，因谕，“此语不必记载”！胤禛还是个性格急躁的皇子。他曾对大臣说：“皇考每训朕，诸事当戒急用忍。屡降谕旨，朕敬书于居室之所，观瞻自警。”（《清世宗实录》卷一九）可见他皇父不止一次地训诫他要“戒急用忍”。胤禛继位后，命做“戒急用忍”牌，为座右铭，用以警示。

第七，韬光养晦。胤禛的心腹戴铎，在康熙五十二年（1713年）为他出谋划策道：

上有天纵之资，诚为不世出之主；诸王当未定之日，各有不并立之心。论者谓：处庸众之父子易，处英明之父子难；处孤寡之手足易，处众多之手足难。何也？处英明之父子也，不露其长，恐其见弃，过露其长，恐其见疑，此其所以为难。处众多之手足也，此有好（hào）竽，彼有好瑟，此有所争，彼有所胜，此其所以为难。而不知孝以事之，诚以格之，和以结之，忍以容之，而父子兄弟之间，不相得者。我主子天性仁孝，皇上前毫无所疵，其诸王阿哥之中，俱当以大度包容，使有才者不为忌，无才者以为靠。（《文献丛编》第三辑《戴铎奏折》）

戴铎首先分析了当时的形势：皇上强势，诸王并争。接着提出应对谋略——诚孝事上，适露所长，掩盖所短，避免引起皇父疑忌；友爱兄弟，大度包容，和睦忍让，让有才者不嫉妒，无才者相依靠。

雍亲王基本上按照上述策略，既不结党，也不钻营，而是工于心计，八面玲珑，等待时机。诸兄弟中，实力雄厚的皇太子胤礽、皇长子胤禔、皇八子胤禩、皇十四子胤禵等，一个接一个地崭露头角，结果又一个接一个地不幸落马；而胤禛却在念佛、养狗、写字、吟诗中——“千载勋名身外影，百岁荣辱镜中花”，貌似野老山僧，实则韬晦避锋。

■《胤禛行乐图册》之“蓑笠垂钓”

第八，善抓时机。一个人做事，首要在时机。时机难逢，瞬息即逝。语云：机不可失，时不再来。雍亲王胤禛在皇父康熙帝临终之时，坚决、果敢地抓住历史机遇，绕过险滩暗礁，踏过崎岖险路，终于坐上了皇帝宝座。

但是，他的继位也留下了

许多历史疑问。近三百年来，成为历史学者做不尽的课题，也给民间留下了说不尽的故事。

二、继位十说

康熙六十一年（1722年）十月二十一日，康熙帝往南苑围猎，十一月初七日生病，前往畅春园居住、养病。初九日，发出圣旨，说患了感冒，但不要紧，需要静养斋戒，所以初十日到十五日期间，不受理奏章。冬至的祭天大礼，由皇四子雍亲王胤禛代行。

十三日清晨，康熙帝病重，急忙召见皇三子胤祉、皇七子胤祐、皇八子胤禩、皇九子胤禟、皇十子胤䄉、皇十二子胤裪、皇十三子胤祥共七个皇子和步军统领隆科多，宣布："皇四子人品贵重，深肖朕躬，必能克成大统，著继朕即皇帝位。"接着，康熙帝命从天坛斋所召回皇四子胤禛，改派镇国公吴尔占代行祭天礼。这时，康熙帝的其他几位皇子：皇长子胤禔被监守，皇次子即废太子胤礽被禁锢，皇五子胤祺因为冬至将临而被派往孝陵行祭礼，皇六子胤祚和皇十一子胤禌已去世，皇十四子胤禵正在西部领兵作战；而几位年幼的皇子：皇十八子胤祄已去世、皇十九子胤禝已去世，皇十五子胤禑、皇十六子胤禄（出继）、皇十七子胤礼、皇二十子胤祎当时跪在康熙帝寝宫外，没有聆听皇父谕旨。

十一月十三日当天，雍亲王胤禛从天坛赶到畅春园，短短一天里，他被康熙帝召见了三次。但是他的皇父并没有当面对他说让他继承皇位之事。

畅春园图

当晚戌时（19 时—21 时），康熙帝驾崩。步军统领隆科多向胤禛传达康熙帝的遗旨。也就是从这一刻起，胤禛虽然没有继承大位，但是担负起了新君的责任。

十三日夜间，胤禛指挥将康熙帝遗体运回紫禁城乾清宫。“相传隆科多护皇四子回朝哭迎，身守阙下。诸王非传令皆不得进。次日（十四日）至庚子（十九日），九门皆未启。”（萧奭《永宪录》卷一）就是说雍亲王胤禛和隆科多护送康熙帝遗体回到乾清宫，并下令他的兄弟非有令不得进入皇宫。等他宣布继承皇位七天后，才许皇兄弟到大行皇帝灵前哀哭祭奠。

十四日，宣布大行皇帝龙驭上宾；传大行皇帝留下遗诏，命雍亲王嗣位；命胤禩、胤祥、大学士马齐和尚书隆科多为总理事务大臣；召皇十四子胤禵回京参加皇父葬礼；京城九门关闭，禁止出入。

十六日，颁布大行皇帝遗诏。

十九日，胤禛遣官告祭天坛、太庙、社稷坛，京城九门开禁。

二十日，胤禛在太和殿举行登极大典，改年号为“雍正”。即位诏书中说：“皇考升遐之日，诏朕缵承大统。”

自第二次废储之后，从史料中可以看出：康熙帝对皇三子胤祉、皇四子胤禛以及皇十四子胤禵是格外地关顾，日后史家们认为这三位皇子应是康熙皇帝最后属意的皇储人选。以地位、名望来说，胤祉因年长而高过诸弟，而胤禵又超过他的两位长兄受到了特殊荣宠。可以说雍亲正胤禛在朝内外的威望和受康熙帝的重用方面，都不如他的上述两位兄弟。最后他却能入承大统，因而受到很多人的怀疑，传出雍正继位的诸种说法。

雍正继位，种种疑点，近三百年来，主要有十说。

第一，“毒死康熙”说。雍正帝即位不久，在京中就传出雍亲王毒死皇父的传闻。有人说：圣祖皇帝在畅春园病重，皇上就进了一碗人参汤，不知如何，圣祖皇帝就崩了驾。（雍正帝《大义觉迷录》）

康熙帝晚年，身体不佳，“诸病时发”，头晕目眩、手抖头摇、腿脚肿胀，有时走路都需要有人扶掖。在当时能活到近七十岁，已经算是高寿了。但是，康熙帝懂中医中药，还会开药方，又一向反对用人参进补，特别是北方人用人参进补。康熙帝说过：“若不当，即人参人亦受害。”（康熙帝《庭训格言》）所以，他是不会喝人参汤的。胤禛作为康熙帝的孝子，应当知道皇父的喜好和忌讳，他不会违背皇父的好恶，而自讨没趣。所以，说胤禛用人参汤毒死康熙帝是不可信的。如果确有其事，雍正帝也不会公开的。

第二，“不入东陵”说。有人说雍正帝死后不葬在清东陵，而葬在清西陵，说明他得位不正，不愿意，也没有脸面在地下见他的皇祖顺治帝、皇父康熙帝。这一点，可以看作一种民间的说法，但不能作为雍正帝得位不正的历史根据。

第三，“传位于四子”说。雍正帝刚刚即位，就传出“雍正党人”将《康熙遗诏》“传位十四子”，窜改作“传位于四子”。

圣祖皇帝原传十四阿哥允禵天下，皇上将“十”字改为“于”字……先帝欲将大统传与允禵，圣祖不豫时，降旨召允禵来京，其旨为隆科多所隐，先帝殡天之日，允禵不到，隆科多传旨遂立当今。（雍正帝《大义觉迷录》）

■ 胤禵像

上面是《大义觉迷录》中的记载，文中的“圣祖”是康熙帝的庙号，“皇上”指雍正帝胤禛。“允禵”是雍正帝的同母十四弟，隆科多则是当时的步军统领、北京九门提督。上述传闻，不为史实。因为如果康熙帝真有“传位于四子”的遗嘱，按照当时行文习惯，应当写作——“传位於皇四子”。因此，其一，“十”字很难改成“於”字；其二，有人从文献中找出“于”与“於”通用的例子，但这不符合正式官方文献的用字规范；其三，如果将“於”字改成“十”字，就变成“传位十皇四子”，还是不通；其四，“传于四子”不合当时行文规范，因为官方文件都要尊称皇帝的儿子为皇某子，胤禛称为皇四子、胤禵称为皇十四子等；其五，当时如此重要的遗嘱，应同时以满、汉两种文字书写，即使汉字可以修改，满文又岂能改“十”为“於”？所以此说不确，当属无稽之谈。

皇十四子胤禵的确在康熙帝晚年被列入了接班人候选名单，但是，目前还没有发现康熙帝确定要传位于皇十四子胤禵的文献或档案证据。康熙帝病重时，他紧急召回的是胤禛，而没有召回皇十四子胤禵和在东陵的皇五子胤祺，这从一个侧面说明康熙帝没有要传位给胤禵的旨意。如果康熙帝真有意要他继位，为什么让他远离京城、远离皇帝身边呢？尤其是康熙帝当时已年老多病，而且时常怕被人杀害，诚如雍正帝所说：“岂有将欲传大位之人，令其在边远数千里外之理？”

第四，“兄弟不服”说。《大义觉迷录》与《清圣祖实录》都是御用官员们编写的，传位问题的可信度很有悬疑。而当时人所写作的《皇清通志纲要》与《永宪录》二书中，都没有七位皇子聆听康熙帝遗旨的记载，这说明当时根本就没有发生这件事。

另外，雍正说皇八弟胤禩在康熙帝死后，在畅春园中“并不哀戚，乃于院外倚柱，独立凝思，办派事务，全然不理，亦不回答。其怨愤可知”。（《清世宗实录》卷四五）而皇九弟胤禟在雍正丧父的悲痛之时，“突至朕前，箕踞对坐，傲慢无礼，其意大不可测，若非朕镇定隐忍，必至激成事端”。学者们认为这两位兄弟的表情与行为，正是说明他们在毫无心理准备的情况下，突然听到隆科多的“口授末命”，才有如此愤恨心态和冒失行动。

第五，“编造遗诏”说。皇四子雍亲王胤禛继位的主要依据是《康熙遗诏》。这份《康熙遗诏》有的学者认为是真的，因为《清圣祖实录》和档案都可以证明它的存在；有的学者认为是假的，因为“实录”和“档案”都是雍正帝掌权后命大臣们根据自己的意旨编写的。这份诏书是真是假？我认为是半真半假，为什么呢？

《康熙遗诏》的文字，可以分为前后两个部分，其前一部分是将康熙五十六年（1717年）十一月二十一日的谕旨加以修改，移植到传位诏书里。当时，《康熙遗诏》的《上谕》凡两千余字，最后康熙帝说：“此谕已备十年，若有遗诏，无非此言。披肝露胆，罄尽五内，朕言不再。”（《清圣祖实录》卷二七五）

说其真，是因为《康熙遗诏》的大段文字就是康熙五十六年（1717年）宣布的这份上谕中的内容；说其假，是《康熙遗诏》中最关键的一句话：“皇四子胤禛，人品贵重，深肖朕躬，必能克承大统。著继朕登基，即皇帝位。”无法证明这是真的。一些学者认为：雍正帝命人对康熙帝遗命加以文字修改，将上述文字加到了《康熙遗诏》中。

第六，“玉牒易名”说。雍正帝的名字叫胤禛，其皇十四弟的名字叫胤祯。“祯”字有两种读音：一读 zhēn，一读 zhěn。胤禛做了皇帝之后，他的名字要避讳，字音要避讳，字形也要避讳。所以，雍正帝命他的兄弟将名字中的“胤”字，改为“允”字，以示避讳；同时，命皇十四弟胤祯改名为允禵，把名字的两个字都改了。后将记载皇室谱系《玉牒》中胤祯的名字做了挖改。因此有人说：康熙帝遗嘱是传位皇十四子“胤祯”，因“胤祯”与“胤禛”字形、字音相近，胤禛遂取而代之。这就是“玉牒易名”说。根据史料记载，皇十四子确实原名“胤祯”，现在见到的册封皇十四子为抚远大将军的敕书，以及封皇十四子为贝子的原始文件，都写着“胤祯”；在康熙帝《谕宗人府》的档案中，写着皇四子的名字为“胤禛”，所以他们兄弟确实是以“禛”与“祯”命名的。康熙帝后来排序皇子的名字，都带“示”偏旁。胤禛做了皇帝以后，将皇十四弟的“祯”改成“禵”，这是为了显示唯我独尊，并不能证明雍正帝因篡位而令其弟改名。

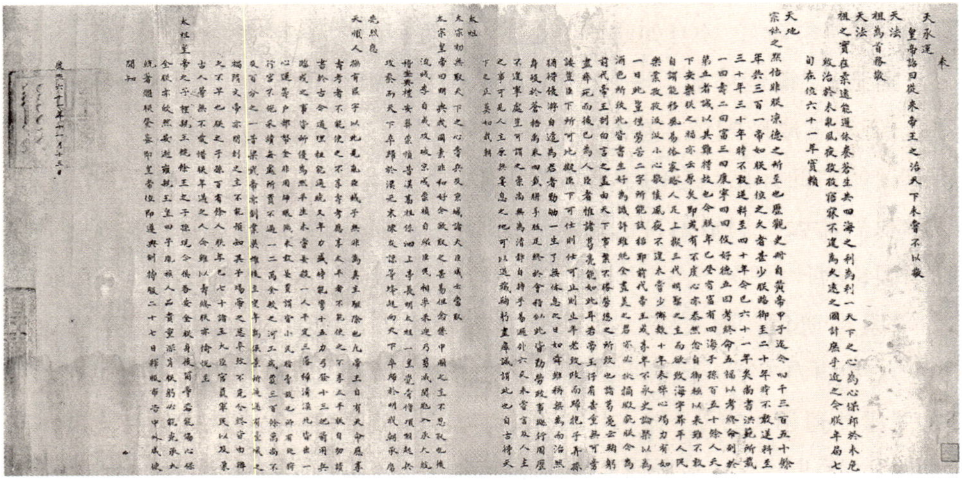

《康熙遗诏》

第七，“临终口谕”说。康熙六十一年（1722 年）十一月十三日，康熙帝病重。《清圣祖实录》记载：

寅刻，召皇三子诚亲王允祉、皇七子淳郡王允祐、皇八子贝勒允禩、皇九子贝子允禟、皇十子敦郡王允䄉、皇十二子贝子允祹、皇十三子允祥、理藩院尚书隆科多至御榻前，谕曰：“皇四子胤禛，人品贵重，深肖朕躬，必能克承大统。著继朕登基，即皇帝位。”皇四子胤禛闻召驰至，巳刻，趋进寝宫。上告以病势日臻之故。是日，皇四子胤禛三次进见问安。戌刻，上崩于寝宫。（《清圣祖实录》卷三〇〇）

上述记载，存在很大疑点：

康熙帝既然将继位大事告诉胤禛的七位兄弟和隆科多，为什么不告诉当事人胤禛？况且，当时人写的《皇清通志纲要》中，并没有记述七位皇子在病榻前听到康熙帝遗命的事，反而在记载康熙死亡事前，写了“时领侍内大臣六人”某某某，“大学士五人”某某某，其中都没有隆科多的名字！可见这段记载很可能是伪造的，所以认为雍正帝是夺位。

第八，“口授末命”说。很多人怀疑隆科多“口授末命”之事。胤禛在康熙帝病危当天，曾三次到畅春园清溪书屋病榻前，康熙帝说：“（朕）病势日臻”，可见还没有糊涂。但为什么康熙帝没有把指定胤禛为继承人的事直接当面告诉他？“口授末命”的人为什么是隆科多一位大臣？其他大臣为什么没有在场？而隆科多后来奏称：“白帝城受命之日，即是死期已至之时。”（《清世宗实录》卷六二）有学者据此认为：这足可以证明他确是“口授末命”的人。还有学者指出：隆科多当时不是大学士，也不是领侍卫内大臣，官阶只是一等侍卫、步军统领、理藩院尚书，以他的官职和地位来说，不够资格成为皇帝临终时的唯一受命者。康熙帝怎么会在病重时不召集王公大臣们一起来听他的“口授末命”呢？怎么会竟然只把传位大事悄悄地告诉隆科多一个人呢？而且《皇清通志纲要》和《永宪录》都不见记载。

第九，“死无对证”说。前述七位皇子在畅春园清溪书屋皇帝病榻前听到传位口诏以及隆科多“口授末命”的事，是雍正帝登极以后第七年才由雍正帝下令写在《大义觉迷录》里的。当时跟雍正帝争斗的重要敌对人物几乎都已死亡或遭囚禁，连在内外有拥立大功的隆科多与年羹尧也都被他收拾了。此时，雍正帝编造出康熙口授传位遗诏的事，已是死无对证了。为什么雍正帝不在即位时就将康熙帝的“临终口谕”公告天下呢？

第十，“杀人灭口”说。雍正帝的同父同母弟胤禵回京奔丧，对雍正帝的态度相当不寻常，而雍正帝最后将他监禁，这是不是“先帝欲将大统传与允禵”的旁证？雍正帝的敌对兄弟几乎没有一个得到善终，这算不算是早年继位之争的“秋后算账”？这些在以前都被认为是雍正夺位的证据。特别是隆科多和年羹尧的结局。

隆科多，满洲镶黄旗人，是皇亲国戚中的特殊人物。他是康熙帝舅父佟国维的儿子，是康熙皇后佟佳氏的弟弟。在康熙帝晚年任理藩院尚书、步军统领。康熙帝死时，唯有隆科多一人传遗诏由雍亲王继位。康熙帝报丧，隆科多提督九门、卫戍京师。雍正帝继位，隆科多说：“白帝城受命之日，即是死期已至之时。”隆科多虽受赐袭一等公、吏部尚书、加太保等，仍被定四十一款大罪，命在畅春园外建屋三间，永远禁锢。雍正六年（1728 年）六月，隆科多死于禁所。隆科多最初是皇长子胤禔的支持者，后又投靠皇八子胤禩，他同雍亲王的关系并不密切。康熙帝死亡前夕，他权衡轻重，决定协助皇四子胤禛得位，可以获得最多好处，但结果也没有得到好下场。

年羹尧，汉军镶白旗（《清史稿》作镶黄旗）人，父年遐龄官至湖广总督。年遐龄女事胤禛潜邸，后为雍正帝皇贵妃。年羹尧在康熙三十九年（1700 年）成进士，入翰林院，任侍读学士，后任四川巡抚、定西将军，在青藏有军功。雍正帝继位，委以重任，召抚远大将军胤禵还京师，命年羹尧管理大将军印务。雍正三年（1725 年）二月，以年羹尧《贺疏》中有“夕惕朝乾”（应作“朝乾夕惕”），命罢其将军，尽削其官职。同年，定年羹尧九十二款大罪，令其狱中自裁，斩其子年富，余子年十五岁以上皆戍极边。

隆科多以元舅之亲，受顾命之重；年羹尧以贵妃之兄，获多战之功。雍正初年，隆科多与年羹尧，文武权臣，内外夹辅。《清史稿》论者谓：隆、年凭借权势，无复顾及，即于覆灭，古圣所诫。他们知进不知退，知显不知隐。由此来说，这是不是“飞鸟尽，良弓藏；狡兔死，走狗烹”这条铁则的再次重复呢？

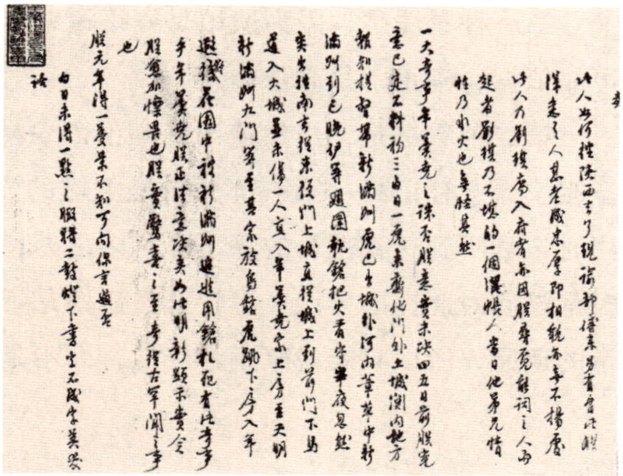

■ 雍正朱批奏折，其中有“年羹尧，朕正法意决矣”之句

关于雍正帝继位疑案，概括来说，现代学者主要有四种意见：

第一，“雍正夺嫡”说。清朝的皇位继承，没有实行嫡长制。在清太祖、太宗时，皇位继承人采用满洲贵族会议公推制。清世祖福临首用遗命制，即在临终前指定皇三子玄烨为皇位继承人，就是康熙皇帝。康熙帝的皇位继承，先是指定嫡长子胤礽为皇太子，继而废，废而立，又再废，所以康熙帝生前没有立嫡。既然清朝没有实行“嫡长制”，康熙帝临死前并没有公开立嫡，那雍正帝何嫡可夺？所以不能说雍正帝继位是“夺嫡”。

第二，“雍正篡位”说。雍正帝既不是“夺嫡”，那么是不是篡位呢？到现在为止，还没有文献或档案材料能证明——康熙帝临终前公开正式册立储君。燕王朱棣发动“靖难之役”，篡了他侄子建文帝的位；唐太宗策动“玄武门之变”，篡了他兄长的位。那么，雍亲王篡位是“篡”了谁的位？说不清楚。所以，“雍正篡位说”不能成立。

第三，“合法继位”说。主要的根据是历史文献《清圣祖实录》和清宫档案《康熙遗诏》。有许多学者指出：《清圣祖实录》和《康熙遗诏》都是雍正帝继位之后，钦定文人奉命编纂的，内容自然要体现胤禛的意志。《清圣祖实录》也是如此，《康熙遗诏》更是如此。

第四，“雍正夺位”说。雍正既不是夺嫡，也不是篡位，又不是合法继位，许多议论集中到“雍正夺位”的问题上。这里，牵扯到《康熙遗诏》。雍正帝即位时宣布的《康熙遗诏》，不是康熙本人书写的，而且在康熙逝世三天后才宣布，因此有人认为雍正帝编造了遗诏。《清圣祖实录》记载康熙帝临死前留下了遗诏，今中国第一历史档案馆和台北故宫博物院各存有《康熙遗诏》档案。因此，引出《康熙遗诏》真伪之争论。

第一种看法是，因为遗诏是雍正帝编纂的，所以不能作为雍正合法继位的可靠依据，雍正帝是夺位。

第二种看法是，虽然遗诏是雍正帝编纂的，但有依据。第一部分内容《清圣祖实录》有记载；第二部分中最关键的内容，依据的是康熙帝的临终遗命。当时亲耳听到这番遗命的除了隆科多之外，还有康熙帝的七位皇子，他们在当时都没有对此提出异议。尽管这份遗诏是雍正帝编纂的，但是内容体现了康熙帝的遗愿，所以只能说雍正帝夺位，而不是篡位。

三、欲盖弥彰

雍正帝的皇位，是正取还是逆取？从胤禛登极至今近三百年来，既是学术界激烈争议的问题，也是演艺界火爆炒作的题材。雍正帝继位是否逆取，历史没有留下记载。因为历史是胜利者的记录，正史不会，也不可能对雍正帝逆取皇位作出记载。但是，自从康熙帝宾天，雍正帝继统，即有皇位出自篡夺的传闻异说。雍正帝为此亲撰上谕驳斥，编纂《大义觉迷录》一书，就“谋父”“逼母”“弑兄”“屠弟”“贪财”“好杀”“酗酒”“淫色”“好谀”“任佞”十项“大罪”，进行自辩，颁行天下。然而，事与愿违，弄巧成拙，欲盖弥彰，愈描愈黑，留下生动而曲折的历史故事。

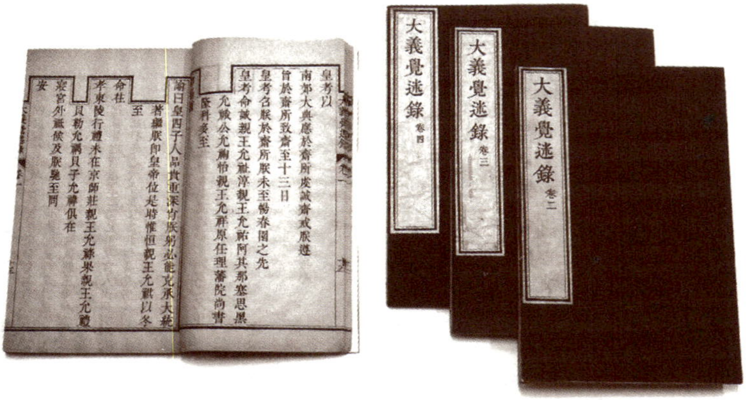

■《大义觉迷录》记载康熙谕旨：“皇四子人品贵重，深肖朕躬，必能克承大统，著继朕即皇帝位。”

雍正帝继承皇位之日，就面临着兄弟们的不满和挑战。康熙帝崩逝的噩耗传出，京城九门关闭六天，诸王非传令旨不得进入大内。箭在弦上，形势紧张。当时有条件同胤禛争夺皇位，年满二十岁的皇子共有十三人，胤禛的大哥胤禔、二哥胤礽、三哥胤祉、五弟胤祺、七弟胤祐、八弟胤禩、九弟胤禟、十弟胤䄉、十二弟胤祹、十三弟胤祥、十四弟胤禵、十五弟胤禑和十七弟胤礼（时皇六弟胤祚和皇十一弟胤禌已死，皇十六弟胤禄出继，均未计）。他们后来的境遇是：

大阿哥胤禔在太子废立中得罪皇父，被夺爵，幽于第。康熙帝派贝勒延寿等轮番监守，并严谕：疏忽者，当族诛。胤禔已成为一只不再见天日的死老虎。雍正十二年（1734年）死，以贝子礼殡葬。

废太子胤礽被禁锢在咸安宫，但雍正帝继位后仍不放心。他封其子弘晳为理郡王，将其举家迁至郊外王府，高墙软禁；雍正二年（1724年），胤礽在监禁中孤独死去，年五十一。

三阿哥胤祉本不太热心皇储，一门心思研学、编书，但也受到牵连。雍正帝即位后，以“允祉与太子素亲睦”，命“允祉守护景陵”，发配其到遵化为康熙帝守陵。胤祉心里不高兴，免不了私下发些牢骚。雍正帝知道后，干脆将胤祉夺爵，幽禁于景山永安亭。雍正十年（1732年）死，年五十六，以郡王礼殡葬。

五弟胤祺，康熙帝亲征噶尔丹时，曾领正黄旗大营，后被封为恒亲王，其子弘昇为世子。胤祺没有结党，也没有争储，只想做个平安皇子。但是，雍正帝即位后，借故削弘昇世子爵。雍正十年（1732年），胤祺死，年五十四。

七弟胤祐有残疾，无野心，擅书法，后晋淳亲王，雍正八年（1730年）死，年五十一。

八弟胤禩是雍正帝兄弟中最为优秀、最有才能的一位。但是，“皇太子之废也，允禩谋继立，世宗深憾之”。胤禩为谋继位，同大阿哥胤禔、九阿哥胤禟、十阿哥胤䄉、十四阿哥胤禵等亲近，被认为“结党”。所以，雍正帝继位后，视胤禩及其党羽为眼中钉。胤禩心里也明白，常怏怏不乐。雍正帝继位，耍了个两面派手段：先封胤禩为亲王。其福晋对来祝贺者说：“何贺为？虑不免首领耳！”（《清史稿·允禩传》卷二二〇）这话传到雍正帝那里，命将福晋赶回娘家。不久，借故命胤禩在太庙前跪一昼夜。后命削胤禩王爵，高墙圈禁，改其名为“阿其那”。“阿其那”一词，学者解释有所不同，过去多认为是“猪”的意思，近来有学者解释为“不要脸”。胤禩被幽禁，受尽折磨，“患呕哕”“卒于幽所”，年四十六。后来乾隆帝给他的这位叔父平反，“未有显然悖逆之迹”，恢复原名，收入《玉牒》。

九弟胤禟因与胤禩结党，为雍正帝所不容。胤禟心里明白，私下表示：“我行将出家离世！”雍正帝哪能容许胤禟出家！他借故命将胤禟革去黄带子、削宗籍，逮捕囚禁。改胤禟名为“塞思黑”。“塞思黑”一词，过去多认为是“狗”的意思，近来有学者亦解释为“不要脸”。雍正帝不久给胤禟定二十八条罪状，送往保定，命直隶总督李绂将其幽禁，戴上械锁。胤禟在保定狱所备受折磨，以“腹疾卒于幽所”，传说是被毒死的，年四十四。后乾隆帝给其九叔胤禟“复原名，还宗籍”。

十弟胤䄉因党附胤禩，为雍正帝所恨。雍正元年（1723 年），哲布尊丹巴胡图克图来京病故，送灵龛还喀尔喀（今蒙古国），命胤䄉赍印册赐奠。胤䄉称有病不能前行，命居住在张家口。同年借故将其夺爵，逮回京师拘禁，直到乾隆二年（1737 年）才开释。

十二弟胤祹在康熙末年任镶黄旗满洲都统，很受重用，也很有权，但没有结党谋位。雍正帝刚即位，就封胤祹为履郡王。不久，借故将其降为“在固山贝子上行走”，就是从郡王降为比贝勒爵位还低的贝子，且不给实爵，仅享受贝子待遇。不久，又将其降为镇国公。乾隆即位后被封为履亲王。胤祹较其他兄弟气量大，一直活到乾隆二十八年（1763 年），享年七十八。

十四弟胤禵虽与雍正帝一母同胞，但因他党同胤禩，又传闻康熙帝临终前命传位“胤祯（禵）”，故二人成了不共戴天的兄弟冤家。雍正帝即位，先是不许抚远大将军胤禵进城吊丧，后又命其在遵化看守皇父的景陵，再将其父子禁锢于景山寿皇殿左右。乾隆帝继位后，将其十四叔开释。

十五弟胤禑，康熙帝死后，雍正帝命其守景陵。

雍正帝的兄弟在康熙帝死时年二十岁以上者，除以上十人外，尚有两人——就是十三弟胤祥和十七弟胤礼。胤祥，曾被康熙帝幽禁，原因不详。雍正帝继位，即封胤祥为怡亲王、总理事务，格外信赖。胤礼，雍正帝继位后封其为果郡王，再晋为果亲王，先掌管理藩院事，继任宗人府宗令、管户部。

胤祥和胤礼显然早已加入“胤禛党”，只是康熙帝在世时十分隐秘，未曾暴露。

雍正帝的两种性格、两张面孔和两副心肠，还表现在他对近臣隆科多和年羹尧的态度和处置上（前文已述）。

应当说，雍正帝兄弟、君臣之间，彼此猜忌，相互残杀，既是家族斗争，也是宫廷斗争。雍正帝毕竟是一位政治家，对他的评价应主要看其历史功过，看其对国家、对民族作出的贡献，以及犯下的错误。

雍正帝在位十三年，主要历史功绩，譬如：

第一，惩治贪腐官吏。康熙后期，吏治松弛，贪腐严重，国库亏空，地方钱粮亏空竟多至数十万。为此，雍正帝严谕：

> 限以三年，各省督抚，将所属钱粮，严行稽查。凡有亏空，无论已经参出及未经参出者，三年之内务期如数补足，毋得苛派民间，毋得借端遮饰。如限满不完，定行从重治罪。三年补完之后，若再有亏空者，决不宽贷。（《清世宗实录》卷二）

雍正元年（1723年）正月初一，雍正帝没有登殿受贺，却颁谕旨十一道，给总督、巡抚、督学、提督、总兵官、布政司、按察司、道员、副将、知府、知州、知县等官员，指出：民惟邦本，本固邦宁，固邦本者，在于吏治。不肖官吏，以小民之脂膏，饱贪吏之溪壑。民脂民膏，朘剥何堪！蔑视宪典，三尺具在！这声势浩大、让人耳聩心惊的谕旨，令全国上下的贪腐之官，望风革面。雍正初政，风气一新。

第二，推行“改土归流”。在云、贵、川、桂、湘、鄂六省少数民族地区，改革历史遗留的土司制度。土司、土官世袭，享有特权，盘剥小民，使得中央政令不能及时准确下达。有的大土司占地数百里，拥兵上万人，肆行科派，任意生杀。甚至有“土司一取子妇，则土民三载不敢婚。土民有罪被杀，亲族尚出垫刀钱数十金，终身无见天日之期”。云贵总督鄂尔泰奏请在云贵地区，推行“改土归流”，得到谕准。破除土司的政治、经济、司法等特权，必然会遇到阻力。鄂尔泰分批分期，分化瓦解，剿抚兼施，强力推行，一个土司一个土司地解决，最终取得重大进展。将一批世袭的土司、土官，改为由中央任命的有任期的官员，从而减轻了民众负担，加强了中央的直接管辖。办学校，兴科举，推动社会进步，改善民众生计，促进文化发展。

第三，安定青海蒙古。天命汗、崇德帝、顺治帝三代，主要解决了漠南蒙古（内蒙古）归附清朝的问题。康熙帝主要解决了喀尔喀蒙古（外蒙古）归附清朝的问题。雍正帝则主要解决了青海蒙古归附清朝的问题。时蒙古和硕特部罗卜藏丹津占据青海地区，挑动僧俗二十万人动乱。雍正帝派年羹尧和岳钟琪分别率军，“乘青草未生”之时，直捣其巢穴。罗卜藏丹津“衣蕃妇衣”而逃，清军获得大胜。事平之后，雍正帝又采取了一系列措施安定青海，并改西宁卫为西宁府，设青海蒙古事务大臣，从此青海归清政府辖治。雍正帝解决青海问题，“用人得当，态度坚决，应该是有功劳、有贡献的”。（陈捷先《雍正写真》）这为乾隆帝处理新疆准噶尔蒙古（西蒙古），统一新疆，设伊犁将军奠下基础。最后完全解决了自秦始皇以来，中央政府没有解决的蒙古难题。

第四，废除多地贱籍。很久以来，在各地民间有一些“贱籍”，譬如：有姓丁两户，分住两村，其一村丁家是另一村丁家的伴当、世仆，遇有婚丧之事，此姓往彼姓家服役，稍不顺意，便加棰楚。问及仆役从何时开始，都茫然不知。这是一种相沿的恶习。雍正五年（1727 年）四月二十七日，雍正帝下旨，要各地彻查。各地奏报后，雍正帝先后决定豁除山西、陕西的乐户，浙江绍兴的惰民，江苏的丐户，江南宁国的世仆，安徽徽州的伴当，广东沿海的蜑户和福建棚民等贱籍，允许他们开户为民，免贱从良，取消了传统豪绅的特权，提升贱民的社会地位。（《清世宗实录》卷五六）

当然，雍正帝既有功绩，也有问题。当时世界西方大国正在崛起，民治也

雍正“为君难”玺

在萌发。但是，中国从秦始皇以来的皇权专制却愈来愈集权化。雍正帝在争议与纷乱中登上宝座，打击敌对势力，巩固皇权是可以理解的。然而，雍正帝在强化皇权的同时，也将皇帝专制推到了顶峰。雍正帝设立军机处，集中皇权，削弱内阁；设立鐍匣秘密立储，虽有助于避免皇子自相残杀现象的发生，却导致了局势完全由一人掌控，以至于后来慈禧太后懿旨决定让四岁的光绪、三岁的宣统继承皇位；加强密折制度，虽有利于了解下情，却严密掌控了各级官员；收紧文网笔祸，禁锢了士人的思想，以至于后来出现“万马齐喑”的思想悲剧；打击政敌，强调“民无二王”，实行“乾纲独断”，出现了唯我独尊的局面；限制洋教泛滥，势有必要，却同时关闭了同西方联系的窗口，固化了“闭关锁国”、故步自封的僵局，等等。雍正帝统治的十三年，既是“康乾盛世”承上启下的一座桥梁，也是后来中国落后挨打的一个根因。

【附录一】《康熙上谕》（康熙五十六年十一月辛未二十一日）

朕少时，天禀甚壮，从未知有疾病。今春始患头晕，渐觉消瘦。至秋月，塞外行围，蒙古地方水土甚佳，精神日健，颜貌加丰，每日骑射，亦不觉疲倦。回京之后，因皇太后违和，心神忧瘁，头晕频发。有朕平日所欲言者，今特召尔等面谕：从来帝王之治天下，未尝不以敬天法祖为首务。敬天法祖之实在柔远能迩，休养苍生，共四海之利为利，一天下之心为心，体群臣子庶民，保邦于未危，致治于未乱。夙夜孜孜，寤寐不遑，宽严相济，经权互用，以图国家久远之计而已。自古得天下之正，莫如我朝太祖、太宗。初无取天下之心，尝兵及京城，诸大臣咸奏云当取。太宗皇帝曰：“明与我国，素非和好，今取之甚易，但念中国之主，不忍取也。”后流贼李自成，攻破京城，崇祯自缢，臣民相率来迎，乃翦灭闯寇，入承大统。昔项羽起兵攻秦，后天下卒归于汉。其初，汉高祖一泗上亭长耳。元末，陈友谅等并起，后天下卒归于明。其初，明太祖一皇觉寺僧耳。我朝承席先烈，应天顺人，抚有区宇，以此见乱臣贼子，无非为真主驱除耳。今朕年将七旬，在位五十余年者，实赖天地宗社之默佑，非予凉德之所致也。朕自幼读书，于古今道理，粗能通晓。凡帝王自有天命，应享寿考者，不能使之不享寿考；应享太平者，不能使之不享太平。自黄帝甲子至今，四千三百五十余年，称帝者三百有余；但秦火以前，三代之事，不可全信。始皇元年至今一千九百六十余年，称帝而有年号者，二百一十有一。朕何人？斯自秦汉以下在位久者，朕为之首。古人以不矜、不伐、知足、知止者为能保始终。览三代而后，帝王践祚久者，不能遗令，闻于后世。寿命不长者，罔知四海之疾苦。朕已老矣，在位久矣，未卜后人之议论如何，而且以目前之事，不得不痛哭流涕，豫先随笔自记，而犹恐天下不知吾之苦衷也。自昔帝王，多以死为忌讳，每观其遗诏，殊非帝王语气，并非中心之所欲言，此皆昏瞀之际，觅文臣任意撰拟者。朕则不然，今豫使尔等，知朕之血诚耳。当日临御至二十年，不敢逆料至三十年，三十年不敢逆料至四十年，今已五十七年矣。《尚书·洪范》所载：一曰寿，二曰富，三曰康宁，四曰攸好德，五曰考终命。五福以“考终命”，列于第五者，诚以其难得故也。今朕年将七十，子孙、曾孙百五十余人，天下粗安，四海承平，虽不能移风易俗，家给人足，但孜孜汲汲，小心敬慎，夙夜不遑，未尝少懈。数十年来，殚心竭力，有如一日，此岂仅“劳苦”二字，所能该括耶！前代帝王，或享年不永，史论概以为“侈然自放，耽于酒色”所致。此皆书生好为讥评，虽纯全尽美之君，亦必抉摘瑕疵。朕为前代帝王剖白：盖由天下事繁，不胜劳惫之所致也。诸葛亮云：“鞠躬尽瘁，死而后已。”为人臣者，惟诸葛亮一人耳！若帝王仔肩甚重，无可旁诿，岂臣下所可比拟！臣下可仕则仕，可止则止，年老致政而归，抱子弄孙，犹得优游自适。为君者，勤劬一生，了无休息。如舜虽称无为而治，然身殁于苍梧；禹乘四载，胼手胝足，终于会稽。似此皆勤劳政事，巡行周历，不遑宁处，岂可谓之崇尚无为，清静自持乎！《易·遁卦》六爻，未尝言及人主之事，可见人主原无宴息之地，可以退藏，鞠躬尽瘁，诚谓此也。昔人每云：“帝王当举大纲，不必兼总细务。”朕心窃不谓然，一事不谨，即贻四海之忧；一时不谨，即贻千百世之患。不矜细行，终累大德。故朕每事，必加详慎，即如今日留一二事未理，明日即多一二事矣！若明日再务安闲，则后日愈多壅积，万几至重，诚难稽延。故朕莅政，无论钜细，即奏章内有一字之讹，必为改定发出，盖事不敢忽，天性然也。五十余年，每多先事绸缪，四海兆人亦皆戴朕德意，岂可执“不必兼总细务”之言乎！朕自幼强健，筋力颇佳，能挽十五力弓，发十三握箭，用兵临戎之事，皆所优为。然平生未尝妄杀一人，平定三藩，扫清漠北，皆出一心运筹。户部帑金，非用师赈饥，未敢妄费，谓此皆小民脂膏故也。所有巡狩行宫，不施采缋，每处所费，不过一二万金，较之河工岁费三百余万，尚不及百分之一。幼龄读书，即知酒色之可戒，小人之宜防，所以至老无恙。自康熙四十七年大病之后，过伤心神，渐不及往时。况日有万几，皆由裁夺，每觉精神日逐于外，心血时耗于内，恐前途倘有一时不讳，不能一言，则吾之衷曲未吐，岂不可惜！故豫于明爽之际，一一言之，可以尽一生之事，岂不快哉！人之有生，必有死。如朱子之言："天地循环之理，如昼如夜。"孔子云："居易以俟命。"皆圣贤之大道，何足惧乎！近日多病，心神恍忽，身体虚惫，动转非人扶掖，步履难行。当年立心以天下为己任、许死而后已之志，今朕躬抱病，怔忡健忘，故深惧颠倒是非，万几错乱，心为天下，尽其血神，为四海散其形，既神不守舍，心失怡养，目不辨远近，耳不分是非，食少事多，岂能久存？况承平日久，人心懈怠，福尽祸至，泰去否来，元首丛脞，而股肱惰，至于万事隳坏，而后必然招天灾人害，杂然并至。虽心有余而精神不逮，悔过无及，振作不起，呻吟床榻，死不瞑目，岂不痛恨于未死？昔梁武帝亦创业英雄，后至耄年，为侯景所逼，遂有台城之祸；隋文帝亦开创之主，不能豫知其子炀帝之恶，卒致不克令终。又如丹毒自杀，服食吞饼，宋祖之遥见烛影之类，种种所载疑案，岂非前辙？皆由辨之不早，而且无益于国计民生。汉高祖传遗命于吕后，唐太宗定储位于长孙无忌。朕每览此，深为耻之。或有小人希图仓卒之际废立，可以自专，推戴一人，以期后福。朕一息尚存，岂肯容此辈乎！朕之生也，并无灵异，及其长也，亦无非常。八龄践祚，迄今五十七年，从不许人言祯符瑞应，如史册所载，景星、庆云、麟凤、芝草之贺，及焚珠玉于殿前，天书降于承天，此皆虚文，朕所不敢。惟日用平常，以实心行实政而已。今臣邻奏请立储分理，此乃虑朕有猝然之变耳。死生常理，朕所不讳。惟是天下大权，当统于一。十年以来，朕将所行之事，所存之心，俱书写封固，仍未告竣。立储大事，朕岂忘耶？天下神器至重，倘得释此负荷，优游安适，无一事婴心，便可望加增年岁。诸臣受朕深恩，何道俾朕得此息肩之日也。朕今气血耗减，勉强支持。脱有误万几，则从前五十七年之忧勤，岂不可惜！朕之苦衷血诚，一至如此。每览老臣奏疏乞休，未尝不为流涕。尔等有退休之时，朕何地可休息耶？但得数旬之怡养，保全考终之死生，朕之欣喜，岂可言罄！从此岁月悠久，或得如宋高宗之年，未可知也。朕年五十七岁，方有白须数茎，有以乌须药进者，朕笑却之曰："古来白须皇帝有几，朕若须鬓皓然，岂不为万世之美谈乎！"初年同朕共事者，今并无一人。后进新升者，同寅协恭，奉公守法，皓首满朝，可谓久矣，亦知足矣。朕享天下之尊，四海之富，物无不有，事无不经。至于垂老之际，不能宽怀瞬息，故视弃天下犹敝屣，视富贵如泥沙也。倘得终于无事，朕愿已足。愿尔等大小臣邻，念朕五十余年太平天子，惓惓丁宁反复之苦衷，则吾之有生考终之事毕矣。此谕已备十年，若有遗诏，无非此言。披肝露胆，罄尽五内，朕言不再。（《清圣祖实录》卷二七五）

【附录二】《康熙遗诏》（康熙六十一年十一月甲午十三日）

从来帝王之治天下，未尝不以敬天法祖为首务，敬天法祖之实在柔远能迩，休养苍生，共四海之利为利，一天下之心为心，保邦于未危，致治于未乱，夙夜孜孜，寤寐不遑，为久远之国计，庶乎近之。今朕年届七旬，在位六十一年，实赖天地宗社之默祐，非朕凉德之所致也。历观史册，自黄帝甲子，迄今四千三百五十余年，共三百一帝。如朕在位之久者甚少。朕临御至二十年时，不敢逆料至三十年，三十年时不敢逆料至四十年，今已六十一年矣！《尚书·洪范》所载：一曰寿，二曰富，三曰康宁，四曰攸好德，五曰考终命。五福以"考终命"列于第五者，诚以其难得故也。今朕年已登耆，富有四海，子孙百五十余人，天下安乐，朕之福亦云厚矣！即或有不虞，心亦泰然。念自御极以来，虽不敢自谓能移风易俗，家给人足，上拟三代明圣之主，而欲致海宇升平，人民乐业，孜孜汲汲，小心敬慎，夙夜不遑，未尝少懈，数十年来，殚心竭力，有如一日，此岂仅"劳苦"二字所能该括耶！前代帝王，或享年不永，史论概以为酒色所致。此皆书生，好为讥评，虽纯全尽美之君，亦必抉摘瑕疵。朕今为前代帝王剖白言之：盖由天下事繁，不胜劳惫之所致也。诸葛亮云："鞠躬尽瘁，死而后已。"为人臣者，惟诸葛亮能如此耳！若帝王仔肩甚重，无可旁诿，岂臣下所可比拟？臣下可仕则仕，可止则止，年老致政而归，抱子弄孙，犹得优游自适。为君者勤劬一生，了无休息之日。如舜虽称无为而治，然身殁于苍梧；禹乘四载，胼手胝足，终于会稽，似此皆勤劳政事，巡行周历，不遑宁处，岂可谓之崇尚无为，清静自持乎！《易·遁卦》六爻，未尝言及人主之事，可见人主原无宴息之地，可以退藏，鞠躬尽瘁，诚谓此也。自古得天下之正，莫如我朝。太祖、太宗，初无取天下之心，尝兵及京城，诸大臣咸云当取，太宗皇帝曰："明与我国，素非和好，今欲取之甚易，但念系中国之主，不忍取也！"后流贼李自成攻破京城，崇祯自缢，臣民相率来迎，乃剪灭闯寇，入承大统，稽查典礼，安葬崇祯。昔汉高祖系泗上亭长，明太祖一皇觉寺僧，项羽起兵攻秦，而天下卒归于汉，元末陈友谅等蜂起，而天下卒归于明。我朝承席先烈，应天顺人，抚有区宇，以此见乱臣贼子，无非为真主驱除也。凡帝王自有天命，应享寿考者，不能使之不享寿考，应享太平者，不能使之不享太平。朕自幼读书，于古今道理，粗能通晓。又年力盛时，能弯十五力弓，发十三把箭。用兵临戎之事，皆所优为。然平生未尝妄杀一人。平定三藩，扫清漠北，皆出一心运筹。户部帑金，非用师赈饥，未敢妄费。谓此皆小民脂膏故也！所有巡狩行宫，不施采绘。每处所费，不过一二万金，较之河工岁费三百余万，尚不及百分之一。昔梁武帝亦创业英雄，后至耄年，为侯景所逼，遂有台城之祸；隋文帝亦开创之主，不能预知其子炀帝之恶，卒至不克令终，皆由辨之不早也。朕之子孙，百有余人，朕年已七十，诸王、大臣、官员、军民，以及蒙古人等，无不爱惜朕年迈之人，今虽以寿终，朕亦愉悦。至太祖皇帝之子礼亲王，饶余王之子孙，见今俱各安全。朕身后，尔等若能协心保全，朕亦欣然安逝。雍亲王皇四子胤禛，人品贵重，深肖朕躬，必能克承大统，著继朕登基，即皇帝位。即遵典制，持服二十七日释服。布告天下，咸使闻知。(《清圣祖实录》卷三〇〇)

第十七讲

乾隆生母是谁

乾隆皇帝这位大名鼎鼎的皇帝，不仅他的亲生母亲是谁有疑问，而且他生母的姓氏为何也有疑问。这在清史上是仅有的，在中国历史上也是不多见的。大家为什么关心乾隆帝生母的问题呢？作为一个普通人，他的生母是谁，他生母的姓氏为何，只与他的家庭和亲属有关，于民族、国家、社稷关系不大；但乾隆帝不同，他的生母是谁，他生母的姓氏为何，是关乎民族与政治的大问题。

乾隆帝为崇庆皇太后打造的金发塔

康熙六十一年（1722 年），康熙帝在避暑山庄狮子园会见了弘历的生母（后来的崇庆皇太后），说她是有福之人。能成为有福之人，主要是因为她有乾隆帝这位大孝子。因母亲六十大寿，乾隆帝大修清漪园（今颐和园），改瓮山名为万寿山。他曾侍奉母亲三上泰山、四下江南、多次到避暑山庄。乾隆帝还别出心裁，用三千多两黄金做了一个金塔，专门用来存放他母亲梳头时掉下来的头发，所以叫“金发塔”。

但是，一直有议论说，这位有福气的崇庆皇太后，竟然不是乾隆帝的生母，或者说她的身世可疑，或者说她的姓氏存疑，从而形成了一件乾隆帝的生母及其姓氏的疑案。

一、野史传说

清末民初，反清排满的风气很盛，出现了很多有关清帝的野史传说。乾隆帝生母疑案，更是被炒得街头巷议、沸沸扬扬，主要是说乾隆帝血统不贵、不纯。我归纳一下，主要有四说。

第一种，南方傻姐说。民国时期曾任国务总理的熊希龄，从"老宫役"口中听到乾隆帝生母的故事，并对胡适讲道："乾隆帝之生母为南方人，诨名'傻大姐'，随其家人到热河营生。'这种传说因《胡适日记》而流传甚广。弘历（乾隆帝）出生时，胤禛已是雍亲王，他怎么会纳一位"傻大姐"为福晋呢！这纯属齐东野语，毫无根据，不必相信，也无须论。

第二种，承德贫女说。晚清湖南湘潭人王闿运，曾经做过曾国藩的幕僚，还做过大学士、户部尚书肃顺的西席（家庭教师），著有《周易说》《尚书笺》《尚书大传补注》《诗经补笺》《礼记笺》《春秋公羊传笺》《周官笺》《论语训》《尔雅集解》等，还有《湘绮楼诗文集》若干卷，是晚清著名的经学家、文人、诗人；且交游甚广，熟谙掌故。王闿运在《湘绮楼诗文集·今列女传》中说：

> 孝圣宪皇后，纯皇帝（指乾隆）之母也。始在母家，居承德城中，家贫无奴婢。六七岁时，父母遣诣市买浆酒粟面，所至店肆辄大售，市人敬异焉。十三岁入京师，值中外姊妹当选入宫，随往观之，门者初以为在籍中，既而引见，十人为列，始觉之。主者惧，谴令入末班。孝圣容体端颀（qí），中选，分皇子邸，得在雍府，即世宗宪皇帝王宫也。宪皇帝肃俭勤学，靡有声色侍御之好，福晋别居，进见有时。会夏被时疾，御者多不乐往，孝圣奉妃命，旦夕服事维谨，连五六旬，疾大愈，遂得留侍，生高宗（乾隆）焉。

将上述记载与皇室家谱《玉牒》和《清高宗实录》记载的孝圣宪皇后钮祜禄氏的家世进行比较，王闿运所记不仅详尽，而且多有异辞。说钮祜禄氏"家贫无奴婢"，十三岁时混入姐妹群中得入选秀女，分雍亲王府为侍女，都不见于《玉牒》和《清高宗实录》。

■ 大黄绫本《玉牒》

上述记载可信吗？曾任清史馆纂修的张采田说："王氏书好任意出入。"晚清遗老、熟悉清宫掌故的光绪进士金梁认为：从《钦定宫中现行则例》里，可见清宫门卫制度森严，怎么可能让一个承德女子混进皇宫并入选秀女呢？断言王闿运所记不实。但王闿运关于乾隆帝生母钮祜禄氏家世及入宫的说法，虽不无破绽，却应予重视。张采田在《清列朝后妃传稿》中引述英和《恩福堂笔记》和王闿运《湘绮楼诗文集》的记载，促发人们更加关注这个疑案。

第三种，海宁陈家说。海宁[1]在清朝属浙江省杭州府（今属嘉兴市），是滨海的一个小县。它之所以闻名于世，一是这里可以观看气势磅礴的中秋海潮，再就是明清以来这里出了一个"海宁陈家"。

海宁陈氏后人陈其元所撰《庸闲斋笔记》讲了一段掌故：道光朝时他的从祖陈崇礼做建昌道，有一次皇帝召见时询问他的家世，崇礼奏称系陈元龙、陈世倌的后人。道光帝道："汝固海宁陈家也。"于是将他擢升为盐运使。这里提到的陈世倌，就是曾任都察院左都御史、工部尚书，乾隆七年（1742年）官拜文渊阁大学士，并被广为传说是乾隆皇帝生父的海宁陈阁老。

这个故事来自清末天嘏（gǔ）所著《清代外史》，书中《弘历非满洲种》写道：

浙江海宁陈氏，自明季衣冠雀起，渐闻于时，至（陈）之遴，始以降清，位至极品。厥后陈诜（shēn）、陈世倌、陈元龙，父子叔侄，并位极人臣，遭际最盛。康熙间，胤禛与陈氏尤相善，会两家各生子，其岁、月、日、时皆同。胤禛闻悉，乃大喜，命抱以来。久之，始送归，则竟非己子，且易男为女矣。陈氏殊震怖，顾不敢剖辨，遂力秘之。未几，胤禛袭帝位，即特擢陈氏数人至显位。迨乾隆时，其优礼于陈者尤厚。尝南巡至海宁，即日幸陈氏家，升堂垂询家世。将出，至中门，命即封之。谓陈氏曰："厥后非天子临幸，此门毋轻开也。”由是，陈氏遂永键其门。或曰：“弘历实自疑，故欲亲加访问耳。”或曰：“胤禛之子，实非男，入宫比视，妃窃易之，胤禛亦不知也。”或又曰：“弘历既自知非满人，在宫中尝屡屡穿汉服，欲竟易之。一日，冕旒袍服，召所亲近曰：‘朕似汉人否？’一老臣跪对曰：‘皇上于汉诚似矣，而于满洲非也。’弘历乃止。”

这段文字核心的意思是说，在康熙年间，海宁陈家和雍亲王胤禛两家同时生孩子，且生日时辰都相同，雍亲王命陈家将孩子抱进王府自己要看看，结果陈家抱进去的是男孩，抱出来的却是女孩！陈家怕引来灭门之祸，不敢声张。这个陈家的男孩，就是后来的乾隆皇帝。

蔡东帆（藩）《清史通俗演义》第三十回对此加以渲染，钱塘九钟主人《清宫词》又为之推波助澜。有一首《清宫词》说：“巨族盐官高渤海，异闻百载每传疑。冕旒汉制终难复，曾向安澜驻翠蕤（ruí）。”诗的作者还对最后一句诗加了注释：“海宁陈氏有安澜园，高宗南巡时，驻跸园中，流连最久。乾隆中尝议复古衣冠制，不果行。”《清宫词》说“巨族盐官高渤海”，指的就是海宁陈家。这首词原注中指乾隆帝南巡驻陈氏安澜园流连最久为证。

应该说《清代外史》也好，《清史通俗演义》也好，《清宫词》也好，有关乾隆帝生母的异说，当时都带有排满的政治意味。因为如果乾隆帝是海宁陈氏之子，也就否定了他的纯正满洲血统，因而清朝自乾隆以后，已成了汉家

■ 海宁陈氏安澜园遗址

天下。这个传闻尤为汉人津津乐道，到了清末民初，几乎众口一词，江浙一带更甚。

另有《皇室见闻录》记载：乾隆为雍正第四子，此《玉牒》之可考者也。说者谓雍正在藩邸时，王妃诞下一女，恐失主眷。适有邻居雍和宫之海宁陈氏恰生一男，命太监取而观之，既送出，则易女矣，男即乾隆也。此事殊骇听闻。夫以雍正之英明，岂能任后宫有以女易男之事？且皇孙诞生，应由本邸差派太监，面见内奏事先行口奏，再由宗人府专折奏闻，以便命名。岂能迟至数日、数月，方始声明耶？演义家方以此为凭证，予正以此为子虚之凭证耳。（章乃炜《清宫述闻》）

野史炒作之后，小说家又出来凑热闹，首先登场的是名噪一时的鸳鸯蝴蝶派大家之一许啸天。民国十四年（1925 年），上海出版许啸天的《清宫十三朝》，书中写乾隆帝原是陈阁老的儿子，被雍正妻子用掉包计换了来。乾隆帝长大后，从乳母嘴里得知隐情，便借南巡之名，去海宁探望亲生父母。但这时陈阁老夫妇早已去世，乾隆帝只得到墓前，用黄幔遮着，行了人子大礼。此书风靡一时，此传闻更加广为人知。

后来，乾隆帝为海宁陈家之子的传闻，不断采入小说、影视作品，而影响最大的当属金庸先生的《书剑恩仇录》。金庸（查良镛），浙江海宁人，从小就听到有关乾隆帝的种种传闻，故而他的第一部武侠小说《书剑恩仇录》也就紧紧围绕着乾隆帝的身世之谜展开。在金庸的笔下，当时江湖最大帮会——红花会的总舵主于万亭秘密入宫，将乾隆帝生母陈世倌夫人的一封信交给乾隆帝，信中详述当时经过，又说他左股有一块朱记。待于万亭走后，乾隆帝便把当年喂奶的乳母廖氏传来，秘密询问，得悉了自己的家世真情：“原本康熙五十年八月十三日，四皇子允祯（按即胤禛）的侧妃钮祜禄氏生了一个女儿，不久听说大臣陈世倌的夫人同日生产，命人将小儿抱进府里观看。哪知抱进去的是儿子，抱出来的却是女儿。陈世倌知是四皇子掉了包，大骇之下，一句都不敢泄漏出去。”

金庸先生虽以海宁人写乾隆帝为海宁陈家之后的故事，但他告诉读者们：“陈家洛这人物是我的杜撰。”他还声明：“历史学家孟森作过考据，认为乾隆帝是海宁陈家后人的传说靠不住。”

乾隆帝到海宁，不能证明他是陈家的儿子，因为：

其一，乾隆帝四至海宁为海塘。乾隆帝六度南巡，四至海宁，每次都驻跸陈家私园——原名隅（yú）园，后经乾隆帝改名为安澜园。乾隆帝四至海宁，主要为修海塘。海潮北趋，海宁告警，一旦冲破海塘，将浸淹苏、松、杭、嘉、湖等全国最富庶之地区，会严重影响政府赋税和漕粮的征收。所以海塘之工极为紧要。我曾去海宁考察过，海塘工程，雄伟壮观，大功告成，厚惠于民。

清代海宁海塘工程

那为什么乾隆帝每至海宁又必驻陈氏私园“隅园”呢？最主要的原因是乾隆帝喜爱此园景致，居园中即可听到海潮的涛声，而且偏僻小县海宁也确实没有比这“三朝宰相家”更体面的地方可以迎驾了。隅园地处海宁城西北角，到陈元龙居住时，规模益备。乾隆帝南巡，陈元龙已死，其子陈邦直又增设池台，作为驻跸之地。隅园有百亩之广，入门水阔云宽，园内有百年古梅、南宋树木。当时著名诗人袁枚咏该园诗有：“百亩池塘十亩花，擎天老树绿槎枒。调羹梅也如松古，想见三朝宰相家。”乾隆帝在数十首题咏其园的诗中，发出了“似此真佳处”的感慨。乾隆帝初幸隅园后，赐其名为“安澜园”，以志此行在使海水安澜。后乾隆帝又在圆明园内建“安澜园”，并写《安澜园记》。乾隆帝六次南巡，四至海宁，都驻跸陈氏家园，但每次连“三朝宰相”陈家子孙都未召见，更谈不到“升堂垂询家世”，至于说他张黄幔以偷祭死去的父母，更属天方夜谭。

其二，海宁陈家的“春晖堂”匾额为乾隆御笔吗？海宁陈家有清帝御书“春晖堂”匾额。“春晖”语出唐朝孟郊的诗：“慈母手中线，游子身上衣。临行密密缝，意恐迟迟归。谁言寸草心，报得三春晖。”这是“春晖”两字的出典。有学者说：“春晖”意为慈母恩情，乾隆帝若不是陈家之子，为何题写这样的匾额呢？但是，经孟森先生考证：陈家确有“春晖堂”匾，但此匾是康熙帝赐书，而“非高宗所书也”。

其三，胤禛抱子理难通。有人说，胤禛做皇子时，生育不蕃，出于争储的目的，所以不择手段抱来陈家之子冒充自己的儿子。但事实是，康熙五十年（1711 年）八月十三日乾隆帝降生时，海宁陈氏在北京做高官的陈元龙，由吏部右侍郎改吏部左侍郎，八月又改广西巡抚。这一年，雍亲王胤禛三十四岁，正当壮年。此时他已有长子弘晖（殇）、二子弘昀（殇）和三子弘时。在雍邸格格钮祜禄氏生下第四子弘历（乾隆帝）后三个月十四天，另一格格耿氏又为雍亲王生下第五子弘昼。之后，又生福宜、福慧、福沛、弘瞻等。所以说，雍正帝因“生育不蕃”而抱养他人儿子，于情于理都难以说通。因此，孟森先生说：“世宗（雍正）亦安知夺位之必胜？又安知陈氏之子必有福？”此说无据，不攻自破。总之，上述说法，毫无根据。

其四，没有蒋氏“公主楼”。海宁冯柳堂写《乾隆与海宁陈阁老》一文，认为常熟人、大学士蒋溥的陈姓夫人为帝女，就是说那个被换走的雍亲王之女，后来由陈家嫁给了蒋溥。蒋溥之父名廷锡，被康熙帝赐进士，授编修，为内阁学士，官户部尚书、兵部尚书，拜文华殿大学士。工诗善画，事康熙帝内直二十余年。蒋溥，雍正进士，直南书房，官东阁大学士、军机大臣、户部尚书、礼部尚书、吏部尚书、翰林院掌院学士。蒋溥甚得皇上恩宠，蒋溥的陈夫人在常熟所居之楼，在当地被称为“公主楼”。此说也靠不住：一则，常熟人都说不知有“公主楼”；蒋氏后人也不知有“公主楼”。二则，冯氏举证蒋溥去世时，乾隆帝曾两次亲往视疾，以此作为蒋溥之妻为帝女的证据。其实，蒋溥久居相位，得了重病，帝往视疾，死后亲奠，是为常例。（《清史稿·蒋溥传》卷二八九）因此，不能以此证明蒋溥是尚主之婿。冯柳堂所谓证据，不足凭信。

其五，迭出名相并非眷顾。有清一代，海宁陈家名相迭出，宠荣极盛，有人以此说明陈家是受到乾隆帝的特别关照。海宁陈家原出渤海高氏，到始祖高谅时，游学到海宁，不小心落入水中，被一卖豆腐的店主救了上来，这位救命恩人陈明遇老而无子，便以女妻高谅，高谅生子，遂承外祖姓陈氏，后出了举人。明代万历朝，陈家出了进士、布政使、顺天巡抚等。清代顺治、康熙、雍正时，陈家“位宰相者三人”。可见，海宁陈家的仕宦隆盛从明万历即已开始，在清康熙、雍正两朝达到高峰。后来乾隆帝革职陈世倌时说：“自补授大学士以来，无参赞之能，多卑琐之节，纶扉重地，实不称职！”乾隆帝一点面子也不给陈世倌，这哪里像“父子”关系呢！不错，海宁陈家确是科第之奇。陈其元《庸闲斋笔记》记载，自明正德迄晚清，海宁三百年间“举、贡、进士二百数十人”。其中两榜为兄弟三人同榜，但这是在康熙朝，而不是在乾隆朝，所以不能以此作为乾隆帝出于海宁陈家的根据。

由以上分析可以断言，“弘历的母亲是陈世倌夫人”之说，是虚构的故事，并不是历史事实。此说早经孟森先生著文《海宁陈家》考订为子虚乌有。

第四种，汉女李氏说。曾做过热河都统幕僚的近代作家、学者冒鹤亭说：乾隆帝生母是热河汉人宫女李佳氏。上海沦陷时作家周黎庵写了《清乾隆帝的出生》（载《古今文史》半月刊1944年5月1日）一文，援引冒鹤亭的说法，披露了乾隆皇帝出生的秘闻，并添加雍正帝喝鹿血等情节，增加了故事的传奇性：

鹤丈云：乾隆生母李佳氏，盖汉人也。凡清宫人之隶汉籍者，必加“佳”字，其例甚多。雍正在潜邸时，从猎木兰，射得一鹿，即宰而饮其血。鹿血奇热，功能壮阳，而秋狩日子不携妃从，一时躁急不克自持，适行宫有汉宫女，奇丑，遂召而幸之，次日即返京，几忘此一段故事焉。去时为冬初，翌岁重来，则秋中也，腹中一块肉已将堕地矣。康熙偶见此女，颇为震怒，盖以行宫森严，比制大内，种玉何人，必得严究，诘问之下，则四阿哥也。正在大诟下流种子之时，而李女已届坐褥，势不能任其污亵宫殿，乃指一马厩，令入。此马厩盖草舍，倾斜不堪，而临御中国六十年，为上皇者又四年之十全功德大皇帝，竟诞生于此焉。鹤丈曾佐热河都统幕，此说盖闻诸当地宫监者。此草厩至清末垂二百年，而每年例需修理一次，修理之费，例得正式报销。历年所费，造一宫殿已有余资，而必须修此倾斜之草厩者，若无重大历史价值，又何至于此？信如此说，弘历之生母孝圣宪皇后之福泽亦不可谓不大。

上述文字大意是说：第一，乾隆生母李佳氏，盖汉人也。第二，雍正有一年随皇父康熙帝到承德打猎，射得一鹿，因饮鹿血而躁急不能自持，身边无福晋，“适行宫有汉宫女，奇丑，遂召而幸之”，不料这露水姻缘却种下了龙种。第三，第二年李氏女子临产，康熙帝急召雍亲王来承德诘问，胤禛承认不

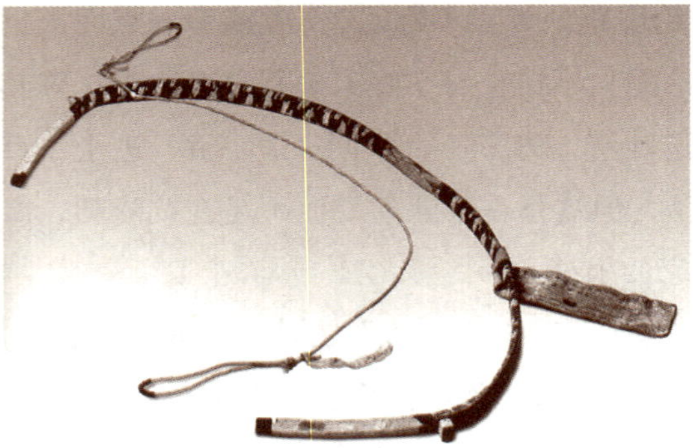

■ 雍正御用桦皮面弓

讳，弘历生后乃成为皇裔。第四，冒鹤亭还根据“当地宫监”传闻，确指李女在避暑山庄一处“倾斜不堪”的马厩草舍内生下乾隆帝，日后清廷每年都列专款修理“草房”，正为重视乾隆帝出生场地之故。

台湾学者庄练（苏同炳）《乾隆出生之谜》和高阳《清朝的皇帝》两文，都认同这一说法，甚至于提出李氏名叫金桂，而《清高宗实录》《玉牒》中记载的钮祜禄氏是经过窜改的。因为李金桂“出身微贱”，而旨令钮祜禄氏收养，于是乾隆之母便变成钮祜禄氏。

庄练先生在《中国历史上最具特色的皇帝》一书中说：“冒鹤亭因为曾在热河都统署中做幕宾之故，得闻热河行宫中所传述之乾隆帝出生秘辛如此，实在大可以发正史之隐讳。”庄练先生提出了三条史料作为热河行宫女子李氏在马厩草舍产下乾隆帝的旁证：

其一，《清圣祖实录》卷二四七有一条记载：“康熙五十年（1711 年）七月，皇四子和硕雍亲王胤禛赴热河请安。”庄练认为：“康熙在这年四月由北京遄往热河行宫，胤禛并未随行，显然无意使之参加秋狩。然而当七月盛暑之时，胤禛却专程由北京遄往热河‘请安’，若不是有极重大的事情需要请命皇帝，应该没有专程前往‘请安’的必要。所以，所谓请安云云，实际上正是官书记载的文饰之词。因为以时间推算，乾隆帝之生母此时正大腹便便，临产在即，康熙帝为了要确定雍正即为蓝田种玉之人，自必须在发现之后召讯胤禛面质此事，否则胤禛何以在此时恰有此请安之举，在时间上如此巧合呢？”庄练认定“《清圣祖实录》中的这一条记载，殊可为冒鹤亭的说法提供有力之旁证”。

其二，庄练举出，乾隆时曾官御史的管世铭在其《韫山堂诗集·扈跸秋狝记事诗》中有：“庆善祥开华渚虹，降生犹忆旧时宫。年年讳日行香去，狮子园边感圣衷。”下面注释云：“狮子园为皇上降生之地，常于宪庙忌日驻临。”

承德避暑山庄丽正门

庄练认为，此为冒鹤亭说法之证。但管世铭说“狮子园为皇上降生之地”，只能旁证乾隆帝降生于避暑山庄，不能证明乾隆帝生母是热河行宫女子李氏。

其三，庄练最后一条证据是清代官修的《热河志》中专门将“草房”记入狮子园中。他认为：清代官修的《热河志》记载，热河行宫有狮子园，乃是康熙时御赐雍正所居之别馆，园中有一处房屋，名为“草房”。为什么要将这一处不能登大雅之堂的“草房”列入狮子园里房屋记载之内呢？显然，此“草房”，正是冒鹤亭所说的当年乾隆帝诞生的马厩“草舍”。

清代离宫别苑中的殿堂轩馆、亭台楼榭，锡以嘉名是惯例，但狮子园峡陡涧环之中的三间茅草屋竟挂上了“草房”的匾额，是唯一例外。其实，“草房”虽朴陋，却很有来历。乾隆帝在乾隆四十九年（1784 年）临幸山庄、重游狮子园时曾赋“草房”诗一首，在“山房昔以草名之，缀景惟期情性怡”下自注云：“园中山房一区，皇考昔以‘草房’额之”。由此可见，“草房”的匾额系雍正皇帝御题。“草房”的不同凡响，不仅在于它经雍正题额，成了狮子园中当之无愧的一景，而且那里也留下了乾隆皇帝的圣迹。

乾隆帝即位后，于乾隆六年（1741 年）秋狝时，曾去狮子园一游。此后，便把这座园子赐给了他的弟弟果亲王弘瞻。因此，有二十余年的光景乾隆帝未去过狮子园，自然，也未再光顾这“草房”。到乾隆三十年（1765 年）弘瞻故世，乾隆皇帝再到狮子园的时候，发现这里已是“墙里收燕麦，阶前长兔葵”，一片萧瑟颓废之状了。一想到此处是旧日皇父所兴之地，又是自己幼时问安读书之处，不可任其荒落无存，于是命奉宸苑重事修葺。翌年秋，包括“草房”在内的狮子园整修一新，乾隆帝曾来游观，并在“草房”小坐，写诗一首，题目就是《草堂》，其最后两句云：“小坐旋言去，惟留五字吟。”

此后乾隆帝每年进驻山庄后十余日，即乘骑前往狮子园游览，每去必往“草房”小憩，并赋诗以志其事，而诗题皆为“草房”二字。乾隆帝一生留下的“草房”诗有数十首之多，对某一处景点题咏如此之多，实属罕见。在这些诗作中乾隆帝反复阐述了这样一个想法：皇父之所以在山岩之上建三间茅屋，并以“草房”额之，不外“缀景”和“示俭”两种意义。后者如：

岩屋三间号草房，朴敦俭示训垂长。
偶来却愧茨茅者，岚霭情斯纳景光。

■ 雍正寿山石“狮子园”印

总之，雍正帝在狮子园留下的三间草房，确实给后人留下了悬念。《热河志》把“草房”列入狮子园房屋中，虽说可疑，但非实据。把“草房”附会成当年乾隆帝诞生的“草厩”，多为臆想，证据不足。

若说乾隆帝生在避暑山庄，他的生日就成了问题；若说乾隆帝生母由李氏窜改为钮祜禄氏，《玉牒》又岂能伪造？冒鹤亭的说法，并经庄练、高阳考证出的结论——乾隆帝生母并非钮祜禄氏，而是热河行宫宫女李氏——根据似嫌不足，目前难以成立。但他们从乾隆帝生母出身寒微着眼，提出了诸多奇想，对深入了解乾隆帝生母疑案提供了思路。

那么，官书是怎样记载的呢？

二、文献记载

乾隆帝的生母究竟是谁？首先应当查《玉牒》和《清世宗实录》的记载。

其一，《玉牒》的记载。《玉牒》就是清朝皇家的家谱。《玉牒》所记，以帝系为统，长幼为序。《玉牒》的纂修有严密的制度。清朝皇家，分为宗室和觉罗两支。宗室，即清太祖努尔哈赤的父亲塔克世的直系子孙，俗称“黄带子”；觉罗，即塔克世的伯叔兄弟旁系子孙，俗称“红带子”。无论宗室还是觉罗，一旦生有子女，三月报掌管皇族事务的宗人府一次，要写明其子女出生的年月日时，生母是嫡是庶，姓氏为何，宗室入黄册，觉罗入红册。如迟误不报，或报不以实者，要治罪。每过十年，经宗人府题请，由宗令、宗正，及满汉大学士、礼部尚书、侍郎、内阁学士等充当正副总裁官，把黄册、红册所载的子女资料汇入《玉牒》。如有歧义，要由皇帝作裁断。《玉牒》修成，经皇帝审阅后，缮写两部，分别收藏于京师皇史宬和盛京故宫，其底本仍装帧成帙，由宗人府保存备案。

现在可以查到，在中国第一历史档案馆保存的《玉牒》和生卒记录底稿上，都清楚地写着“世宗宪皇帝（雍正）第四子高宗纯皇帝（乾隆），康熙五十年（1711 年）辛卯八月十三日，孝圣宪皇后钮祜禄氏、凌柱之女，诞生于雍和宫。”就是说，乾隆皇帝的生母是钮祜禄氏，外祖父是凌柱。

其二，《清世宗实录》的记载。《清实录》是清朝皇帝一生事功言行、军国大事的记录，以年月日为序，由下一代皇帝主持纂修。《清世宗实录》记载：

> 奉皇太后圣母懿旨：侧妃年氏，封为贵妃；侧妃李氏，封为齐妃；格格钮祜鲁氏，封为熹妃；格格宋氏，封为懋嫔；格格耿氏，封为裕嫔。（《清世宗实录》卷四）

就是说，雍正帝继承皇位以后，乾隆帝的生母钮祜鲁氏（即钮祜禄氏），从品级较低的格格晋升为熹妃。

其三，《清史稿·后妃传》的记载。《清史稿》是民国初年设立的清史馆，

清宫廷画家绘《慈宁燕喜图》，描绘乾隆帝在慈宁宫为太后祝七十大寿的情形

《慈宁燕喜图》（局部）

主要依据宫廷档案等资料，纂修的纪传体清朝史书。《清史稿·后妃传》记载：

孝圣宪皇后，钮祜禄氏，四品典仪凌柱女。后年十三，事世宗潜邸，号格格。康熙五十年八月庚午（十三日），高宗生。雍正中，封熹妃，进熹贵妃。

从以上《玉牒》、《清世宗实录》和《清史稿·后妃传》的记载来看，乾隆皇帝的生母应当是钮祜禄氏，不存在什么问题。但是，历史疑案，依然存在。

三、历史疑案

上面讲了三条官方的记载，但是其他档案、文献的记载与官方文献记载有差异，这就造成了乾隆帝生母姓氏的历史疑案。

其一，清宫档案记载。《雍正朝汉文谕旨汇编》收录的当时的档案记载：

雍正元年（1723 年）二月十四日奉上谕：遵太后圣母谕旨：侧福晋年氏封为贵妃，侧福晋李氏封为齐妃，格格钱氏封为熹妃，格格宋氏封为裕嫔，格格耿氏封为懋嫔。该部知道。（《雍正朝汉文谕旨汇编》雍正元年二月十四日）

《清世宗实录》记载的是格格钮祜禄氏封为熹妃，而上述这件档案记载的是格格钱氏封为熹妃。这正是："夜半桥边呼孺子，人间犹有未烧书。"雍正帝、乾隆帝、嘉庆帝万万没有想到还有这样一份宫廷档案留存在人世，尘封在内阁大库档案里。

对于上述重要档案，中国人民大学清史研究所郭成康教授写成《乾隆皇帝生母及诞生地考》（载《清史研究》2003 年第 4 期）对它进行了研究。

这里，在时间上有一点差异：册封后妃嫔的档案时间是雍正元年（1723 年）二月十四日，而册封后妃嫔的大典却是在雍正元年（1723 年）十二月二十二日——两者相差十个月。这是否因为册封谕准是二月十四日，秘密立储弘历是在八月十七日，这时发现弘历生母身份之事，需要进行巧妙处理，于是经过一番运作，才在十二月二十二日举行了册封后妃嫔的大典？

崇庆皇太后像

其二，《永宪录》记载熹妃姓钱。萧奭（shì）于乾隆十七年（1752 年）写了一部《永宪录》，其中卷二“雍正元年（1723年）十二月丁卯（二十二日）”记述：

雍正元年（1723年）十二月丁卯（二十二日），午刻，上御太和殿。遣使册立中宫那拉氏为皇后。诏告天下，恩赦有差。封年氏为贵妃，李氏为齐妃，钱氏为熹妃，宋氏为裕嫔，耿氏为懋嫔。

萧奭在这本书中还提出：“齐妃或云即今之崇庆皇太后。俟考。”

上述记载，也是说被封为熹妃的是钱氏，而不是钮祜禄氏。但是又说齐妃李氏或云是乾隆帝的生母。

萧奭写《永宪录》，必有所据，或为邸报，或为档案，抑或其他，也就是说在当时就有人对乾隆帝亲生母亲的身份提出了怀疑。

从以上几份资料看，关于乾隆帝的生母出现了三种记载：

第一，钮祜禄氏，原任四品典仪官、加封一等承恩公凌柱之女。

第二，熹妃钱氏。

第三，齐妃李氏。

这就是当时清朝官方文献档案的不同记载。连官方的记载都不一样，难怪人们对乾隆帝的生母身份产生了疑惑。就这种历史文献与档案记载的差异，可以做如下解释：

第一，熹妃只能有一人。按清宫的规制，册封皇妃有严格的规定，皇妃的封号只能有一个，不能有重名。所以“熹妃”在清朝只能有一人。因此，格格钱氏与格格钮祜禄氏应当是同一个人。

第二，清宫谕旨档案是当时的第一手资料，《清世宗实录》是乾隆帝继位以后修的，《清高宗实录》则是乾隆帝的儿子嘉庆帝继位后修的，都是后来修的，可能对原始资料进行了窜改，也都不能算是第一手资料。而《玉牒》按十年一修的制度，应当在弘历十岁或十岁以前修，但也不排除窜改的可能。因此，清宫谕旨档案应当更加可信。

第三，乾隆朝敕修的《八旗满洲氏族通谱》记录了满洲姓氏一千一百一十五个，记录人物超过两万人，但没有一位姓钱的。所以这位钱氏，应当是汉人。

第四，册封熹妃的册文说：“咨尔格格钮祜鲁氏，毓质名门，扬休令问”

（《清世宗实录》卷一四）云云，特别强调其“出身名门”。在同日册封的皇后、贵妃、妃、嫔中，突出显示钮祜禄氏“毓质名门”，显得格外引人注目。

第五，雍正元年（1723 年）八月十七日，正式设立秘密立储制，秘密指定弘历为皇太子。他母亲的来历、出身，总要有个明确的说法。而钱氏出身低微，她从生下弘历（乾隆帝）到册封为熹妃，中间十二年都是“格格”身份。其地位远在嫡福晋（嫡妃）、侧福晋（侧妃）之下。弘历既然被秘密立储，将来就是大清的皇帝。而皇帝的母亲怎么会是汉姓呢？她的出身怎么能不高贵呢？这就是说，有可能将熹妃的钱姓改为钮祜禄，也可能由内大臣“满洲镶黄旗人四品典仪凌柱”把钱氏认作干女儿，这样就解决了身份与姓氏的难题。

现在看来，所谓乾隆帝是宫女、丑女生在避暑山庄草棚里的传说，以及是陈阁老儿子的传说，都是街谈巷语、八卦流言，完全站不住脚。关于乾隆帝的身世，不管后人如何猜疑，提出这样或那样的说法，作为传说和野史，写进小说，拍成电影，编成电视剧，都具有传奇性，也有故事性。但在没有其他确凿证据之前，我们只能以《清实录》和《玉牒》的记载为依据。不过，熹妃是姓钱还是姓钮祜禄？钱氏和钮祜禄氏是同一个人还是两个人？“齐妃或云即今之崇庆皇太后”该怎样解释？至今仍是一个历史之谜。

总之，乾隆帝的生母是谁，乾隆帝生母的姓氏是什么，现在仍是一桩历史疑案。

〔1〕海宁县，清属浙江省杭州府辖，乾隆三十八年（1773 年）改为州，海宁州仍归杭州府辖。今为海宁市，属浙江省嘉兴市辖。

〔2〕《清世宗实录》卷一四记载：雍正元年（1723 年）十二月丁卯（二十二日），雍正帝临太和殿，册封一皇后、一贵妃、二妃、二嫔，即嫡妃那拉氏为皇后，妃年氏为贵妃，格格李氏为齐妃，格格钮祜鲁氏为熹妃，格格耿氏为裕嫔，格格宋氏为懋嫔。

第十八讲

乾隆出生之地

清乾隆帝，名弘历，属兔，二十五岁登极，在位六十年，又当太上皇三年零三天，享年八十九岁。庙号高宗，谥号纯皇帝。乾隆帝的祖父康熙帝在位六十一年而实际执政五十三年，乾隆帝在位六十年而实际执政六十三年。乾隆皇帝是中国历史上实际执政时间最长、年寿最高的皇帝。

但是，乾隆帝这样一位论福论寿都到极点的皇帝，关于他的出生地竟然出现了不同的说法，成为一桩历史谜案。

■ 乾隆帝朝服像

在清朝十二位皇帝中，出生地点不明确的只有两位，一是清太祖努尔哈赤，二是清高宗弘历。努尔哈赤出生时满洲还没有创制文字，他当时又不是什么显赫人物，所以他的出生地没有留下明确的记载是可以理解的。但是，乾隆帝就不一样了，他出生时父亲虽然还没有当上皇帝，但已经贵为雍亲王，他的出生地怎么会出现疑问呢？

关于乾隆的出生地，有三种说法：一说是京城雍亲王府，这是官方说法；二说是浙江海宁陈相国宅；三说是承德避暑山庄。

关于乾隆帝出生地的一些猜测，乾

隆当朝就有人提出了，但乾隆帝本人予以否认。他的儿子嘉庆帝先承认后否认，他的孙子道光帝再否认。乾隆、嘉庆、道光三朝，庙堂上下，京城内外，官方文献，御制诗文，野史笔记，民间传说，极为热闹，非常有趣。特别是到了清末民初，反满情绪推波助澜，戏剧小说将乾隆出生地之谜炒得沸沸扬扬。

一、雍亲王府

乾隆帝是雍正帝的第四个儿子，康熙五十年（1711 年）八月十三日出生。乾隆帝出生在什么地方，他母亲最清楚，可惜他母亲没有留下文字记载，已经死无对证。雍正皇帝也没有说过，倒是乾隆帝自己说过他的出生地点。乾隆帝自己认为：他生在雍亲王府，就是后来的雍和宫。

康熙三十七年（1698 年），乾隆帝的父亲胤禛被册封为“多罗贝勒”，第二年分府居住，搬出皇宫。新府是位于内城东北隅的一处院落，这里原是“明内宫监官房”，清初划给内务府作官用房舍。赐给胤禛后，这里被称为“禛贝勒府”或“四爷府”。康熙四十八年（1709 年）胤禛被晋封为雍亲王，他的住所就被称为“雍亲王府”。两年以后，康熙五十年（1711 年）八月十三日，弘历（后来的乾隆帝）出生。雍亲王胤禛继位后，原来的雍亲王府赐名为“雍和宫”。乾隆帝登极后把雍和宫改成喇嘛庙，直至今日雍和宫仍是著名的藏传佛教庙宇。乾隆帝步入老年以后，曾经多次以诗或诗注的形式，表明自己出生在雍和宫。

下面我讲七个例子。

其一，乾隆四十三年（1778 年）新春，乾隆帝作《新正诣雍和宫礼佛即景志感》诗，有“到斯每忆我生初”的诗句。这说明乾隆帝本人认定自己出生在雍和宫。这一年，乾隆帝六十八岁，他的母亲在上年正月以八十六岁高龄病逝。

雍和宫万佛阁旧影

其二，乾隆四十四年（1779年）新春，乾隆帝又一次在《新正雍和宫瞻礼》诗中说："斋阁东厢胥熟路，忆亲唯念我初生。"在这里，乾隆帝不仅认定自己诞生在雍和宫，而且还指出了具体的出生地点，就在雍和宫的东厢房。这一年，乾隆帝六十九岁。乾隆帝自己说自己出生在雍和宫东厢房，应当算是比较可信的。

其三，乾隆四十五年（1780年）新春，乾隆帝再一次到雍和宫礼佛时说：

雍和宫是跃龙邸，大报恩宜转法轮。
例以新正虔礼佛，每因初地倍思亲。
禅枝忍草青含玉，象阙蜂坛白积银。
十二幼龄才离此，讶令瞥眼七旬人。

这一年，乾隆帝七十岁，诗中"每因初地倍思亲"之句，也确指雍和宫是他的"初地"，也就是出生地。他在这首诗的下面又注云："康熙六十一年始蒙皇祖养育宫中，雍正年间遂永居宫内。"

其四，旧俗正月初七日被称作"人日"。据晋朝人董勋《答问礼俗说》记载："正月一日为鸡，二日为狗，三日为猪，四日为羊，五日为牛，六日为马，七日为人。"乾隆帝每年正月初七日都要去雍和宫礼拜，乾隆四十七年（1782年）的这一天，他作《人日雍和宫瞻礼》诗云：

从来人日是灵辰，潜邸雍和礼法轮。
鼍鼓螺笙宣妙梵，人心物色启韶春。
今来昔去宛成岁，地厚天高那报亲？
设以古稀有二论，斯之吾亦始成人。

上诗中"古稀有二"说明他已经七十二岁了。他在诗的末句注云："余实于康熙辛卯（五十年）生于是宫也。"

其五，乾隆五十年（1785年）正月初七，在"人日"这天，乾隆帝又来到雍和宫瞻礼，赋诗曰：

首岁跃龙邸，年年礼必行。
故宫开詄荡，净域本光明。
书室聊成憩，经编无暇横。
来瞻值人日，吾亦念初生。

雍和宫法轮殿宗喀巴像

乾隆帝的意思是，在正月初七日这一天到雍和宫做瞻礼，总是念念不忘当初自己就是出生在这里。这一年，乾隆帝已是位七十五岁的老人了。

其六，乾隆五十四年（1789 年）正月初七日，乾隆帝又作《新正雍和宫瞻礼》诗云："岂期莅政忽焉老，尚忆生初于是孩。"其下自注云："予以康熙辛卯生于是宫，至十二岁始蒙皇祖养育宫中。"明确重申诞生于雍和宫。这一年，乾隆帝七十九岁。

其七，乾隆六十年（1795 年），乾隆帝八十五岁高龄，作《御瞻礼示诸皇子》诗云：

跃龙池自我生初，七岁从师始读书。
廿五登基考承命，六旬归政祖钦予。
月长日引勖无逸，物阜民安愧有余。
深信天恩锡符望，永言题壁示听诸。

从以上七个例子来看，乾隆帝一贯地认为自己出生在雍和宫。乾隆帝晚年可能对自己出生地的流言蜚语有所耳闻，所以他的诗作就总是强调自己确实生在雍和宫。特别是他在乾隆四十七年（1782 年）《人日雍和宫瞻礼》的诗注中用了一个"实"字，是否在隐喻有人说他不是生在雍和宫，而故意强调"余实"出生于雍和宫邸？否则何必"此地无银三百两"呢！

二、避暑山庄

乾隆帝还在位的时候就有人对他的出生地发出不同的议论，认为他出生在承德避暑山庄，这就是乾隆帝出生于避暑山庄说。

当时朝中有一个军机处的军机章京叫管世铭，他曾随乾隆帝一起去避暑山庄、去木兰秋狝，写下《扈跸秋狝纪事三十四首》（收入《韫山堂诗集》），其中第四首涉及乾隆帝的出生地：

庆善祥开华渚虹，降生犹忆旧时宫。
年年讳日行香去，狮子园边感圣衷。

管世铭在上述这首诗的后面有个诗注，说："狮子园为皇上降生之地，常于宪庙忌辰临驻。"这里明确地说：狮子园是乾隆帝的诞生地，因此乾隆帝常在先帝雍正驾崩的忌日（八月二十三日），到这里小住几天。

清人绘《木兰秋狝图》

狮子园是承德避暑山庄外的一座园林，因为它的背后有一座形状像狮子的山峰而得名。康熙帝到热河避暑时，雍正帝作为皇子经常随驾前往，狮子园便是雍亲王一家当时在热河的住处。管世铭等一些朝野人士认为：避暑山庄狮子园是乾隆帝的出生地。这里要介绍一下管世铭。

管世铭，字缄若，江苏阳湖[1]人，乾隆四十三年（1778 年）进士，五十一年（1786年）十月以户部主事入值军机处，六十年（1795年）改浙江道监察御史，经大学士、首席军机大臣阿桂奏请，仍留值军机处供职。嘉庆三年（1798年）十一月十二日去世。虽然他的官品并不算高，但担任军机章京长达十余年，又得当朝元老首席军机大臣、大学士阿桂知遇，阿桂“尤善之，倚如左右手”。（《清史稿·管世铭传》卷三五六）他熟知内廷掌故和宫闱秘闻，多次随驾避暑山庄和木兰秋狝，也比较熟悉皇帝在避暑山庄的起居行止。而且当年康熙帝驻跸避暑山庄时，多次亲临狮子园，与雍亲王一家团聚。康熙、雍正、乾隆三代皇帝曾经在狮子园相聚，成为清朝历史上的一段佳话。所以，军机章京管世铭明确写出：“狮子园为皇上降生之地。”管世铭是当朝人写当朝事，在文网严密的时代，这样写应当是有所依据的。

事情无独有偶，乾隆帝的儿子嘉庆帝也曾说皇父出生于避暑山庄。嘉庆帝颙琰于乾隆六十一年（1796年）正月元日，乾隆帝禅位的同时，正式登上大位，乃父则做太上皇。这一年，嘉庆帝三十七岁。

嘉庆元年（1796年）八月十三日，乾隆帝首次作为太上皇在避暑山庄过万万寿节[2]。庆祝八十六岁大寿，嘉庆帝特别写作《万万寿节率王公大臣等行庆贺礼恭纪》诗庆贺。诗云：

肇建山庄辛卯年，寿同无量庆因缘。

这首诗的注云：“康熙辛卯肇建山庄，皇父以是年诞生都福之庭。山符仁寿，京垓亿秭，绵算循环，以怙冒奕祀，此中因缘，不可思议。”诗文的意思是说：皇祖康熙帝在辛卯年（康熙五十年）题写了“避暑山庄”匾额，皇父乾隆帝也恰好在这年降生于避暑山庄，这福寿无量因缘是值得庆贺的！

嘉庆二年（1797年），乾隆帝又到避暑山庄过生日，嘉庆帝随驾到避暑山庄，再次写《万万寿节率王公大臣等行庆贺礼恭纪》诗祝寿，在诗文的注释中，嘉庆帝把皇父乾隆帝的出生地说得更明确了：

敬惟皇父以辛卯岁，诞生于山庄都福之庭。跃龙兴庆，集瑞钟祥。

清人绘《避暑山庄图》

嘉庆帝以上两条诗注，都表明：皇父乾隆帝出生在承德避暑山庄。

人们把嘉庆帝的诗和管世铭的诗联系起来分析思考，据此认为乾隆帝的出生地是避暑山庄，而不是雍和宫。

嘉庆八年（1803 年），嘉庆帝谕旨梓行《清仁宗御制诗初集》，就是嘉庆帝的个人诗集。上述两首诗收录在集中，刊行于世。这说明嘉庆帝到此时还是认为皇父乾隆帝出生在承德避暑山庄。应当说明的是，嘉庆帝生于乾隆二十五年（1760 年），为太上皇祝寿赋诗时已近不惑之年，在皇父仍健在时，所写的诗和诗注都明明白白地说皇父诞生于避暑山庄，可见此说在当时具有通行性。

此外，避暑山庄中有一件文物，就是紫檀木雕盆托上放着的一只铜盆，据说是乾隆帝出生后三日用来洗澡的“洗三盆”。既然乾隆帝的“洗三盆”放在了避暑山庄，因此有人视其为“乾隆帝出生于避暑山庄”的一件证物。所以后来有官员说：“狮子园说其讹传久矣。”

然而，嘉庆帝后来放弃了这一说法，而认同皇父乾隆帝“诞于雍和宫邸”的说法。这就演绎出了一个现象，“御”盖弥彰。

三、御盖弥彰

嘉庆帝在尔后的年月，放弃了皇父乾隆帝出生在避暑山庄的说法。怎么放弃的呢？清朝每一位皇帝登极以后，都要为先帝纂修《实录》和《圣训》。嘉庆十二年（1807 年），嘉庆帝在审阅呈送稿时，发现《清高宗实录》和《清高宗圣训》都把皇父乾隆帝的出生地写成了雍和宫，于是便命编修大臣认真核查。英和《恩福堂笔记》载："丁卯岁（嘉庆十二年）实录馆进呈《圣训》，首载'诞圣'一条，仁庙即以为疑，饬馆臣查覆。"这个英和是何许人也？

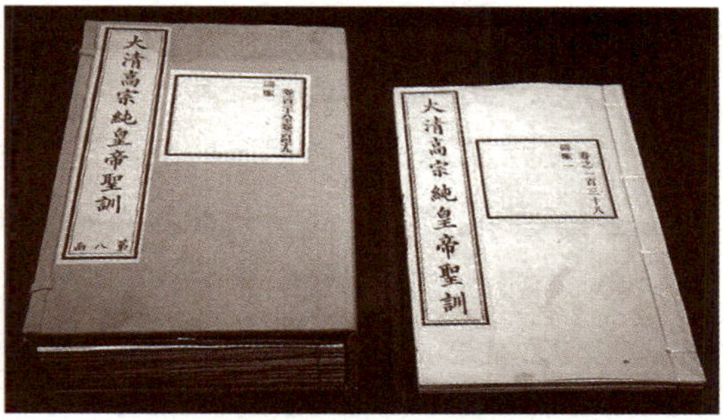

《清高宗圣训》

英和，满洲正白旗人，乾隆朝进士，历官值南书房、经筵讲官，曾任内务府总管大臣、翰林院掌院学士、军机大臣、步军统领、工部尚书、热河都统等，与修《清高宗实录》和《清仁宗实录》等。英和"自其父及两子一孙，皆以词林起家，为八旗士族之冠"。（《清史稿·英和传》卷三六三）与此事相关的人员，还有刘凤诰。

刘凤诰，字金门，江西萍乡人，乾隆五十四年（1789 年）进士。嘉庆四年（1799 年）开馆纂修《清高宗实录》和《清高宗圣训》时，官吏部侍郎，故称少宰，任纂修官，后升为总纂、副总裁官。他奉旨查覆，把乾隆帝当年写的诗找出来，凡是乾隆帝自己说生在雍和宫的册页都夹上黄签，呈送嘉庆帝审阅。据英和记载："经刘金门少宰凤诰奏，本圣制《雍和宫诗》，将圣集夹签进呈，上（嘉庆帝）意始解。而圣制诗注谓：'余实于康熙辛卯生于是宫也。'则知'狮子园说'其讹传久矣。"

嘉庆帝面对皇父御制诗及其注，感到大为不恭不敬。在皇父出生地的问题上，怎能违背皇父本人的旨意呢！于是，嘉庆帝放弃了皇父出生在避暑山庄狮子园的说法，而认同出生在雍和宫的说法。按照嘉庆帝谕旨编纂的《清高宗实录》和《清高宗圣训》写道：

高宗……纯皇帝，讳弘历，世宗……宪皇帝第四子也。母孝圣……宪皇后钮祜禄氏。原任四品典仪官、加封一等承恩公凌柱之女。仁慈淑慎，恭俭宽和，事世宗宪皇帝，肃范彤闱，勤襄内职，储祥毓釐，以康熙五十年辛卯八月十三日子时，诞上于雍和宫邸。（《清高宗实录》卷一）

刘凤诰澄清了如此重要的讹传，受到了嘉庆帝的恩眷。到《清高宗实录》

和《清高宗圣训》编修告竣之时，刘凤诰官为经筵讲官、太子少保、吏部右侍郎，并开复（撤销）前此修书降一级的处分。

然而，嘉庆帝是一位平庸的皇帝，在对皇父乾隆帝出生地问题的处理上有些疏忽大意。乾隆帝诞生于雍和宫邸的说法，只有嘉庆皇帝本人与纂修《清高宗实录》的极少数馆臣知道，而其他大臣并不知晓这个钦定的结论。更为严重的是，嘉庆帝并没有明降谕旨，修正《清仁宗御制诗初集》中记载皇父降生于避暑山庄的文字。因此，很多人仍然认为乾隆帝诞生于避暑山庄。这样就导致了一次震动朝野的"嘉庆遗诏"风波。

嘉庆二十五年（1820年）七月，嘉庆帝突然在避暑山庄驾崩。时军机大臣托津等代笔撰写了《嘉庆遗诏》，其中采用了乾隆帝生于避暑山庄的说法。《清高宗实录》纂修官之一曹振镛发现这个问题后，立即上疏，"称高宗诞生于避暑山庄，编修刘凤诰知其误，告（曹）振镛，振镛召对陈之"。（《清史稿·曹振镛传》卷三六三）道光帝得到这个奏疏后非常重视，连做了三件事。

第一，谕旨追回《嘉庆遗诏》。其时遗诏刚发出去不久，道光帝降旨福建、广东、广西、云南四省督抚，以日行六百里的速度，将发往琉球、越南、缅甸的遗诏追回。

第二，谕旨更改《嘉庆遗诏》。曹振镛在遗诏风波中为道光帝立了功，被晋升为武英殿大学士、入值军机、上书房总师傅、赐图像入紫光阁。道光帝命曹振镛主持修改《嘉庆遗诏》中的错误，如：

原本："古天子终于狩所，盖有之矣。况滦阳行宫，为每岁临幸之地，我皇考（乾隆）即降生避暑山庄，予复何憾？"

改本：古天子终于狩所，盖有之矣。况滦阳行宫，为每岁临幸之地，我祖（雍正）、考（乾隆）神御（即影像）在焉，予复何憾？"

上面把"我皇考即降生避暑山庄"一句，改为"我祖、考神御在焉"。

第三，更改《清仁宗御制诗初集》。当年嘉庆帝发现自己的诗注有问题时，并没有将付梓诗集收回更正，导致后来托津、戴均元又采用了诗中的说法。道光帝则对《清仁宗御制诗初集》中有关乾隆帝出生于避暑山庄的文字加以订正，重新付梓。比如：

初版《清仁宗御制诗初集》："康熙辛卯，肇建山庄。皇父以是年，诞生都

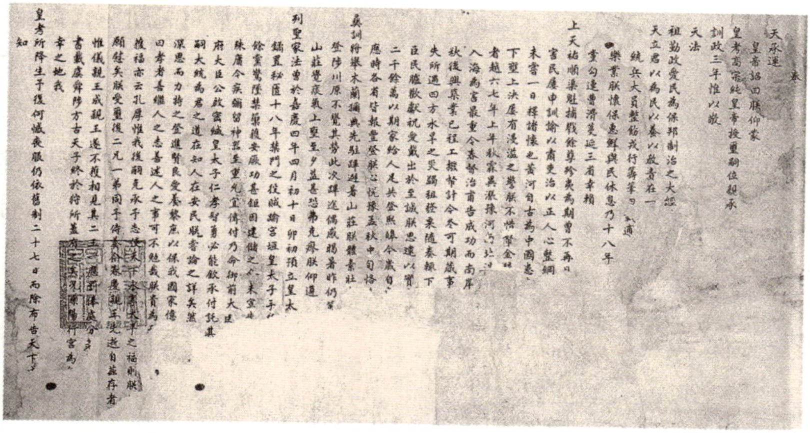

天承運
皇帝詔曰朕仰蒙
皇考高宗純皇帝授璽嗣位親承
訓政三年惟以敬
天法
祖勤政愛民為保邦制治之大經
天立君以為民以養以教責在一
統兵大員整飭戎行籌筆日以適
樂業朕懷保惠鮮與民休息乃十八年
壹勾連豐滑莫延三省幸賴
上天祐順渠魁捕戮餘孽殄夷為期曹不再以
宵民屢申訓諭以肅吏治以正人心整綱
未嘗一日釋諸懷也黃河自古為中國患
下壘上決屢有漫溢之警朕不惜帑金以
者越六七年上年秋霖異漲豫河南北
入海為害最重今春督治甫告成功而南岸
秋後興舉業已程工撥帑計今冬可期蕆事
失所遇四方水旱之災蠲租發粟隨奏額下
臣民臚歡獻祝受戴出於至誠朕思建以實
二千餘萬以期家給人足共登熙皞今歲自
應時各省皆報豐登朕心悅豫孟秋中旬啓
灤訓將舉木蘭獮典先駐蹕避暑山莊朕體素壯
登陟川原不覺其勞此次駐蹕偶感暑昨仍策
山莊覺痰氣上壅至夕益甚恐弗克瘳朕仰遵
列聖家法曾於嘉慶四年四月初十日卯初預立皇太
錫置秘匣十八年禁門之役賊踰宮垣皇太子手刃
餘黨驚陛禁籞獲安厥功甚鉅因建儲之久未宣
殊屬今疾彌留神器至重允宜傳付乃命御前大臣
府大臣公啟密緘皇太子仁孝智勇必能欽承付託其
嗣大統為君之道在知人在安民朕書論之詳矣然
深思而力持之登進賢良愛養黎庶以保我國家億
曰孝者善繼人之志善述人之事可不勉哉朕膺
獲福亦云孔厚惟我後嗣克承予志
願慰矣朕受璽後二九一弟固予倚
惟儀親王成親王遂不復相見其二
書載虞舜陟方古天子終於狩所蓋
幸之地我
皇考所降生予復何憾喪服仍依舊制二十七日而除布告天下咸
知

■《嘉庆遗诏》

福之庭。山符仁寿，京垓亿秭……敬惟皇父以辛卯岁，诞生于山庄都福之庭，跃龙兴庆，集瑞钟祥。”

改版《清仁宗御制诗初集》：“康熙辛卯年，肇建山庄。皇父以是年诞生。瑞启苍符，山征仁寿……敬惟皇父以辛卯岁诞生，而山庄之建，亦适成于是岁。瑞应祥征，默孚宝祚。”

但是，嘉庆七年（1802 年）版的《清仁宗御制诗初集》已经梓行，广泛流布，所以我们今天可以看到两种不同版本的《清仁宗御制诗初集》——前者仍在广泛流传，后者新迹赫然纸上。道光帝这样大张旗鼓地修改，结果是“御盖弥彰”——皇帝愈是掩盖，结果愈是张扬，反而使乾隆帝“降生避暑山庄”之说广为天下所知。

朝廷无小事，细末酿风波。康熙帝尝谓：

> 一事不谨，即贻四海之忧；一时不谨，即贻千百世之患。不矜细行，终累大德。故朕每事，必加详慎。（《清圣祖实录》卷二七五）

关于乾隆帝的出生地，乾隆朝、嘉庆朝、道光朝，闹腾了三朝，最后酿出一场宫廷政治风波。

一名普通百姓，出生在什么地方，对家庭来说，可能算是一回事；但对民族、对国家来说，没有什么影响。皇帝却不同，本来民间就对宫廷秘辛、宫闱秘闻有兴趣，加上朝廷的推波助澜，这桩疑案成为了坊里小说、民间戏曲、野史逸闻、电影电视、网络文学的热门话题，不断发酵，愈发扩散。

总之，乾隆帝、嘉庆帝和道光帝关于乾隆帝出生地的说辞，仅以乾隆帝御制诗及其诗注为修改依据，尚不能使天下人信服。所以说乾隆帝出生之地，仍是一个历史之谜。

〔1〕阳湖县，清雍正二年（1724年）析武进县分置。民国初，废入武进。今江苏省常州市武进区境。

〔2〕皇帝生日称为“万寿节”，太上皇生日尊称为“万万寿节”。

第十九讲

乾隆茶膳养寿

所谓茶膳，这是清宫的说法，通俗地说，就是皇帝喝茶和吃饭。曾经生活在故宫的明清皇帝，虽然物质条件极为优越，但是长寿者并不多。最长寿者，当属享年八十九岁的乾隆帝。他长寿的秘诀何在？这里说说乾隆帝的吃饭和喝茶。

一、茶膳天下

皇帝君临天下，吃遍天下山珍海味、美食佳肴，喝遍天下玉液琼浆、美酒香茗。清宫膳食管理机构，主要是御茶房、御膳房等，归属内务府总管。有专门的机构、专职官员，管理和服务于皇帝及皇帝一家的膳食和茶饮。皇帝进膳有膳单，就是食谱、菜谱，御膳所用食品及烹调厨师，逐日开单，具稿画行。每日用膳前，膳单要写明某菜为某厨师烹制，以备核查。膳单汇总，月成一册，所以现在还能看到这方面的档案。

清宫膳食　就食品来说，仅常用的贡品主食就有：东北的粘高粱米粉子，山西的飞罗白面，陕西的紫麦，宝鸡的玉麦，兰州、西安的挂面，山东的抻面、博粉，广西的葛仙米，河南的玉麦面，河北的福寿字饽饽，山东的耿饼，安徽的青饼，北京的黄、白、紫三色老米。副食方面：直隶进奶猪、乳羊、鸡、野鸡、鸭，崇文门每年春季进的黄花鱼、秋季进的银鱼，直隶保德州冬季进的石华鱼，山东进的麒麟菜、海带、紫菜、吉祥菜、鱼翅，两淮进的风干猪肉、糟鹅蛋、糟鸭蛋，湖广进的银鱼干、虾米，外藩蒙古进的鹿肉干，长芦盐政进的猪、羊、鸡、鸭、鱼等。小菜方面：有山东的扁豆、凤尾菜，浙江的酱菜，江苏的小菜，福建的闽姜等。还有贡鲜鱼，如江苏镇江贡鲥鱼。每年第一网鲥鱼，送皇帝尝鲜。宫廷在桃花盛开的时候，举行“鲥鱼宴”，皇帝赐朝廷重臣一同品尝。鲥鱼捕到后，用冰船和快马，分水、旱两路，沿途设冰窖、鱼场保鲜，行程三千里，限三天内送到。鲥鱼一到，立即烹调、摆宴。

御膳供应丰厚，皇帝、太后、皇后标准：每次进全份膳四十八品；每天用盘肉十六斤、汤肉十斤、猪肉十斤、羊两只、鸡五只、鸭三只、蔬菜十九斤、萝卜六十个、葱六斤、玉泉酒四两、青酱三斤、醋两斤和米、面、香油、奶酒、酥油、蜂蜜、白糖、芝麻、核桃仁、黑枣等。

有这么丰富的食品供应，又有天下最好的厨师掌勺，皇帝用膳应该是数量充足、质量上乘、厨艺高超、味道可口。满洲习俗，一日两餐。早膳卯正（6时）二刻，晚膳午正（12时）二刻。（吴振棫《养吉斋丛录》）随季变化提前或推后。乾隆帝住在养心殿，所以经常在养心殿东暖阁进膳。除了养心殿之外，皇帝走到哪儿，传膳就跟到哪儿。皇帝身边总有几个“背桌子”的侍从。皇帝想吃饭，一声“传膳”令下，侍从立即将三张膳桌一字摆开。传膳太监从御膳房到皇帝用膳的地方，一溜小跑，鱼贯而入，把御膳房已准备好的御膳摆在膳桌上。

乾隆十二年（1747 年）十月初一日皇帝膳单

除两餐正餐外，还有丰富的便餐、小吃、点心，随时需要，另行承应。跟普通人不一样的是，无论是正餐还是加餐，皇帝用膳都是独自一人，没有妻妾子女陪同，除非他下旨让谁与他一起吃饭。皇帝只有过年过节才可能和家人一起用餐，而且也是单独一张餐桌。

除了吃的，还有喝的。

清宫喝酒　清宫常用的酒如下：

有乳酒，皇帝进谒盛京三陵、东陵、西陵敬用，祭祀也用乳酒；

有祭酒，凡祭祀各坛、庙，均大量使用，由光禄寺良酿署所属酒局用玉泉山水酿造；

有燕酒，凡宴会上满席、汉席及供给各处来的使臣，均用此酒，由酒局用本局的井水酿造；

有黄酒，祭祀、筵宴均用，朝鲜国贡使也给黄酒，由酒局用井水酿造；

有烧酒，就是白酒，祭祀、筵宴时兼用，宴蒙古王公等也用烧酒，由酒局酿造；

有药酒，御药房用各种酒配药制成药酒；

有料酒，各膳房用大量料酒作调味品。

皇帝经常饮用与赏用的酒，多为玉泉酒。康熙帝一般不饮酒。乾隆帝一般在晚膳时饮二两（小两）。嘉庆帝每天要饮十两左右，甚至十四两（小两）。

清宫喝茶　清宫用茶主要有奶茶和清茶两种：

一是奶茶，以浙江产的黄茶等，用奶油、牛奶加盐熬制而成，多用于筵宴或饭间。清宫每年约用黄茶一百二十多篓，每篓清秤一百斤，共一万二千多斤。

二是清茶，就是现在的茶，所用茶叶多为各地总督、巡抚、将军等所特贡。

清宫旧藏黄酒

如乾隆年间浙江的雨前龙井茶，江苏的阳羡茶、碧螺春茶，湖南的安化茶，江西的安远九龙茶，福建的岩顶花茶、工夫茶、郑宅芽茶、小种花香茶、莲心茶，云南的大普洱茶、中普洱茶、小普洱茶和女儿茶、蕊珠茶，四川的蒙顶仙茶、青城芽茶，陕西的紫阳茶，广西的刘仙茶，安徽的六安茶、松萝茶、珠兰茶、银针茶、雀舌茶等。

当时全国有十四个省向宫里贡茶，品种近八十种。仅故宫博物院收藏清宫留下的各地贡茶就有：乌龙茶、金兰茶、通山茶、三味茶、蕊茶、鹤茶、八仙茶、吉利茶、莲心花茶、莲心尖茶、碧螺春茶、青城芽茶、梅片贡茶、茗种芽茶、岩顶花香茶、小种花香茶、龙井茶、龙井芽茶、阳羡茶、安远茶、银针茶、雀舌茶、梅片茶、菱角湾茶、观音茶、庐山茶、君山茶、安康茶、贵定芽茶、邛州砖茶、灵山茗茶、灌县细茶、陈蒙茶、普洱茶团、树型普洱茶、普洱茶圆饼、普洱茶膏，还有保健药茶如苦丁茶、山药茶、仙药茶，等等。（毛宪民《皇宫祈福》）

■ 清宫旧藏“雨前龙井”贡茶

乾隆帝“留用”或“要去”的茶有蒙顶仙、珠兰、松萝、莲心、花香、安化、普洱、雨前龙井、天桂花香等几种。西太后慈禧“留用”或“要去”的茶则有桂花人参、珠兰、观音、菱角湾、春茗、龙里芽、余庆芽、龙泉芽和各种普洱等二十多种。

可以说，全国最好的食品、饮品，都是优先供应皇帝。过于优越的饮食条件、过于充分的饮食供应，对皇帝的膳食健康也是考验。大多数人在这种情况下，恐怕都很难禁得住美食佳味的诱惑，没有吃出健康，反倒吃出疾病。

二、膳食搭配

清宫御膳以满洲传统风味为主，蒸、炖、煮、烧居多，也有明朝御厨留下的传统鲁菜、江南御厨的淮扬菜，到康熙以后偶尔也有西餐。乾隆帝用膳，非常讲究搭配。让我们看看他四十一岁某一天的膳单，时间是乾隆十六年（1751 年）六月初四日。

先看他的早膳吃些什么：

四个热菜：芙蓉鸭子、羊肉炖倭瓜、羊肉丝、韭菜炒肉；

一个凉菜：清蒸鸭子额尔额羊肉（某个部位的羊肉）；

五个小菜：葵花盒小菜一个、银碟小菜四个；

三种主食和点心：竹节卷小馒头、匙子饽饽红糕、蜂糕。

正餐之后，乾隆帝又传了肉丝汤膳、猪肉馅馄饨、果子粥、鸡汤老米膳。

这一天早膳，副食四热、一凉、五个小菜，主食三样，外加四品，共十七品。对君主来说，并不算多，相当俭省。

再看当天他的晚膳：

五个热菜：燕窝肥鸡歇野鸭、葱椒肘子、鸭子火熏炖白菜、炒木须肉、肉片炒扁豆；

两个凉菜：蒸肥鸡烧狍肉、腿羊肉；

五个小菜：银葵花盒小菜一个、银碟小菜四个；

三种主食：象眼小馒头、白面丝糕糜子面糕、猪肉馅汤面饺子。

后来乾隆帝又传了粳米干膳（大概是大米饭）、芙蓉鸭子、羊肉丝。

这一天晚膳，副食五热、二凉、五个小菜，主食三样，共十五品。外加副食两种、主食一种，总共十八品。对君主来说，也不算多，比较俭省。

清宫糕点模具

从乾隆帝这一天的膳单，可以看出：

第一，与宫廷规定的皇帝每顿饭要有四十八品饭菜相比，乾隆帝的膳食比较简单，种类并不算很多。这一天，他早晚两膳，总计三十五品，也不到四十八品。早膳与晚膳相比，更重视晚膳。总的看来，乾隆帝日常吃饭讲求实际，不搞摆看的菜品。

第二，有荤有素、有热有凉、有主有副、有干有稀。主食米面杂粮搭配，以面食为主。烹调方法丰富，蒸、炖、煮、烧、炒都有。

第三，乾隆帝自己传膳的饭食，早膳后以汤水为主，晚膳后又补充一些简餐，相当于每天两顿正餐再加两顿简餐或点心，既补充了能量，又不至于过剩。这个时候他正值壮年，工作时间长，体能消耗大，两顿正餐显然不足，再加两顿简餐，是个好办法。

乾隆四十四年（1779 年），乾隆帝六十九岁了，他某一天的晚膳是这么吃的：

八个热菜：燕窝莲子扒鸭、鸭子火熏萝卜炖白菜、扁豆大炒肉、羊西尔占、鲜蘑菇炒鸡，后来又加了燕窝锅烧鸭丝、羊肉丝、小羊乌叉（今称小羊背，小羊后臀肉）；

粉彩滕王阁山水纹暖锅

一个凉菜：蒸肥鸡烧狍肉；

五个小菜：银葵花盒小菜一个、银碟小菜四个；

五种主食：象眼小馒头、枣糕老面糕、甑尔糕、螺蛳包子、随送豇豆水膳；

后来，乾隆帝自己又传膳：拌豆腐、拌茄泥。

这一天的晚膳，副食八热、一凉、五个小菜，主食五样，共十九品。外加副食拌豆腐和拌茄泥两种，总共二十一品。对乾隆帝来说，也并不算多。

这顿饭，也是有荤有素、有热有凉、有主有副、有干有稀，有宫廷食品，也有民间食品。主食米面杂粮搭配，以面食为主。烹调丰富，蒸、炖、煮、烧、炒都有。热菜增加了，凉菜减少了。肉食有鸭、羊、鸡、猪、狍五种；蔬菜增多，有白菜、萝卜、扁豆、鲜蘑菇，乾隆帝又增加了茄子。副食有燕窝、莲子、豆腐等。主食和副食绵软，便于咀嚼消化。其中拌豆腐和拌茄泥本是农家菜，也进入皇帝膳桌。

乾隆五十六年（1791 年）五月二十日，乾隆帝已是八十一岁的老人，他的早膳是这样的：

三个热菜：山药鸡羹、燕窝口蘑锅烧鸭子、羊肉丝；

两个凉菜：清蒸鸭子烧猪肉卷、煳猪肉；

两种主食：竹节卷小馒头、孙泥额芬白糕（奶饼白糕）。

这一天的早膳，副食三热、二凉，主食两种，比较简单。

晚膳：

热菜四个：肥鸡大炒肉炖茄子丸子、燕窝火熏鸭丝、羊他他士、扁豆炒肉；

凉菜一个：蒸肥鸭烧鸡肉卷；

主食两种：象眼小馒头、红豆水膳。

这一天晚膳，副食四热、一凉，主食两种，比较简单，不讲排场。

这一天的早膳和晚膳，主食四种、副食共十品。并没有上小菜，可能牙口不好。

从这份膳单可以看出，八十一岁高龄的乾隆帝，膳食品种方面有所减少，热菜减少，小菜取消，主食品种减少，但还是有荤有素、有热有凉、有主有副、有干有稀。烹调方法还是蒸、炖、煮、烧、炒都有。肉食所占比重，还是比较大的。但是两顿正餐之后，都没有加餐。

以上膳单，可见看出：

第一，乾隆帝对膳食的讲究，在于始终坚持有荤有素、有热有凉、有主有副、有干有稀、有米有面、有精有杂。这个膳食标准虽然看起来并不高，但其实非常难做到；每日如此，早晚如此，持之以恒，就更难了。皇帝的饮食，享尽天下珍鲜美味，但因为缺乏节制，往往随性，缺乏科学，缺乏平衡。这是帝王多短寿的一大原因。而乾隆帝能节制饮食，长期坚持不变，数十年如一日，这是他健康长寿的秘诀之一。

第二，乾隆帝的膳食中肉食比例很大。这受到满洲森林文化狩猎经济和传统习惯的影响。满洲先民曾以食用射猎所获飞禽走兽之肉为主，虽然入关已过百年，但是还保留了食用热量高的鹿肉、狍子肉、熊掌等食物的习俗。虽然乾隆帝对膳食结构进行了调整，但肉类特别是鸭、鸡、羊、猪等每顿必有，狍子等野味也时常出现。

第三，清宫膳食中，奶制品，如奶饼、奶皮、奶酪也是经常出现的，还有奶茶，常用来佐餐。而在宴会中，上奶茶，更是一道重要的餐序。奶茶和肉食倒是很好的饮食搭档。

龙柄银奶茶壶

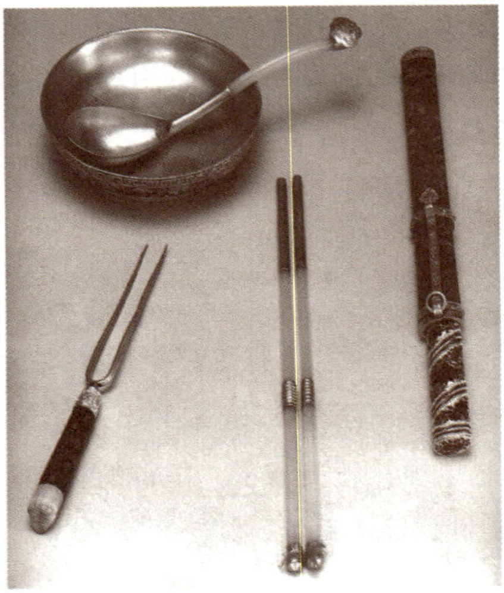

清乾隆五件套餐具

第四，在乾隆帝的膳单中，早期蔬菜较少，晚年蔬菜增多。鱼虾等水产品少见，鸡蛋也较少列入正餐。另外，清宫御膳还有两大禁忌：一是不吃牛肉，二是不吃狗肉。所以偏食的缺陷还是存在的。

第五，乾隆帝不抽烟、不喝酒，佐餐偶尔会喝一点宫中自酿的玉泉酒。不饮酒，不嗜酒，更不酗酒，这是乾隆帝饮食中的一大优长。同时，乾隆帝对饮茶情有独钟。

三、茶蕴情趣

明洪武二十四年（1391 年），明太祖朱元璋“罢造龙团，惟采茶芽以进”（沈德符《万历野获编补遗》卷一），也就是废除福建建安团茶进贡，将茶制从团茶改为芽茶，也就是散茶，从此开始了投茶沏泡的喝茶方式，一直传到现在。

乾隆帝六下江南，受到江南人文精神的影响，把饮茶提升为品茶，演绎成一种高雅的精神文化活动。在宫廷苑囿，设立茶室精舍，讲究特定的环境和氛围。亲自参与设计茶具，指派宫廷画家和技师做出画样，由景德镇御窑烧制，并派遣官员督窑。北京故宫博物院收藏了很多皇帝御用的精美茶碗、茶盅、茶壶和茶叶罐。乾隆帝最喜欢喝的茶叶有雨前龙井茶、武夷茶、顾渚紫笋茶、郑宅茶等。泡茶的水，非常讲究，用玉泉山的泉水。品茶的过程，更是高雅的文化享受。乾隆帝爱茶，品茶，真是“君不可一日无茶”。

比如喝“三清茶”。什么是三清茶？乾隆帝自己解释说：“以雪水沃梅花、松实、佛手，啜之，名曰三清。”就是把梅花、松子和佛手，用雪水煮泡。显然，这是冬季喝的茶。乾隆帝酷爱三清茶。乾隆五十一年（1786年）正月，乾隆帝从五台山回京，行至定兴（今河北省定兴县）时，天降瑞雪。他非常珍惜这突降的白雪，便在帐篷里用雪水烹制三清茶，并赋诗曰：

清宫茶具

梅花色不妖，佛手香且洁。
松实味芳腴，三品殊清绝。
烹以折脚铛，沃之承筐雪。
火候辨鱼蟹，鼎烟迭生灭。
越瓯泼仙乳，毡庐适禅悦。
五蕴净大半，可悟不可说。

通过以上诗句，可以清晰地了解，乾隆帝喝三清茶，实际上是在追求一种幽洁清爽、清秀高雅的情趣。

这首三清诗，后来被烧制到御用的茶碗上，这件乾隆描红的三清诗茶碗（廖宝秀《也可以清心——茶器、茶事、茶画》）是乾隆帝专门用来品味三清茶的，如今珍藏在台北故宫博物院。乾隆帝还热衷于举行“茶宴”，以茶宴客。其中，重华宫茶宴举办次数最多，据《养吉斋丛录》记载，先后举办过四十多次。故宫东、西六宫的外侧，分别有乾西五所和乾东五所，院落并列，环境清雅，每所南北三进院，初为皇子等居所。弘历于雍正五年（1727年）成婚后，居住在乾西二所。乾隆帝即位后，将头所改为漱芳斋，建起戏台；二所升为重华宫；三所改为重华宫厨房等；四所和五所拆掉后，改为建福宫花园。这样，就形成以重华宫为中心的一个完整的宫殿区域。而重华宫茶宴，成为乾隆时期宫廷高雅文化活动的一个符号。茶宴，享用的是茶与诗。由乾隆帝钦点诸王、大学士、内廷翰林，及文臣学士能诗者，十八人或二十八人入宴。乾隆帝赐茶，并“御定元韵”，由他亲自点诗题，接着由其他人即兴联句赋诗。君臣同堂，品味香茶，联句吟诗，多么风雅，又多么惬意。有时茶宴结束，乾隆帝仍沉浸在诗情中，乘兴再赋诗多首。

从养生的角度看，这种活动对乾隆帝而言，的确可以愉悦身心。喝茶，不仅满足了生理需要，而且成为了文化的载体。

在其他一些重要的国宴、家宴和礼仪活动中，喝茶，被当作一道重要程序或一项礼仪镶嵌于其中。如乾隆十一年（1746 年）八月戊子（二十五日），乾隆帝驾幸西苑瀛台，在澄怀堂少憩。王公宗室等随入，在崇雅殿丹墀下，左右序立。卤簿随入，列于殿外。侍卫在殿内序立，设乐以候。皇帝升座，奏中和韶乐。乐止，司仪引王公宗室等，行三跪九叩礼。各复座位，行一叩礼。给乾隆帝献茶，奏丹陛清乐。皇帝用茶，并赐王公宗室依次饮茶。行一叩礼。撤茶案，乐止。行礼如初。展席幕。上用膳，奏中和清乐。乐止，演戏。毕，撤膳。进酒。复奏丹陛清乐，司仪捧卮，王公等进献。饮讫。赐王公宗室酒。行礼如初。宴毕，众序立阶下。行一跪三叩礼。乾隆帝还澄怀堂。王公宗室等，送如前。上述乾隆帝这个简单的吃饭小憩过程，实际上分作三步：第一，喝茶；第二，吃饭；第三，喝酒。在这三部曲中，唯独喝茶，是与王公宗族分享的。

清宫旧藏普洱茶

乾隆帝喜欢喝茶，茶叶也成为了国礼，甚至还成为了一种待遇。乾隆三十五年（1770 年）二月癸丑（初六日），统一规定公主格格下嫁各项礼仪：

固伦公主，著照和敬公主已行事例；和硕公主，著照和嘉公主已行事例；宗室王公等格格，其下嫁朝臣者，郡主成婚聘礼：马七、鞍七，宴五十席，酒五十瓶，羊三十六只，茶五十桶；县主聘礼：马五、鞍五，宴四十席，酒四十瓶，羊二十七只，茶四十桶；郡君聘礼：马四、鞍四，宴三十席，酒三十瓶，羊二十一只，茶三十桶；县君聘礼：马三、鞍三，宴二十席，酒二十瓶，羊十七只，茶二十桶；乡君聘礼：马二、鞍二，宴十六席，酒十六瓶，羊十四只，茶十六桶。

由上可见，在公主聘礼中，茶叶是重要的内容。同样，在公主下嫁纳彩（彩礼）的规定中，茶叶也是重要一项。

由上，无论是三清茶，还是重华宫茶宴，乾隆帝都着重营造一种文化氛围，或宁静逸逸，或古意绵绵，赏心悦目，陶冶身心。这种品茶、喝茶，当然有益于延年益寿。至于把茶叶作为国礼、聘礼，更是把茶文化远播到了四方。

乾隆帝晚年回忆自己的膳食时说："予五十五年之间，无一日因微疾而不理事者。求仙素所鄙，即医理并不识，亦惟慎起居、节饮食，以为养生之常道耳。"他把"节饮食"作为养生和高寿的重要人生经验。

总之，如果说乾隆帝长寿有什么秘诀，就膳食而言，就是讲究搭配，追求膳食平衡；就饮茶而言，就是蕴养情趣，追求心理平衡。当然，乾隆帝母亲遗传给他的长寿基因，多年的太平盛世，终生的优裕生活，良好的医药条件等，也都是值得探讨的重要原因。

第二十讲

嘉庆皇宫枪声

嘉庆皇帝，名颙琰（原名永琰），属龙，乾隆帝第十五子，三十七岁登极，在位二十五年，享年六十一岁。庙号仁宗，谥号睿皇帝。

一、嘉庆其人

嘉庆皇帝的一生，既有幸，也有不幸。说他有幸，是因为他居然能够从乾隆皇帝的十七个儿子中脱颖而出，登上皇帝的宝座。他祖父雍正帝的谋臣戴铎曾说过一句名言："处英明之父子也，不露其长，恐其见弃，过露其长，恐其见疑，此其所以为难。"嘉庆帝的父亲乾隆皇帝可以说是英明、聪明、高明的君主，给这样的君主当儿子是很难的。显山露水，恐其见疑；沉默寡言，恐其见弃。颙琰最终能得到皇父的认可并继承大统，可以说是有幸的。

■ 嘉庆帝朝服像

说他不幸，主要有三：

其一，继位不顺。颙琰继承皇位，过程曲折复杂。乾隆帝起初要立嫡立长，以嫡后富察氏所生的两个儿子——二阿哥永琏和七阿哥永琮（cóng）为属意人选。先是将永琏秘密立储，缄其名字藏于乾清宫“正大光明”匾后。但是，永琏九岁殇；继而将永琮密定为皇储，但永琮两岁时患痘症殇。这两位皇子福少命薄，都与皇位无缘。其他如大阿哥永璜，虽为富察氏皇贵妃所生，但已病死；三阿哥永璋，因皇后富察氏死后无“哀慕之情”而遭申斥，后死去；四阿哥永珹，虽善诗文，但好酒、足残，被过继出去；五阿哥永琪，已死；六阿哥永瑢，曾领修《四库全书》，任总管内务府大臣，著有《九思堂诗钞》，但也被过继出去；八阿哥永璇，因贪酒色，又糊涂，如办《圣训》误刻庙讳，受处罚；九阿哥和十阿哥均未命名，早殇；十一阿哥永瑆出生于乾隆十七年（1752 年），在众皇子中年龄偏大，虽才华出众，书法极精（书乾隆裕陵碑文），著有《听雨书屋诗集》《诒晋斋帖》《仓龙集》，但过于重文轻武，不宜立储；十二阿哥永璂是废后那拉氏（以剪发忤旨）所生，失去当继承人的资格；十三阿哥永璟，三岁殇；十四阿哥永璐与颙琰同母，未命名，四岁殇；比颙琰年少的十六弟，未命名，四岁殇；十七弟永璘“喜音乐、好游嬉”，年龄过小，也不宜立储。直到乾隆三十八年（1773 年），乾隆皇帝六十三岁时，才密立颙琰为储君——他“治默持重”，喜怒不形于色，自幼喜读书，“日居书屋，惟究心治法源流，古今得失，寒暑无间”，虽平庸守成，却忠厚可信，因此被乾隆帝指定为皇位继承人。

其二，生不逢时。颙琰登上皇帝宝座后面临的内外局势，可谓天时不利、地势不利：在西方，几个大国正在崛起；中原大地，燃起白莲教烽火，纵

清军镇压白莲教起义布防图

横川、楚、陕、豫、甘五省，历时九年，耗银二万万两（相当于户部五年财政收入），虽然最后平息，但财政枯竭，元气大伤。可见，嘉庆帝好比驾驭着一条古老的破船，在惊涛骇浪中艰难航行。

其三，两遇凶险。首先是嘉庆皇帝大内遇刺，其次是天理教众攻入皇宫。下面先讲嘉庆帝在皇宫里的遇刺事件。

二、大内遇刺

嘉庆八年（1803 年），嘉庆帝在皇宫内遭遇民人陈德犯驾行刺。这在明清近六百年的紫禁城宫廷史上，空前绝后。

事情经过是这样的。嘉庆八年（1803 年）闰二月二十二日，是嘉庆帝颙琰到先农坛亲耕耤（jí）田的日子，所谓亲耕耤田，是为了表示皇帝重视农耕而举行的一种典礼仪式。嘉庆帝于二十日自圆明园回宫斋戒。这一天，有一位叫陈德的男子，带着年仅十五岁的长子陈禄儿进入东华门，绕到神武门，潜伏在顺贞门外西厢房山墙后，等待嘉庆帝銮舆的到来。嘉庆帝一行，从圆明园回皇宫，乘舆进入神武门，在刚要进顺贞门时，陈德由西大房后面跑出，手持小刀，冲向乘舆。这突如其来的袭击吓得神武门、顺贞门之间的侍卫和护军百余人，神情惶愕，呆若木鸡，竟然没有人上前拦阻、抓捕。紧急之时，只有定亲王、御前大臣绵恩（颙琰之侄）首先奋力推却，进行护卫；继是固伦额驸、乾清门侍卫、喀尔喀亲王拉旺多尔济（颙琰的七姐夫）与乾清门侍卫、喀喇沁公丹巴多尔济及御前侍卫扎克塔尔等六人尚属镇定，机智勇敢，冲前捉拿。嘉庆帝的乘舆迅速进入顺贞门内。经过一番搏斗，绵恩的衣服被刺破，丹巴多尔济身上被刺伤三处。嘉庆帝本人没有受外伤，但突遇险情，仓皇生变，毫无戒备，受到了惊吓。陈德奋力挣扎，寡不敌众，最终被包围捉拿。陈德长子禄儿，乘乱溜走回家，后来被捕。在陈德行刺嘉庆帝时，在场官员、侍卫等一百余人，只有前述六人上前护卫嘉庆皇帝，其余人则“袖手旁观”“漠不关心”。（《清仁宗实录》卷一〇九）这是最令嘉庆帝难堪、伤心、感慨、悲凉的！这次事件对于宫廷来说，如同一场政治地震，朝野惊恐，人心惶惶。

陈德是何许人？陈德，四十七岁，北京人，父陈良、母曹氏，曾典与满洲镶黄旗、山东青州府海防同知松年家做奴仆。他本人从小随父亲在山东一带为奴。松年故去后，陈德从十四岁开始，跟随父母离开其家，在青州、济南等地给人服役，或做佣工，辛劳度日，勉强糊口，多次失业，几易雇主。陈德二十二岁娶妻，二十九岁丧母，三十岁丧父。他在父母双亡后，携岳母、妻子到北京，投靠到堂姐夫、内务府正白旗护军姜六格家。陈德先后在侍卫、宗室僧额布家，内务府造办处于姓家做佣役。他的大儿子禄儿十五岁，给崔家当雇工，小儿子对儿十三岁，无事。陈德后跟内务府一个管奴仆的镶黄旗包衣常索，在内务府当杂役，出入宫中。陈德在内务府服役时，帮办配送诚（xián）妃刘佳氏的碗盏等器物。諴妃刘佳氏是拜唐阿刘福明之女，乾隆时就入侍颙琰于潜邸。嘉庆元年（1796 年）被册封为諴妃，生皇长子、皇三女，后晋为諴贵妃。在嘉庆朝，除两位皇后外，册封为贵妃的，只有刘佳氏一人。道光时死，谥和裕皇贵妃。

从神武门看顺贞门

陈德因给諴贵妃跑腿，得以进出紫禁城、圆明园，了解一些宫内情况。后他同妻子一起，被典与孟明家当厨役。嘉庆八年（1803 年）二月，陈德的妻子张氏病故，他又被孟家解雇，断了生活出路，在一个看街的老友家暂时借住。陈德贫穷苦闷，“时常喝酒，在院歌唱哭笑”。他生活在社会底层，身为奴仆，跟官服役，饱尝人间辛酸，受尽权贵欺凌。陈德常出入皇宫，看到了贵族的豪奢生活和皇室的穷奢极欲，体察到人间不平，激发起反抗情绪。陈德于“实在穷苦难过，要寻死路”之时，求签说有“朝廷福分”。嘉庆八年（1803 年）闰二月十六日他在街上看到黄土垫道，听说嘉庆帝将于二十日进宫。于是，欲“起意惊驾”，谋刺嘉庆皇帝。陈德心想：“犯了惊驾之罪，必将我乱刀剁死，图个痛快，也死个明白。”由是，便发生了上述行刺事件。

陈德“犯驾”动机何在？背后指使者是谁？嘉庆帝命对陈德严加审讯。嘉庆帝先命军机大臣等，会同刑部尚书，对陈德进行初审。但是，陈德“所供情节，出乎意料”，拒不招供其背后的指使者。接着，嘉庆帝加派满、汉大学士和六部尚书等对陈德进行会审。在审讯过程中，对陈德施尽酷刑，逼供、诱供，诸如“彻夜熬审”“拧耳跪炼”，以及“掌嘴板责”“刑夹押棍”等。陈德虽“备受诸刑”，却是“仍如前供”，且始终如一，“矢口不移”。经过几个昼夜的严刑审讯，陈德没有吐露其指使者及同谋者。于是，嘉庆帝命九卿科道等对陈德再进行会审。

陈德经酷刑审讯，招供：我就是因生活无路，一家老少没有依靠，实在情急，要求死路。我又想，自寻短见，无人知道，岂不是白死。听说皇上今日进宫，我就同禄儿进东华门，从西夹道走到神武门，混在人群里，看见皇上到了，我持小刀，往前一跑。原想我犯了惊驾的罪，当下必定乱刀剁死，图个痛快，也死个明白，实在没有别的缘故，也没有别人主使。所说是实。

最后定陈德“罪大恶极”，先受诸刑，再行磔死。于二十四日，先将陈德的长子禄儿、次子对儿绞死，接着又将陈德凌迟处死。有学者认为陈德是林清党人，其根据不足。

一花报春，一叶知秋。一叶飘落，霜秋将至。陈德事件虽属个案，其背后却深藏着社会危机。嘉庆帝沉痛地说：“朕之所深惧者，在此而不在彼。”（《清仁宗实录》卷一〇九）这里，“在彼”指的是陈德一类的“反对者”“敌对者”；“在此”，指的是执政集团内部表现出的、潜藏着的危机。他发的这个感慨，由一件事情引出——嘉庆帝突遭行刺时，凶手孤身一人，没带枪支，没有炸药，只有一把小刀，而皇帝的护卫、侍卫、警卫有一百多人，却只有六人上前卫护，绝大多数官兵“袖手旁观”“漠不关心”！所以，最可怕的不是“敌人”，而是身边的“亲信”。它说明，八旗劲旅失去了当年的雄风和勇气，变得贪婪腐败；还应了那句名言：“堡垒最容易从内部攻破。”

嘉庆帝对陈德事件作了善后处理。

第一，奖励有功官员。赏定亲王绵恩、额驸拉旺多尔济御用补褂，封绵恩子奕绍为贝子，封拉旺多尔济为贝勒、在御前行走，御前侍卫扎克塔尔世袭三等男，珠尔杭阿、桑吉斯塔尔均世袭骑都尉。这种奖励，对于救驾之功而言，实在太薄。

第二，惩罚失职官员。革去阿哈保、苏冲阿护军统领及副都统职务，其余护军章京等，罚降有差。

第三，扩大防御范围。除紫禁城外，驻跸圆明园、临幸西苑、巡幸热河、行围木兰等各处行在，其防卫同宫城无异。

第四，修改宫禁制度。由御前大臣、军机大臣、领侍卫内大臣等奏定章程二十九条。采取以上几项措施后，宫禁略有改进。

有人问：宫廷警卫不是很严吗？陈德怎么会混进紫禁城呢？下面我简单介绍一下清宫禁卫制度。

清朝的防卫，分京师八旗与驻防八旗。京师八旗主要负责京畿地区，驻防八旗主要分驻要地（如杭州、福州、成都、西安等）。京师禁卫之要，重在宫廷禁卫。清朝宫廷禁卫，制度非常严密。禁卫兵分为两种——郎卫和兵卫：

郎卫 由领侍卫内大臣六人（正黄、镶黄、正白旗各二人）、内大臣六人等组成。领侍卫内大臣为正一品，内大臣为从一品。郎卫亲军选自上三旗（镶黄、正黄、正白）中才武出众的子弟，其优秀者提拔为御前侍卫、乾清门侍卫等，统属于领侍卫内大臣。郎卫负责御前侍卫，包括乾清宫、殿廷、扈从等护卫。这是内班。宿卫太和门等外廷警卫称为外班。

清宫御前侍卫

领侍卫内大臣夏朝冠

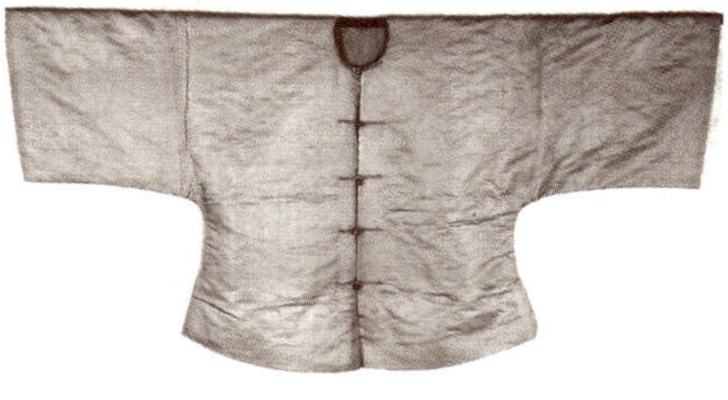

清宫侍卫黄马褂

兵卫 由护军等组成，守卫京城内九门、外七门，以及皇帝驻跸等外围。包括巡捕营、护军营、步军营、健锐营、外火器营、内火器营、神机营、前锋营、骁骑营等，咸丰时达到十五万人。禁卫严密，环拱宿卫，分班轮值，各负其责。

下面再对宫门禁卫略作介绍，包括启闭、锁钥、传筹、门守、门禁、腰牌、合符的具体制度。

启闭 凡皇帝出入，各门开中门。宫门每天日没后关门，由景运门直宿司钥长及有关官员分头负责，依次查验各门的闩锁。然后由各门护军校将钥匙会交于景运门司钥长，司钥长验收后贮于小箱内，并加锁。次晨天明，各门开启。

锁钥 紫禁城门的出入，每门设司钥长（管锁门、开门）、阅门籍护军（出入先报名册，进行查阅）。紫禁城外周围，则以下五旗护军，分定界址，轮番直宿。总属于景运门值班统领稽查。

传筹 护军以一筹（信牌）进行传递，作为检查值班的标志，如某处无人侍值或睡熟，则此筹件不能下传。紫禁城内，五筹递传。每夕自景运门发筹，西行过乾清门，出隆宗门，向北过启祥门，再向西过春华门，北拐过中正殿后门，至西北隅，再向东过西北门、顺贞门、吉祥门，至东北隅，向南过苍震门，至东南隅，向西还至景运门，共经十二处，为一周。紫禁城外，八筹递传。每夕自阙左门发筹，西行过午门，出阙右门，循城而西、而北，经西华门，再向北至西北隅，向东过神武门，再东至东北隅，向南至东华门，再南循墙而西，仍回至阙左门，为一周。驻跸行营内外，传筹大致如此。

门守 紫禁城各门及宫内主要之门，每门及值房，各设弓箭、撒袋、长枪守门，值房官兵，并佩腰刀。另以护军二人，手执红棒坐守。亲王以下出入均不起立，有擅入者，以红棒打之。凡官员上朝，舆、骑至下马碑则止。惟贝子以上可乘马入。入东华门者至箭亭旁下马，入西华门者至内务府前下马。另有特旨许紫禁城内骑马者，如年老者、特许者也可乘马入，但必须至箭亭或内务府前下马。

门禁 王公、百官、执事人员等，不得擅自出入紫禁城门。获准按规定之门出入者，由值班官军询明后放进。如有无故混入或随便带人进入者，分别议处。各衙门大臣官吏，规定均于午门的左门出入，宗室王公等由午门的右门出入。进入内廷者，领侍卫内大臣、散秩大臣、侍卫、侍卫处之主事及笔帖式、军机章京、内阁、六部、提督衙门、理藩院、上驷院、武备院、奉宸苑、銮仪卫等处的人员由景运门或隆宗门出入。宗人府王公司员、八旗、都察院科道、翰詹、各部院衙门值日引见官员，由后左门出入，内务府各库官员等由后右门出入。其内大臣、侍卫、内务府等官，及内廷有执事官与内府各执事工役等，凡批准由某禁门行走者，均将姓名及所属旗籍，分佐领、内管领造册，咨送于经由之门守卫。官物出入禁门，须交验单放过。

腰牌 腰牌为火烙印木制的木牌，因系在腰间而得名。相当于现代挂在脖子上的胸牌。凡内阁，内务府及内廷行走各处供事的书吏、苏拉（杂役）、皂隶（各衙门差役）、茶役、厨役、匠役、演戏人员等，需经常出入宫廷者，皆由内务府发给腰牌，上面写有年代、所属衙门、姓名、年龄、相貌特征及编号等，为出入符验（凭证）。护军识字者专验门籍，稽查出入。不带腰牌者不准放入。腰牌每三年更换一次，差事有变动者随时更换。

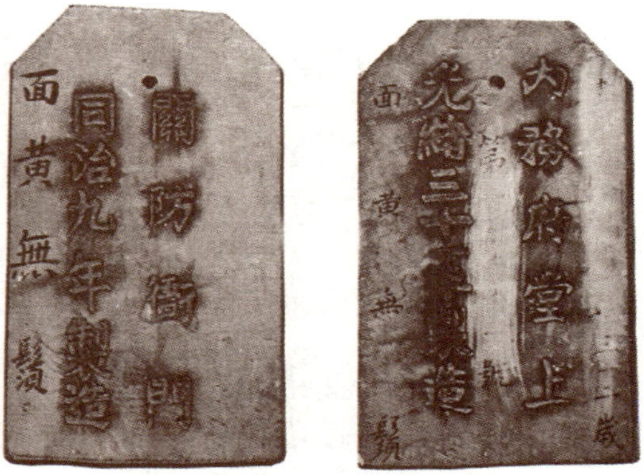

■ 腰牌

合符 合符为铜镀金质，铸阴、阳文篆书“圣旨”二字，背面为龙纹。凡中夜有旨，需出禁城者，须持阳文合符，经查验与阴文合符符合无误后，才开门放行。景运门、隆宗门、东华门、西华门、神武门各存阴文合符，以阳文合符存于大内。如夜间奉旨差遣或有紧急军务，需开门时，由大内持出阳文合符，护军参领以阴文合符照验，相符即开

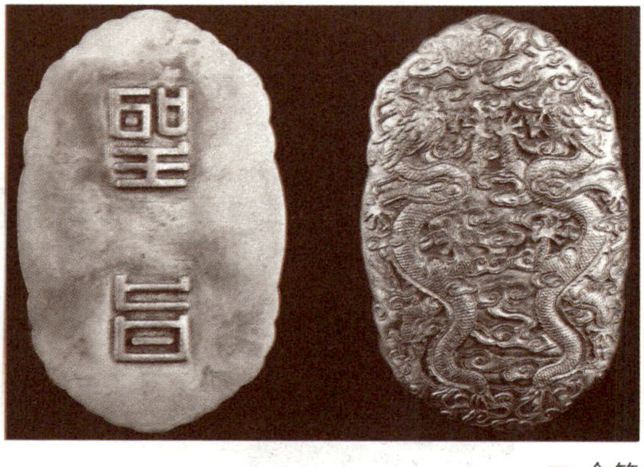

■ 合符

门，并报值班统领。其苍震门、启祥门等，遇阳文合符时，护军参领即报统领，亲携阴文合符，与阳文合符后，方可开门，次日奏报。

应当说皇宫门禁很严，但陈德还是混进了紫禁城。原因很简单，不是制度不严密，而是执行有疏漏。嘉庆帝针对宫廷禁卫的疏漏，采取了一些措施。但这种头痛医头、脚痛医脚的办法，重视制度，轻视执行，只能治标，不能治本。

“冰冻三尺，非一日之寒。”陈德行刺嘉庆帝事件虽属个案，但蕴涵着嘉庆朝的严重社会危机。如果说陈德行刺嘉庆帝属个人反抗行为的话，那么天理教众攻入宫城，则属有预谋、有组织、有策划、有兵器的社会性暴力行为。

三、皇宫惊变

陈德事件发生十年后，又发生天理教众攻入紫禁城的更为严重的皇宫惊变。

■ 旻宁像

先是，嘉庆十八年（1813 年）嘉庆帝秋狝木兰，原定进哨以后，行十三围，但因持续阴雨，“溪水骤溢，沙渍泥淖，人马皆不得前”，仅行五围，便于九月初一日，下令减围出哨，自避暑山庄返回北京。并令皇二子绵宁（后来的道光皇帝旻宁）等先行回京，他随后回銮。嘉庆帝在归途中接到奏报：天理教在滑县滋事，“滑县已失，县官被戕”。为此，嘉庆帝在当天连发数谕，调兵遣将，进行堵剿。各方大员在接旨后，加意防范堵截。九月十五日，嘉庆帝驻跸在丫髻山行宫。这一天，紫禁城内发生了震撼宫廷的大事变。

宫变缘起　这起皇宫惊变是怎样发生的呢？它的根源是天理教的传播与流

行。事变要先从天理教说起。天理教属于白莲教支派，是京畿大兴县人林清与河南滑县人李文成等，将分散在京畿的红阳教、白阳教、坎卦教等，同直（今河北）、鲁（今山东）、豫（今河南）三省交界地区，以震、离二卦为核心的八卦教，联合起来组成的一个民间秘密宗教组织。天理教的教民多是贫苦农民和手工业者，其中也有少量的中农和下层官吏。天理教的教众很多，仅北京黄村一带就有一万余家。在天理教起事之前，其首脑林清、李文成等编造谶（chèn）语，制造舆论，蛊惑民众。谶语是巫术迷信的说法，谓将来会应验的隐语。比如“单等北水归汉帝，大地乾坤只一传”，意思是：林清又称为“刘林”，汉帝姓刘，以后姓刘的要坐天下。再如“若要红花开，须待严霜来”，“严霜”为李文成的暗号，意思是：李文成来，红花便开。他们通过扬言星象示变，要动干戈，为起事造“天意”依据。

嘉庆十七年（1812 年）正月，各地天理教首脑聚会于河南滑县道口镇，决定“应在酉之年，戌之月，寅之日，午之时起事”，就是嘉庆十八年（1813 年）九月十五日午时起事。会后，李文成到大兴会见林清。他们约定：李文成先在滑县举事，河南、山东、直隶同时揭竿而起，共同进逼京畿；林清则在京师城内响应，与李文成的教众里应外合，夺取京城。

嘉庆十八年（1813 年）八月底九月初，滑县天理教徒在浚县大伾（pī）山中打造器械，被知县强克捷侦知，李文成等人被逮捕入狱。为营救李文成，天理教徒提前于九月初七日起事。这一天，天理教众五千多人，头缠白布，身着白衣，攻占滑县城，杀死县令强克捷，救出教首李文成。李文成在滑县衙署内设羽帐，竖大旗，上书“大明天顺李真主”。他们攻下附近军事据点道口镇等，因清军堵截拦阻，队伍未能迅速北上。而林清在北京大兴对李文成提前举事的消息一无所知，仍按原计划，进攻紫禁城。

时正黄旗汉军曹福昌已投靠林清，他透露嘉庆帝将于十七日返抵白涧行宫，到时留京大臣出城迎驾；是日乘虚而发，成功把握较大。但林清认为九月十五日的举事日期为“天定”，不宜更改。于是决定：如期举事，攻打皇宫。最初打算派出数百人，但内应太监认为“禁中不广，难容多人”，并恃天理教众有“神术”，可以获胜。林清倚恃内应太监熟悉宫禁，决定派二百人，分作东西两队，太监王得禄、阎进喜则居中应援。他们约定以“白帕”为标志，在十四日化装成小商贩等，各备兵器混杂于酒肆、行商中，分别在菜市口、珠市口、鲜鱼口等处会齐，待十五日午时，即向皇宫发动进攻。林清则坐镇大兴黄村指挥。

宫变经过 十五日早晨，林清派出天理教众，约定分头行进，由宣武门潜入，然后约二百名天理教众，分成东、西两队，乔装改扮，潜伏在东华门、西华门外。午时一到，由宫内太监接应，开始攻夺皇宫东西大门——东华门与西华门。

东华门一路。攻打东华门的一支，由陈爽带领，刘呈祥押后，太监刘得财、刘金为向导内应。他们快要攻进东华门时，有卖煤的人争道，有人暴露了兵器，被守门官兵察觉，立即关闭了城门。仅有陈爽等少数人闯入东华门内，其余都逃逸。进入东华门者，在门内与护军展开激烈搏斗。署护军统领杨述率领护军，御天理教众于协和门下，杀死数人。有的教民则冲到内廷的侧门苍震门。

西华门一路。攻打西华门的一支，陈文魁居首，刘永泰押后，太监张太、杨进忠、高广福为向导内应。太监王福禄、阎进喜在内接应。他们率领五十余人，全队进入西华门。尔后，他们反关西华门，以防清护军进入。陈文魁等天理教众，边进边战，杀死守卫数人，由尚衣监、文颖馆冲到隆宗门外。由于时间耽搁，护军得到警报，关闭了隆宗门。双方激战在隆宗门外。天理教众由隆宗门外小房登上高墙，窥视大内。这时，有几名天理教民，由廊房越墙，冲向养心殿。正在上书房读书的诸皇子闻变，皇次子旻宁（原名绵宁，即后来的道光帝）“急命进撒袋、鸟铳、腰刀，饬太监登垣以望”。只见有的教民手举白旗，攀墙登殿，近养心门。旻宁立于养心殿下，“发鸟铳殪（yì）之，再发再殪”，以鸟枪击毙墙上二人。皇三子绵恺，紧随皇兄旻宁之后，冲到苍震门，也发枪射击。留京的礼亲王昭梿、仪亲王永璇、成亲王永瑆等，闻警后“急率禁兵，自神武门入卫”。时诸王公大臣已从神武门急入，聚集在紫禁城西北角的城隍庙前，随后火器营的一千多人也调入紫禁城。正当天理教众准备放火焚烧隆宗门时，火器营官兵赶来阻击天理教众。

天理教众以几十个人的力量和一些简陋短小的兵器，去对付有诸王大臣督战的强大护军，自然必败无疑。最后教众退到武英殿前，寡难敌众，或被擒或被杀，无一幸免。后经过一番搜索，内应太监七人也全被擒获。

潜藏在紫禁城里的零星天理教民熬过一夜。第二天清晨，下了一场雷阵雨。他们饥无可食，渴无可饮，夜不可歇，神不得宁。熬过两昼夜，直到十七日才被搜查出来，但其中没有一个人主动投降。

至今仍留有铁箭头的隆宗门匾额

同时紫禁城内一片混乱，甚至镇国公永玉、护军统领石龄等，竟要备车逃跑。翰林院编修陶凫卿遇袭，仆人骆升以身遮挡，骆升被砍了几刀，陶凫卿幸运地保住了性命，藏于柜中，到十八日才被发现。

十七日清晨，清廷派番役到南苑黄村西宋家庄林清家中，佯称：城中事已有成，奉相公命，延请入朝。林清信以为真，继而被诱捕。朝廷又派人逮捕了林清的家属和太监刘得财、刘金等。至此，天理教众进攻皇宫的行动失败。嘉庆十八年（1813 年）是癸酉年，所以这一事件又被称为“癸酉之变”。

此时的嘉庆帝呢？他在丫髻山行宫，于十六日获得皇宫惊变的急报，派吏部尚书英和先行回京处理善后事宜。嘉庆帝随后返京。

十八日，嘉庆帝命大臣起草《罪己诏》。十九日，当他路经京东燕郊时，传闻“有贼三千，直犯御营”，扈从大臣、兵丁都吓得面如土色。嘉庆帝此时强作镇静，说：“不必惊惧。俟贼果至，汝等效力御之，朕立马观之可也！”事后证明，这是谣传，虚惊一场。他当天回到北京，诸王大臣等迎驾于朝阳门内。嘉庆帝非常感慨，众大臣也都呜咽痛哭。

严行镇压　二十三日，嘉庆帝在西苑（今中南海）丰泽园，亲自审讯林清和太监刘得财、刘金等人。廷讯开始，命先将刘得财、刘金二人带来，斥问为何“萌此逆谋”，将二人夹打后处决。接着提审林清。林清在重刑之下，承认此次进攻紫禁城之目的，就是要把皇帝赶回关东。嘉庆帝恼羞成怒，命将林清凌迟处死，并将其首级送到直、鲁、豫地区示众。此后，嘉庆帝派兵火烧起义据点大兴县宋家庄，林清的姐姐、妻子按律缘坐，均被处决。嘉庆帝再三严令对其他被捕者严加审讯。在审讯中，施用了各种酷刑。最后，嘉庆帝命将被捕者及其家属共三百多人，或处死、或流放、或为奴。他们的房屋、土地、财产被抄没，分赏给八旗官兵。后又在太监中进行了严格清理，与此变有关的太监或发往黑龙江给官员为奴，或拨给亲王、郡王管束使用。

这次事件使清朝皇帝第一次认识到，自入关近一百七十年来，大清的江山社稷遇到了危机。嘉庆帝回宫后颁布《遇变罪己诏》，声言要把与事者斩尽杀绝。

嘉庆帝派陕甘总督那彦成为钦差大臣，率兵前往滑县等地追剿；又采取了分化瓦解政策——下令对起义地区蠲免钱粮，赈济灾民，区别首从，教徒不究。在“剿抚兼施”的政策下，仅两个月，直、鲁地区的天理教军主力基本被肃清。

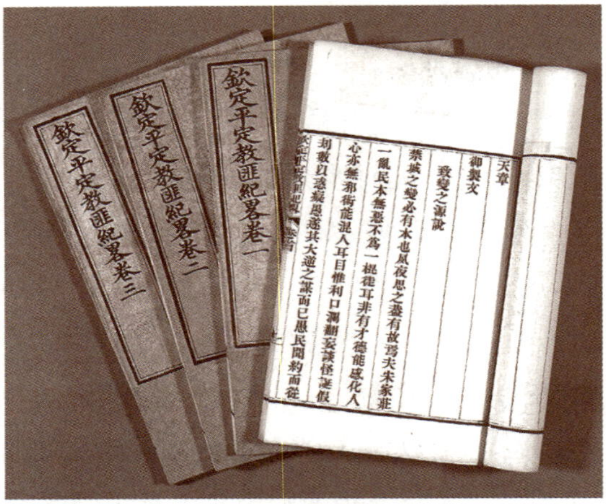

■《钦定平定教匪纪略》(嘉庆武英殿刊本)

总结教训 嘉庆帝在紫禁城遭遇两变之后，为吸取教训，防患于未然，决定加强京师特别是紫禁城的防卫措施：严密保甲法；搜缴了一千本“奸盗邪淫”书籍，披阅后于殿廷烧毁；对太监严加管束，禁止随便出入紫禁城；不准八旗宗室、旗人散居城外；在京师城内及紫禁城、圆明园增设哨卡，添置、整修防御工事和设备；增加驻防军队；严格紫禁城内值班王大臣的交接班制度，等等。

前述九月十七日，嘉庆帝自白涧回跸燕郊，特颁《遇变罪己诏》，全文四百六十个字(不计标点)，照录于下：

朕以凉德，仰承皇考付托，兢兢业业十有八年，不敢暇豫。即位初，白莲教煽乱四省，黎民遭劫，惨不忍言。命将出师，八年始定。方期与吾赤子永乐升平，忽于九月初六日，河南滑县又起天理教匪，由直隶长垣，至山东曹县，亟命总督温承惠率兵剿办，然此事究在千里之外。

猝于九月十五日，变生肘腋，祸起萧墙，天理教逆匪七十余众，犯禁门，入大内，戕害兵役。进宫四贼，立即捆缚。有执旗上墙三贼，欲入养心门。朕之皇次子亲执鸟枪，连毙二贼。贝勒绵志续击一贼，始行退下。大内平定，实皇次子之力也。隆宗门外，诸王大臣，督率鸟枪兵，竭二日一夜之力剿捕，搜拏净尽矣。我大清国一百七十年以来，定鼎燕京，列祖列宗，深仁厚泽，爱民如子，圣德仁心，奚能缕述。朕虽未能仰绍爱民之实政，亦无害民之虐事。突遭此变，实不可解。总缘德凉愆积，唯自责耳！然变起一时，祸积有日。当今大弊，在因、循、怠、玩四字，实中外之所同。朕虽再三告诫，舌敝唇焦，奈诸臣未能领会，悠忽为政，以致酿成汉、唐、宋、明未有之事，较之明季梃击一案，何啻倍蓰。思及此，实不忍再言矣。

予唯返躬修省，改过正心，上答天慈，下释民怨。诸臣若愿为大清国之忠良，则当赤心为国，竭力尽心，匡朕之咎，移民之俗；若自甘卑鄙，则当挂冠致仕，了此一身。切勿尸禄保位，益增朕罪。笔随泪洒，通谕知之。（《清仁宗实录》卷二七四）

嘉庆帝的《遇变罪己诏》，可作六点分析：

第一，态度尚好。嘉庆帝这个人，遇到大的事变，总是反省自己。不像有的君主，文过而饰非，功劳归己，过错责人。甚至不惜伪造文件，表明圣上一贯正确。他说，遭此突变，总缘“德凉愆积，唯自责耳”！又说：“予唯返躬修省，改过正心，上答天慈，下释民怨。”这话不管是做样子也好，真心实意也好，总算表了个态，做了自我批评。

第二，表彰功者。事变后次日，封皇二子旻宁为智亲王。他说：“旻宁系内廷皇子，在上书房读书，一闻有警，自用枪击毙二贼，余贼始纷纷潜匿不敢上墙，实属有胆有识。朕垂泪览之，可嘉之至，笔不能宣。宫廷内地，奉有祖考神御，皇后亦在宫中。旻宁身先捍御，护保安全，实属忠孝兼备，著加恩封为智亲王。”

第三，批评臣工。他说：“当今大弊，在因、循、怠、玩四字”。因上、循旧、怠惰、玩职，道出当时官场的普遍现象。解决的办法，要么“赤心报国”，要么“挂冠致仕”，而不要尸位素餐，误国误民。

第四，笔随泪下。天理教众，手无寸铁，攻入禁城。他说：这是大清国一百七十年以来，也是汉、唐、宋、明以来所未有之事。并为此而“笔随泪下”，真是动了心！但是，作为一个政治家，在重大事变面前，哭天抹泪，不算英雄。要有气魄、有格局、有毅力、有办法，勇于克服积弊，敢于进行改革。可惜，“平庸守成”四个字，决定嘉庆帝做不出惊天动地的事业。

第五，心有余悸。嘉庆帝遭遇天理教徒之变时五十四岁。这年，他连生日也没有心思过了。他说：“十月初六日，为朕寿辰，国家典礼，自初三日，至初九日，俱穿蟒袍补褂，正日御正大光明殿受贺，此定例也。今岁突遇此祸，若仍照常年典礼而行，朕实无颜受贺，况军书交驰，邪氛未靖，尚有何心宴乐乎！……向年俱进如意，即日回赏，原上下联情之意耳！今遇大不如意之事，岂可复行呈进。朕不见此物，转觉心安；见物思名，益增烦闷矣！”

第六，见微知著。嘉庆帝直至他临终的前一年（嘉庆二十四年），还在大臣的奏折中朱批道：“有天良之大臣，永不忘十八年之变。丧尽天良之辈，早已付之云烟之外！”但是，嘉庆帝究竟汲取了什么历史教训呢？没有！他没有从根本上敬畏历史，牢记教训，从而加速了清朝的颓势——江河日下，社稷日危！

第二十一讲

道光继位镢匣

嘉庆二十五年（1820 年）八月，嘉庆帝突然在承德避暑山庄驾崩，从而围绕皇位继承，引发了一场政治风波。这场政治风波，因为一个收藏有嘉庆帝秘密立储御书的镢（jué）匣而跌宕起伏，峰回路转，至今仍然存疑。缘此，先从智亲王旻宁（原名绵宁）继位说起。

一、旻宁继位

在清朝十二帝中，亲王皇子继承皇位的只有四人，这就是雍亲王胤禛雍正帝、宝亲王弘历乾隆帝、嘉亲王颙琰嘉庆帝和智亲王旻宁道光帝。雍亲王胤禛、宝亲王弘历、嘉亲王颙琰前面已经叙述，智亲王旻宁其人，下面略作介绍。

道光帝朝服像

嘉庆帝的遗位继承，按照清朝宗室家法，有五位皇子可以选择：

（一）皇长子，为诚贵妃刘佳氏所生，两岁未命名夭殇，追封穆郡王。

（二）皇二子旻宁，生母为孝淑睿皇后喜塔腊氏，内务府总管大臣和尔经额之女。乾隆三十九年（1774 年），被乾隆帝册封为皇子颙琰嫡福晋。四十七年（1782 年）八月初十日，在皇宫撷芳殿中所生下皇次子旻宁，他就是后来的道光皇帝。嘉庆帝继位，喜塔腊氏被册封为皇后，嘉庆二年（1797 年）崩。喜塔腊氏实际上只做了一年零一个月的皇后，便离开了人世。

（三）皇三子绵恺，母为贵妃钮祜禄氏，乾隆六十年（1795 年）生，后封为惇亲王，皇父死时二十六岁。

（四）皇四子绵忻，与皇三子绵恺同母，嘉庆十年（1805 年）生，皇父死时十六岁。

（五）皇五子绵愉，母为如妃钮祜禄氏，嘉庆十九年（1814 年）生，皇父死时七岁。

嘉庆帝的五位皇子中，以皇二子旻宁最为优秀。

旻宁六岁开始读书，受到了传统儒家教育。

旻宁十岁那年，有一件吉祥的事发生。这一年，他初次随皇祖父乾隆帝木兰秋狝，到威逊格尔行围。他引张小弓，射获一鹿。乾隆帝大喜，赋诗一首。这诗说的是乾隆帝十二岁时，随同皇祖父康熙帝前往木兰行围，初围得熊。此次旻宁则初围获鹿，比当年的乾隆帝还小两岁。旻宁的骑射本领是“谙达”（满语，意为师傅）教的。他的皇父嘉庆帝强调：“我八旗满洲，首以清语、骑射为本务，其次则诵读经书，以为明理治事之用。”（《清仁宗实录》卷三二四）在祖训“以弧矢威天下”的训诲下，旻宁习弓马，骑射佳。

旻宁十四岁时，皇祖父乾隆帝宣谕颙琰为皇太子，旻宁也就成为了皇太孙。这当然是全家最高兴的事情。

旻宁十五岁时，双喜临门。正月初一，皇父在太和殿登极，成为大清朝的第七任（定鼎北京后的第五任）皇帝，随之母亲喜塔腊氏做了皇后，而他则成为了皇嫡子，这是一喜。另一喜是皇父为他娶亲成婚。新娘钮祜禄氏，是户部尚书布彦达赉之女，被册封为福晋。

旻宁十六岁时，家里发生了不幸的丧事，生母皇后喜塔腊氏病故。母亲太没有福气，仅做了一年多的皇后，便撇下十六岁的独子而去。

旻宁十八岁时，皇父嘉庆帝遵照秘密立储家法，“亲书上名，缄藏鐍匣”。旻宁成为秘密立储的皇太子。“御书‘嘉庆四年四月初十日卯初，立皇太子旻

宁’。”（《清仁宗实录》卷三七四）

■ 孝淑睿皇后

旻宁成为密建皇储之后，皇父对他格外关怀，要他静心读书，修心养性。旻宁也更加严格要求自己，“经史融通，奎藻日新”，刻苦努力，学而有成。他“日与诗书相砥砺”，撰著了《养正书屋诗文全集》四十卷。他亲笔书写了“至敬、存诚、勤学、改过”的条幅，挂在屋中，自勉自励，以警示自己要修身养性，这也是在向皇父表露心迹。即位之后，他又将此条幅移到自己的寝殿悬挂。

他对儒学的研读和修炼，使他于做人和做事更加成熟。如他后来登上皇帝宝座后发生的一件事情，说明他在做皇子时注重对性格的陶冶。道光二年（1822年）五月，仓场侍郎莫晋因盘查仓场事与户部意见不合，回奏又“负气辩论”，顶撞冒犯。他与道光帝共有十五件上奏与十六道御批，最后道光帝在其奏折上御批道：“事愈大，心愈小；情愈急，气愈和。此朕自励之常规也。”（《清宣宗实录》卷三五）表现出道光皇帝的极大耐心和气量。可见旻宁在潜邸生活时，注重磨炼自己的心性，还是有效果的。

旻宁三十二岁时，发生了天理教民攻入皇宫的突发事件。事发那天，他正在上书房读书。天理教民攻入紫禁城，有几名起事者，由廊房越墙，冲向养心殿。旻宁闻变后，表现镇定。他“急命进撒袋、鸟铳、腰刀，饬太监登垣以望”。事态紧急，有的教民手举白旗，攀墙持械，靠近皇父办公和寝居的养心殿养心门。旻宁面对教民，“发鸟铳殪之，再发再殪”，连毙二人。他还“飞章上闻”，向皇父奏报；“严命禁城四门”；又到储秀宫安抚皇母；并亲自率领侍卫到西长街一带访查。旻宁在这一重大事变中的优秀表现，使他在内廷上下威望大增。或赞其智勇沉着，或誉其举措有方。嘉庆帝在回京途中得到奏报，

养心门旧影

即封旻宁为智亲王。事后，他上奏自谦了一番，声称当时“事在仓猝，势不由己”，表现出既敢担当大任又谦谦君子的品格。

旻宁在瀛台读书、南苑习围、经筵疏讲、守御大内等方面都表现得较为突出，所以在众兄弟中最早获封亲王，增俸银一万二千两。旻宁经过三十八年自勉自励、严于律己的磨炼，终于登上了皇位。

这里介绍一下旻宁（原名绵宁）的名讳。乾隆帝规定皇孙名字为“绵”字辈，他说：“绵字为民生衣被常称，尤难回避，将来继体承绪者，当以绵作旻，则系不经用之字，缺笔亦易。”所以旻宁继统后，“将御名上一字敬改，至臣下循例敬避，上一字著缺一点；下一字将心字改写一画一撇”。就是将御名上一字“绵”改为“旻”，避讳时“文”缺一点；将御名下一字“寧”，改写作“寕”。其奉旨以前所刻书籍，都无需改变。北京城的广宁门，则改名为广安门。

旻宁因出色的表现，被密定为储君。按照传统，立储鐍匣应放在乾清宫“正大光明”匾额后面。

大家到故宫参观乾清宫时，举头一望，就可以看到“正大光明”匾。乾清宫这块“正大光明”匾，其“正大光明”一词不见于“十三经”，也不见于先秦其他典籍。“正大”二字，见于《易·壮·象》；“光明”二字，见于《易·履·象》——“正大”和“光明”，拼接整合，组成“正大光明”一词。意思是说，做人做事、为官为政、从学从商、亦农亦工，慎言慎行，修身修心，都要“正大光明”。

■"正大光明"匾

"正大光明"是中华民族传统文化中的一个共同理念和美好愿景。当然，帝制时代君主不可能做到表里一致"正大光明"，但以"正大光明"作为哲学与政治、道德与法律的"座右铭"，既是智慧的，也是可取的。明朝乾清宫没有"正大光明"匾，此匾额是清朝顺治帝题写的。（鄂尔泰、张廷玉《国朝宫史》卷一二）

"正大光明"匾之所以引起社会的广泛关注，是因为雍正帝把秘密立储的镭匣放在了匾额的后面。这是顺治帝设置"正大光明"匾时所没有料到的。

明朝皇位的传承家法是：父死子继，兄终弟及。明朝在北京的十四位皇帝，永乐帝之后"父死子继"的有十位，"兄终弟及"的有三位——正统帝被俘皇位由皇弟朱祁钰即景泰帝继承，正德帝无子身后皇位由堂弟朱厚熜（cōng）即嘉靖帝继承，天启帝无子身后皇位由皇弟朱由检即崇祯帝继承。

清朝不用嫡长制，皇位继承，大伤脑筋。清朝皇位继承，经过四个阶段：

第一，贵族公推制。清朝皇位继承的贵族公推制，仅在太祖、太宗两朝实行过。太祖努尔哈赤、太宗皇太极、世祖福临，都是由八旗宗室贵族会议公推产生的。

第二，皇帝遗命制。顺治帝时开始将皇位继承改为皇帝遗命制。顺治皇帝病危，皇位如何继承？孝庄皇太后、顺治帝商量由八岁的皇子玄烨继承皇位。后来康熙帝立太子时，还请大学士、尚书等朝臣各陈己见，有点"民意测验"的味道。清朝皇位继承遗命制只实行了顺治、康熙两代。雍正帝继位后改为秘密立储制。

第三，秘密立储制。雍正帝从康熙帝两立两废皇太子胤礽的教训中总结出册立皇太子的弊端，而实行秘密立储制，即皇帝生前确定皇储，但不公开宣布。秘密立储的好处是"三避免"——避免太子骄傲，避免朝臣结党，避免骨肉相残。

第四，懿旨定储制。就是慈禧皇太后"一人懿旨"，专权独断，决定皇位的继承人。她选四岁的载湉、三岁的溥仪为四亿人口大国的光绪皇帝、宣统皇帝。这不仅是拿清朝家法当儿戏，而且把四亿国人作玩偶耍。

乾清宫内景

上述第三阶段的秘密立储就是当朝皇帝将选定的储君皇子的名字写好，装在镝匣里，放在乾清宫"正大光明"匾额后面。当朝皇帝崩逝后，满洲贵族和朝廷重臣在乾清宫取下秘密立储镝匣，当众开启，公示于众。

清代有四朝秘密立储之君——雍正、乾隆、嘉庆、道光，但实际上只有三朝。因为虽然乾隆帝也曾将秘密立储的镝匣放在"正大光明"匾额后面，但最后他是把皇位禅让给儿子嘉庆皇帝的。秘密立储最大的缺陷是：皇位继承人的选择，由皇帝独自暗箱操作。如果选人不当，即铸成大错。

自从雍正帝开创秘密立储制之后，乾隆帝是跟镝匣打交道最多的一位皇帝。乾隆帝叙述第一次开启镝匣的过程时说："逮皇考传位联躬，宣示密缄，仓猝之际，朕不敢自行启封，召同大学士鄂尔泰、张廷玉，当面展缄敬阅。"（《清高宗实录》卷一四八六）由此可见，"宣示密缄"是由嗣君与重臣共同开启的。之后，乾隆帝第一次秘密立皇长子永璜，不料这位皇太子先死；第二次秘密立皇二子永琏，不料这位皇太子又死；第三次秘密立皇十五子颙琰，就是后来的嘉庆帝，按照"皇考成式，亲书密旨，照前收藏"。乾隆六十年（1795 年）九月初三日，乾隆帝在圆明园勤政殿召集皇子皇孙、王公大臣等宣告："将癸巳（乾隆三十八年）所定密缄嗣位皇子之名，公同阅看，立皇十五子嘉亲王颙琰为皇太子，用昭付托。”（《清高宗实录》卷一四八六）嘉庆帝亲临开启镛匣的仪式，这应该给他留下了深刻的记忆。但是，他秘密立储的镛匣放在了哪里？这一问题在他驾崩之后，引出了镛匣风波。

二、镛匣风波

嘉庆二十五年（1820年）七月，嘉庆帝到热河秋狝。十八日，自圆明园启程。命王公大臣、皇次子智亲王旻宁和皇四子瑞亲王绵忻随驾。这年，嘉庆帝六十一岁，“身体丰腴，精神强固”。二十四日，嘉庆帝到达热河滦阳行宫，圣躬不适。二十五日，嘉庆帝不豫。皇次子智亲王旻宁、皇四子瑞亲王绵忻，朝夕侍侧。傍晚，嘉庆皇帝病危。大约晚上八点，崩于避暑山庄寝宫。旻宁向随銮座师顾皋放声大哭，泪如雨下。（《清史稿·顾皋传》卷三七六）

嘉庆帝的死因，可能是年逾花甲，身体肥胖，天气暑热，旅途劳顿，诱发心脑血管病而猝死。有人据皇族后人口碑，说嘉庆死于雷击——如果此说属实，清人官私著作绝不敢如实记载。嘉庆暴卒，事前毫无准备，避暑山庄没有准备棺木。旻宁命以“六百里加急”驰报京师，并令速送“梓宫”来热河。

君主猝死，需立新君。立君所凭，在于镛匣。关于嘉庆镛匣，有三种看法：其一是说有；其二是说无；其三是说先无后有。

说有的根据是：

第一，《清仁宗实录》记载：嘉庆二十五年（1820年）七月壬申（十八日），上以秋狝木兰，自圆明园启銮。命皇次子智亲王旻宁、皇四子瑞亲王绵忻、皇孙贝勒奕纬随驾。戊寅（二十四日），上至热河，圣躬不豫。诣城隍庙拈香，诣永佑寺行礼，以詹事府少詹事奎照为詹事，赏热河绿营兵丁及

避暑山庄烟雨楼

看守避暑山庄弁兵一月钱粮、看守口外各行宫弁兵半月钱粮。己卯（二十五日），上不豫。皇次子智亲王旻宁、皇四子瑞亲王绵忻，朝夕侍侧。上仍治事如常，以詹事府少詹事朱士彦为内阁学士兼礼部侍郎衔、翰林院侍读学士顾皋为詹事府詹事。向夕，上疾大渐。召御前大臣赛冲阿、索特那木多布斋，军机大臣托津、戴均元、卢荫溥、文孚，总管内务府大臣禧恩、和世泰，公启镭匣。宣示御书“嘉庆四年四月初十日卯初立皇太子旻宁”。戌刻（19 时—21 时），上崩于避暑山庄行殿寝宫。（《清仁宗实录》卷三七四）这里明明写着嘉庆帝亲召八位大臣“公启镭匣”。

第二，《清宣宗实录》记载：“己卯（二十五日），仁宗睿皇帝宾天。时驾幸滦阳，上与瑞亲王绵忻随扈行在。先一日戊寅（二十四日），圣躬不豫。上侍疾烟波致爽殿，吁天虔祷，问视弥谨。是日，仁宗疾大渐，召御前大臣赛冲阿、索特纳木多布斋，军机大臣托津、戴均元、卢荫溥、文孚，总管内务府大臣禧恩、和世泰，公启镭匣。宣示御书‘嘉庆四年四月初十日卯初立皇太子旻宁’朱谕一纸。戌刻，仁宗崩，上稽颡大恸，擗踊无算。恭视小殓毕，扈从诸臣遵奉朱笔遗旨，请上即正尊位。”（《清宣宗实录》卷一）这里也明明写着嘉庆帝亲召八位大臣“公启镭匣”。

第三，嘉庆皇帝遗诏曰：“今疾弥留，神器至重，允宜传付。乃命御前大臣、军机大臣、内务府大臣，公启密缄。皇太子仁孝智勇，必能钦承付托，其即皇帝位以嗣大统。”（《清仁宗实录》卷三七四）

以上三条记载，内容基本相同。众所周知，《清仁宗实录》和《清宣宗实录》都是后朝纂修的。

说无的根据是：

第一，皇权交接，嗣君旻宁缺席。他本来在皇父病重时，朝夕侍侧，为什么唯独公启镭匣时不在场？嘉庆帝参加过乾隆帝禅让皇位时的公启镭匣仪式，他自己不是也在场吗？

第二，在嘉庆帝临终前，奉命公启镭匣的八位大臣中，有两人（索特纳木多布斋、和世泰）在《清史稿》中无传，有三人（赛冲阿、卢荫溥、文孚）在《清史稿》中有传，但是并没有记载他们参与共启镭匣这件重要大事。另外三人（禧恩、托津、戴均元）均有传，并记录了这件事。

第三，《清史稿·后妃传》记载："孝和睿皇后，钮祜禄氏，礼部尚书恭阿拉女。后事仁宗潜邸，为侧室福晋。仁宗即位，封贵妃。孝淑皇后崩，高宗敕以后继位中宫。先封皇贵妃。嘉庆六年（1801年），册为皇后。二十五年（1820年）八月，仁宗幸热河崩，后传旨令宣宗嗣位。"（《清史稿·后妃传》卷二一四）

就是说，远在皇宫的皇后发来懿旨，令皇次子智亲王旻宁嗣位。如果嘉庆帝临终前真的把传位谕旨装于鐍匣，放在乾清宫"正大光明"匾后，那么自会派员取下，皇后没有资格也没有必要发布这道懿旨。但是她发布了懿旨，这说明嘉庆帝并没有将立储鐍匣放在"正大光明"匾额后。

嘉庆孝和睿皇后像

第四，《清史稿·禧恩传》记载："二十五年（1820年），仁宗崩于热河避暑山庄，事出仓猝，禧恩以内廷扈从，建议宣宗有定乱功勋，当继位。枢臣托津、戴均元等犹豫，禧恩抗论，众不能夺。会得秘匮朱谕，乃偕诸臣奉宣宗即位，命在御前大臣、领侍卫大臣上行走。"（《清史稿·宗室禧恩传》卷三六五）

以上四种记载，都未说有嘉庆帝临终前召见八位大臣共启鐍匣这件事。如果嘉庆帝曾召八大臣到烟波致爽殿"共启鐍匣"，何须禧恩抗论？又何须托津、戴均元"犹豫"？再何须皇后钮祜禄氏发布"懿旨"？由上述四则史料记载看：嘉庆帝突然驾崩，没有临终前召集八大臣当面共启鐍匣这件事。

说先无后有的根据是：

第一，《清史稿·托津传》记载："二十五年（1820年），仁宗崩于热河避暑山庄，事出仓猝，托津偕大学士戴均元手启宝盒，奉宣宗即位。"（《清史稿·托津传》卷三四一）这个记载跟《清仁宗实录》和《清宣宗实录》所载有很大差别。"两实录"均载嘉庆皇帝临终御前，由八大臣公启鐍匣；而《托津传》载嘉庆帝驾崩后，托津和戴均元两位军机大臣手启鐍盒，奉宣宗即位。

第二，《清史稿·戴均元传》记载："二十五年（1820年）七月，扈从热河，甫驻跸，帝不豫，向夕大渐。均元与大学士托津督内侍检御箧，得小金盒，启镝，宣示御书'立宣宗为皇太子，奉嗣尊位'，然后发丧。"（《清史稿·戴均元传》卷三四一）

由上，《清史稿·戴均元传》与《清史稿·托津传》的记载大致相同。但后者比前者增加了一个细节，就是托津和戴均元在嘉庆帝临终前，督促嘉庆帝身边的内侍翻找皇帝随身的箱子，找到一个小金盒，马上打开，取出御书宣布，然后就发丧了。这就把镝匣的来历说清楚了。而且，也没有"两实录"所载嘉庆帝与八大臣公启镝匣的从容场面。

第三，包世臣所撰《大庾戴公（均元）墓碑》文，作了重要补充。《碑文》说：嘉庆二十五年（1820年）春，戴均元拜文渊阁大学士、晋太子太保、管理刑部。七月，戴均元"偕满相托文恪公（托津）扈滦阳围。甫驻跸，圣躬骤有疾，不豫。变出仓猝，从官多皇遽失措。公与文恪（托津）督内臣，检御箧十数，最后近侍于身间出小金盒，锁固无钥。文恪拧金锁发盒，得宝书。公即偕文恪奉今上即大位，率文武随瑞邸（绵忻）成礼。乃发丧，中外宴然。"（《清代碑传全集·续集》卷二）上述记载说，托津和戴均元督促内侍翻找了十多个嘉庆帝的随行箱子，最后发现一位近侍身上带着一个小金盒，锁着，没有钥匙。托津拧开金锁，得到盒子里的传位御书，于是，二位军机大臣便奉旻宁即大位，之后发丧。

以上两位军机大臣的传记和碑记，不仅没有提到嘉庆帝临终前的公启镝匣，而且记录了在嘉庆帝突然驾崩前后，他们仓猝翻找镝匣的情节。再加上《禧恩传》提供的他们三人曾讨论皇位继承的情节，都指向一个疑点：事出突然，仓猝无备。嘉庆帝生前并没有公启镝匣，所以情急之下，才会引出军机大臣、内务府大臣的种种越制行为。

第四，面临嘉庆皇帝突然驾崩的局面，皇后钮祜禄氏也作出了非常之举。《清宣宗实录》记载："癸未（二十九日），奉皇太后懿旨：皇次子智亲王，仁孝聪睿，英武端醇，现随行在，自当上膺付托，抚驭黎元。但恐仓猝之中，大行皇帝未及明谕。而皇次子秉性谦冲，素所深知。为此特降懿旨，传谕留京王大臣驰寄皇次子，即正尊位，以慰大行皇帝在天之灵，以顺天下臣民之望。"（《清宣宗实录》卷一）

懿旨中说得很清楚，但恐大行皇帝未及明谕，所以发此懿旨。《清宣宗实录》接着记载："上奉懿旨，怆感靡极，恭折覆奏：本月二十五日，皇父圣躬不豫，至戌刻大渐。子臣震惊哀恸，五中摧裂，昏迷失据。维时御前大臣、军机大臣、内务府大臣，恭启镭匣。有皇父御书'嘉庆四年四月初十日卯初，立皇太子旻宁'朱谕一纸。该大臣等合词请遵大行皇帝成命，以宗社为重，继承大统。子臣逊让，至再至三，该大臣等固请不已。本日恭奉懿旨，命子臣即正尊位。皇父皇母恩慈深厚。子臣伏地叩头，感悚不能言喻。惟是子臣德薄才疏，神器至重，实深愧惧，惟有勉力图治，以期仰副恩命。谨将镭匣所藏皇父朱谕，恭呈懿览。"（《清宣宗实录》卷一）

到此，事情真相，已经廓清——事分三步：

第一步，"说其无者"——嘉庆帝猝死，未及交代后事。大丧奏到皇后钮祜禄氏处，应是紧急派员取"正大光明"匾额后镭匣，却未找到，情急之下，皇后发出懿旨：传谕留京王大臣驰寄皇次子，即正尊位，以慰大行皇帝在天之灵。禧恩即向军机大臣托津和戴均元建议，奉旻宁即位，但托津和戴均元"犹豫"，并未同意。

第二步，"说其有者"——翻检大行皇帝遗物，最后从内侍身上找到携带的镭匣，拧开锁，找到内藏的嘉庆帝朱谕"嘉庆四年四月初十日卯初，立皇太子旻宁"。

第三步，"说其先无后有者"——后找到镭匣，按照镭匣朱谕和皇后懿旨，旻宁继位，是为道光皇帝。

那么，为什么《清实录》要把道光皇帝在仓猝之间继位，描写得从容不迫，面面俱到？官书极力掩饰之处，恰是疑窦丛生所在。嘉庆帝死因不明，道光帝即位仓猝，必有不合仪轨之处。这正是：甲胄最为坚厚之处，正是身体要害之点。本想说圆，反露罅隙。

三、秋后算账

道光帝继位后，开始秋后算账。这主要涉及四位大臣：

刘凤诰，字丞牧，江西萍乡人，乾隆五十四年（1789 年）进士。嘉庆四年

（1799年）开馆纂修《清高宗实录》和《清高宗圣训》时，官吏部侍郎，任纂修官，后升为总纂、副总裁官。嘉庆十四年（1809年）八月，御史陆言弹劾刘凤诰充任江南乡试正考官和浙江学政时，接受贿赂，泄露试题，因而引起江南考生不满闹事。嘉庆帝命户部侍郎托津等为钦差大臣，前往查办。托津等奏告，刘凤诰接受请托情况属实，因被发配到黑龙江充军。到嘉庆十八年（1813年），刘凤诰才被恩释回籍，官运一直不振。但查其案的托津却不断高升，官列大学士、军机大臣、尚书，这使刘凤诰心生嫉妒。后嘉庆帝仍不忘刘凤诰修纂《清高宗实录》之功，把他召回北京，赏翰林编修。嘉庆帝遗诏颁布后，刘凤诰发现遗诏中将乾隆帝诞生地写成了避暑山庄。刘凤诰认为宣泄积怨十年之隐忿，报复托津等人的时机已到，便向虽官大学士，却非军机大臣的曹振镛进言：遗诏中有非同小可之误，可借此倾轧政敌。曹振镛奏报道光帝。刘凤诰奉旨查复，把乾隆帝当年写的诗找出来，凡是乾隆帝说自己生在雍和宫的册页，都夹上黄签，一起送曹振镛进呈。曹振镛是何许人也？

曹振镛，字怿嘉，安徽歙县人。乾隆四十六年（1781年）进士，后官工部尚书。《清高宗实录》主要纂修官之一，后为吏部尚书、体仁阁大学士，但一直没能入值军机处。清制：内阁无实权，内阁大学士兼军机大臣方为真宰相。他对满洲正白旗领侍卫内大臣、大学士、军机大臣托津和吏部尚书、上书房总师傅、军机大臣、文渊阁大学士戴均元均早有不满，一直在寻找时机，想取托津、戴均元而代之。时机终于来了。嘉庆帝崩，枢臣托津、戴均元等撰遗诏，称乾隆帝诞生于避暑山庄。编修刘凤诰知其误，告诉曹振镛。振镛值道光帝奉大行皇帝梓宫回到京师，乘召对之机，陈奏说：军机大臣所拟嘉庆皇帝遗诏中有大不敬的严重错误，把乾隆帝的诞生地说成避暑山庄；曹振镛并指《清高宗实录》和御制诗为证，那上面多次说高宗诞生于“雍和宫邸”。道光帝得到这个疏奏，非常重视，严令彻查。道光帝利用这一事件，发起了一场“朝廷地震”。这是因为，道光帝在继位问题上憋了一口气。后来曹振镛被任命为军机大臣、上书房总师傅、武英殿大学士。道光三年（1823年）万寿节，在万寿山玉澜堂，曹振镛位列赐宴十五老臣之内。回疆平定，图形紫光阁。曹振镛历事乾、嘉、道三朝，后病卒，年八十一。（《清史稿·曹振镛传》卷三六三）

托津，富察氏，满洲镶黄旗人。后为军机大臣、协办大学士。再授正白旗领侍卫内大臣，拜东阁大学士，管理户部，晋太子太保。托津受到信任，查办大案要案，“率以任之，无一岁不奉使命”。嘉庆帝崩于避暑山庄，事出仓猝，托津偕大学士戴均元手启镭匣，奉道光帝即位。托津在未见镭匣、皇后懿旨由旻宁继位时，表示“犹豫”，使旻宁饮恨。寻借遗诏引事疏误，诏严切责，托津、戴均元并以年老罢军机大臣。后致仕，因病卒，年八十一。（《清史稿·托津传》卷三四一）

戴均元，字修原，江西大庾人，乾隆进士，选庶吉士，授编修。兄第元、侄衢亨和心亨都在朝任官，其中衢亨为状元、官军机大臣，时称“西江四戴”。（《清史稿·戴衢亨传》卷三四一）嘉庆帝暴崩后，军机大臣托津、戴均元代笔撰写遗诏，其中采用了嘉庆帝早期关于乾隆帝生于避暑山庄之说，把乾隆帝诞生地写成了避暑山庄。遗诏最后有“皇祖降生避暑山庄”一语。遗诏向天下公布以后，曾编修《清高宗实录》与《清高宗圣训》的刘凤诰发现了其中的问题。

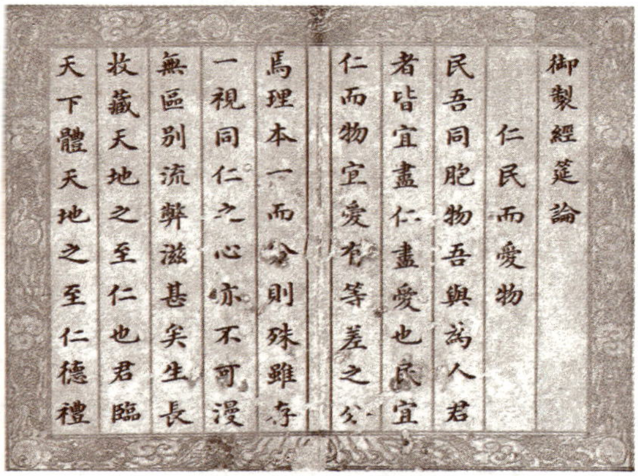
御製經筵論
仁民而愛物
民吾同胞物吾與為人君
者皆宜盡仁盡愛也民宜
仁而物宜愛有等差之分
焉理本一而分則殊雖存
一視同仁之心亦不可漫
無區別流弊滋甚矣生長
收藏天地之至仁也君臨
天下體天地之至仁德禮

■ 戴均元书《御制经筵论》

前面已述，道光帝的继位有惊无险，但他憋的托津和戴均元在关键时“犹豫”的那口气，正好利用曹振镛奏报这个茬，借题发挥，小题大做，严惩托津和戴均元，换上自己的人马。同年九月初七日，道光帝突然降旨要详查“遗诏事件”的原委。

谕内阁：七月二十五日，恸遭皇考大行皇帝大故，彼时军机大臣敬拟遗诏，朕在谅暗之中，哀恸迫切，未经看出错误之处，朕亦不能辞咎。但思军机大臣，多年承旨，所拟自不至有误。及昨内阁缮呈遗诏副本，以备宫中时阅。朕恭读之下，末有皇祖“降生避暑山庄”之语，因请皇祖《实录》跪读，始知皇祖于康熙辛卯八月十三日子时诞生于雍和宫邸。复遍阅皇祖《御制诗集》，凡言降生于

雍和宫者，三见集中。（《清宣宗实录》卷四）

于是命大学士曹振镛，协办大学士、尚书伯麟，尚书英和，尚书黄钺传旨，令军机大臣明白回奏。寻托津等奏称：恭查大行皇帝《御制诗初集》卷一四《万万寿节率王公大臣等行庆贺礼恭纪》，诗注恭载高宗纯皇帝“以辛卯岁诞生于山庄都福之庭”；又卷六《万万寿节率王公大臣等行庆贺礼恭记》诗注相同。至《清实录》未经恭阅，不能深悉等语。道光帝又曰：

朕敬绎皇考诗内语意，系泛言山庄为都福之庭，并无诞降山庄之句。当日拟注臣工，误会诗意。兹据军机大臣等称《实录》未经恭阅，尚属有辞。至皇祖（即乾隆帝）《御制诗集》，久经颁行天下，不得诿为未读，实属巧辩。（《清宣宗实录》卷四）

道光令托津和戴均元“毋庸在军机处行走”。（《清宣宗实录》卷四）后来戴均元受命负责清东陵陵墓选址施工事宜，后因地宫浸水，道光帝震怒，罢戴均元官，逮京治罪，拟予重处，念其年老，获咎家居。后病卒，年九十五。（《清史稿·戴均元传》卷三四一）

道光帝登极伊始，便巧妙地利用乾隆帝出生地的不同说法，罢斥了前朝的权臣、重臣、能臣、老臣托津和戴均元。这使人不得不联想到，在嘉庆帝驾崩后，禧恩曾经建议由旻宁继位，但托津和戴均元均没有同意。这两位设法找到镭匣和朱谕，拥戴旻宁登上大位的军机大臣，竟然因为这样一个疏忽就被降职或治罪，正好反证了当初禧恩建议一事确实存在。

■《道光帝喜溢秋庭图》

恐怕乾隆帝无论如何也想

不到，竟然会因为自己出生地的分歧而酿成了如此剧烈的朝廷变局！恐怕嘉庆帝也想不到，竟然会因为自己将皇父出生地前后说成两个地点，而酿成了如此剧烈的朝廷变局！相反，在道光帝继位时立下功劳的禧恩，境遇完全不同。

宗室禧恩，为睿亲王淳颖之子，初为侍卫，后晋御前侍卫，再晋侍郎，又授内务府大臣。及道光帝孝全成皇后被选入宫，家故寒素，赖其资助，遂益用事。道光帝继位后，遍膺禁近要职，兼摄诸部，凌轹同列，人皆侧目。（《清史稿·宗室禧恩传》卷三六五）

最后，嘉庆帝的灵柩于八月十二日从避暑山庄启运回京，在紫禁城的乾清宫停放。旻宁跟随梓宫而行，并开始处理政务。八月二十七日，旻宁正式登临太和殿继位，颁诏天下，改次年为道光元年（1821 年），是为道光皇帝。

第二十二讲

咸丰自酿悲剧

清咸丰帝奕詝，十九岁继位，做皇帝十二年，年仅三十一岁就病逝，留下六岁的独子同治皇帝和二十多岁的慈安和慈禧，即后来的两宫太后。就他个人而言，英年早逝，留下孤儿寡母，是人生的悲剧；就国家而言，太平天国烽烟四起，英法联军入侵北京，清朝被迫签订卖国条约，更是民族的悲剧。那么，是什么造成了咸丰的悲剧呢？

咸丰帝朝服像

咸丰皇帝兄弟九人，也就是说道光皇帝有九位皇子，分别由五位后妃所生：

（一）孝全成皇后钮祜禄氏，生皇四子奕詝，就是后来的咸丰帝；

（二）孝静成皇后博尔济吉特氏，生皇二子奕纲、皇三子奕继、皇六子奕訢；

（三）庄顺皇贵妃乌雅氏，生皇七子奕譞、皇八子奕詥、皇九子奕譓；

（四）和妃那拉氏生皇长子奕纬，奕纬先其父而死，无子；

（五）祥妃钮祜禄氏，生皇五子奕誴，出继给惇亲王绵恺为后。

道光皇帝之后，清朝再也没有出现多子的皇帝。道光帝的儿孙们，对晚清最后半个世纪的历史影响广泛，亦极深远。皇四子奕詝继承皇位为咸丰帝，其儿子为同治皇帝，后妃为慈安皇太后、慈禧皇太后；皇六子奕訢被道光帝封为亲王，先后预政咸丰、同治和光绪两代三帝；皇七子奕譞，慈禧时封为醇亲王，儿子为光绪帝，孙子为宣统帝。皇八子奕詥的过继儿子溥儁被慈禧选为大阿哥，预备取代光绪帝，后被废。

皇四子奕詝，道光十一年（1831 年）六月初九日，生于圆明园澄静斋（基福堂）。五岁出阁读书，师傅为杜受田。十岁因生母皇后钮祜禄氏过世，由奕訢的生母静贵妃博尔济吉特氏抚养。道光二十六年（1846 年）六月，道光帝密定十六岁的奕詝为皇储，密缄其名，藏于镉匣。

道光三十年（1850 年）正月十三日，“上不豫”，道光帝病了。丁未（十四日），卯刻，“上疾大渐”，道光帝病危了。命召宗人府宗令载铨，御前大臣载垣、端华、僧格林沁，军机大臣穆彰阿、赛尚阿、何汝霖、陈孚恩、季芝昌，总管内务府大臣文庆，公启镉匣，宣示：“御书皇四子奕詝立为皇太子”。（《清宣宗实录》卷四七六）此事，史书又载：“卯刻……宣示朱谕：立皇四子奕詝为皇太子。午刻，宣宗疾大渐。上哭诣慎德堂。少顷，宣宗升遐。”（《清文宗实录》卷一）二十六日，皇四子奕詝在太和殿即皇帝位，改次年为咸丰元年（1851 年）。

■ 道光帝“立皇四子奕詝为皇太子”的秘匣

一、历史包袱

清朝历史，自天（命）天（聪）顺（治）三代崛兴，经康（熙）雍（正）乾（隆）三代鼎盛，到嘉（庆）道（光）咸（丰）三代呈现衰落之势。嘉庆初，川、陕、湘、楚、豫五省白莲教民烽火四燃，是清朝由盛而衰的转折点。

道光帝继嘉庆帝之后，内忧外患，江河日下。他临终前留下遗诏。这份遗诏虽只有六百零九个字（不计标点），却道出了国事、外事、民事、政事、己事、后事等八大难题。

（一）于国事，遗诏说："西陲小蠢，出师挞伐，旋致敉平。"这是指道光帝平定新疆张格尔叛乱一事，维护国家统一，是道光帝的一大历史贡献。

（二）于外事，遗诏说："东南濒海之区，因贸易而启纷争，朕惟古之君子，爱人为大，何忍无辜赤子惨罹锋镝，是用捐小忿、成大信。绥疆柔远，于今十载，卒使毒焰自消，民夷各安生理。"鸦片战争，清军失败，签订《南京条约》，割地赔款，丧权辱国，何来"捐小忿、成大信"？又何来"民夷各安生理"？

（三）于孝事，遗诏说："侍奉皇太后已及卅年，娱志承欢，敬谨罔懈，慎终尽礼，差免愆尤。朕体气素强，自上年春夏之交，偶尔违和，加意调摄，总未复元。去腊还宫后，痛遭大行皇太后大事，擗踊摧伤，渐形亏弱。"道光帝是个孝子，而且皇太后曾亲下懿旨助他继位。后因皇太后崩逝，道光帝过于哀伤，致病加重。

（四）于民事，遗诏说："至水旱成灾，朕窃自愧，致累吾民，昕夕忧劳，不惜特发帑金，拯民疾苦，凡疆臣请蠲请赈，无不立沛恩施，从未屯膏靳泽，己饥己溺之怀，亦中外所共见。"道光帝不是昏君，民众疾苦尚能恤悯。

（五）于政事，遗诏说："自维薄德，敢不朝乾夕惕，惟日孜孜。故自御极至今，凡披览章奏，引对臣工，旰食宵衣，三十年如一日。不敢自暇自逸，并躬行节俭为天下先。"道光帝是一位亲政勤政的皇帝。

（六）于己事，遗诏说："嗣位之初，即颁手谕，首戒声色货利，一切游观玩好，稍涉侈靡之事，禁绝勿为。此薄海臣民所共见。"应当说，道光帝不仅是清代，而且是历代历史上一位著名的节俭之君。

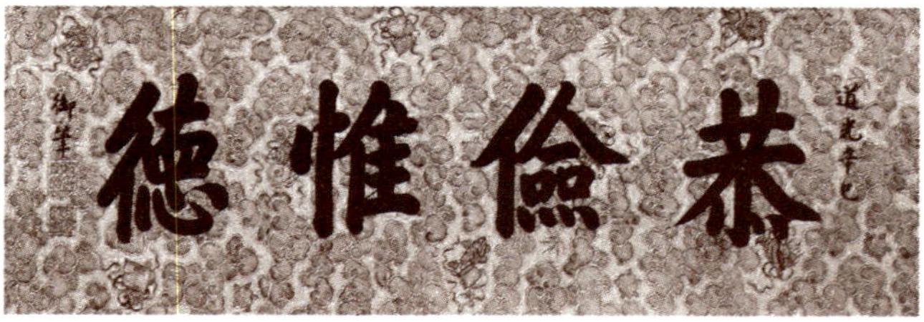

道光帝御笔"恭俭惟德"

（七）于祖事，遗诏说："仰维列圣家法，一以敬天法祖……知人安民，永保我丕丕基。"道光帝循守家法，缺乏开拓精神。

（八）于后事，遗诏说："本日卯刻，特召宗人府宗令、御前大臣、军机大臣、内务府大臣，亲降朱笔谕旨，立皇四子奕詝为皇太子。"后来历史作出证明，道光帝选错了接班人，而咸丰帝错坐了宝座。

综上八事，道光帝为君三十年，能勤政、知节俭、侍亲孝、不乱为，在定乱、治河、通漕、理政等方面还是有绩可言的。但作为一国君主，只有"永保我丕丕基"之愿望是远远不够的，能弃旧图新、开拓进取、鼎革除弊、振兴国家，才是"江山万年"之根本。道光帝面对的主要问题是：

——面对外敌侵略，是求和还是抗战？

——对待朝廷大臣，是用贤还是用奸？

——对待祖宗家法，是守旧还是鼎革？

——对待西方文化，是排斥还是吸纳？

以上是嘉庆帝、道光帝加在咸丰帝身上的历史包袱，那么，咸丰帝是如何对待这个沉重的历史与现实包袱的呢？

二、现实重负

道光帝给皇四子奕詝既留下了皇帝宝座，也留下了沉重的历史包袱。

在道光帝诸皇子中，奕詝竞争皇储的优势，一是嫡出，二是居长（立储时其长兄、二兄、三兄已死），三是智巧。最后一个因素，我在《正说清朝十二帝·咸丰帝》里有较详细的叙述。

咸丰帝继承皇位后，有国内、国外、历史三方面的困扰：

第一，于国内，太平天国之乱。道光三十年十二月十日（1851 年 1 月 11 日），咸丰帝即位之年，开始"天下大乱"——洪秀全率众在广西桂平金田村起事，建号太平天国。不久，攻克永安（今广西壮族自治区蒙山县）。咸丰元年（1851 年），洪秀全统军进湖南，克长沙，入湖北。咸丰二年（1852 年）末，洪秀全军克武昌。时有人奏："湖南之洞庭湖、湖北之大江，均有捕鱼小船及经商大船数千百只，亟宜收集，免为贼用。"（《清史稿·文宗本纪》卷二〇）虽下发皇帝诏谕，却没有落到实处。洪秀全利用这些船只，沿长江而下，占领南京，定为都城，改名天京。六年（1856年），清军江北、江南大营被攻破，镇江和扬州失陷。运河漕运，为之不通。动乱地域，南到两广，东至大海，西殃山陕，北达京畿，这是大清定鼎北京二百余年以来中原地域空前之灾祸。到咸丰帝临终之前，他也没有见到清军全胜，赍志以殁，难以瞑目。后到同治三年（1864年），清军攻破天京。此乱遍及十八个省，持续了十三年。

《平定太平天国陆战图》

第二，于国外，英法联军侵入北京。俄、英、法、美等国，欲借清廷内忧之急，攫取各自的私利。咸丰十年（1860年），英法联军攻陷大沽，进占天津；又掠通州，清军再败，转而控制北京，焚掠圆明三园。此前，咸丰帝携后妃暨八大臣等，以巡幸为名，逃亡到避暑山庄，歌舞升平，继续享乐。随之，签订中英、中法《天津条约》，批准中英、中法《北京条约》。此期，又同俄国签订《中俄瑷珲条约》《中俄北京条约》，前者割去黑龙江以北、外兴安岭以南约六十万平方公里土地，后者割去乌苏里江以东到海约四十多万平方公里土地。

第三，于庙堂，依靠顽固保守势力。道光帝临终时的顾命十大臣有载铨、载垣、端华、僧格林沁、穆彰阿、赛尚阿、何汝霖、陈孚恩、季芝昌、文庆。这些人组成了国家军政权力的核心。这十位顾命大臣的简况是如下：

载铨：宗室、乾隆帝玄孙，郡王、宗人府宗令、御前大臣、工部尚书、步军统领；

载垣：宗室、怡亲王允祥五世孙，袭怡亲王爵位、御前大臣；

端华：宗室、郑亲王济尔哈朗后裔，御前大臣；

僧格林沁：额驸、科尔沁郡王；

穆彰阿：满洲镶蓝旗，内务府大臣、军机大臣、文华殿大学士；

赛尚阿：蒙古正蓝旗人，军机大臣；

何汝霖：江苏江宁人，军机大臣；

陈孚恩：江西新城人，拔贡、军机大臣；

季芝昌：江苏江阴人，探花、军机大臣；

文庆：满洲镶红旗，道光进士、总管内务府大臣等，因政见图新、力主重用汉臣等而遭排斥，咸丰六年（1856 年）卒。

上述十位顾命大臣中，汉人三员，占其总数的百分之三十，且不居主导地位。这样一个以保守旧贵族为主体的政军权力核心，只能“依祖制”“率旧章”，不图革新、不思进取。

总之，咸丰帝在内外交困、危机四伏的境遇下，“遭阳九之运，躬明夷之会”，莅政十二年，“无一日之安”。（《清史稿·文宗本纪》卷二〇）他在临终之际，又布下错误棋局。

三、错误布局

咸丰十一年（1861 年）七月十五日，咸丰帝在热河行宫病重。十六日，他在烟波致爽殿寝宫，谕：“立皇长子载淳为皇太子。”又谕：“命载垣、端华、景寿、肃顺、穆荫、匡源、杜翰、焦佑瀛赞襄政务。”（《清史稿·穆宗本纪》卷二一）以上就是历史上著名的同治“赞襄政务八大臣”即“顾命八大臣”。

当时，朝廷的主要政治势力，可以分为三股：

第一，朝臣势力。其代表是顾命“赞襄政务”八大臣——载垣、端华、景寿、肃顺、穆荫、匡源、杜翰、焦佑瀛。下面逐个对他们进行分析：

载垣：为宗室，康熙帝第十三子怡亲王允祥之五世孙，承袭亲王爵。道光时，任御前大臣，临终受顾命。咸丰继位后，为宗人府宗正，领侍卫内大臣。扈从咸丰帝逃难到承德避暑山庄。同端华、肃顺相结，资深位重，权大势张。

端华：为宗室，清开国奠基者之一舒尔哈齐之子、郑亲王济尔哈朗之后，

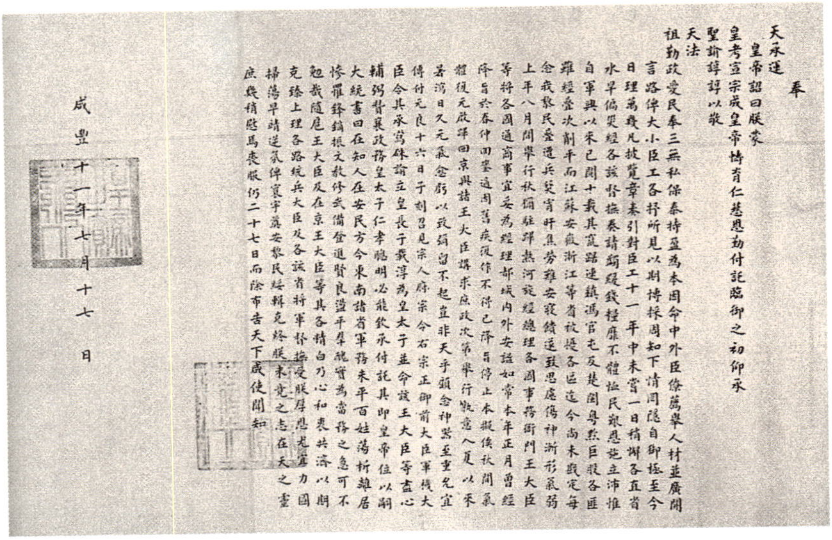
奉
天承運
皇帝詔曰朕蒙
皇考宣宗成皇帝特育仁慈恩勤付託臨御之初仰承
聖訓孳孳以敬
天法
祖勤政愛民奉三無私保泰持盈為本同命中外臣僚薦舉人材並廣開
言路俾大小臣工各抒所見以期博採周知下情罔隱自御極至今
日理萬幾凡披覽章奏引對臣工十一年中未嘗一日稍懈各直省
水旱偏災經各該督撫奏請蠲緩錢糧靡不體恤民艱悉從立沛推
自軍興以來已閱十載其寬路連鎮馮官屯及楚閩粵黔巨股各匪
雖經疊次剿平而江蘇安徽浙江等省被擾各區迄今尚未戡定每
念我黎民疊遭兵燹宵旰焦勞難安寢饋遂致思慮傷神漸形氣弱
上年八月間舉行秋獮駐蹕熱河旋經總理各國事務衙門王大臣
等將各國通商事宜妥為經理都城內外安謐如常本年正月曾經
降旨於春仲回鑾適因舊疾復作不得已降旨停止本擬俟秋間氣
體復元啟蹕回京與諸王大臣講求庶政次第舉行嗽意入夏以來
若瀉日久元氣愈虧以致彌留不起豈非天乎顧念神器至重允宜
傳付元良十六日子刻召見宗人府宗令右宗正御前大臣軍機大
臣令其承寫硃諭立皇長子載淳為皇太子並命該王大臣等盡心
輔弼贊襄政務皇太子仁孝聰明必能欽承付託其即皇帝位以嗣
大統書曰在知人在安民方今東南諸省軍務未平百姓蕩析離居
惨罹鋒鏑振文教修武備登進賢良藍平舉祀實為當務之急可不
勉哉隨扈王大臣及在京王大臣等其各精白乃心和衷共濟以期
克臻上理各路統兵大臣及各該省將軍督撫受朕厚恩尤宜力圖
掃蕩早靖逆氛俾寰宇蕩安黎民綏輯克終朕未竟之志在天之靈
庶幾稍慰焉喪服仍二十七日而除布告天下咸使聞知
咸豐十一年七月十七日

■《咸丰遗诏》

道光年间袭郑亲王爵，授御前大臣。道光帝死，受顾命。咸丰继位后，为领侍卫内大臣。扈从咸丰帝逃难到承德避暑山庄。端华与弟肃顺同朝用事。

景寿：为恭亲王奕訢同母妹固伦公主的额驸，官御前大臣。

肃顺：为宗室，郑亲王济尔哈朗之后，端华之弟。道光时为散秩大臣。咸丰帝继位后，由护军统领授御前侍卫。又任左都御史、理藩院尚书、都统，后任御前大臣、内务府大臣、户部尚书、大学士、领侍卫内大臣，同其兄郑亲王端华及怡亲王载垣互相依靠，排斥异己，掌握大权。

穆荫：满洲正白旗人，军机大臣、兵部尚书、国子监祭酒（非进士特旨）。曾作为钦差大臣同英法联军议和，并扣押巴夏礼送到北京，把事情闹大，后改派护驾热河。

匡源：道光进士，军机大臣。

杜翰：咸丰帝师傅杜受田之子。因咸丰帝感激师傅杜受田，授其子杜翰为军机大臣。后来杜翰力驳董元醇请两宫太后垂帘听政之议，受到肃顺等人的赞赏。

焦佑瀛：道光举人，军机章京、军机大臣，依附权臣肃顺，诏旨多出其手。

上述咸丰帝临终顾命、"赞襄政务"的八位大臣，主要分为两部分：载垣、端华、肃顺、景寿四人为宗室贵族和军功贵族；穆荫、匡源、杜翰、焦佑瀛四人为军机大臣。当时军机大臣共有五人，其中文祥兼户部左侍郎（尚书为肃顺兼），因上言力阻“北狩”而被留在北京，是军机大臣中唯一一个被排除在“赞襄政务”大臣之外者。

第二，帝胤势力。咸丰帝死时，道光帝九个儿子中健在的还有五阿哥惇亲王奕誴（三十一岁）、六阿哥恭亲王奕訢（三十岁）、七阿哥醇郡王奕譞（二十二岁）、八阿哥钟郡王奕詥（十八岁）、九阿哥孚郡王奕譓（十七岁）等。时恭亲王奕訢、醇郡王奕譞等，都年富力强。

恭亲王奕訢

大敌当前，咸丰皇帝和军机大臣、御前大臣、内务府大臣等，多逃到避暑山庄，几乎没有一个人身临前线。而恭亲王奕訢和醇郡王奕譞只是空有爵位的闲散亲王、郡王，既不是大学士，也不是军机大臣，更不是御前大臣或内大臣，却要挺身留在第一线，处理乱摊子。奕訢等本来就对咸丰帝登上皇位心怀不满，且被免掉军机大臣、宗人府宗令、八旗都统等职，要往承德奔丧又遭到拒绝。特别是他作为咸丰皇帝的血亲而未被列入顾命大臣，于情于理，都不妥当。旧怨新恨，汇聚一起。

况且，恭亲王奕訢不是孤立的一个人，他同诸位兄弟——没有官职的醇郡王奕譞等联合起来，又同帝后势力联合起来，再同朝中顾命大臣以外的势力联合起来，成为朝中一股最强大的政治势力。

第三，帝后势力。就是六岁的同治皇帝和两宫太后——东太后慈安和西太后慈禧。他们虽是孤儿寡母，但在帝制时代却是皇权的核心。咸丰帝在临终之前，特制“御赏”“同道堂”两枚印章，作为日后颁布诏谕的符信。就是说，奏折“经赞襄大臣拟旨缮进，俟皇太后、皇上阅后，上用‘御赏’下用‘同道堂’二印，以为凭信”。这两枚印章，“御赏”之章为印起，“同道堂”之章为印讫。将“御赏”章，交皇后钮祜禄氏收掌；而将“同道堂”章交皇太子载淳收掌。因载淳年幼，“同道堂”章实际上是由其生母懿贵妃叶赫那拉氏掌管。咸丰帝的旨意是在他死后，由皇后钮祜禄氏、懿贵妃叶赫那拉氏与八大臣联合执政，避免出现八大臣专权的局面，也避免出现皇后钮祜禄氏与懿贵妃叶赫那拉氏专权的局面。显然，东太后慈安和西太后慈禧的实权在八大臣之上，因为她们均有对于八大臣军政大事决策不予盖章的否决权。如果东太后慈安和西太后慈禧不加盖“御赏”和“同道堂”这两枚起、讫之章，那么八位“赞襄政务”大臣是发不出任何“诏书”和“谕旨”的，“赞襄政务”八大臣之议决均不能生效。相反，由内臣拟旨的诏谕则可不经过顾命八大臣同意，加盖“御赏”与“同道堂”两章而生效。因此，帝后势力是朝廷中最为重要的政治势力。

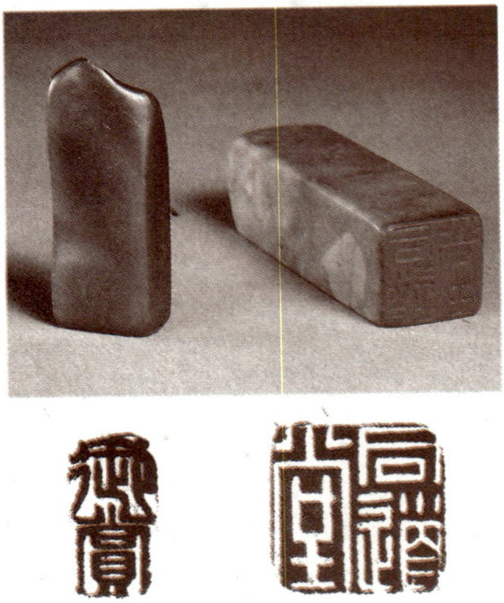

“御赏”与“同道堂”章

在对待顾命大臣的态度上，帝后一方同帝胤一方的立场是一样的，他们联合起来共同对付顾命八大臣。将朝臣、帝胤、帝后三个政治集团的政治力量作对比，显然帝胤势力与帝后势力更占优势。

“赞襄政务”八位大臣的特点是：满洲贵族（宗室贵族、军功贵族、八旗贵族）与军机大臣的结合。从表面上看，这是一个权力平衡的结构，其实不然。因为咸丰帝没有把帝胤贵族的势力纳入到“赞襄政务”的权力系统内。比如说，若是起用恭亲王奕訢“摄政”、“议政”、“辅政”或“赞襄”，后来的情况会不一样。当时奕訢三十岁、慈禧二十七岁、慈安二十五岁，咸丰帝可能吸取了睿亲王多尔衮摄政引起叔嫂、叔侄矛盾的教训，从而有所避讳。但是从后来慈禧太后一度重用奕訢的情况来看，这对叔嫂之间的政治结合是难以避免的。如果单从人数上看，“赞襄政务”大臣八人；两宫太后 + 同治皇帝 + 帝胤贵族的奕訢、奕譞才五个人，且帝、后为孤儿寡母。然而，两宫太后 + 同治皇帝 + 帝胤贵族奕訢、奕譞、奕詥、奕誴、奕譓等，却代表了两个强大的政治集团和两股强大的政治势力。

因此，咸丰帝临终前关于“赞襄政务”八大臣的安排，犯了一个致命的错误，就是没有将朝廷三股政治势力加以平衡，特别是咸丰帝对慈禧与奕䜣两人的政治潜能和权力失衡形成的政治危局，认识不够，估计不足。其结果是：帝后势力同帝胤势力相结合，发动宫廷政变即“辛酉政变”，摧毁了“赞襄政务”八大臣集团，代之以慈禧太后与恭亲王奕䜣联合主政，继而出现慈禧太后专权的局面。这是咸丰帝生前根本没有预料到的。“赞襄政务”八大臣在“辛酉政变”中政治力量不占优势，其迅速失败的结局也就不足为奇了。

慈安太后像

回顾咸丰帝十二年的君主历程，他没想到的是：

其一，在他主政时，中国首都第一次被外国人控制（占领）；

其二，在他主政时，中国约百万平方公里的土地被割出去，面积大致相当于十个江苏省或十个浙江省；

其三，经康熙、雍正、乾隆、嘉庆、道光、咸丰六代帝王一百五十多年苦心经营的“万园之园”圆明园，惨遭洋人焚掠；

其四，他苦心安排由八大臣辅佐六岁同治皇帝，结果自己遗体尚在运回北京的途中，便发生了“辛酉政变”，彻底打乱了他精心谋划的政治布局。

咸丰皇帝临终前没能正确平衡统治集团的核心政治力量，导致了“辛酉政变”的发生，从而出现皇太后“垂帘听政”的局面，深刻地影响了中国帝制时代的最后五十年！

第二十三讲

慈禧垂帘之问

清朝历史上出现了两位著名的皇太后，一位是孝庄皇太后博尔济吉特氏，另一位是慈禧皇太后叶赫那拉氏。

孝庄皇太后在朝政后台，辅佐儿孙、会同大臣，把国家从分裂推向统一，从凋敝推向兴旺，从衰弱推向强盛；慈禧皇太后在朝政前台，垂帘听政、叔嫂不和，把皇朝从衰弱推向覆亡，从图新推向守旧，从艰难推向崩溃。所以，有人概括说：清朝兴也太后（孝庄太后），亡也太后（慈禧太后）。慈禧皇太后最大的特点是垂帘听政，人们由此发出了慈禧太后垂帘听政之问。

一、辛酉政变

慈禧先世是海西女真叶赫部。当年清太祖落难逃亡途经叶赫时，叶赫贝勒杨吉砮见努尔哈赤年轻有为、器宇不凡，就许诺将自己的幼女嫁给他。杨吉砮死后，布寨和纳林布禄继为叶赫贝勒。后叶赫与建州为敌，叶赫贝勒布寨纠合九部联军进攻建州。努尔哈赤率军以寡击众，骁将额亦都将布寨斩杀马下。有资料说，努尔哈赤命将布寨的遗体劈为两半：一半留在建州，一半归还叶赫，从此叶赫与建州结下不共戴天之仇。叶赫贝勒纳林布禄因先父曾将妹妹孟古哲哲许给努尔哈赤，便派人将妹妹送到建州。后孟古哲哲生下一子，名皇太极，就是后来的清太宗。后来孟古哲哲病重，请求同母亲见一面，但被纳林布禄拒绝了。为此，孟古哲哲留下终生遗憾。后努尔哈赤发兵打败了叶赫，其部民归附建州。于是，在八旗满洲姓氏中，就有了叶赫那拉氏。

慈禧太后的曾祖父吉郎阿曾任户部员外郎、曾祖母为宗室爱新觉罗氏，祖父景瑞曾任刑部郎中、祖母为瓜尔佳氏，父亲惠徵曾任安徽徽宁池太广道[1]道员，母亲姓富察氏。道光二十九年（1849 年）十二月，吏部对官员在京考察时，惠徵被列为一等，受到引见，并在军机处记名存档，以备道、府官员任用。（《清宣宗实录》卷四六四）后惠徵被任命为安徽徽宁池太广道。道，是个行政机构名，也是个官名，又称道员、道台。徽宁池太广道管辖皖南徽州府、宁国府、池州府、太平府、广德直隶州地区的分巡应属事务，驻芜湖。惠徵是个正四品的中级官员。太平天国洪秀全军至，安徽巡抚李嘉端奏："安徽学政锡龄、宁池太广道惠徵，于贼至时，均有带印避至苏省及他府情事。"命严查，后不了了之。

慈禧太后像

慈禧太后原是八旗满洲一位普通格格。她的曾祖父、祖父、父亲三代都不是科举出身，因隶旗籍，进入官场。慈禧生于道光十五年（1835 年）十月十日。那时八旗格格，除特殊者外，都要参加选秀女，入选者或在皇宫做答应、常在、贵人等，或分到王府做福晋等。慈禧生下来同其他旗人一样，有钱有粮，衣食无忧。慈禧进宫之前，没读过什么书，也没有社会阅历。咸丰元年（1851 年）被选中入宫，这年她十七岁。咸丰六年（1856 年）她生下一个儿子，就是载淳，后来的同治帝。咸丰帝只有载淳一个儿子，母以子贵，她由懿贵人、懿嫔、懿妃晋升到懿贵妃。

咸丰十一年（1861 年）七月十七日，是慈禧人生的转折点：咸丰帝驾崩，同治帝登极，自己做了皇太后。这一年，同治帝六岁，慈禧太后二十七岁，慈安太后二十五岁。

■ 慈禧入宫居住的储秀宫

咸丰帝驾崩后，在大行皇帝棺材从避暑山庄运往北京皇宫的路上，发生了清宫政变。因为这场政变发生在辛酉年，被称为“辛酉政变”。下面以天为序，来看政变过程。咸丰十一年（1861 年）：

七月

十五日，咸丰帝不豫，仍治事如常。皇长子（载淳）朝夕侍侧。

十六日，子刻，咸丰帝疾大渐。召御前大臣载垣、端华、景寿、肃顺，军机大臣穆荫、匡源、杜翰、焦佑瀛，承写朱谕。立皇长子载淳为皇太子。

十七日，寅刻，咸丰帝崩于避暑山庄烟波致爽殿。命豫亲王义道、恭亲王奕訢、大学士周祖培、内大臣兼吏部尚书全庆，仍在京办事。

十八日，大行皇帝由烟波致爽殿移于澹泊敬诚殿大殓。

八月

初四日，以醇郡王奕譞为正黄旗汉军都统。

初七日，颁大行皇帝遗诏。

十一日，同治帝召见载垣等八人。因御史董元醇上《敬陈管见折》，内称：请皇太后暂时权理朝政，俟数年后，亲裁庶务，再行归政；又请于亲王中简派一二人，令其辅弼；再请在大臣中间派一二人，充皇帝师傅。（《清史稿·穆宗本纪》卷二十一）以上三条，深合帝意。关于皇太后垂帘之仪，著一并会议具奏。

九月

二十一日，同治帝以奉移梓宫回京日期，诣几筵前祇告，行礼。

二十二日，同治帝诣几筵前行启奠礼。向夕，复诣几筵前行辞奠礼。

二十三日，恭奉大行皇帝梓宫，由避暑山庄启驾。同治帝在丽正门外，跪送梓宫登轝后，先到喀喇河屯行宫跪迎灵驾。

二十四日，同治帝诣芦殿行早奠礼，跪送梓宫启行。随后恭奉母后皇太后、圣母皇太后启跸，由闲道先行到常山峪。是日，驻跸常山峪行宫。

二十五日，同治帝与两宫太后驻跸两间房行宫。

二十六日，同治帝与两宫太后驻跸要亭行宫。

二十七日，同治帝与两宫太后驻跸密云县行宫。是夜，醇郡王奕譞带兵将顾命大臣、御前大臣、内务府大臣、领侍卫内大臣、户部尚书、协办大学士肃顺逮捕，押送到宗人府幽禁。肃顺见载垣、端华已在此关押。

奕譞（中）

二十八日，同治帝与两宫太后驻跸南石槽行宫。

二十九日，同治帝在德胜门外关厢接驾后，奉两宫太后回到皇宫。

三十日，京师戒严。同治帝诣绥履殿，问母后皇太后安；又到平安室问圣母皇太后安。命载垣、端华、肃顺著即解任，景寿、穆荫、匡源、杜翰、焦佑瀛著退出军机处。谕醇郡王奕譞著即来京。又谕：著派睿亲王仁寿、醇郡王奕譞，将肃顺即行拏问，酌派妥员押解来京，交宗人府听候议罪。

十月

初三日，皇考大行皇帝灵驾到京。同治帝到德胜门外跪迎。梓宫入乾清宫。

初四日，以郑亲王端华暂署行在步军统领。

初六日，召见议政王、军机大臣、恭亲王奕訢、睿亲王仁寿、惠亲王绵愉、惇亲王奕誴、醇郡王奕譞、钟郡王奕詥、孚郡王奕譓等，先谕对八大臣的处置，均无异词。于是宣谕对顾命八大臣的处置：载垣、端华赐令自尽，肃顺斩立决，景寿革职，穆荫革职发往军台赎罪，匡源、杜翰、焦佑瀛均革职。

初九日，同治帝在太和殿举行登极大典，以次年为同治元年（1862 年）。

十一月

初一日，同治帝奉母后皇太后（慈安）、圣母皇太后（慈禧）御养心殿，开始实行垂帘听政。

养心殿东暖阁太后垂帘听政处

“辛酉政变”，宣告结束。“辛酉政变”引出的一个直接结果是，皇太后垂帘听政。于此，作以下分析。

第一，精密安排，适得其反。咸丰帝临终前精心安排，力求达到帝后与枢臣两股势力平衡，帝后中慈安太后与慈禧太后平衡，枢臣中宗室大臣与军机大臣平衡。帝后势力中幼帝六岁，慈安太后二十五岁，慈禧太后二十七岁。表面来看，辅臣势力大，但为什么帝后势力反而赢了？

第二，宗室势力，事变关键。两宫太后自感势单力薄，便同在野派宗室“八王”——恭亲王奕訢，睿亲王仁寿、惠亲王绵愉、惇亲王奕誴、豫亲王义道、醇郡王奕譞、钟郡王奕詥、孚郡王奕譓等联合，以恭亲王奕訢为首。在庙堂上，帝后、辅臣、帝胤三股势力中，帝后与帝胤联合，以二比一击败辅臣势力，赢得胜利。

第三，双方之争，在于权力。政变双方争夺的是什么？严格说来，“辛酉政变”双方争的不是国体、政体，也不是国策、治策，而是权力、财富。这从同治帝谕旨的表述可以看出：

朕御极之初，即欲重治其罪，惟思伊等系顾命之臣，故暂行宽免，以观后效。孰意八月十一日，朕召见载垣等八人，因御史董元醇《敬陈管见》一折，内称：请皇太后暂时权理朝政，俟数年后，朕能亲裁庶务，再行归政；又请于亲王中简派一二人，令其辅弼；又请在大臣中简派一二人，充朕师傅之任。以上三端，深合朕意。虽我朝向无皇太后垂帘之仪，朕受皇考大行皇帝付托之重，惟以国计民生为念，岂能拘守常例？此所谓事贵从权。特面谕载垣等著照所请传旨。该王大臣奏对时，哓哓置辩，已无人臣之礼，拟旨时又阳奉阴违，擅自改写，作为朕旨颁行。是诚何心！且载垣等以不敢专擅为词，此非专擅之实迹乎！总因朕冲龄，皇太后不能深悉国事，任伊等欺蒙，能尽欺天下乎！此皆伊等辜负皇考深恩。朕若再事姑容，何以仰对在天之灵，又何以服天下公论！载垣、端华、肃顺著即解任；景寿、穆荫、匡源、杜翰、焦佑瀛，著退出军机处。派恭亲王会同大学士、六部九卿、翰詹科道，将伊等应得之咎，分别轻重，按律秉公具奏。至皇太后应如何垂帘之仪，著一并会议具奏。特谕。（《清穆宗实录》卷五）

由上可见，赞成或反对董元醇《敬陈管见折》，是这次政变中双方对垒的焦点。其三端敬陈，关键是太后垂帘听政。因此，太后垂帘听政或顾命大臣辅政，是“辛酉政变”的核心所在。

第四，胜败之因，在于时间。从上面所列时间表可以看出：

其一，时间拖得太长。从七月十七日咸丰帝崩逝，到十月初六日政变结束，中间长达七十九天，给帝后和帝胤势力以充足的准备时间。

其二，大行皇帝梓宫在途十一天，帝后因从闲道在途六天，比灵驾提前五天到京。帝后与帝胤发动政变的准备就是在这五天中实施的。顾命大臣却随灵舆在途，依礼行进，毫无戒备。

其三，其间，八大臣随驾灵舆洋洋自得，帝后与帝胤却在磨刀霍霍。顾命大臣俯首就擒，帝后帝胤掌控皇权。

第五，太后垂帘，加速清亡。“辛酉政变”，垂帘听政，是清朝历史的一大变局。先是，清太祖遗位，采取八大贝勒共议制。清太宗身后，采用七王公推制。顺治遗位则由顺治皇帝、孝庄太后等共同商量而定——四大臣辅政制，这是清朝第一次不由王公贵族，而由异姓贵族辅政。康熙帝晚年立废反复，最

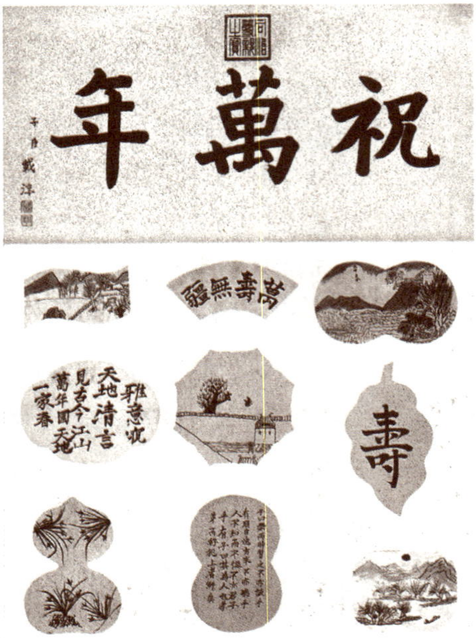

■ 同治帝绘《祝万年图》

后由皇四子胤禛夺取皇位。雍正之后，秘密立储，储君由皇帝一个人秘密决定。乾隆、嘉庆、道光、咸丰、同治皆由先帝决定。慈禧太后垂帘听政后，光绪帝、宣统帝都由太后叶赫那拉氏一人决定。这表明：

其一，皇位继承不由帝系爱新觉罗氏皇帝谕定，而由后系叶赫那拉氏决定；

其二，皇位继承人在帝后双方血缘交合点上确定——光绪帝父亲为咸丰帝之弟奕譞、生母为慈禧太后之妹叶赫那拉氏。奕譞之孙溥仪即宣统帝，也含有爱新觉罗与叶赫那拉两氏家族的血胤。

由上可见，清帝皇位继承人，最后从慈禧太后夫家与娘家血缘中选出。四岁的载湉（光绪帝）、三岁的溥仪（宣统帝）作为大清国的元首，并由慈禧太后主政，“漠然不知阴雨之已至，一发而不可复收。天欤人欤，亡也忽诸”！（《清史稿·诸王传·论曰》卷二二一）岂能怨天，自作自亡！

当然，在大清晚期庙堂之上，除了满朝昏庸之辈，也有清醒之臣。

二、咸同三贤

咸（丰）同（治）年间，在满洲大臣中有个别人，身居高位，不泥旧章，卓尔不群，主张变革，文庆、文祥、宝鋆是其中的佼佼者。

文庆（？—1856），字孔修，费莫氏，满洲镶红旗人，两广总督永保之孙。道光进士，后历官通政使、左副都御史、礼部侍郎。道光十七年（1837 年），命在军机大臣上学习行走。命赴热河，查历任总管亏短库银，褫职追缴。后任内务府大臣、左都御史、兵部尚书、军机大臣。寻署陕甘总督，道经河南，命察赈务，劾失职知县四人。后任吏部尚书、兼步军统领、内务府大臣。咸丰二年（1852 年），任户部尚书，后为内大臣、翰林院掌院学士、军机大臣、文渊阁大学士、晋武英殿大学士，管理户部，充上书房总师傅。

文庆性醇谨，持大体，屡降屡起，屡挫屡谏。时太平天国事起，钦差大臣赛尚阿[2]、讷尔经额[3]先后以失律被谴。文庆言：

当重用汉臣，彼多从田间来，知民疾苦，熟谙情伪。岂若吾辈未出国门、懵然于大计者乎？（《清史稿·文庆传》卷三八六）

在“首崇满洲”“重满抑汉”为主导观念的庙堂上，文庆既能公然推荐汉官，又能经常秘密奏请破除满、汉畛域之见，应不拘资格用人，实在难能可贵。如曾国藩初任军事，屡战失利，忌者沮抑之。文庆独言国藩负时望，能杀敌，终当建非常之功。又如他曾与胡林翼同典试，深知其才略，屡次密荐，使其在一年之间由贵州道员升至湖北巡抚。另如阎敬铭，陕西人，道光进士，官户部主事，后升户部尚书、军机大臣、总理衙门行走、东阁大学士，也得益于文庆的荐举。文庆促使清廷重用诸汉人，而戡定大难，功莫大焉。后文庆在将修圆明园时，奏陈以节用为本，失慈禧太后旨意，被革职留任。病卒前上遗疏：各省督抚如庆端、福济、崇恩、瑛棨等，皆不能胜任，不早罢，恐误封疆。文庆人品端粹，器量渊深，办事精勤，通达治体。史评其：“文庆倡言重用汉臣，俾曾国藩、胡林翼等得展经猷，以建中兴之业，其功甚伟。”（《清史稿·文庆传》卷三八六）

文祥，字博川，瓜尔佳氏，满洲正红旗人，世居盛京。道光进士，居住京师，授工部主事，后官至军机大臣。英法联军威胁北京时，僧格林沁密疏请幸热河，文祥力言不可。但车驾北行，命文祥留守。和议已成，疏请回銮，以定人心。时兵疲饷竭，近畿空虚。文祥密疏请选练八旗兵丁，添置枪炮，始立神机营。咸丰帝崩，同治帝立，文祥时任五位军机大臣之一，出巡回銮，两次触旨，而被排斥在“赞襄政务”八大臣之外。同治元年（1862 年），官左都御史、工部尚书、军机大臣、大学士。文祥自同治初年偕恭亲王同心辅政，总理各国事务，以一身负其责。创意设同文馆，培养外语人才。洋情诡变，朝议纷纭，

■ 文祥

忠信辅政，敢当敢为。极力支持恭亲王推行洋务，力排保守言论。恭亲王奕訢以阻圆明园工程忤旨罢斥，文祥涕泣，竭力陈谏，几被解职。恭亲王奕訢复职后，锐气削减，遇事犹疑。文祥能正色立朝，异议者惮畏，朝局维持，不致大变。同治十三年（1874 年），日本虎窥台湾，文祥切切疏言，略谓："谋至急之海防……否则狃以为安，不思变计，恐中外解体，人心动摇，其患有不可胜言者。"

文祥在同治十三年（1874 年），上《密陈大计疏》，一千三百余言，略谓：

洋人为患中国，愈久愈深，而其窥伺中国之间，亦愈熟愈密。从前屡战屡和，迄无定局，因在事诸臣操纵未宜。……然而各国火器技艺之讲求益进，彼此相结之势益固。使臣久驻京师，闻我一政之当则忧，一或不当则喜，其探测愈精。俄人逼于西疆，法人计占越南，紧接滇、粤，英人谋由印度入藏及蜀，蠢蠢欲动之势，益不可遏。……然其国中偶有动作，必由其国主付上议院议之，所谓谋及卿士也；付下议院议之，所谓谋及庶人也。议之可行则行，否则止，事事必合乎民情而后决然行之。……倘其国一切政治皆与民情相背，则各国始逞所欲为，取之恐后矣。……夫人必自侮而后人侮之，物必先自腐而后虫生焉。……中国天泽分严，外国上议院、下议院之设，势有难行，而义可采取。

文祥恳望："伏乞俯鉴刍言，将此折时置左右，力求端本之治，以回隐患之萌。天下幸甚！"

光绪二年（1876 年），文祥官武英殿大学士，专任军机大臣及总理各国事务。时国家多故，已病不能出，又上密疏一千六百余言，略曰：

夫敌国外患，无代无之，然未有如今日之局之奇、患之深、为我敌者之多且狡也。……而在内无深知洋务之大臣，在外无究心抚驭之疆吏，一切奏牍之陈，类多敷衍讳饰。敌人方桀骜而称为恭顺，洋情方怨毒而号为欢忭，遂至激成事端，忽和忽战；甚且彼省之和局甫成，此省之战事又起，赔款朝给，捷书暮陈。乘遭风之船以为胜仗，执送信之酋以为擒渠，果至两军相交，仍复一败不可收拾。于是夷情愈骄，约款愈肆，中外大臣皆视办理洋务为畏途，而庚申衅起，几至无可措手。自设立总理衙门，其事始有责成，情形渐能熟悉，在事诸臣亦无敢推诿。……是以历来练兵、造船、习器、天文、算学诸事，每兴一议而阻之者多，即就一事而为之者非其实。至于无成，则不咎其阻挠之故，而责创议之人……“必须上下一心，内外一心，局中局外一心，且历久永远一心”。

（《清史稿·文祥传》卷三八六）

文祥最后沉痛地说：“否则支持既难，变更不免，变而复合，痛心之端，必且百倍今日，非臣之所忍言矣。”

史评道：“文祥尤力任艰钜，公而忘私，为中外所倚赖，而朝议未一，犹不能尽其规略；晚年密陈大计，于数十年驭外得失，洞如观火，一代兴亡之

■ 总理衙门官员议事（左二至右：毛昶熙、奕訢、文祥、董恂、沈桂芬、成林）

宝鋆

龟鉴也……如文祥者，洵社稷臣哉！”（《清史稿·文祥传·论曰》卷三八六）

宝鋆（1807—1891），字佩蘅，索绰络氏，满洲镶白旗人，世居吉林，道光进士。咸丰二年（1852 年），洪秀全军到湖南，宝鋆疏陈坚壁清野之策。四年（1854 年），命往三音诺颜部赐奠，谢绝馈赠，外藩敬之。后任总管内务府大臣，署理户部三库事务。时英法联军入犯，咸丰帝逃到热河，命提库帑二十万两修葺行宫。宝鋆以国用艰难，力持不可。咸丰帝大怒，降宝鋆五品顶戴。同治帝回京，命在军机大臣上行走，任户部尚书，并充总理各国事务大臣。始学西文，设同文馆，学习西学，朝廷大臣多持反对意见。杨廷熙上书请撤同文馆，语及恭亲王及宝鋆等。光绪三年（1877 年），晋武英殿大学士。

宝鋆自同治初年参与枢务，偕文祥和衷翊赞，通达政体，知人让善，恭亲王借其襄助，但朝廷大臣多保守，抵制洋务。文祥既殁，议论纷纭，诏斥恭亲王、宝鋆等，严议革职。光绪七年（1881 年），陈宝琛借星变，专劾宝鋆，请即罢斥。十年（1884 年）三月十三日，慈禧太后懿旨：军机大臣自恭亲王奕訢以下，宝鋆、李鸿藻、景廉、翁同龢全部一体罢斥。宝鋆退休后，常偕恭亲王居西山游览唱和。十七年（1891 年）卒，年逾八十。（《清史稿·宝鋆传》卷三八六）

三、垂帘之间

垂帘听政，是违背清朝家法的，也是前朝所未曾见过的，但为什么能够实行呢？又是怎样实行的呢？它产生了什么后果呢？

第一，垂帘听政制的形成有其特殊的历史条件。其时，内忧达到清朝定鼎北京、统一中原以来最严重的程度；外患，英法联军侵入京师达到中华史上最严重的程度。从宗室、贵族，到官员、百姓，普遍产生不满、怨气——集中到皇权的核心，当权皇帝已死，八大权臣尚在。皇权怎么办？辅臣怎么办？皇权，垂帘听政；辅臣，全部撤换（文祥除外）。皇后执掌皇权，历史上汉、唐、辽、元都有过，但太后垂帘听政长达近半个世纪，皇朝历史上没有先例。爱新觉罗氏亲贵没有出面主政，却推出叶赫那拉氏慈禧太后、钮祜禄氏慈安太后，用黄帘乔装，实行太后专权。他们试图用这个办法弱化权贵的积怨，消解官民的不满。

第二，垂帘听政制在实行过程中逐渐走向初衷的反面。同治年间，机遇难得：内处于“太平军”与“义和团”制造的社会动荡之间，外处于英法联军与八国联军两次入侵之间。太后垂帘，恭王议政，宫府一体，尚能协合，推行新政，办些洋务，进行点改革。改革略见成效，枯萎草地上显露了一些新芽，这段时期被后来史家称为“同治中兴”。但是，紧接着在皇权核心发生了两件事情：一是光绪七年（1881 年）慈安太后死，慈禧太后开始独专，肆无忌惮；二是光绪十年（1884 年）三月十三日，慈禧太后突然命将议政王、军机大臣奕䜣，协办大学士、军机大臣宝鋆，军机大臣、兵部尚书景廉，军机大臣、工部尚书翁同龢，一体革职。从此，出现慈禧太后走向独断专制的政治局面。

同治帝朝服像

第三，慈禧太后专制加速了清朝覆亡、加深了中华民族的灾难。慈禧太后把刚撬开的一隙开放图新的窗户，又关上了。而后，慈禧太后鼓动义和拳闹事引发八国联军攻陷北京，慈禧太后重演逃难避暑山庄的丑剧而“西狩”长安，随之签订《辛丑条约》，割地赔款。继之，甲午之战兵败，签订《马关条约》。又继之发动“戊戌政变”，绞杀变法改革。最后，在临死之前，安排既是皇孙又是自己外孙的三岁溥仪做大清皇帝，将中国推向了半殖民地的深渊。慈禧皇太后玩弄四万万国民于掌上，但历史车轮最终是不以个人意志为行止的。

慈禧皇太后垂帘听政成为皇朝历史上的一个笑柄。

〔1〕道，既为行政机构，也为职官，称道员、道台，正四品。道有分守道、分巡道、巡警道、劝业道、海关道、河道、粮道、盐道、茶道、驿传道等。徽宁池太广道驻芜湖，为分巡道，又称芜湖道，亦称皖南道。

〔2〕赛尚阿，蒙古正蓝旗人。出身翻译举人，初为笔帖式。后任侍卫、军机章京，后升理藩院尚书、步军统领、文华殿大学士、军机大臣。太平军起，赛尚阿不知兵，受命为钦差大臣赴前线督师。在桂林附近之战，广东副都统乌兰泰中炮身亡，总兵官长瑞、长寿、董光甲、邵鹤龄均战殁。太平军入湖南、进湖北，形势大变。赛尚阿被褫职逮京治罪，命大学士等会鞫："赛尚阿伏地流涕，自言不忍杀人辜负圣恩，论大辟，籍其家，三子并褫职。"未几，释出狱，发往直隶，交讷尔经额差遣，调京随办巡防。咸丰五年，遣戍军台，后释之。（《清史稿·赛尚阿传》卷三九二）

〔3〕讷尔经额，满洲正白旗人，嘉庆翻译进士，官妃园寝礼部主事，后为工部郎中。道光时升山东按察使，迁布政使。擢漕运总督，调山东巡抚，晋湖广总督。咸丰初，为直隶总督、协办大学士，寻拜文渊阁大学士。命讷尔经额以钦差节制诸军，但他素不知兵，束手无措。时敌冒充钦差大臣讷尔经额旗帜，责各州县供给，乘讷尔经额不备，突然出击。讷尔经额军惊溃，关防、令箭、军书、器械等丢弃殆尽。事闻，褫讷尔经额职。敌遂大炽，畿辅地区半被蹂躏，京师震动。命逮讷尔经额下狱，论斩监候。讷尔经额遇赦，出狱，遣戍军台，逾年释回，予六品顶戴，守道光帝慕陵。后卒。（《清史稿·讷尔经额传》卷三九二）《清史稿》"论曰"："赛尚阿，驭将无方，遂致寇不可制。讷尔经额庸懦同之，畿甸震惊，自是朝廷始知其弊。"

第二十四讲

光绪皇帝之死

光绪三十四年（1908年）十月二十一日酉时（17时—19时），光绪皇帝死于西苑（今中南海）瀛台的涵元殿，年仅三十八岁。第二天未时（13时—15时），慈禧太后在西苑仪鸾殿病死，年七十四岁。人们疑问：光绪皇帝与慈禧太后的死亡时间仅相差二十个小时，这是人为，还是巧合？光绪帝之死，是自然病死，还是被人害死？这是一桩故宫历史疑案。这里有正常病死和被人毒死两说，下面列举史料，略作简要分析。

一、正常病死

主张光绪帝正常病死说，主要依据是：

第一，官书记载。《清德宗实录》《光绪朝东华录》《清史稿·德宗本纪》等官书，都记载光绪帝是正常病死的。如：

上疾大渐，酉刻，崩于瀛台之涵元殿。（《清德宗实录》卷五九七）

上疾大渐，酉刻，崩。（《光绪朝东华录》光绪三十四年十月癸酉）

癸酉（二十一日），上疾大渐，崩于瀛台涵元殿，年三十有八。（《清史稿·德宗本纪二》卷二四）

以上，都说光绪帝病重而死，是自然死亡。

第二，久病不治。光绪帝长期身体不好，久病难医，因而病死。在光绪二十四年（1898 年）前，光绪帝身体多病，但尚能维持。此后，他的身体状况急转直下，即使云集天下名医来京会诊，光绪帝的病依然有增无减。这是因为：其一，这一年发生了“戊戌政变”，光绪帝开始了从帝王到囚徒的生活。他夜间失眠，郁结不畅，神烦心悸，健康日差。其二，珍妃被害，孤苦难当。《宫女谈往录》中记载：“在逃亡的路上，我看到了光绪，眼睛像死羊一样，呆呆的！”从此以后，光绪帝的病日益严重，直至病故。

光绪帝朝服像

第三，私人记述。光绪三十三年（1907 年）七月十六日，江苏名医杜钟骏为光绪帝诊病后，在其著述《德宗请脉记》中记载了他为光绪帝诊病的经过以及光绪帝临终前的病状。他说：我此次进京，以为能治好皇上的病，博得微名。今天看来，徒劳无益，不求有功，只求无错。他在著述中认为，光绪帝属于正常死亡。

第四，档案记载。两份档案材料提供了光绪帝的死因。

其一，光绪帝的病历。光绪帝三十七岁时的《病原》，记载了他从小身体虚弱和病情发展的情况，资料翔实且私密：

珍妃

遗精之病将二十年，前数年每月必发十数次；近数年每月不过二三次，……冬天较甚。近数年遗泄较少者，并非较愈，乃系肾经亏损太甚，无力发泄之故。……腿膝足踝永远发凉，稍感风凉必头疼体酸，夜间盖被须极严密。

光绪十年（1884 年）、十二年（1886 年）的《脉案》还记载，光绪帝经常患感冒及脾胃病，经常服用汤药、丸药。可见光绪帝在青壮年时期，身体衰弱，多病缠身。

光绪三十四年（1908 年）三月初九日《脉案》记载：皇上肝肾阴虚、脾阳不足、气血亏损，病势严重。在治疗上不论是寒凉药，还是温燥药，都不能用，处于无药可用的地步。宫中御医们束手无策。五月初十日《脉案》记载：调理多时，全无寸效。九月《脉案》记载：病状更加复杂多变，脏腑功能已经失调。十月十七日，三名御医会诊的《脉案》记载：光绪帝极度虚弱，元气大伤，病情危重，出现心肺衰竭等症状。十月二十日《脉案》记载：夜里，光绪帝开始进入弥留状态，肢体发冷、白眼上翻、牙关紧闭、神志不清。二十一日《脉案》记载：光绪帝的脉搏似有似无，眼睛直视，张口倒气。傍晚，光绪帝死。

其二，光绪帝医药档案。中国第一历史档案馆公开了珍藏的历代清宫医案，有关光绪帝的脉案十分齐全，特别是他临终前半年，病情加重阶段的诊断和服药记录尤为完整。光绪三十四年（1908 年）十月二十一日子刻，光绪帝进入弥留状态。御医张仲元等人诊得：“皇上脉息如丝欲绝。肢冷，气险，二目上翻，神识已迷，牙齿紧闭，势已将脱。谨拟生脉饮，以尽血忱；人参一钱、麦冬三钱、五味子一钱。水煎灌服。”虽经御医多方努力，却无力回天。

第五，学者观点。有学者根据清宫医案记载认为：光绪帝从开始病重到临终，病状逐渐加剧，既没有中毒的迹象，也没有暴死的征象。病死之因，属于正常。从现代医学角度来看，光绪帝患有严重的神经官

■ 慈禧、光绪等人的“进药底簿”

能症、关节炎和骨结核等疾病，这些是导致光绪帝壮年死亡的直接原因。光绪帝的御医六人，每日一人轮诊，各抒己见，治法不一，也耽误了医治。“光绪帝自病重至临终之时，其症状演变属进行性加剧，而无特殊或异常症状出现。其临终时的症候表现，乃是病情恶化之结果。因之，光绪帝是死于疾病。”（朱金甫、周文泉《从清宫医案论光绪帝载湉之死》）

但是，有的学者也提出了不同意见，怀疑光绪帝是被人下药毒死的。

二、被毒五说

光绪帝自被慈禧太后“废黜”之后，过了整整十年的幽禁生活，长期忧闷，无处发泄，“怫（fú）郁摧伤，奄致殂落”。从据清宫太医院档案选编的《慈禧光绪医方选议》一书，可以看出光绪帝体弱多病。该书所选有关光绪帝的医方一百八十二个，包括神经衰弱方六十四个，骨骼关节方二十二个，种子长寿方十七个等。虽然光绪帝常年多病，但医药条件极好，猝死的可能性不大。所以他在慈禧太后死去的前一天突然驾崩，噩耗传出，朝野震惊。于是，光绪帝被人谋害致死的说法流传开来。

光绪帝被人下毒致死——有被袁世凯、李连英、隆裕皇后、慈禧太后和其他人毒死五种说法。

第一，袁世凯毒死光绪说。溥仪在《我的前半生》一书中，谈到袁世凯在“戊戌变法”中辜负了光绪帝的信任，在关键时刻出卖了皇上。又说：袁世凯担心一旦慈禧太后死去，光绪帝不会轻饶了他，所以就借进药的机会，暗中下了毒，将光绪帝毒死。他回忆道：“我还听见一个叫李长安的老太监说起光绪帝之死的疑案。照他说，光绪帝在死之前一天还是好好的，只是因为用了一剂药就坏了，后来才知道这剂药是袁世凯叫人送来的。”

上述说法虽符合情理，但也有值得商榷的地方。光绪帝痛恨袁世凯，并“日书项城（袁世凯）名以志其愤”。（枝巢子《旧京琐记》）这是朝中人共知的事实，所以说袁世凯想谋害光绪帝在情理之中；但袁世凯要想害死光绪帝而又不被追究，那就必须得到慈禧太后的同意或默许，否则由此将获弑君之罪，袁世凯不会做这样的蠢事。况且，袁世凯进药必须经过御医、御药房官员、御前大臣、宦官等多道检验，很难轻易得手。所以，袁世凯进药毒死光绪帝的说法，根据不足，值得商榷。

第二，李连英毒死光绪说。英国人濮兰德、白克浩司的《慈禧外纪》和德龄的《瀛台泣血记》等书，认为清宫大太监李连英等人，平日里仗着主子慈禧太后的权势，经常中伤和愚弄光绪帝。他们怕慈禧太后死后光绪帝重新掌权，对自己不利，就先下毒手，在慈禧太后死之前把光绪帝害死了。

李连英进药毒死光绪帝的说法，凭借想象，没有证据，值得商榷。

第三，隆裕皇后毒死光绪说。有人认为，隆裕皇后受光绪帝伤害最深，大婚之夜没有得到光绪帝的亲近，二人虽有夫妻之名，却无夫妻之实。珍妃夺了夫君对她的爱，导致其性格变态歹毒。值慈禧太后临终之前，先将光绪帝毒死，免得慈禧太后死后光绪帝废后，祭奠珍妃，追封谥号。这样，幼帝继位，自己则做太后，免去冷宫囚身之苦。

这种说法，没有证据，值得商榷。

第四，慈禧太后毒死光绪说。《清室外纪》、《崇陵传信录》和《清稗类钞》等书认为：慈禧太后在病危期间，唯恐自己身后光绪帝重新执政，推翻前案，倒转局势，于是令人下毒手，将光绪帝害死。《我的前半生》一书记载：“有一种

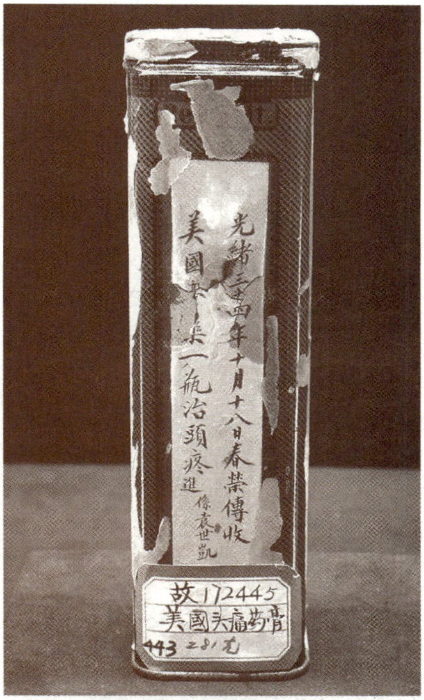

袁世凯进献的“美国头疼药膏”

李连英

■ 隆裕皇后

传说是西太后自知病将不起，她不甘心死在光绪前面，所以下了毒手。”人们普遍认为：年仅三十八岁的光绪帝死在七十四岁的慈禧太后前面，而且只差二十个小时，这不会是巧合，而是慈禧太后处心积虑的谋害。因此，要害死光绪帝的最大嫌疑人就是慈禧太后。据说，在慈禧太后病重期间，“有谮（zèn）上者，谓：帝闻太后病，有喜色。太后怒曰：‘我不能先尔死！’”所以指使亲信太监李连英，用毒药把光绪帝害死。

关于慈禧太后毒死光绪帝的说法，当时的礼部尚书、启功先生的曾祖父也提供了一条极重要的线索。启功先生在《启功口述历史》一书中说：

我曾祖遇到的、最值得一提的是这样一件事：他在任礼部尚书时正赶上西太后（慈禧）和光绪皇帝先后“驾崩”。作为主管礼仪、祭祀之事的最高官员，在西太后临终前要昼夜守候在她下榻的乐寿堂外。其他在京的、够级别的大臣也不例外。就连光绪的皇后隆裕（她是慈禧那条线上的人）也得在这边整天伺候着，连梳洗打扮都顾不上，进进出出时，大臣们也来不及向她请安，都惶惶不可终日，就等着屋里一哭，外边好举哀发丧。西太后得的是痢疾，所以从病危到弥留的时间拉得比较长。候的时间一长，大臣们都有些体力不支，便纷纷坐在台阶上，哪儿哪儿都是，情景非常狼狈。就在宣布西太后临死前，我曾祖父看见一个太监端着一个盖碗从乐寿堂出来，出于职责，就问这个太监端的是什么，太监答道：“是老佛爷赏给万岁爷的塌拉。”“塌拉”在满语中是酸奶的意思。当时光绪被软禁在中南海的瀛台，之前也从没听说过他有什么急症大病，隆裕皇后也始终在慈禧这边忙活。但送后不久，就由隆裕皇后的太监小德张（张兰德）向太医院正堂宣布光绪皇帝驾崩了。

接着这边屋里才哭了起来，表明太后已死，整个乐寿堂跟着哭成一片，在我曾祖父参与主持下举行哀礼。其实，谁也说不清西太后到底是什么时候死的，也许她真的挺到光绪死后，也许早就死了，只是密不发丧，只有等到宣布光绪死后才发丧。这已成了千古疑案，查太医院的任何档案也不会有真实的记载。但光绪帝在死之前，西太后曾亲赐他一碗“塌拉”，确是我曾祖亲见亲问过的。这显然是一碗毒药。

启功先生口述历史中的“乐寿堂”在颐和园，不在中南海，可能是先生口述疏忽或记录疏误。中南海仪鸾殿被八国联军焚毁，后移址新建的仪鸾殿为慈禧晏驾之所，今殿名为怀仁堂[1]。

■ 中南海怀仁堂，原为慈禧的寝宫仪鸾殿

第五，无名氏毒死光绪说。曾做过清宫御医的屈贵庭[2]，在民国年间的杂志《逸经》上著文《诊治光绪皇帝秘记》说：“迨至十月十八日，余复进三海，在瀛台看光绪帝病。是日，帝忽患肚痛，在床上乱滚，向我大叫：‘肚子痛的了不得！’时中医俱去，左右只余内侍一二人，盖太后亦患重病，宫廷无主，乱如散沙；帝所居地更为孤寂，无人管事。余见帝此时病状：夜不能睡，便结，心急跳，神衰，面黑，舌黄黑，而最可异者，则频呼肚痛——此系与前病绝少关系者。余格于情势又不能详细检验，只可进言用暖水敷熨腹部而已。

此为余进宫视帝病最后一次。”

这位御医认为，虽不能断定是谁害死了光绪帝，但光绪帝肯定是被人暗中害死的。屈贵庭的说法很重要，因为他提供了难得的目击者记录。

以上五种说法都有道理，但都不能被证实。那么，光绪皇帝到底是自然病死，还是被人毒死？又是被谁毒死的？历史疑案，值得探讨。

三、死因探讨

清代官方文献和宫廷档案表明：光绪帝是患病而死的。但是，从光绪帝死的那天开始，人们就怀疑他不是正常死亡。人们总觉得他死在慈禧太后前面，而且只比慈禧早死了二十个小时，这件事太奇怪了！

下面排比正史文献资料，可以看出光绪帝病情的变化。光绪三十四年（1908 年）十月：

癸丑（初一日），诣仪鸾殿，向慈禧皇太后问安。《清德宗实录》卷五九七记载，自初一日至十六日“皆如之”。

甲寅（初二日），光绪帝奉皇太后御勤政殿，日本使臣伊集院彦吉觐见。又到仪鸾殿向皇太后问安。

乙卯（初三日），到仪鸾殿，向皇太后问安。

丙辰（初四日），到仪鸾殿，向皇太后问安。

丁巳（初五日），到仪鸾殿，向皇太后问安。

戊午（初六日），御紫光阁，赐达赖喇嘛宴。到仪鸾殿，向皇太后问安。

己未（初七日），到仪鸾殿，向皇太后问安。

庚申（初八日），到仪鸾殿，向皇太后问安。

辛酉（初九日），奉慈禧皇太后“幸颐年殿，侍晚膳。至癸亥（十一日）皆如之”。

壬戌（初十日）慈禧皇太后生日，率百官至仪鸾殿，行庆贺礼。幸颐年殿，侍太后晚膳。

癸亥（十一日），到仪鸾殿，问皇太后安。幸颐年殿，侍皇太后晚膳。

甲子（十二日），到仪鸾殿，问皇太后安。幸颐年殿，侍皇太后晚膳。

乙丑（十三日），到仪鸾殿，问皇太后安。幸颐年殿，侍皇太后晚膳。

丙寅（十四日），到仪鸾殿，问皇太后安。幸颐年殿，侍皇太后晚膳。

丁卯（十五日），到仪鸾殿，问皇太后安。幸颐年殿，侍皇太后晚膳。

戊辰（十六日），到仪鸾殿，问皇太后安。幸颐年殿，侍皇太后晚膳。

己巳（十七日）至辛未（十九日），御医屈贵庭说：他在光绪帝临死前三天给光绪帝看病，光绪帝病情突然恶化，在御榻上乱滚，大叫肚子疼。

壬申（二十日），《清德宗实录》记载："上不豫"，就是光绪帝患病。慈禧太后懿旨："醇亲王载沣之子溥仪，著在宫内教养，并在上书房读书。"又懿旨："醇亲王载沣，授为摄政王。"

癸酉（二十一日），"上疾增剧"，光绪帝病情加重。接着"上疾大渐"，光绪帝病危。酉刻，光绪帝崩于西苑瀛台之涵元殿。

甲戌（二十二日），慈禧皇太后叶赫那拉氏疾大渐，病危。未刻，崩于仪鸾殿。

瀛台涵元殿旧影

综合以上资料，提出五点思考：

第一，《实录》记载，值得重视。《清德宗实录》记载，光绪皇帝虽然有病、多病，但都是慢性病。临死三天前，仍能进行政事、家事活动。且发病突然，来势急猛，不排除中毒而死的可能。

第二，档案资料，值得怀疑。前引光绪三十四年（1908年）十月二十一日子刻，御医张仲元等人诊得："皇上脉息如丝欲绝。肢冷，气险，二目上翻，神识已迷，牙齿紧闭，势已将脱。谨拟生脉饮，以尽血忱；人参一钱、麦冬三钱、五味子一钱。水煎灌服。"虽经御医多方努力，却无力回天。若要依此证明光绪帝是病死的，还需思考一个问题：何为因？何为果？显然，若据上述档案判断光绪帝是病死的，就忽略了一个事实——如果光绪帝是在喝了慈禧太后亲赐给他的一碗含毒药的"塌拉"后出现症状的，怎么能说是病死的呢？

第三，口述历史，值得重视。"但光绪帝在死之前，西太后曾亲赐他一碗

'塌拉'，确是我曾祖亲见亲问过的。这显然是一碗毒药。"这碗"塌拉"是启功先生曾祖父亲见亲问的。启功先生的曾祖父既是礼部尚书，又是亲历者，他的口述历史资料，尤当引起重视。

第四，御医著文，值得研究。御医屈贵庭民国年间在《逸经》杂志上说：在光绪帝临死的前三天，他最后一次进宫为皇上看病，发现皇上本已逐渐好转的病情"突然恶化，在床上乱滚，大叫肚子疼"，没过几天，光绪帝便死了。因此，御医根据亲历所写的文章很值得研究。

第五，遗发化验，值得珍视。经"清光绪皇帝死因研究"课题组化验，光绪皇帝葬衣和头发的含砷量大大超出正常指标，这给"光绪皇帝是中毒而死"说，提供了一个证据。（《清光绪帝死因鉴证》）但也有人认为，光绪帝临死之前，身体含砷量过高，可能是被人下毒所致，也可能是他长期体弱多病，经常服用含砷的药物所致。所以，这是一个现象，现象背后的本质，还是需要科学研究的。这是因为，一切事物都是复杂的。如果现象与本质一样，就不需要科学研究了。

■ 光绪帝崇陵地宫

根据以上五点，我个人认为：不排除光绪帝被毒死的可能性。那么，是谁害死了光绪皇帝呢？

如果光绪帝是被人害死的，那最有愿望、最有实力对光绪帝实施毒害的，应该非慈禧太后莫属。

的确，慈禧太后为给光绪帝治病，曾采取了一些措施：

其一，遍求天下名医。从光绪三十四年（1908 年）春天开始，军机处不断下发懿旨，征召天下名医急速来京为皇上诊治。于是，先后有陈秉钧、曹元恒、吕用宾、周景涛、杜钟骏、施焕、张鹏年等名医来京。

其二，遍寻天下名药。光绪三十四年（1908 年）八月，军机处电告各地迅速贡献上等名药，广陈皮、甘枸杞、川续断、苏芡实、北洪参、苡米、桑寄生、杭白芍、茯苓等药材，先后送至京城。但历史是复杂的，像慈禧太后这样的人物，台上表演的与台下操作的，既可能一致，也可能相悖。人们很难判断慈禧太后这些举措背后的真实目的。慈禧太后是一个权术高明的大政客，即使要毒死光绪皇帝，她不会，也不可能在众人面前赤裸裸地表现出自己的真实意图。

总之，光绪皇帝究竟是被毒死的，还是自然病死的，是不是被慈禧派人下毒给害死的，仍然是一个历史之谜。由光绪帝之死，人们联想到“三个女人和一个男人”共四条人命同慈禧太后的关系，这就是：慈安皇太后钮祜禄氏、同治帝皇后阿鲁特氏、光绪帝珍妃他他拉氏和光绪帝载湉。我们期待有一天，或由史料，或由档案，或由其他方法，彻底揭开光绪帝死因这个历史之谜。

由于光绪帝无子，皇嗣只能在宗室中选择。慈禧太后懿旨：“摄政王载沣之子溥仪，著入承大统，为嗣皇帝。”这就是后来的宣统皇帝。

〔1〕据中南海史研究专家吴空先生《中南海史迹》记述：中南海仪鸾殿被八国联军焚毁，后移址新建的仪鸾殿为慈禧晏驾之所，今殿名为怀仁堂；原址新建的仪鸾殿，改名为海晏堂，袁世凯时改名为居仁堂，今已拆毁。

〔2〕屈贵庭，有的书文作屈桂庭。

第二十五讲

宣统帝制结束

慈禧皇太后临死前一日宣布：立载沣之子、三岁的溥仪，继承同治帝载淳，兼祧光绪帝载湉，年号宣统，是为宣统皇帝。溥仪在位三年，清朝终结。宣统帝是清朝历史上在位时间最短的皇帝，也是明清历史上登极时年龄最小的皇帝，还是中国历史上最后一位皇帝。

一、不祥之兆

慈禧皇太后发动“戊戌政变”，囚禁光绪皇帝后，便处心积虑地思考皇位继嗣问题：物色并选择一个人，取代光绪帝继承皇位。其原则只有一条：既维护爱新觉罗氏宗室的利益，又保护叶赫那拉氏家族的利益。于是就选择了位于上述两个家族血胤交叉点上的溥儁。

■ 宣统帝溥仪

溥儁的曾祖父是道光皇帝旻宁、祖父是咸丰皇帝奕詝的五弟惇恪亲王奕誴、父亲是同治皇帝的堂弟端郡王载漪，可谓是根正苗红的爱新觉罗宗室；母系，史载：“载漪福晋，承恩公桂祥女，太后侄也。”（《清史稿·绵忻传》卷二二一）所以，溥儁于慈禧太后而言，既是夫家的侄孙，又是娘家的侄外孙[1]，号为“大阿哥”。慈禧太后为此真是日夜思虑，煞费苦心！这位溥儁并不是一块正料，乃纨绔子弟也。溥儁在八国联军侵入北京，随慈禧太后西行逃难时，小宫女对“大阿哥”的印象是：“他是个浑小子”，遇事“冒冒失失”“不懂得深浅”。在从西安回程途中，先是慈禧太后因载漪“纵义和拳，获罪祖宗”“推究变端，载漪实为祸首”，将其发往新疆，永远监禁；继是其子溥儁不宜膺储位，慈禧太后懿旨：“溥儁著撤去‘大阿哥’名号，并即出宫。”（《清德宗实录》卷四八八）

到光绪三十四年（1908年）十月二十日，已在病中的慈禧太后，召见庆亲王奕劻、醇亲王载沣，宣布懿旨：“醇亲王载沣著授为摄政王。”又懿旨：“醇亲王载沣之子溥仪，著在宫内教养，并在上书房读书。”

监国摄政王载沣

二十一日，下午酉刻（约下午5时），光绪帝崩于西苑瀛台涵元殿，年三十八。光绪皇帝是被毒死，还是病死？众说纷纭，难求于一。笔者认为，应是慈禧太后临终之前派人毒死的。慈禧太后原想废黜载湉，换上溥儁，却事与愿违。慈禧病重之后，担心身后遭光绪帝清算。于是决心毒死载湉，另立嗣君溥仪。这就堵塞了清朝日后走上君主立宪道路的可能。

当日亥刻（约晚10时），慈禧太后召见摄政王载沣，懿旨：摄政王载沣之子溥仪著入承大统为嗣皇帝。又懿旨：现在大行皇帝龙驭上宾，亦未有储贰，不得已以摄政王载沣之子溥仪承继穆宗毅皇帝为嗣，并兼承大行皇帝之祧。

二十二日，未刻（约下午2时），慈禧太后崩于西苑仪鸾殿，年七十四。

十一月初九日，在太和殿举行了宣统帝溥仪的登极大典。[2]

三岁宣统帝溥仪的登极大典，时值寒冬，太和殿暨殿前广场，朔风凛冽，寒风刺骨。据溥仪后来回忆说：

大典在太和殿举行。所谓登极，就是我父亲扶着我坐在宝座上，接受王公大臣、文武百官的朝贺。在大典之前，照章要先在中和殿接受领侍卫内大臣们的礼（在大典上他们站列两侧，不便与文武百官一起朝贺）。我被他们折腾了半天，加上那天天气奇冷，因此当他们把我抬到太和殿，又把我放到又高又大的宝座的时候，这就超过了我的耐性的最后限度，这就难怪我不放声大哭。我父亲单膝侧身跪在宝座下面，双手扶我，不叫我乱动，我更挣扎着哭喊：我不挨（待）这儿！我要回家！我不挨这儿！我要回家！父亲急得满头是汗，而文武百官行的是三跪九叩礼，磕起头来没完没了，我的哭叫也越来越响。我的父亲只好哄我说："别哭别哭，快完了，快完了！"

典礼结束，文武百官可就窃窃私议起来了。"王爷怎么可以说什么'快完了'呢？""说要回家可是什么意思啊？"……一切的议论，都是垂头丧气的，好像人人都发现了不祥之兆。（爱新觉罗·溥仪《我的前半生》）

果然，清朝就走到了这一步：

"快完了"——时间仅仅过了三年，大清帝国寿终正寝就完了！

"要回家"——时间又仅过了几年，溥仪回到醇亲王府家里了！

太和殿宝座旧影

我们既不相信谶纬之言，也不相信迷信之说。但是，这的确是人们对清朝行将覆亡的一种心理反应。清朝统治者的满洲老家在关外，他们定鼎北京、入主中原已经二百六十四年。清朝由一个朝气蓬勃的皇朝，逐渐衰败，逐渐腐朽，不要说先知先觉者，就是芸芸平民百姓，也预感到政治风暴即将来临，并察觉到煌煌清朝大厦将倾。

二、辞位诏书

此期，中国社会存在着各种各样的、错综复杂的社会力量，最主要的是四股政治力量：其一，革命派力量；其二，保皇派力量；其三，君主立宪派力量；其四，袁世凯两面派力量。在这四派力量中，革命派与保皇派是直接对立的。

此期，清室保皇派在政治、军事、经济、舆情等方面均已失去主体、主导、主动的地位。清朝皇权统治，已经失去了民心。清朝经济已经到了崩溃的边缘。试举一例，湖南巡抚杨文鼎奏报说：全省财政亏空五百三十五万余两白银，发债券，还不上，出现“湘省财力，困逼已极”（《大清宣统政纪》卷四三）的窘境。户部财政更是捉襟见肘，寅吃卯粮。另举一例，宣统帝在位三年计三十六个月，加上即位当年的两个月，总共三十八个月，朝廷在忙什么？在忙着办理大行皇帝和大行太后的丧事，对死者的尊谥，对新贵的封赏等，还筹划“于中海迤西集灵囿地方，建监国摄政王府第”。（《大清宣统政纪》卷三）在洋洋八十余万言的《大清宣统政纪》里，几乎看不到一件清廷鼎革图新的重大举措。再举一例，清廷于开设议院事上，虽实际一拖再拖，却表示一提再提，“著缩改于宣统五年，实行开设议院。”（《大清宣统政纪》卷四三）就是将“君主立

隆裕太后与幼帝溥仪

宪”的开始提前到宣统五年。但是，民众等不及了，新军等不及了，革命派更等不及了！

宣统三年八月十九日（1911 年 10 月 10 日），中国同盟会组织武昌新军起义，起义军成立湖北军政府，黎元洪为都督，废除宣统年号，宣布独立，清政府随之土崩瓦解。不久，各省代表到南京会议，推选孙中山为临时大总统，决议改用公历纪元。本年为辛亥年，史称这一年中国历史上的鼎革之变为“辛亥革命”。武汉成为中国辛亥革命、结束清朝统治的革命策源地。辛亥革命的伟大意义在于，结束了清朝二百六十八年的统治，也结束了中国两千一百三十二年的帝制。

这时，中国存在两个政权：北京清朝政权与武汉辛亥政权。袁世凯扮演两面派角色：既以清朝皇权胁迫革命派，又以革命派挟制皇权派。最后达成两个重要的历史性文件：《清帝辞位诏书》和《优待皇室条件》。

宣统三年十二月二十五日（1912 年 2 月 12 日），大清隆裕皇太后颁布《辞位诏书》曰：

朕钦奉隆裕皇太后懿旨：前因民军起事，各省响应，九夏沸腾，生灵涂炭。特命袁世凯遣员与民军代表讨论大局，议开国会，公决政体。两月以来，尚无确当办法。南北睽隔，彼此相持，商辍于涂，士露于野，徒以国体一日不决，故民生一日不安。今全国人民心理，多倾向共和。南中各省，既倡议于前；北方诸将，亦主张于后。人心所向，天命可知。予亦何忍因一姓之尊荣，拂兆民之好恶。是用外观大势，内审舆情，特率皇帝将统治权公诸全国，定为立宪共和国体。近慰海内厌乱望治之心，远协古圣天下为公之义。袁世凯前经资政院选为总理大臣，当兹新旧代谢之际，宜有南北统一之方。即由袁世凯以全权组织临时共和政府，与民军协商统一办法。总期人民安堵，海宇乂安，仍合满、蒙、汉、回、藏五族，完全领土为一大中华民国。予与皇帝得以退处宽闲，优游岁月，长受国民之优礼，亲见郅治之告成，岂不懿欤。（《大清宣统政纪》卷七〇）

这是一篇三百一十六字（不计标点）的奇文，也是一篇划时代的文献。这篇文献的重要历史价值在于，宣告了定鼎北京二百六十八年的大清皇朝统治的

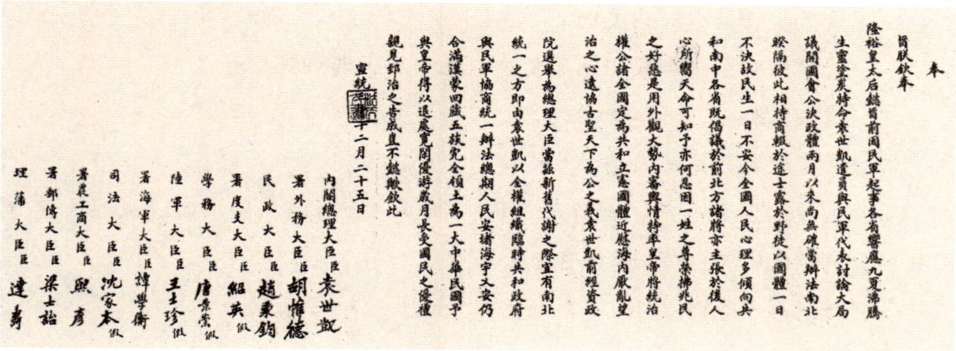
奉
旨朕欽奉
隆裕皇太后懿旨前因民軍起事各省響應九夏沸騰
生靈塗炭特命袁世凱遣員與民軍代表討論大局
議開國會公決政體兩月以來尚無確當辦法南北
睽隔彼此相持商輟於途士露於野徒以國體一日
不決故民生一日不安今全國人民心理多傾向共
和南中各省既倡議於前北方諸將亦主張於後人
心所嚮天命可知予亦何忍因一姓之尊榮拂兆民
之好惡是用外觀大勢內審輿情特率皇帝將統治
權公諸全國定為共和立憲國體近慰海內厭亂望
治之心遠協古聖天下為公之義袁世凱前經資政
院選舉為總理大臣當茲新舊代謝之際宜有南北
統一之方即由袁世凱以全權組織臨時共和政府
與民軍協商統一辦法總期人民安堵海宇乂安仍
合滿漢蒙回藏五族完全領土為一大中華民國予
與皇帝得以退處寬閒優游歲月長受國民之優禮
親見郅治之告成豈不懿歟欽此
宣統[illegible]十二月二十五日
內閣總理大臣臣 袁世凱
署外務大臣臣 胡惟德
民政大臣臣 趙秉鈞
署度支大臣臣 紹英假
學務大臣臣 唐景崇假
陸軍大臣臣 王士珍假
署海軍大臣臣 譚學衡
司法大臣臣 沈家本假
署農工商大臣臣 熙彥
署郵傳大臣臣 梁士詒
理藩大臣臣 達壽

《清帝辞位诏书》

结束，并宣告实行了两千一百三十二年的帝制的结束，要开启立宪共和政体，组成中国各族的、领土完整一统的中华民国。

另一个文件是清朝皇帝辞位后之优待条件。其全文附录于下：

甲、关于大清皇帝宣布赞成共和国体。中华民国于大清皇帝辞位之后，优待条件如左：

第一款大清皇帝辞位之后，尊号仍存不废。中华民国以待各外国君主之礼相待。

第二款大清皇帝辞位之后，岁用四百万两，俟改铸新币后，改为四百万圆。此款由中华民国拨用。

第三款大清皇帝辞位之后，暂居宫禁。日后移居颐和园。侍卫人等，照常留用。

第四款大清皇帝辞位之后，其宗庙陵寝，永远奉祀。由中华民国酌设卫兵，妥慎保护。

第五款德宗崇陵未完工程，如制妥修。其奉安典礼，仍如旧制。所有实用经费，均由中华民国支出。

第六款以前宫内所用各项执事人员，可照常留用，惟以后不得再招阉人。

第七款大清皇帝辞位之后，其原有之私产，由中华民国特别保护。

第八款原有之禁卫军，归中华民国陆军部编制，额数俸饷，仍如其旧。

乙、关于清族待遇之条件：

一、清王公世爵，概仍其旧。

二、清皇族对于中华民国国家之公权及私权，与国民同等。

三、清皇族私产，一体保护。

四、清皇族免当兵之义务。

丙、关于满、蒙、回、藏各族待遇之条件。今因满、蒙、回、藏各民族赞同共和，中华民国所以待遇者如左：

一、与汉人平等。

二、保护其原有之私产。

三、王公世爵，概仍其旧。

四、王公中有生计过艰者，设法代筹生计。

五、先筹八旗生计，于未筹定之前，八旗兵弁俸饷，仍旧支放。

六、从前营业居住等限制，一律蠲除。各州县听其自由入籍。

七、满、蒙、回、藏原有之宗教，听其自由信仰。

以上条件，列于正式公文，由两方代表照会各国驻北京公使，转达各该政府。（《大清宣统政纪》卷七〇）

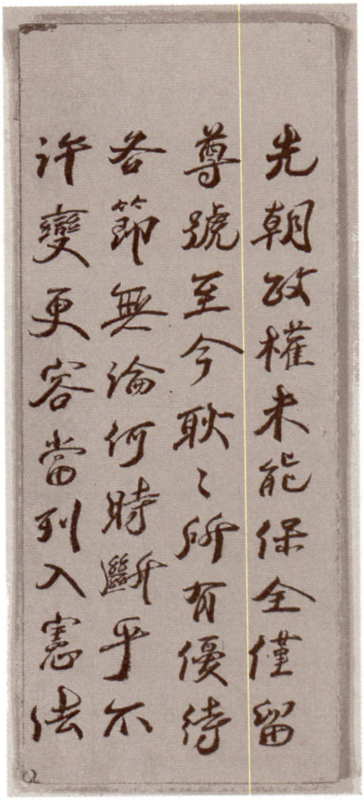

■ 袁世凯在“清帝退位优待条件”抄件上题写的手迹

以上条款，优待皇室八条，待遇皇族即满族四条，待遇满、蒙、回、藏各族七条，这些条款，尽管后来或虎头蛇尾，或没有实行，或部分实行，或中途而止，但总体来说，显然有利于皇室利益，有利于皇族即满族生计，也有利于各民族的安定。中国的辛亥革命，没有像当年的英国革命那样，在伦敦白厅广场，将国王查理一世送上断头台，使其身首异处，悲惨而死；也没有像当年的法国大革命那样，将国王路易十六逮捕并处死。辛亥革命，总体来说，没有过激行动，平安过渡，实现了共和政体。维护了汉、满、蒙、回、藏等各族的团结，实现了中华的大一统。

三、帝制终结

中国从秦嬴政始皇帝元年（公元前221年），开始实行皇帝制度，简称为帝制，从而开启了一个帝制时代，到清宣统三年（1911年）帝制终结，时间长达两千一百三十二年。帝制取代王制，应当说是历史的一大进步。这个帝制，走过坎坎坷坷、逶迤曲折的道路，一方面在不断完善，另一方面也在不断固化。到元明清时期，中国帝制发展到了顶峰，其负面作用和影响不断地显露出来。

帝制时代已经结束一百多年了。但是，对于皇权主义、专制主义的批判却是很不充分的，也是不够深刻的。其原因诸多，兹列举三点。

第一，资产阶级的幼稚性。中国自周秦时代到鸦片战争之前，小农自给自足的自然经济占主体地位。虽然在明代中期，出现了资本主义经济萌芽，但商品经济仍不发达。因此，在辛亥革命以前，资本主义商品经济虽有了微弱的发展，但中国没有经过资本主义社会这个历史阶段。因此，中国资产阶级在辛亥时期，仍是幼稚的、软弱的。简言之，没有形成较为发达的资本主义经济，也没有形成壮大的资产阶级。中国在科举制度下初步接受了西方资本主义文化的影响，裂变出的极少知识分子，既受了伏尔泰、孟德斯鸠、卢梭、狄德罗、赫胥黎等人的影响，也受了日本明治维新思潮的影响。这些新兴的力量，虽是新生的俊秀，却有着封建的基因，表现出反封建的不彻底性。可以说，辛亥前，中国出现的一批进步的先知先觉者，也仅限于翻译西方一些名著，在报刊上发表一些言论，还没有出现系统的资产阶级思想专著、理论文献。总之，辛亥革命缺乏理论的、思想的、舆情的充分准备。

第二，辛亥口号的局限性。在辛亥时期，中国同盟会的口号是“驱除鞑虏，恢复中华”。[3]这个纲领，这个口号，在当时有号召力，有鼓动性。但是，这个口号，源自于朱元璋的“驱逐胡虏，恢复中华”。[4]朱元璋与孙中山的奋斗目标、思想理念，既有相同，也有不同。相同之处是，都面临蒙古皇帝或满洲皇帝的“民族压迫”和“君主专制”。朱元璋推翻了蒙元贵族的帝制统治，

“立纲陈纪，救济斯民”，恢复唐宋礼法，改善民众生计，具有推动社会进步的作用。但这只是农民起义、改朝换代而已。与其不同的是，孙中山先生不仅要推翻满洲贵族的统治，而且要结束两千多年的帝制，所以具有资产阶级革命的性质、特点和使命。辛亥革命的结果是，既推翻了清朝的统治，也结束了封建帝制。这是其伟大之处。孙中山先生被称作中国伟大民主革命的先行者。

在整个辛亥时期，中国资产阶级的理论家和思想家反满、排满、仇满的宣传，在当时具有一定的积极作用，但辛亥反满的民族色彩，冲淡了反封建的民主基调，从而留下了历史遗憾。这就是轻视了、忽视了、弱化了对皇权主义和专制主义的批判。辛亥反满宣传，在某种程度上，在人们脑子里留下了“孝庄太后下嫁”“乾隆皇帝生母是汉人”等一大串嘲讽满人的故事。而明亡之后，著名思想家黄宗羲却留下《明夷待访录》，喊出：“为天下之大害者，君而已矣。”“今也以君为主，天下为客。”“故我之出而仕也，为天下，非为君也；为万民，非为一姓也。”（黄宗羲《明夷待访录》）

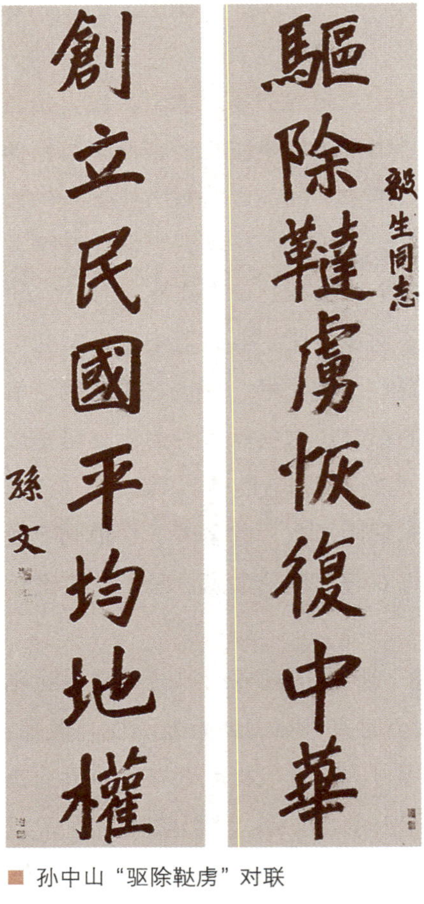

孙中山“驱除鞑虏”对联

严格说来，辛亥时期虽留下了大量有价值的论著，但似乎没有见到全面深邃的、具有影响力的批判皇权主义和专制主义的经典理论文献。

第三，民国时期的反复性。民国元年（1912 年），南京临时参议院会议，选举袁世凯继孙中山为中华民国临时大总统。翌年，在北京国会两院议员举行总统选举，袁世凯当选为中华民国大总统。民国四年（1915 年），袁世凯在中南海居仁堂接受百官朝贺，授爵位、广封赏。12 月 12 日，下令改中华民国为中华帝国，改次年为洪宪元年。民国五年（1916 年）1 月 1 日，袁世凯受朝贺，称皇帝。由此引发全国人民的反对。3 月 22 日，袁世凯宣布取消帝制；23 日，申令废止洪宪年号，恢复民国纪年，仍称大总统。6 月 6 日，袁世凯在国民声讨中，势寡力孤，忧惧而死。[5]袁世凯复辟帝制的闹剧，演出八十三天收场，他沦为历史的罪人[6]，传为历史的笑柄。此为其一。复辟帝制势力，一波刚平，一波又起。民国六年（1917 年），安徽督军张勋率辫子军进京，发动兵变，同康有为等拥戴溥仪复辟。改民国六年为宣统九年，恢复前清官制，多人留起辫子，一时北京街上挂起了龙旗。张勋逆行，国民反对，为期十二天的复辟结束。后张勋病死天津。是年为丁巳年，又称“丁巳复辟”。此为其二。

两次复辟逆流，均以失败告终。孟子在两千年前就说过：“民为贵，社稷次之，君为轻。”（《孟子·尽心章句下》）但是，皇权主义、专制主义并未受到深刻的批判。1919 年的“五四”运动，弘扬爱国主义，传播科学民主，有极大的进步意义，但也没有对封建主义、皇权主义进行全面而深刻的理论批判、思想清算。

在只有三十八年的民国，除袁世凯的“复辟逆流”和溥仪的“丁巳复辟”之外，战争连绵不断——先是军阀战争，继是抗日战争，后是国内战争，硝烟弥漫，兵荒马乱，也没有来得及，更没有顾得上广泛深入地批判君主专制和皇权主义。辛亥资产阶级“反满派”没能做到与时俱进，而逐渐被淹没在历史的风浪之中。

〔1〕溥儁的生母，有异议，待考证。

〔2〕溥仪《我的前半生》记载：“十二月初二日这天，举行了登极大典。”《清史稿》和《大清宣统政纪》都记载登极大典在“十一月初九日”。本书从后者。

〔3〕《中国同盟会总章》第二条，载《中国近代史资料丛刊·辛亥革命（二）》。

〔4〕《明太祖实录》卷二六“吴元年十月丙寅”条。

〔5〕苏全有、贺科伟：《袁世凯传》附表“袁世凯一生大事记”，浙江大学出版社 2020 年版。

〔6〕王敏：《民国国会简史》，中国民主法制出版社 2015 年版。

第二十六讲

清宫皇子教育

清朝的教育，很有特点。比如，采用旗民分制。旗，指八旗子弟；民，指不在旗的普通民众。旗民教育二元制，指的就是旗人和民人在不同的学校里读书。普通民众上学同明朝一样，有国学（国子监）、府学、州学、县学，这是公立学校；还有书院、私塾等。八旗子弟则单有教育系统。

清朝统治者重视对旗人的教育，更重视对皇族的教育。应当说中国从秦朝到清朝，每个朝代都重视对皇子和幼帝的教育，但清朝比历朝都更加重视，也做得更好。下面从皇族教育、皇子教育和幼帝教育三个方面，进行具体叙述。

一、皇族教育

清朝的皇族教育有宗学、觉罗学等。

宗学是清朝皇族宗室子弟的学校。清显祖宣皇帝（努尔哈赤之父）本支为宗室，就是努尔哈赤父亲塔克世的直系子孙，称宗室，以黄带子为标识。顺治十年（1653 年）设立宗学，宗室子弟在里面读书，这是贵胄学校。宗学分为左右两翼。镶黄、正白、镶白、正蓝四旗子弟入左翼宗学；正黄、正红、镶红、镶蓝四旗子弟入右翼宗学。曹雪芹曾经在右翼宗学做过事。

宗学里有满、汉教习各若干人。学生，起初仅限亲王、郡王等十岁以上者，学制六年，考满之后，优者录用。雍正年间，准予王、公、将军及闲散宗室子弟，十八岁以下愿就学读书者，及十九岁以上曾在家中读书情愿就学者入宗学。学习内容分满、汉文，设置箭道，学习骑射。读书子弟，月给银三两，

■ 左翼宗学旧址

米三斗，川连纸一刀，笔三支，墨一顶，冬季给炭一百八十斤，暑季每日给冰一块。满、汉教习，每月给银二两，米二斛，每年给棉衣纱衣一次，三年内给皮衣二次。骑射教习每月给银一两。乾隆年间，左翼宗学学生限七十人，右翼宗学学生限六十人。后左、右翼宗学名额，各设百人。

觉罗学是清朝皇族觉罗子弟的学校。清显祖宣皇帝（努尔哈赤之父）的旁支，就是伯叔兄弟之支为觉罗，以红带子为标识。雍正七年（1729 年），设八旗觉罗学，每旗一所，设在本旗衙门的旁边。觉罗学生，镶黄旗六十一人，正黄旗三十六人，正白旗四十人，正红旗四十人，镶白旗十五人，镶红旗六十四人，正蓝旗三十九人，镶蓝旗四十五人。清书（指满文）教习十五人，骑射教习八人，汉书教习十五人。满文、汉文教习每旗各二人（镶白旗一人）。其学生、教习的支给，与宗学相同。

此外，还有皇族之外的贵族学校。如咸安宫官学，因在紫禁城里咸安宫，为官立学校而得名。雍正七年（1729 年）设立。入学资格是：八旗及内务府三旗满洲贡监生员、官学生及闲散人内俊秀者。咸安宫官学的学生，五年一次考试：考汉文“四书”翻译满文，骑射、步射。按考试成绩，分等录用。景山官学，因设在景山附近，为官立学校而得名。康熙二十四年（1685 年）设立。入

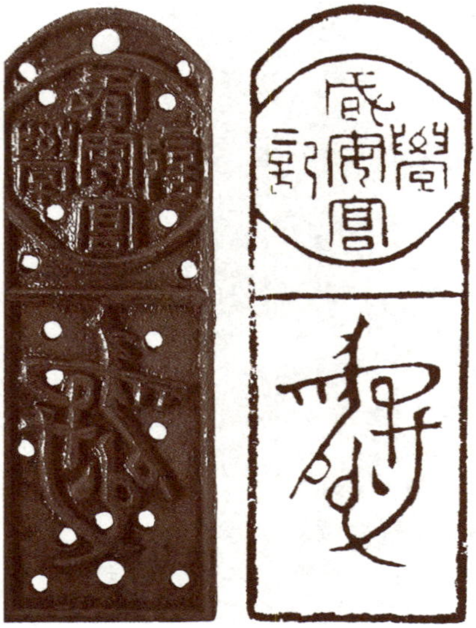

■ “咸安宫学记”铁印

学资格是：内务府佐领、内管领下闲散幼童，经拣选入学。这是内务府官员的子弟学校。学生名额共三百六十名，分设满文、汉文班。凡内务府人家贫不能读书者，准其入学读书。学生每月给银一两。定期考试，成绩及格，分别录用。世职官学，凡八旗世爵内十岁以上者入学。长房官学，内务府所属太监学校，学习满文、汉文和蒙古文，要求能够识字、粗通文墨就可以。蒙古官学，为内务府所属的学校。负责培养蒙古八旗子弟。乾隆十二年（1747 年）设立，在咸安宫官学内。设管理事务大臣一人，以理藩院尚书兼任；总裁三人，以理藩院司员兼任；教习二人，额外教习一人。入学的学生，八旗蒙古每旗三名，蒙古八旗共二十四名。学习蒙古经书，以及翻译等。

二、皇子教育

清朝诸王，天潢贵胄，所受教育，系统完整。皇帝对皇子的教育，首选为成龙，其次为襄政，又次为领兵，再次为务学，复次为书画。

其实，早在清入关之前，清太祖天命和清太宗天聪、崇德年间就已经开始重视皇子的教育。努尔哈赤创制满文后，在赫图阿拉，为子侄请师傅，教他们读书识字。皇太极是努尔哈赤十六个儿子中受教育最好的一位。皇太极时期更加重视对皇子的教育。只不过此时矢镞纷飞，争战不断，清朝统治者无暇顾及建立皇子教育制度。清定都北京后，顺治帝青年早逝，皇子年幼，也未及建立制度。而后康熙皇帝为着大清江山永固，社稷绵延亿万斯年，对诸皇子进行了严肃的教育。从此，严格的皇子教育制度逐渐形成。

清朝皇子教育，有以下的特点：

第一，上学年龄。康熙帝定制，皇子六岁开始在上书房读书。这里包括皇子、皇孙、皇曾孙、皇玄孙等。到上书房读书的还有谕准的特殊人员，如上书房有伴读，功课与皇子不同，伴读另有伴读师傅；还有部分额驸，如乾隆帝之女和敬公主额驸，九岁时即受命随诸皇子读书。又如道光二十四年（1844年）二月谕："原任御前大臣、一等公博启图之子景寿，著指为寿恩固伦公主之额驸……先赏给头品顶戴，在上书房读书。"（《清宣宗实录》卷四〇二）

康熙帝读书像

第二，读书地点。皇子读书的地点在上书房。上书房（又称上斋），在皇宫、西苑、畅春园和圆明园都有。皇宫内，上书房在乾清宫左，五楹，面北向。（昭梿《啸亭杂录·续录》）地点之所以选在乾清宫附近，是为了便于皇帝到上书房检查。毓庆宫也曾作为上书房。关于上书房建立的时间，学者见解不一。大体来看，上书房康熙朝已有，雍正朝确定为制度。雍正帝曾在上书房为皇子们写下一联对语："立身以至诚为本，读书以明理为先。"而乾隆帝则写下四个字："养正毓德"。（章乃炜《清宫述闻》）

宫里的上书房虽离乾清宫、养心殿较近，但离宫外皇子、皇孙、皇曾孙、皇玄孙较远。有的皇子、皇孙没有住在紫禁城里，"诸位阿哥皆每日走三四里，然后至书房读书。下午读完书，又走三四里，然后回家。若冬天有走六七里者。皇子、皇孙皆大半如是。"（钱泰吉《曝书杂记》）

第三，上课时间。皇子在上书房读书，早上寅时（3时—5时）到上书房，先预习昨日的功课；授读师傅在每日卯刻（5时—7时）到书房。许多师傅家住外城，很早就要起床，特别是冬天，很辛苦。师傅到上书房之后，皇子相揖行礼，师傅相揖回敬。据记载：寅刻（寅正4时）到上书房，先学习满洲语文、蒙古语文，后学习汉族语文。

师傅到上书房，以卯刻（卯正6时）为准。年幼皇子的课程简单，午（午正

清宫教材《蒙古语启蒙》

12 时）前就下学。晚下学者，至未正（未正 14 时）二刻，或至申（申正 18 时）。（吴振棫《养吉斋丛录》）一年之中，休假只有元旦一天和腊月二十九日、三十日两个半天。相比之下，今日学生的假日还是比较多的。这个制度是康熙帝建立的。

皇子未分府者，每日未正（未正 14 时）二刻下书房，分府后与外府读书之王、贝勒等均一样，午初（午正 12 时）下书房。每年封印至开印、初伏至处暑，均午初下书房，万寿节（皇帝生日）及前一日放假。元旦、端午、中秋及本人生日都不到上书房。若奉派拈香等差，奉差完毕，仍回书房。

早饭辰初二刻、晚饭（相当于汉族的午饭）午正，均送到书房下屋。如届时功课未完，或罚背书、或罚写字，待师傅准去吃饭后才许去。随侍的内谙达、太监等，没有敢催促者。下书房也这样。师傅在书房只吃晚饭。

第四，教学内容。上书房功课的内容，一是满洲语文、蒙古语文、汉族语文；二是儒家经典，如“四书”“五经”等；三是骑马射箭，后来加火枪；四是文化知识，史部、子部、集部的书；五是作诗；六是书法等。上书房大致每日清书（满文）不过四刻，其余均汉课（汉文）。早饭后至晚饭读生、熟书，晚饭后写字、念古文、念诗。年稍长，加看通鉴、作诗、作论，减去写字，间亦有学作赋者，但不作时文。

嘉庆帝回忆说：“予六岁入学，习经书，十三学诗，十七属文。”（《味余书室全集·原序》）道光帝回忆道：“予自六岁入上书房，受诵经史。在上书房三十余年，无日不与诗书相砥砺。”

第五，选定师傅。皇子学习，重在选师。康熙帝亲自为皇子们选定师傅，初有张英、熊赐履、李光地、徐元梦、汤斌等一代名儒。皇子老师中的汉人师傅，主要教授儒家经典。如徐乾学，江苏昆山人，是康熙九年（1670 年）的探花（殿试一甲第三名），以文章名于世；他的一位弟弟考中了状元，另一位弟弟考中了探花，世称“昆山三徐”。满人师傅称谙达——内谙达教满文和蒙古文，外谙达教弓箭、骑射技艺。

徐乾学像

习武课在上书房的阶下，设为习射之所。皇帝政事之暇，便呼皇子、王子习射。诸师傅善射者也参与，优秀者赐帛或赐翎枝，以为常课。（震钧《天咫偶闻》）教习骑射的师傅，每早先在书房等候，待读书者到，即教拉弓，各屋依次，教毕退出。然后蒙古谙达教蒙古话，又次满谙达教满文及翻译。三项谙达见皇子要长跪请安，称奴才。见外府读书的王、贝勒等单腿请安。蒙古谙达站立教授，满洲谙达坐着教授。

第六，学习纪律。上书房的教学纪律非常严格。举例如下：

例一，乾隆五十四年（1789年），上书房集皇子、皇孙、皇曾孙、皇玄孙四代于一堂，以师傅旷误，更易降责有差。阁学何肃、远椿均革职，各责四十板，仍在书房效力行走。（《枝巢清宫词》注）

例二，读书者每日至下午歇息不过一二次，每次不过一刻，仍须师傅准去始去。读书之暇，或讲书或讨论掌故，不准常到下屋及出院闲走。各屋应罚书、罚字，惟师傅命是听。亦有罚下榻立读者，只是没有罚跪的。

例三，师傅准戴便帽、吃烟，读书者不准，但天热时准摘帽脱鞋。夏季朝散后准换纱衫，不准解带。

例四，暑天上课时，不准挥扇。

例五，嘉庆时，以三阿哥入书房，肃王永锡送文玩、玉器，严谕切责，却所进物，并开去所兼一切差使。（《枝巢清宫词》注）

例六，随侍内外人等，均在窗外或明间听差，听到呼唤才可以进入。如有语言喧哗不守规矩者，由总谙达惩办，太监由内谙达惩办。

第七，礼遇师傅。清朝对上书房师傅，相当礼遇。凡皇子初就学，见师傅都要作长揖。

又如每年元旦、令节，师傅送受业及同念书者文玩、书帖等物，回报以食物等。端午节，师傅各送扇一柄，回报同上。都不送珍异、奇玩。师傅及受业者生日，各以如意、食物为礼。

清朝定制：上书房师傅凡宴会、赏赐与王公及一品大臣同。有大事召对，列班在军机大臣、大学士之下，尚书之上。这表明清朝皇帝对皇子师傅的敬重。

第八，奖励优秀。嘉庆二十五年（1820年）六月戊申（二十四日），谕内阁："绵悌（庆亲王永璘之子）年甫十龄，询以清语，俱略能奏对。所肄汉书，现读至下论语。察其资性，尚为聪颖。著加恩在上书房伴读。该衙门即于编检内遴选授读之员，带领引见。七月初四日，与绵悌同入上书房。"（《清仁宗实录》卷三七二）

第九，师生饮食。上书房各屋的炭盆及师傅饭食，由该处太监预备。行取师傅衣服包、雨具等物件，也由太监取送。书房烹茶，都用玉泉山水。（奕譞《九思堂诗稿》）

第十，皇子礼仪。皇子在未封爵和未分府以前，见外府王、贝勒等，虽是长辈也不请安，只拉手为礼，但封爵后见长辈开始请安。皇子相见，也是各拉手示礼。

以上是皇子教育的一般情况。有些皇子还得到过皇帝的真传，比如康熙帝的太子胤礽，十三岁之前是康熙帝亲自教他读书；而乾隆帝弘历小时候则被祖父康熙皇帝收养在宫中，吩咐专门教养。他后来回忆道："夙兴夜寐，日觐天颜。绨几翻书，或示章句。玉筵传膳，每赐芳饴。批阅奏章，屏息待旁。引见官吏，承颜立侧。"（《清高宗御制文二集》卷一二）

皇子教育见上，幼帝读书教育，以光绪帝上学读书为例，略加介绍。

三、幼帝教育

清朝的幼帝较多：顺治帝六岁继位，康熙帝八岁继位，同治帝六岁继位，光绪帝四岁继位，宣统帝三岁继位。清入关后的十位皇帝中，少年天子就占了五位。因此，清朝对幼帝的教育，在中国历朝历代中，制度是最完善的，资料也是最丰富的。下面以光绪帝上学为例，简单介绍一下。

光绪帝的学舍，在毓庆宫。毓庆宫是康熙帝为皇太子胤礽而特建的宫殿。后经修缮、扩建，有大殿、配殿，套殿、围房、值房等建筑。毓庆宫正殿为惇本殿。皇太子胤礽第二次被废后，毓庆宫成为康熙帝的别宫，里面住着妃嫔、答应等三十二位。（《总管内务府折》乾隆五十四年）乾隆帝幼年住在毓庆宫。乾隆《新正重华宫诗注》说："予十二岁始蒙圣祖养育宫中，入居此宫（毓庆宫）。十七岁迁乾西五所之二所娶后。"

毓庆宫正殿——惇本殿明间现状

嘉庆帝做皇子时，五岁就在毓庆宫住，一直住到十五岁。颙琰在嘉庆元年（1796年）正月初一日，正式继位。这时乾隆帝为太上皇，嘉庆帝从所居的撷芳殿，移居到毓庆宫。（嘉庆帝《毓庆宫记》）所以在毓庆宫立杆祀神，并在宫中行祀灶诸礼。（吴振棫《养吉斋丛录》）乾隆帝故去后，嘉庆帝才搬进养心殿。此后，一度停止皇子在毓庆宫居住。这是因为：

乾隆年间，予兄弟及侄辈，自六岁入学，多有居于此宫，至成婚时，始赐居邸第，此数十年之定则也。予蒙恩独厚，自乙卯（册立）至己未（亲政），居此四年，今虽居养心殿，若仍定皇子居毓庆宫，致启中外揣摩迎合之渐，大非皇子之福。故予留置毓庆宫，为几暇临幸之处。（嘉庆帝《毓庆宫即事·跋》）

在光绪朝，光绪帝从开始入学读书就在毓庆宫。当时他的教室在毓庆宫，寝宫也在毓庆宫东室，师傅则在南屋敬候。（翁同龢《翁文恭日记》）光绪帝上学的制度和景况，从奕譞《光绪皇帝读书习武章程》中，可以知道一些实际情况。

第一，上学时间。从光绪二年（1876 年）开始上学读书。这时光绪帝六岁。

第二，学习课程。

一是每日皇帝到书房，按照上书房的规矩，先拉弓，次习语文，读清书，后读汉书（汉语文）。

二是射箭：因尚在冲龄，仅习拉弓，两三年后，即学习步射。随时可向诸近臣问答满语，讲求武备。

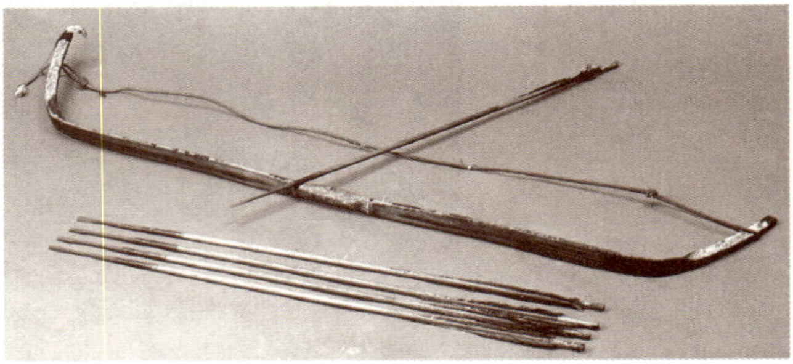

清宫旧藏御用弓箭

三是打枪：十岁以后，即学习打枪，以重根本旧俗。届时，于春、秋二季，每间十日，于召见后，至南海紫光阁前，学习打枪。

四是乘马：四岁时，在府第学习乘马，不要间断。自入学后，每隔五日，于下书房后，在宫内长街学习乘马。由教清书的御前大臣一人，压马大臣三四人，进行教习。如遇有礼节及风雨和严寒酷热，均停止乘马。

第三，学习方法。诵读与讨论，二者不可偏废。读书之暇，与师傅随事讨论，以古证今，屏除虚仪，务求实际。

第四，半功课与整功课。初入学时因年幼，为半功课；到八岁时，再改为整功课。整功课时，每月朔（初一日）、望（十五日），均半功课。每年初伏至处暑，封印至开印，均为半功课。

第五，吃饭。半功课时，下书房后传晚膳；整功课时，在书房传晚膳。

第六，放假规定。

一是慈安太后生日、慈禧太后生日、皇帝生日，都于正日及其前后各一日，不上学，停学三天。

■ “毓庆宫”玺

二是自彩服日（十二月二十一日），到来年正月初五日，放寒假。

三是正月十三日至十六日，过元宵节，不入学。

四是端午节、中秋节，各一日，不入学。

五是皇帝亲祭坛庙之日不入学，但斋戒之日仍入学。

第七，严格纪律。严饬幼帝不得各处游览，以重课程。立功课簿，以便稽查。

第八，皇子礼仪。幼帝初至书房，接见授读师傅典礼，均循照旧章。皇帝入学时刻，现经皇太后钦定，每日俟召见、引见后至书房。

光绪帝上学有个小插曲。一日，光绪帝忽然在马褂上套马褂。尚书问其故。光绪帝曰：“寒甚。”尚书曰：“上何不衣狐裘？”上曰：“无之。”适狐裘裂缝，修治未毕，故也。大臣们议论说：“天家之制，其俭如此。”

■ 同治帝童年时期写字像

再如宣统三年（1911 年），溥仪上学也在毓庆宫。大学士陆润庠、侍郎陈宝琛等奉命在毓庆宫授读。副都统伊光坦随时教习教授清语清文。（《大清宣统政纪》卷五五）在武汉军事相持之时，京师士大夫，多尽室南下，陆润庠、陈宝琛仍逐日到毓庆宫教授溥仪。

总之，从清宫的教育，我们可以看到：

第一，清宫教育，经验值得借鉴。总体来说，清朝的皇子、皇孙，都受过系统完整的儒家教育，也受过满、蒙、汉语言文化教育，还受过骑马、射箭、打枪等军事与体育的训练，综合文化素养比较高。有利于民族之间文化交流，有利于中华文化的融合。

第二，教育重要，但不是万能的。清朝宫廷教育的目的在于“大清亿万斯年”，就是清朝江山永固，万世长存。一个皇朝是否永存，比教育更重要的是制度。清朝制度存在缺陷，未能做到“周虽旧邦，其命维新”。结果，西方列强侵逼，国内矛盾尖锐，最后退出历史舞台。

第三，旗民分校，不利于民族团结。清代重视旗人子弟的教育，他们比民人子弟得到更多入学、就业、晋升的机会，使得自清初以来的民族矛盾，不是得到调整和缓解，而是日益严重和激化，再加上西方列强侵略，丧权、辱国、割地、赔款等其他因素，最后导致清朝覆亡。

所以，我们既要汲取清朝宫廷教育的历史经验，又要借鉴清朝宫廷教育的历史教训，不断革新，不断进取，像《盘铭》所载：“苟日新，日日新，又日新。”

【附录】 奕譞：光绪皇帝读书习武章程

将清、汉、蒙文课程及骑马、射箭等事章程（十六条）（清光绪二年正月奕譞折）

一、本年四月二十一日，皇帝初至书房，接见授读师傅典礼，均拟循照旧章。

二、每日皇帝至书房，拟照上书房规矩，先拉弓，次习蒙古话，读清书，后读汉书。

三、皇帝入学时刻，现经皇太后钦定，每日俟召见、引见后至书房。现系半功课。于下书房后传晚膳。将来整功课，即在书房传晚膳。

四、现在皇帝甫入书房，系半功课，于八岁时，拟改整功课。

五、诵读与讨论，二者不可偏废。皇帝读书之暇，总宜与师傅随事讨论，以古证今，屏除虚仪，务求实际。切句、诵声甫辍，旋即退息。

六、每遇慈安太后万寿圣节，慈禧太后万寿圣节，皇帝万寿圣节，均于正日及前后各一日不入学。

七、年终自彩服日至次年初五日不入学。

八、正月十三日至十六日不入学。

九、端午日、中秋日，均一日不入学。

十、每遇天坛大供，太庙行礼，奉先殿行礼，寿皇殿行礼，大高玄殿拈香，均于是日撤去拉弓、习蒙古语、读清书。仍读汉书，由授读师傅酌减。

十一、宗亲宴，向系正月十三日。廷臣宴，向系正月十六日。中正殿看布扎克，保和殿筵宴，向均系十二月下浣彩服以后，原在不入学期内。此外如中正殿转察克苏木（如俗念转咒经之类），紫光阁筵宴，及十二月二十三日、正月十九日，西厂子筵宴，每年初伏至处暑，封印至开印，均拟半功课。

十二、将来皇帝亲祭坛庙，是日，拟不入学，斋戒之日仍入学。

十三、将来整功课时，每月朔望，均半功课。

十四、现在皇帝尚在冲龄，仅习拉弓，二三年后，即应学习步射。十岁以后，即应学习打枪，以重根本旧俗。届时拟于春秋二季，每间十日于召见后，至南海紫光阁前，学习打枪。稍坐，即还宫，仍入学读汉书。是日，撤去满洲、蒙古功课。并请懿旨，严饬皇帝，不得各处游览，以重课程，至于骑射，亦系满洲要务，此时拟暂不议。

十五、乘马一事，必应自幼学习，方臻娴熟。皇帝四岁时，在府第学习乘马，即不畏惧，正宜乘此不使间断。拟自入学后，每隔五日，于下书房后，在宫内长街学习乘马。令是日教清书之御前大臣一人，压马大臣三四人进内教习。如是日，遇有礼节及风雨，并严寒酷热，均拟停止。

十六、御前乾清门王大臣、侍卫，系亲近之臣。嗣后皇帝学习步射时，拟请派令数人，随同较射，俾有观摩。并请饬下御前大臣，随时请皇帝向诸近臣问答清语，讲求武备。（引自章乃炜《清宫述闻》，文字略有改动）

第二十七讲

清皇宫过大年

春节，过去叫过年，是中华民族一年中最重要、最隆重、最盛大、最喜庆的全民节日。那么，清宫是怎样过大年的呢？

一、准备过年

农历腊月，就是十二月，从初一日就开始准备过年。

第一件事：皇帝开笔写“福”字。清代皇帝过年有亲笔写“福”字的习俗。从康熙帝开始，将写好的第一个“福”字，挂在乾清宫的正殿，其余的张贴于后宫等处，有的则赐给王公大臣等人，当时人们以获得“福”字为荣。乾隆二年（1737年），定于十二月初一日，在漱芳斋开笔写“福”字，以后岁以为常。

皇帝写“福”字很有讲究。毛笔是黑漆笔管，管上刻有金色“赐福苍生”四字。写“福”字多用绢，先涂上丹砂，再绘以金云龙花纹。

恭王府花园里今存的大红“福”字，就是康熙帝的真迹。据恭王府管理处原副主任刘霞介绍，这个“福”字有五个特点：第一，左偏旁的“示”，草书像“才”字；第二，左偏旁的“示”，草书又像“子”字；第三，右偏旁“畐”的上半部，草书像“多”字；第四，右偏旁“畐”的下半部“田”，草书像未封口，表明疆土无垠，国富民殷；第五，右偏旁“畐”整体看像草书“寿”字——所以，人们联想这个“福”字蕴含着五层意思：多子、多才、多田、多寿、多福。清帝当时写的“福”字虽然多，但留存下来的却很少。因此，恭亲王府花园的“福”字，被誉为“天下第一福”。

乾隆年间，曾任礼、户两部尚书的王际华是一个幸运者。王际华，浙江钱塘人，乾隆十年（1745年）探花，就是一甲第三名。在职三十一年间，得到“福”字二十四幅，他把这些“福”字加以装裱，挂在厅堂，命名为“二十四福堂”。

第二件事：大臣献吉祥字画。早在南宋时，就有大臣向宫廷进献吉联、画轴的习俗。清朝官员，更加重视。每年从腊月初一日起，内廷的文臣就撰写各宫新年悬挂的椒屏、岁轴，呈皇帝御览之后交内务府，按照吉语内容，绘制景物图画，并在上面题词，做成吉祥字画，向后宫进献张挂。

恭王府花园“福”字碑

第三件事：正常听政。

腊月初八后，过年的气氛越来越浓。

腊八 相传腊月初八为释迦牟尼成佛日。早在北宋汴梁（今开封）有僧、俗在腊八日，煮果子杂料粥，称“腊八粥”，互相馈赠。清宫煮腊八粥，用料为黄米、白米、江米、小米、菱角米、栗子、红豇豆、红枣等，及桃仁、杏仁、瓜子、花生、榛仁、松子、葡萄干及红糖等。

初八日，皇宫内，在中正殿前举行仪式。中正殿位于紫禁城雨花阁之北、建福宫之南，是清宫藏传佛教唪（fěng）经及办佛事的重要场所，后被焚毁。届时，在殿前设黄毡圆帐，称“小金殿”，皇帝升殿，御前大臣陪侍，众喇嘛在殿外唪经，由达赖喇嘛或章嘉胡图克图，为皇帝拂拭衣冠，除灾去邪，以祓（fú）不祥。在宫外，皇帝派亲王、郡王、大臣，到雍和宫管理煮粥、献粥、施粥等事。这些带有民族特色的活动，在明朝时是没有的。

放爆竹 清宫规定，腊月十九日始放爆竹。放爆竹之俗，魏晋以前就有记载。相传：西方山中有一种像人的鬼，长尺余，一只足，名叫“山臊”。如果有人触犯了它，它就令人发冷发烧。当地人将竹子放入火中，竹爆声响，“山

雍和宫煮粥大铜锅

臊”惊惧而逃，人们得以消灾。后到宋代，用纸做炮仗，但仍称“爆竹”或“炮仗”。清宫在腊月二十四日以后，若皇帝出宫，每过一门，太监便放爆竹一声，入宫也是这样。爆竹跟着皇帝放。在内廷执事的太监、官员，根据爆竹声的远近，可了解皇帝的行踪。

封印 封印就是把印章封存起来，表示放假、不办公了。在过小年之前的四天里——腊月十九、二十、二十一、二十二，由钦天监选择吉日布告天下，各个衙门，照例封印。宫殿封印，举行仪式：将宝印安放在交泰殿中供案上，设酒果，点香烛，请皇帝拈香行礼，内阁有关官员捧着宝印出殿，到乾清门外，洗拭宝印后，捧入殿内，加以封贮。来年正月，吉日开封。开宝印时，礼仪同前。如康熙二十年（1681 年）十二月二十四日封印，康熙帝不御门听政。午时，康熙帝向太皇太后、皇太后宫问安。（《康熙起居注》康熙二十年十二月甲辰）

封印后，各部院衙门的掌印官员邀请同僚欢聚畅饮，以酬谢一岁辛劳。封印之后，京师“万骑齐发，前门一带，拥挤非常，园馆居楼，均无隙地矣”！但是，封印后各衙门休假，一些“乞丐无赖攫货于市肆之间，毫无顾忌，盖谓官不办事也，亦恶俗也”。（富察敦崇《燕京岁时记》）

彩服日 腊月二十一日是“彩服日”。上书房“自彩服日，至次年初五日，不入学”。（章乃炜《清宫述闻》）学生开始放寒假。“彩服日”有个典故，按唐朝制度，官员每十天洗沐，就是洗澡沐浴，休息一天。后来一个月中的三个十天分别称为上浣、中浣、下浣。《燕京岁时记》说：“儿童之读书者，于封印之后，塾师解馆，谓之放年学。”放年学，就是今天的放寒假。开学的时间，皇家是正月初六，民间是过了正月十五。所以皇家放年假（寒假）约一周半（因为第一周是半课，就是半天上课）；民间放年假（寒假）四周。

祭灶 腊月二十三祭灶。[1]祭灶神习俗，历史很久远。灶神传说，先秦已有，说法不一，没有确证。据载：汉武帝初年，大臣以祀灶可化丹砂为黄金，以黄金为器皿可以延年益寿，因而皇帝开始亲自祭灶。祭灶，古用黄羊。据《后汉书》记载，汉宣帝时有一个人叫阴子方，因杀黄羊祭灶，后暴发，成巨富，这个习俗遂沿袭下来，但普通百姓家是做不到的。民间祭灶，用南糖、关东糖、糖饼等。为什么用糖呢？为了让灶王爷上天说好话。元代王恽谓：岁末二十四日诸神上天，家人如设供祭灶。灶君上天后，在玉皇大帝面前扬善隐恶。所以祭灶都用糖，以甜其口，以粘其口。民间谚语：上天言好事，下界保平安。祭完之后，将灶神像揭下焚烧。到除夕接神时，再供奉新灶神像。这一天，鞭炮极多，俗称“过小年”。

■ 灶王神位

清朝宫中祭灶与北京民间一样，在腊月二十三日。不同的是：其一，地点。具体地点在坤宁宫煮祭肉的大灶前。其二，贡品。祭灶神时，要设供案、奉神牌、备香烛、摆供品；供品共三十三种，并由南苑猎取黄羊一只，使用盛京（今沈阳）内务府进贡的麦芽糖（关东糖）。其三，帝后分别主祭。汉族祭灶神，禁妇女主祭。（富察敦崇《燕京岁时记》）清宫祭灶神时，皇帝、皇后等先后到坤宁宫的佛像前、神龛前、灶神前拈香行礼。皇帝礼毕回宫，皇后再行祭礼。（鄂尔泰、张廷玉《国朝宫史》卷六）

上灯　清宫规定，腊月二十四日，上天灯、万寿灯。这一天，总管内务府大臣率领太监举着灯进乾清门，将天灯安设在乾清宫两侧的丹墀内，将万寿灯安设在丹陛上。从安设之日起，每晚点燃天灯，到二月初三日出灯为止。自安设之日始，万寿灯每日升灯联，至除夕由内务府大臣率员役换联，并安两廊栏杆的灯。于除夕，元旦，正月十一、十四、十五、十六日上灯，至正月十八日出灯。2019 年农历新年，北京故宫博物院复制了天灯和万寿灯，让今人亲睹旧京习俗。

■ 天灯（复制）

■ 万寿灯（复制）

张挂宫训图 腊月二十六日，清宫按年俗，张挂宫训图。在张挂门神、春联之日，东、西六宫各挂宫训图赞一份于东、西墙，每图都画历代有美德懿行的后妃故事一则，作为后妃的榜样，至次年收门神之日撤下后收贮。各宫所挂的宫训图有：景仁宫《燕姞梦兰图》、承乾宫《徐妃直谏图》、钟粹宫《许后奉案图》、延禧宫《曹后重农图》、永和宫《樊姬谏猎图》、景阳宫《马后练衣图》、永寿宫《班姬辞辇图》、翊坤宫《昭容评诗图》、储秀宫《西陵教蚕图》、启祥宫《姜后脱簪图》、长春宫《太姒诲子图》和咸福宫《婕好当熊图》。

各宫贴春联 春联就是桃符。早在战国时有桃梗（桃木人），晋时为桃符，就是在桃木板上书神荼、郁垒二位神名，或画此二神的像，五代时始在桃木板上书联语，后改为在纸上书联语。古之桃梗、桃符都用来辟邪驱鬼，改为联语之后，多为吉祥词句。入腊月就有文人墨客，在书房，在市肆书写春联，准备过年。祭灶之后，千门万户，粘挂春联，焕然一新。民间或用朱笺，或用红纸，但清宫内廷及宗室王公等例用白纸，缘以红边、蓝边，非宗室者不得擅用。（富察敦崇《燕京岁时记》）

春联原是中原民俗，清定都北京后，也在宫中挂春联。但满俗与汉俗不同，汉族春联用红纸，宫廷春联用白绢。唯有皇帝所书的“福”字、“寿”字、春联等，凡是赐予亲近臣工的都用红色。这可能与考虑到汉族忌白的习俗有关。我在这里补充一句：不同民族在不同时期崇尚的颜色是不同的，如殷人尚白、周人尚红、秦人尚黑、元朝蒙古人尚白、明朝汉人则尚黄等。

乾隆帝御笔春联

门神 贴门神也是中原汉族的古俗。汉代文献记载，上古时有神荼、郁垒二人，曾在度朔山中桃树下，以苇索缚恶鬼喂猛虎。于是当地县官命以桃人、苇索及画虎陈于门，用来驱鬼，后演变为绘神荼、郁垒二人像为门神。又传说：一天唐太宗生病，听见门外有鬼魅哭号，命秦叔宝和尉迟敬德两位将军戎装立于门外，果然一夜平安无事，于是令画此二人像挂于宫门，后来就成为辟邪的门神。

清宫规定于每年腊月下旬张挂门神，来年二月初三日撤下贮存（清宫是挂门神，年后请下，妥善保存，来年再用；民间是贴门神，过年后不请下，来年换新的）。清宫年节所挂的门神，为丝绢质，装裱框架，用沥粉贴金或用泥金描画，也有高丽纸画。所画神像，现在故宫尚存的多为将军，就是秦叔宝和尉迟敬德的画像。画工精细，制作考究，具有宫廷特色。（万依《故宫辞典》）

武门神

掸尘 清宫规定，每年腊月，宫中

清扫，大搞卫生。内管领事务处择吉日、吉时通知宫殿监，宫殿监预先奏闻。届日，内管领及员役进“内右门”，由“月华门”入乾清宫、坤宁宫扫除尘土。在扫除过程中，宫殿监率首领、太监负责防范照料。十二宫等处扫除事宜，由宫殿监传知各宫太监自办。

得禄 每年腊月二十七、二十八、二十九等日，在中正殿前设供献，并设冠袍带履等物，皇帝御小金殿。喇嘛一百八十四人，手执五色旗旋转，唪护法经。又有喇嘛扮二十八宿神及十二生肖。又扮一鹿，众神护而分之。“鹿”与“禄”谐音。这本来是满洲狩猎获鹿的庆贺仪式，入中原后变成“得禄”的吉祥意思。

打鬼 清宫腊月二十七、二十八、二十九等日，在中正殿立一个草人（或云面人），佛事完毕，众喇嘛将草人出至神武门外送之。这类似古代大傩、逐疫的意思。清宫称作“跳布扎”，俗称“打鬼”。二十八日、二十九日、三十日，喇嘛三十六人在中正殿前唪迎新年喜经。

祭祖 除夕前一日，早，祭祖。如康熙帝躬诣太庙祭祖，致祭毕，回宫。(《康熙起居注》康熙二十年十二月丁未）祭祖的祭仪：奉先殿清代列圣（已故诸帝），列后（已故诸后）合祭于前殿，称祫祭。事先致斋、视牲、书祝版、设乐舞及供品。遣官分别到供奉远祖的后殿和供奉太祖以后各帝后的中殿，告将同时请至前殿行祫祭之礼，并奉祝版、上香、献爵，行三跪九叩礼，是为祗告。并于前殿设好神座。至祭日，日出前七刻，公一人率宗室官八人，诣后殿上香行礼后，捧肇祖帝后、兴祖帝后、景祖帝后、显祖帝后神牌，亲王一人率宗室官若干人，至中殿上香行礼后，捧太祖帝后及以下各代帝后神牌，依次至前殿，安于神座上。皇帝盥洗就位，祫祭仪开始，读祝辞，迎神，乐奏《开平之章》；初献，乐奏《肃平之章》，舞干戚之舞；亚献，乐奏《协平之章》，舞羽籥之舞；终献，乐奏《裕平之章》，舞同亚献；受胙、撤馔，乐奏《咸平之章》；还宫，乐奏《成平之章》，皇帝率群臣最后行三跪九叩礼；送燎，王公二人率宗室觉罗官恭奉各神位还于中殿、后殿。礼成。

赐荷包 清宫对蒙古王公的礼节。清前、中期，每至岁末皇帝赐蒙古亲王大荷包一对，内装各色玉石八宝一份；小荷包四对，内装金银八宝各一份；又赠小荷包一个，内装金银钱四枚、金银锞四枚。

过年准备事宜就绪后，就正式开始过大年。

二、正式过年

清宫过年，有人从腊月二十三日过小年开始算，也有人从除夕开始算。真正意义上的过年，是从除夕“请神”到初五日“送神”（有的地方初二日送神）。这段时间，是为过大年。初六日，皇帝要上朝御政，商店要开门营业，皇子要上课读书。所以，我还是从除夕开始说皇家的过年。

除夕 农历腊月大月三十天，小月二十九天，腊月最后一天的夜晚，称作除夕之夜，是过大年的一个高潮。

第一，接神。清宫除夕日，皇帝于寅时（早4时左右）即起床，到养心殿的东、西佛堂及宫内其他十多处拈香行礼。出入门有爆竹声相随，是请各处神佛来宫里过年。民间，除夕接（迎）神以后，即为新年。于初次出房时，必迎喜神而拜之。（富察敦崇《燕京岁时记》）

第二，踩岁。除夕自户庭以至大门，凡行走之处，都撒上芝麻秸等，在上面走，叫作“踩岁”，既取“步步高”之吉祥，又含辞旧岁之寓意。（富察敦崇《燕京岁时记》）皇宫里如太后住的慈宁宫等也有这样的习俗。

第三，早膳。每年除夕，皇帝一般不再单独进膳，而是与后、妃等人共进早膳。早膳吃什么呢？举一个例子：黄米饭一品，燕窝挂炉鸭子一品，挂炉肉一品，野意热锅一品，燕窝芙蓉鸭子热锅一品，万年青酒炖鸭子热锅一品，八仙碗燕窝苹果脍肥鸡一品，青白玉碗托汤鸭子一品，青白玉碗额思克森鹿尾酱

清宫廷画家绘《乾隆帝雪景行乐图》，廊下一皇子正在放爆竹，另一皇子则在抛撒芝麻秸

一品，金饯碗碎剽野鸡一品，金饯碗清蒸鸭子、鹿尾攒盘一品，金盘蒸肥鸭一品，金盘羊乌叉一品，金盘烧鹿肉一品，金盘烧野猪肉一品，金盘鹿尾一品，珐琅盘竹节卷小馒首一品，珐琅盘蕃薯一品，珐琅盘年糕一品，珐琅蔡花盒小菜一品。以上凡二十品。这是皇帝的食谱。皇后、妃嫔等并不能跟皇帝同桌，而是各用帏子条桌，分等摆菜，有绿龙黄碗菜、霁红碗菜等。每桌还有：黄米饭一品，饽饽二品，盘肉三品，攒盘肉一品，银螺蛳盒小菜两个等。（万依《故宫辞典》）

道光七年（1827年）的除夕，早膳是："鸭子白菜锅子一品，海参溜脊髓一品，溜野鸡丸子一品，小炒肉一品，羊肉炖菠菜一品"，共五品。（李国荣《清宫档案揭秘》）道光帝真是一位俭省的皇帝。

第四，午宴。除夕日，在保和殿举行赐外藩蒙古王公来朝的筵宴大礼。陈中和韶乐、中和清乐于殿檐下左右，陈丹陛大乐、丹陛清乐于中和殿北檐下左右，笳吹、队舞、杂技、百戏待于殿外东隅，张黄幕于殿南正中，设反坫于幕内，尊、爵、金卮壶、勺具备。宝座前设御筵，殿内左右，布外藩王公及内大臣、入殿文武大臣席，宝座左右陛之下，布后扈大臣席，前左右布前引大臣席，后左右布领侍卫内大臣及记注官席。殿前丹陛上左右布台吉、侍卫席，按翼品为序，东西向，北上。殿东檐下为理藩院堂官席，西向，黄幕左右为带庆隆舞大臣、内务府大臣席，东西向。午刻，皇帝御殿，行燕礼、奏乐、进茶、进爵、行酒、进馔、乐舞、杂技、百戏、宴毕谢恩等仪节。

此外，帝后及宫眷分别诣太后宫行辞岁礼，皇后及宫眷们到养心殿给皇帝行辞岁礼，宫眷们再到皇后宫给皇后行辞岁礼。

第五，除夕家宴。除夕皇帝的家宴，由后、妃等陪宴。平时，皇帝与后、妃等不在一起用膳，除非谕旨蒙召。原因之一是后宫人太多，如康熙四十六年（1707年）毓庆宫主位三位、大答应七人、小答应二十二人，宫三十二人。这仅是一宫的位数，如果算上东六宫和西六宫的人数，皇帝普通用膳怎么能全家合膳呢！所以仅在过年的时候，皇帝才举行家宴。家宴的宴桌用有帏子的高桌，皇后宴桌摆在皇帝宴桌的左前方，其他妃嫔等位的宴桌依位次分左右两排摆放。陪宴宴桌之上，按后、妃地位之别，分设绿龙黄碗、白里酱色碗、里外酱色碗、霁红碗、唯紫龙碗等，每桌全备。陪宴桌各安绢花，每桌高头点心五品，干湿点心四品，银碟小菜四品（南小菜、青酱菜等）。

第六，上灯。清宫规定除夕、元旦及正月十一、十四、十五、十六日，共六天，按例为乾清宫丹陛上的万寿灯点燃蜡烛，称作“上灯”。届时，宫殿监副领侍一人，从乾清门引掌仪司奏乐人、首领、太监等，到丹陛上两边排列。营造司首领向上，行一跪一叩礼，赞上灯。敬事房、乾清门太监各一名，先点燃标灯，随之掌仪司清乐起奏乐。营造司太监点燃“万寿灯”，各处首领、太监点燃两厢栏杆灯。正月十八日，出灯。

■ 御用黄缎绣暗八仙祝寿怀挡

第七，压岁钱。以彩绳穿钱，编作龙形，置于床脚，谓之压岁钱。尊长之赐小儿者，亦谓之压岁钱。（富察敦崇《燕京岁时记》）

乾隆六十年（1795年）除夕，乾隆皇帝以八十五岁高龄，写下《除夕》诗：

此日乾隆夕，明朝嘉庆年。
古今难得者，天地锡恩然。
父母敢言谢，心神增益虔。
近成老人说，云十幸能全。（《清高宗御制诗文集·除夕》）

上面介绍的是清宫除夕情景，下面简述民间除夕习俗。

京师市民百姓，除夕黄昏之后，合家团坐以度岁。酒浆罗列，灯烛辉煌，妇女儿童皆掷骰斗叶以为乐。及亥子之际，天光愈黑，鞭炮益繁，列案焚香，接神下界。和衣少卧，已至来朝，旭日当窗，爆竹在耳，家人叩贺，喜气盈庭。转瞬之间，又逢新岁矣。（富察敦崇《燕京岁时记》）

正旦（正月初一日）

第一，拈香行礼。正旦丑时（2时左右）皇帝起床盥洗、着吉服，在爆竹声中，到养心殿神牌前、天地前，拈香行礼。依次到各处拈香行礼：御花园

■ “金瓯永固”杯

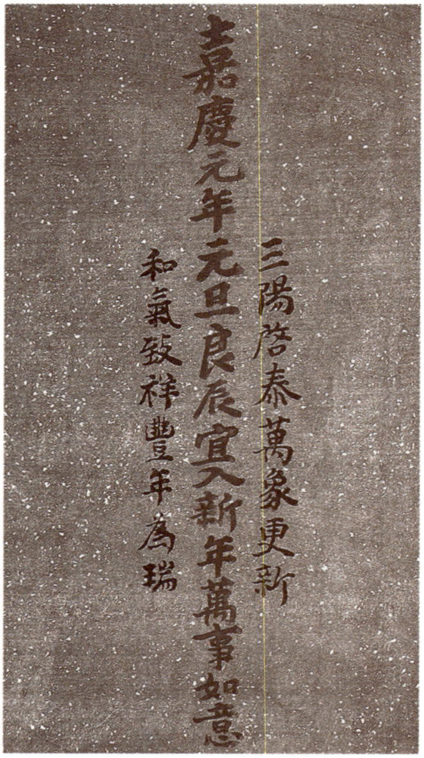

■ 嘉庆帝手书吉语

的天一门、钦安殿、千秋亭、斗坛，东六宫东侧的天穹宝殿，建福宫花园的妙莲花室、凝晖堂、广生楼，乾清宫东庑圣人前、药王前，坤宁宫的西案、北案、灶君前、东暖阁佛前，承乾宫，毓庆宫，乾清宫东暖阁等处，前代帝后御容或神牌前，佛像前，乐寿堂佛前，神武门外迤西大高玄殿，景山内寿皇殿前代列帝列后御影前等。中间穿插其他礼仪，皇后及宫眷等人也大体到以上各处拈香行礼。

第二，元旦开笔。皇帝拈香行礼后，在爆竹声中，到养心殿东暖阁明窗处开笔。这个习俗始于雍正年间，以后各帝都仿行。其制：每岁元旦子时或丑时，在明窗处桌上设“金瓯永固”杯，内注入屠苏酒，摆设玉烛，皇帝亲自点燃，用红漆雕云龙盘，上放一古铜质八吉祥炉，据笔薰于炉上，先蘸朱墨，写吉祥语数字，后用毛笔蘸墨再写吉祥语数字，以祈求在新的一岁里，政和事通、五谷丰登、国富民殷、天下太平。所用笔的笔管皆镌有“万年青管”或“万年枝”字样。现档案中尚存有很多元旦开笔的吉笺。如嘉庆元年（1796 年）元旦开笔笺为洒金朱笺，中间一行红字为“嘉庆元年元旦良辰，宜入新年，万事如意”，右行黑字稍小为“三阳启泰，万象更新”，左行黑字为“和气致祥，丰年为瑞”。

第三，恭祭堂子。堂子是满洲祭神

祭天的庙堂。每年元旦，皇帝要谒堂子。寅时（4 时左右），由礼部堂官至乾清门奏请，皇帝着礼服乘礼舆出宫。前引大臣十人，后扈大臣二人。豹尾班执枪、佩刀侍卫二十人，佩弓矢侍卫二十人扈驾前往。沿途街道清扫、警戒，午门鸣钟，卤簿前导。不参加行礼的汉人百官及外藩蒙古王公台吉等，都穿朝服跪送。导迎乐和鼓吹乐设而不作。至堂子后，皇帝率从祭群臣在圜殿前拜天，行三跪九拜礼，然后出门乘舆，导迎乐奏乐回銮。不参加行礼之百官跪迎，午门鸣钟，皇帝回宫，享奉先殿。

第四，享奉先殿。紫禁城内奉先殿是皇帝祭祖的庙堂。其制：有日献食、月荐新、朔望朝谒、出入启告，遇列帝、列后诞辰或忌辰，及各令节、庆典，于后殿上香行礼；遇当朝皇太后、皇帝诞辰及元旦、冬至、国有大庆，则移列帝、列后神位于前殿祭享。如皇帝亲享，须在前三日斋戒、进祝版、宰牲、设中和韶乐及乐舞。皇帝跪，司祝读祝文，皇帝三拜。礼毕，还宫。

第五，皇帝早膳。皇帝到堂子、奉先殿行礼后用早膳。早膳与平日不同，平日帝后分食，元旦则皇后、妃、嫔共进早膳。先上煮饽饽（即饺子），用二号金龙盒一副盛装。再用大豆瓣楠木矮桌，为皇帝摆设拉拉膳热锅一品，珐琅碗菜五品，拉拉菜四品（金盘），鹿尾酱一品，碎剽野鸡一品（金饯碗），攒盘肉一品（金盘），年糕一品，点心三品（俱高盘），银葵花盒小菜一品，金碟小菜二品，金匙箸、汤膳碗（珐琅碗、金碗盖）。皇后等用里边高桌四张，摆膳五品，拉拉菜七品，攒盘肉一品，点心四品，以上共三十七品。早膳后，皇帝回乾清宫进奶茶，随即到西侧的弘德殿内进吉祥饽饽（吃饺子），其中一个饽饽内包小银锞，放在表面，吃得则吉利。

第六，元旦朝贺。朝贺仪式如下：届日，五鼓，銮仪卫陈法驾卤簿于太和殿前及太和门、午门前。乐部和声署陈中和韶乐于太和殿东西檐下，设丹陛大乐于太和门北面东西檐下。有司设表案于太和殿内东楹之南，设笔砚案于殿内西楹之南。丹墀内设有铜质品级山，按正、从九品排列，东西各十八排，旁有纠仪御史及礼部司官多人，辨定百官朝位。王公百官有立位和拜位。立位南北横排，东西相向，拜位东西横排，一律面北。王公在丹陛上，其余百官在丹墀内，百官立位在卤簿外，拜位在卤簿内，外国使臣列于西班之末。天将明时，王公百官在午门外集合后，由礼部官员引至立位等候。钦天监官报时后，礼部尚书、侍郎至乾清门，请皇帝御殿。午门鸣钟鼓，皇帝具礼服乘舆出宫，先到中和殿升座。此时，侍班、导从各官行三跪九叩礼。礼毕，侍班各官先就位。辰时（8 时左右），皇帝在中和韶乐声中升太和殿宝座。升座后，乐止，阶下三鸣鞭。鸣赞官赞排班，丹陛大乐奏乐，王公百官从立位至拜位序立。赞跪，皆跪。乐止，宣表官捧表至太和殿檐下正中跪，大学士二人左右跪，展表宣读简短贺词，进表于案。退，丹陛大乐复作。王公百官行三跪九叩礼，复原位立。外国陪臣另行三跪九叩礼，复原位立。乐止，皇帝赐群臣及外国陪臣坐。王公由左右门进入太和殿坐，其余百官就立位坐，跪行一叩礼。进皇帝茶，皇帝赐群臣茶坐钦毕，行一叩礼。阶下三鸣鞭，皇帝在中和韶乐中降座，百官按次序退下。礼毕。

第七，太和殿筵宴。太和殿筵宴是清宫规格最高、最盛大的宴会，在元旦等重大节日举行。殿内宝座前设皇帝御宴所用桌子。殿内设前引大臣、后扈大臣、内外王公、额驸以及一二品大臣等人的宴桌，共一百零五张。太和殿前檐下东西两侧，陈设理藩院尚书、侍郎、都察院左都御史等人的宴桌及中和韶乐、中和清乐。太和殿前丹陛上御道正中张黄幕，内设反坫（放酒具）。丹陛上设宴桌四十三张，为二品以上的世爵、侍卫、内务府大臣及带庆隆舞大臣

《太和殿筵宴图》

用。丹墀左右设皇帝的法驾卤簿，卤簿旁东西各设八个蓝布幕棚，棚下设三品以下官员的宴桌。

外国使臣的宴桌设于西班之末。太和门内檐下、东西两侧设丹陛大乐及丹陛清乐。筵日，王公大臣穿朝服，按朝班排立。至吉时，礼部堂官奏请皇帝礼服御殿。午门上钟鼓齐鸣，太和殿前檐下中和韶乐奏《元平之章》。皇帝升座，乐止。院内阶下三鸣鞭，王公大臣各入本位，向皇帝行一叩礼，就座后，大宴开始：先进茶，丹陛清乐奏《海宇升平日之章》；进酒，丹陛清乐奏《玉殿云开之章》；进馔，中和清乐奏《万象清宁之章》；然后进庆隆舞，包括扬烈舞及喜起舞。舞毕，笳吹，番部合奏人员奏蒙古乐曲，接着，进各族乐舞及杂技百戏。最后，丹陛大乐作，群臣行一跪三叩礼，中和韶乐作，皇帝还宫，众人退出，宴会结束。席上，除用四等满席外，还有馔筵。馔筵主要是由宗室入八分公以上爵位者所进献。乾隆三年（1738 年）元旦太和殿筵宴，用馔筵二百一十席，用羊一百只，酒一百瓶。亲王十二人各进八席，郡王八人各进五席（均羊三只、酒三瓶），贝勒六人各进三席，贝子二人各进二席（均羊二只、酒二瓶），入八分公十五人各进一席（均羊一只、酒一瓶）共进馔筵一百七十三席，羊九十一只，酒九十一瓶；又由光禄寺均备馔三十七席，酒九瓶；由两翼税务增备羊九只，以合命前数。（万依《故宫辞典》）

第八，皇太后内廷庆贺。皇帝在元旦前朝大礼后，率王公、群臣到慈宁宫行礼。是日，慈宁宫设仪驾、中和韶乐、丹陛大乐，皇帝率诸王、文武群臣向皇太后行三跪九叩礼。然后由皇后率领皇贵妃、贵妃、妃、嫔等及公主、王妃、命妇等人，到皇太后宫中行六肃三跪三拜礼，依次请安，并道新吉。而后，皇子、皇孙等行三跪九叩礼。并在皇太后宫中设宴。

第九，皇帝内廷庆贺。内廷等位在乾清宫向皇帝行庆贺礼。当日，在乾清宫前檐下设中和韶乐，在乾清门内设丹陛大乐。宫殿监奏请皇后率领皇贵妃、贵妃、妃、嫔等位身着礼服，会集于乾清宫东、西暖阁。当皇上回到乾清宫时，起奏中和韶乐。皇上升座毕，乐止。宫门垂帘，宫殿监引皇后率皇贵妃、贵妃、妃、嫔等位各依次在皇帝位前就拜，行六福三跪三叩之礼。同时奏丹陛大乐。礼毕，乐止，皇后等退。升帘，宫殿监再引皇子等在殿外丹陛上行三跪九叩礼。与此同时，东西丹墀下，宫殿监率各宫首领太监随皇子行礼。礼毕，皇帝起座还宫。

第十，皇后内廷庆贺。每逢元旦日，向皇后行礼。受礼之处由礼部奏准行总管内务府，转由敬事房遵照奉行。一般在交泰殿。设仪驾、中和韶乐、丹陛大乐，皇贵妃率贵妃、妃、嫔等及王妃、公主、命妇等，行六肃三跪三拜礼。再由皇子、皇孙等行三跪九叩礼。并在皇后宫中设宴。

第十一，乾清宫家宴。清宫在元旦、除夕，往往举行乾清宫家宴。届日，乾清宫东西檐下设中和韶乐及中和清乐，乾清门内东西檐下设丹陛大乐及丹陛清乐。宫殿率所司设御筵于宝座前，设皇后宝座宴席于御座东。左右设皇贵妃、贵妃、妃、嫔筵席，东西向，俱北上。届时，宫殿监奏请皇后率皇贵妃以下各位，着吉服，至宴次，各就本位立，奏请皇帝升座。中和韶乐作，升座毕，乐止。皇后以下各就本位行一拜礼。丹陛大乐作，奏《雍平之章》，礼毕，乐止。皇后以下各入座进馔，丹陛清乐作，奏《海宇升平日之章》。乐毕，承应宴戏，进果，中和清乐作，奏《万象清宁之章》。乐止，进酒，丹陛清乐奏《玉殿云开之章》。皇帝进酒时，皇后以下均出座，跪，行一拜礼，乐止，仍各入座。承应宴戏毕，皇后以下出座谢宴，行二肃一跪一拜礼，丹陛大乐作，奏《雍平之章》。宫殿监奏“宴毕”。皇帝起座还便殿，皇后以下各还本宫。

第十二，元旦承应戏。宫中按节令演唱的剧目，又称节令承应戏。凡遇元旦、除夕等节令，都演相应的戏曲，剧本多为允禄、张照等所编，原分节令二十余种，每种有数出，以至十余出。清末，大部分失传，且剧本流失很多，常演者仅十余出。如元旦承应为《喜朝五位》《岁发四时》。

第十三，元旦写《心经》。乾隆帝每年元旦，必书写《心经》一册。另自乾隆四十年（1775 年）始，每月之朔、望亦写《心经》一册，系遵照康熙帝的先例。《心经》按通行玄奘译本只有二百六十字，但它是长达六百卷《大般若波罗蜜多心经》的精华。

第十四，送神、开学。除夕，请神回宫过年，初五日晚，送神。这一天也叫“破五”。送神之后，初六日各衙门启封，开印，开始办公。市民，店铺开门营业。皇帝开始新一年的“御门听政”。

送神后开学。康熙朝皇子正月初六日开学。乾隆时钦天监择二十四日吉，开学。是日清晨，皇长子、皇次子到学，总管太监传旨，皇子应行拜师之礼。乾隆

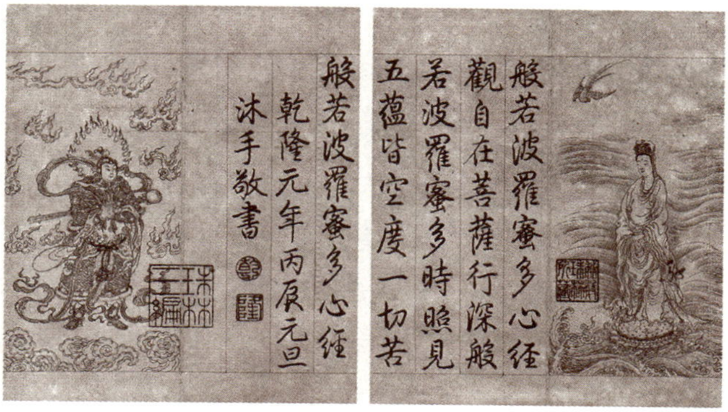

■ 乾隆帝御笔《心经》

帝召皇子及张廷玉等六人进见，面谕说："皇子年齿虽幼，然陶淑涵养之功，必自幼龄始，卿等可殚心教导之。倘不率教，不妨过于严厉。从来设教之道，严有益而宽多损，将来皇子长成自知之也。"（陈康祺《郎潜纪闻》）皇子教育，强调从严。

第十五，元宵节。正月十五日为上元节，又称元宵节。汉代宫中即有此节，以后历代相沿。宋以来有在元宵夜吃煮浮圆子的习俗，后将上元节又称为元宵节。乾隆御制《元宵联句》诗注中说："浮圆子，都人以元宵节食之，遂名元宵。"元宵节前后三天，宫中帝后、妃嫔等例行在晚膳中增元宵一品，每天早膳后，皇帝亲自在神祖前上供元宵。

元宵节又称灯节。正月十五日及前后两天是高潮。宫内除乾清宫前于十二月二十四日所设天灯、万寿灯，除夕、元旦在两廊及甬道石栏上灯外，于正月十一、十四、十五、十六等日俱上灯，至正月十八日出灯。上灯奏《火树望桥之章》，歌词中最后一段是："愿春光，年年好，三五迢迢。不夜城，灯月交，奉宸欢，暮暮朝朝。"当时宫中已有冰灯，乾隆御制《冰灯联句》诗序中谓："片片鲛冰，吐清辉而交璧月；行行龙烛，腾宝焰而灿珠杓"，记载了冰灯的盛况。

正月十五日，还赐外藩宴于圆明园正大光明殿。

三、两帝过年

清宫过年，早期、中期、晚期既有相同之处，又有不同之点。下面以康熙与乾隆两帝为例，以正旦日与元宵节为线索，做个比较。

正旦日——康熙帝

腊月二十九日。午时，以岁除，康熙帝御保和殿，赐来朝元旦外藩王、贝勒、贝子、公等及内大臣、满汉大学士、上三旗都统、尚书、副都统、侍郎、学士、侍卫等官宴。康熙帝进酒，作蒙古乐。康熙帝召外藩王、贝勒、贝子、公等至御前，亲赐饮；又召内大臣、大学士、都统、尚书等及外藩台吉亦至御前，亲赐饮。宴罢，众谢恩毕，康熙帝回宫。（《康熙起居注》二十年十二月戊申）

正月初一日。

丑时（2 时左右），起床，盥洗，着吉服。

寅时（4 时左右），康熙帝率诸王、贝勒、贝子、公等，内大臣、大学士、都统、尚书、侍卫等，往堂子行礼毕，回宫。

辰时（8 时左右），康熙帝率诸王、贝勒、贝子、公等，内大臣、大学士、都统、尚书、精奇尼哈番、侍卫等官，诣太皇太后宫行礼，又诣皇太后宫行礼毕，回宫。

少顷，御中和殿，内大臣、侍卫、执事各官庆贺元旦礼毕。御太和殿，诸王、贝勒、贝子、公等文武官员，及来朝元旦外藩贝勒、贝子、公、台吉等，朝鲜等国使臣，上庆贺元旦表。行礼毕，回宫。

巳时（10 时左右），御保和殿，赐外藩王、贝勒、贝子、公等，内大臣、大学士、都统、尚书、侍卫及台吉等饭。

午时（12 时左右），御太和殿，大宴诸王、贝勒、贝子、公等，内大臣、侍卫、文武各官及来朝元旦外藩王、贝勒、贝子、公、台吉等，朝鲜等国使臣，乐舞作，进酒。康熙帝召和硕康亲王杰书、安亲王岳乐、裕亲王福全、庄亲王博果铎、简亲王喇布、察哈尔部和硕亲王布尔尼、多罗温郡王猛莪、惠郡王博翁果诺、平郡王罗可铎、信郡王鄂札、顺承郡王勒尔锦、多罗贝勒察尼、固山贝子尚善等至御座前，亲赐饮。又召贝勒、贝子、宗室公等及义王孙徵淳、伊思旦进郡王、外藩王、贝勒、贝子、公等俱至御座前，赐饮。又召满汉大学士巴泰、李霨等，八旗满洲、蒙古、汉军都统拉哈达、朱满、范达礼等，满汉尚书对哈纳、黄机等及满汉侍郎等官至殿内，赐饮。宴罢，众谢恩毕，回宫。

申时（16 时左右），康熙帝到太皇太后宫问安。（《康熙起居注》十一年正月初一日）

初十日丁巳。早，康熙帝御乾清门，听部院各衙门官员面奏政事。（《康熙起居注》十一年正月丁巳）

元宵节——康熙帝

十四日。早，康熙帝诣天坛大享殿，行祈穀礼。午时，康熙帝御太和殿，宴外藩王、贝勒、贝子、公等，内大臣、满汉大学士、三旗都统、尚书、副都统、侍郎、学士、侍卫等，乐舞作，进酒。康熙帝召外藩王、贝勒、贝子、公等至御座前，亲赐饮。又召内大臣、大学士、都统、尚书等至御座前，亲赐饮。宴罢，众谢恩毕，回宫。（《康熙起居注》十一年正月辛酉）

乾清门御门听政景观

十五日。早，康熙帝御太和殿视朝。文武升转官员谢恩毕，回宫。复御乾清门，听部院各衙门官员面奏政事。巳时，又御保和殿，赐外藩王、贝勒、贝子、公等，内大臣、大学士、都统、尚书、侍卫及台吉等饭。午时，又御太和殿，大宴外藩王、贝勒、贝子、公等，内大臣、大学士，都统、尚书、副都统、侍郎、学士、侍卫、台吉等，乐舞作，进酒。康熙帝召外藩王、贝勒、贝子、公等至御座前，亲赐饮；台吉等召入殿内，赐饮。宴罢，众谢恩毕，回宫。（《康熙起居注》十一年正月壬戌）

元宵节——乾隆帝

乾隆六年（1741 年）正月十三日至二十八日，乾隆帝奉皇太后在圆明园同乐园进膳、看戏、逛买卖街，谓之“庆丰图”。后岁以为常。正月十四日，乾隆帝在奉三无私殿，宴赏宗室王公，称宗亲宴。十五日，在正大光明殿，宴赏朝正外藩、内大臣、大学士，称外藩宴。十六日，在正大光明殿，宴赏大学士、尚书、侍郎等，称廷臣宴。如乾隆七年（1742 年）正月十三日至十九日，

■《乾隆帝元宵行乐图》

每夕在山高水长殿前，设烟火。皇太后和后妃内眷在楼上观赏，皇帝率王公大臣、外藩王公和外国使臣，在楼前观阅。每晚还看掼跤、放花炮、盒子、舞灯。此后，山高水长殿前的元宵火戏，例从正月十三日起，至燕九日（十九日）收灯，谓之“七宵灯宴”。

“燕九”就是正月十九日，相传为长春真人丘处机的生日。这一天，京师白云观一带，“车马喧阗，游人络绎。或轻裘缓带簇雕鞍，较射锦城濠畔；或凤管鸾箫敲玉版，高歌紫陌村头”。(《潘荣陛《帝京岁时纪胜·燕京岁时记》）十五日、十九日，率蒙古王公大臣等观看。同乐园庆丰图——十三至十九日，看完火戏之后，到同乐园看灯会；十三日午后，看舞灯。到二十七日前，乾隆帝每天奉皇太后在同乐园看庆节戏。

元宵灯火，由来已久。乾隆时自正月十三日起，即奉皇太后至山高水长殿前看烟火，至收灯（十九日）止。山高水长殿在圆明园内西南部，地势宽敞，宜放烟火。每年正月十九日，举行盛宴，并演出西洋秋千、蒙古音乐、撩跤、爬竿、冰嬉、罗汉堆塔、高丽跟头、回部音乐等。最后放花盒。盒子之制，大小方圆不一，人物花鸟，无所不有，最后一盒子为“万国乐春台”，沿河编花篱，遍置花炮，星火遍燃，万响齐发，至此结束。散后爆竹残纸，有一寸多厚，步军统领要率兵泼水，谓之压火。嘉庆以后，逐渐减损，清末停止。

清宫过年，是面镜子，从中可以看出：

第一，清宫过年，民族文化融合。宫廷文化与民间文化、满洲文化与汉族文化、中华各族文化在相互融合。

第二，清宫过年，团圆喜庆祥和。通过宴会、朝拜、祭祀、送福、拜年等活动，君臣、内廷、官民、后宫、外藩的关系得以和谐发展。

第三，清宫过年，各朝风尚不同。勤政的皇帝，把过年当作促进社会和谐发展的机会；享受的皇帝，把过年当作享乐的机会；庸碌的皇帝，把过年当作敷衍时光的场景。一个皇帝怎样过年，大致反映出了那个时代的官场风气与民风民俗。

〔1〕今过小年，北方在腊月二十三日，南方在腊月二十四日。

第二十八讲

清朝皇帝寿龄

皇帝拥有至尊的地位、至高的权力、至丰的财富、至多的妃嫔，可以号令天下，呼风唤雨，改天换地，随心所欲。这么享受，这么自在，这么得意，这么任性，他们的寿命一定很长吧？答案是：未必。皇帝可以主宰自己的地位、权力、财富、美食、美女，但不能主宰自己的健康和寿龄。以清帝为例，来作个探讨。

一、得寿不长

中国历史从秦嬴政称始皇帝，到清朝宣统皇帝退位，共两千一百三十二年，凡三百四十九帝（包括女皇武则天），其中年满八十岁的有六位：南朝梁武帝萧衍八十六岁（被饿死）、唐武则天八十二岁、五代吴越武肃王钱镠八十一岁、南宋高宗赵构八十一岁、元世祖忽必烈八十岁、清高宗弘历八十九岁。而大一统皇朝年满七十岁的皇帝只有五位：汉武帝刘彻七十一岁、唐高祖李渊七十岁、唐玄宗李隆基七十八岁、明太祖朱元璋七十一岁、清高宗弘历八十九岁。其中，乾隆帝弘历是中国历史上实际执政时间最长、年寿最高的皇帝。

以上几位皇帝的寿龄算是特例，大多数皇帝得寿并不长。

譬如明朝除建文帝以外的十五位皇帝中，六十岁以上的只有三位：寿命最长的是洪武帝七十一岁，永乐帝六十五岁，嘉靖帝六十岁；寿龄在五十到五十九岁的，只有一位，就是万历帝五十八岁。换句话说，明朝皇帝寿龄在五十岁以上的只有四个人。寿龄在四十到四十九岁的，有两位：洪熙帝四十八岁和成化帝四十一岁；寿龄在三十到三十九岁的，有八位：宣德帝三十八岁、英宗三十八岁、弘治帝三十六岁、正德帝三十一岁、隆庆帝三十六岁、泰昌帝三十九岁、崇祯帝三十四岁、景泰帝三十岁；寿龄在二十到二十九岁的，有一位：天启帝二十三岁，他是明朝皇帝中寿龄最短的。

上述明朝十五位皇帝，寿龄在四十岁以上者六位，其余九位寿龄都在三十九岁以下。

那么，清朝皇帝的寿龄呢？

清朝十二位皇帝，寿龄在八十岁以上者，只有一位：乾隆帝八十九岁；寿龄在七十到七十九岁的，一位没有；寿龄在六十到六十九岁的，有五位：天命汗六十八岁、康熙帝六十九岁、嘉庆帝六十一岁、道光帝六十九岁、宣统帝六十二岁；寿龄在五十到五十九岁的，有两位：崇德帝五十二岁、雍正帝五十八岁；寿龄在四十到四十九岁的，一位没有；寿龄在三十到三十九岁的，有两位：咸丰帝三十一岁、光绪帝三十八岁；寿龄在二十到二十九岁的，有一位：顺治帝二十四岁；寿龄在十到十九岁的，有一位：同治帝只活了十九岁。

在清朝十二位皇帝中，寿龄在五十

■ 乾隆帝老年像

■ 同治帝便装像

岁以上的八位，其余四位寿龄在三十九岁以下。

从以上寿龄数字可以看出，清代皇帝比明代皇帝，平均寿龄长约十岁。但以当代的眼光看，显然明清皇帝的寿龄都不算长，至少比一般人想象的要短。[1]正好应了那句古语："人生七十古来稀。"

二、冬秋两季

皇帝去世的原因，属于宫廷机密，后人只能通过一些零星的史料，加以考据、分析、推断，所以多有历史疑案产生。但是明清皇帝去世的时间，都是有明确记载的。经过研究，我发现一个有趣的现象，就是清朝皇帝多数在冬、夏两季去世。在清朝十二帝中，光绪帝的死因有一说是被毒死的，如果属实，当属非正常死亡，自然同季节无关；宣统帝三岁继位、六岁退位，其大部分生命时间不属于皇帝，这不能算作典型，故在统计时将光绪帝和宣统帝排除，只对十位清帝进行统计。

兹先将清十帝死亡时间，根据文献和档案，排列如下：

■ 养心殿后殿东暖阁皇帝"龙床"

（一）清太祖天命汗努尔哈赤：天命十一年（1626 年）八月十一日未刻崩。

（二）清太宗崇德帝皇太极：崇德八年（1643 年）八月初九日亥刻崩。

（三）清世祖顺治帝福临：顺治十八年（1661 年）正月初七日子刻崩。

（四）清圣祖康熙帝玄烨：康熙六十一年（1722 年）十一月十三日戌刻崩。

（五）清世宗雍正帝胤禛：雍正十三年（1735 年）八月二十三日子刻崩。

（六）清高宗乾隆帝弘历：嘉庆四年（1799 年）正月初三日辰刻崩。

（七）清仁宗嘉庆帝颙琰：嘉庆二十五年（1820 年）七月二十五日戌刻崩。

（八）清宣宗道光帝旻宁：道光三十年（1850 年）正月十四日午刻崩。

（九）清文宗咸丰帝奕詝：咸丰十一年（1861 年）七月十七日寅刻崩。

（十）清穆宗同治帝载淳：同治十三年（1874 年）十二月初五日酉刻崩。

以上，清朝十位皇帝都死于冬、夏两季。按着中国传统说法，“冬”是指冬三月，即冬月、腊月和正月；“夏”是指夏秋之交三个月，即六月、七月和八月。由上列清帝死亡季节来看：

清帝死于冬三月的有：顺治帝正月、乾隆帝正月、道光帝正月、康熙帝十一月、同治帝十二月，共五位；死于夏秋之交三个月的有：天命汗八月、崇德帝八月、雍正帝八月、嘉庆帝七月、咸丰帝七月，共五位。

上述清帝病逝时间的季节性特点，需要进行科学的研究。这里只提出一个现象，既值得重视，也值得探索。

我国现存最早的医学典籍《黄帝内经》中说：“非其时则微，当其时则甚”“非其时则生，当其时则死”。意思是说，病患之体，阴阳失衡，在与季节相克时，其病则重、则死。冬三月即“冬腊正”三个月，在冬至到立春之间，气候严寒，正值阴极阳生，阴阳交替，此时患病之体难以顺应自然之势，天人不应，阴阳隔绝，是故疾病死亡率极高。

清朝皇帝死亡时间的历史资料表明，在冬三月里，正月的死亡率最高，有三位皇帝死于正月。在夏三月里，八月的死亡率最高，有三位皇帝死于八月。当然，我国地域辽阔，气温差异较大，不同地区，情况不同，对病体影响也不尽相同。明清皇帝主要生活在北京，体现出北京的季节气候对寿命的影响。皇帝也是人，其病死与季节气候的关系，同平民百姓基本一致。

三、心理因素

虽然有些皇帝的死因并不是很清晰，且往往成为宫廷疑案，但还是有一定的规律性。我重点说一下心理因素对人寿命的影响。

第一，强势皇帝阴影下的继承人。明朝有两位在位时间非常短的皇帝，一位是明仁宗洪熙帝朱高炽，四十七岁继位，四十八岁去世，在位九个月。他的父亲是永乐帝。他十七岁时被皇祖明太祖朱元璋封为燕王世子，二十六岁时被皇父明成祖朱棣册立为皇太子，在此后的二十一年里，皇父对他忽冷忽热、时亲时疏，两位亲王弟弟也觊觎帝位，朱高炽终日不安，长期压抑，心情不舒，拖垮了身体。另一位明光宗泰昌帝朱常洛更是败兴，他的父亲万历帝迟迟不安排他出阁读书，读了书很快就让他辍读。直到十九岁才被立为皇太子。可以说，在他继位前的三十八年里，他一直生活在孤独、苦闷、忐忑和恐惧的心绪之中，结果继位才一个月，就驾崩而去。

光绪帝便装像

清朝的光绪皇帝，长期生活在慈禧太后的阴影中，特别是大婚之后，他渴望施展才能，实现抱负，婚姻幸福，但是这些宏图志愿都被慈禧太后撕得粉碎。即使他不是被毒死的，也已经病入膏肓了。

康熙皇帝的寿命虽然不算短，但如果不是因为晚年纠结于接班人这个难题而患中风，他应该有更长的寿命。

从这几位皇帝的经历可以看出，心理因素对于寿命长短至关重要。生气、急躁、郁闷和恐惧，是生命精神上的“四大杀手”。

第二，肆无忌惮与节制有常。皇帝

深居皇宫，权力至高无上，靠什么来节制和约束自己呢？明武宗正德帝朱厚照就是一个肆无忌惮的人，他的豹房政治，他的荒淫酒色，他的放纵任性，他的起居无常，都创造了封建皇帝的历史之最，三十一岁就丧了命。明熹宗天启帝朱由校则是缺乏教育的典型。他到十六岁继位时还是个无知顽童，没有出阁读书，当了皇帝以后更不好好读书。任性、暴躁、乱为，结果二十三岁就死去了。

乾隆帝是中国历代皇帝中寿命最长的，我曾经介绍过他的膳单，通过他的饮食情况，可以感觉到他是一个有节制的人，有理想、有抱负、有爱好、有约束。他把其余精力放在了读书、作诗、写字、绘画等文化方面，愉悦心绪，修养心性。仅就吃饭来说，他在位时间那么长，国家经济状况又良好，顿顿大吃大喝也是有条件的，但他吃饭无非是有荤有素、有粗有细、有凉有热、有汤有点心、营养均衡，这对健体延寿应该是有帮助的。乾隆帝回忆说："予五十五年之间，无一日因微疾而不理事者。求仙素所鄙，即医理并不识，亦惟慎起居、节饮食，以为养生之常道耳。"

前面说到皇帝的寿命，寿命就是活着，或者说就是存在。人生在世，不过百年，什么算是人生幸福？人生幸福、人生圆满，各种答案不可胜计。中国典籍《尚书·洪范》认为人生"五福"算是功德圆满。哪"五福"呢？

《尚书·洪范》说："五福：一曰寿（孔安国传：百二十年）；二曰富（财丰备）；三曰康宁（无疾病）；四曰攸好德（所好者德福之道）；五曰考终命（各成其短长之命以自终，不横夭）。"对"五福"的具体解释，"正义"释曰："五福者，谓人蒙福祐有五事也：一曰寿，年得长也；二曰富，家丰财货也；三曰康宁，无疾病也；四曰攸好德，性所好者美德也；五曰考终命，成终长短之命，不横夭也。"

用今天的话来说，"五福"：一是寿，就是长寿、高寿；二是富，就是财，衣食住行，基本满足就可以；三是康宁，就是平安，没有大病、久病；四是攸好德，攸是助词，美德善行，以德为福；五是善终。与"五福"对立的则是"六极"[2]。上面附议的"五福"，只是先人智者的一个概括，一项归纳，供后人思考、参酌而已。

总之，对上述内容进行归纳，就是人要关注"康寿"二字，就是健康与长寿。

——康，是没有久疾大病。设想一个人长久患病，或患大病，自罹疾病之苦，常年病患呻吟，愿景无法实现，既是肉体上的痛苦，也是精神上的煎熬。

——寿，是能高龄长寿。设想一个人或英年早逝，或病痛缠身，理想成为泡影，既给家庭造成苦痛，也让事业蒙受损失。

可以说，无论是帝王贵族，还是平民百姓，终生都要关注的永恒主题是健康与长寿。康和寿是“五福”中的两福。“五福”不是天生的，而是靠后天修养得来的。因此，人要修养“五福”，从而享受人生，造福人类。这也是从“清朝皇帝寿命”话题中所得到的一点启示。

〔1〕年龄均按传统阴历、虚岁计算。

〔2〕“六极”是：“一曰凶短折，遇凶而横夭性命也；二曰疾，常抱疾病；三曰忧，常多忧愁；四曰贫，困之于财；五曰恶，貌状丑陋；六曰弱，志力尪劣也。”（《尚书·洪范》）